Het proces van de eeuw

Christiaan Alberdingk Thijm

Het proces van de eeuw

Lebowski Publishers, Amsterdam 2011

Eerste druk, juni 2011
Tweede druk, juni 2011
Derde druk, augustus 2011
Vierde druk, december 2011

Omslagontwerp: Dog and Pony, Amsterdam
Omslagfoto: Getty Images/Jorg Greuel
Typografie: Perfect Service, Schoonhoven
Foto auteur: Allard de Witte

ISBN 978 90 488 0513 6
NUR 301

www.christiaanalberdingkthijm.nl
www.schwaabenhelvoeth.nl
www.lebowskipublishers.com

Lebowski Publishers is een imprint van Dutch Media Uitgevers bv

FSC
www.fsc.org
MIX
Papier van verantwoorde herkomst
FSC® C019440

e BOOK
lebowski
Dit boek is ook leverbaar als e-book:
978 90 488 1106 9

Voor de onbekende advocaat-stagiaire

Sommatie

I

Het is de dag van de traditionele kerstlunch. Kerst 2007. Iedereen heeft zich in een vrolijk pak gehesen om in de Beurs van Berlage het afgelopen jaar te verdrinken. De hal van kantoor ligt er desolaat bij. Een imposante kerstboom schittert alleen voor mij en de man van Seceurop die de receptie bemant. Hij laat me doorlopen. Ik zie er beschaafd uit – als een advocaat. Ondenkbaar dat ik kantoor zou betreden zonder mijn pak, mijn trouwe metgezel, getuige à decharge. Sinds mijn ontslag, al weer twee maanden geleden, heb ik het niet meer gedragen. Het licht van de sensor kleurt groen. Ze hebben me nog niet gedeactiveerd. De glazen deuren van de lift schuiven in twee schokkerige bewegingen dicht. De man van Seceurop pakt de telefoon.

Met het stijgen van de lift veren de zenuwen in mijn tenen op. Ze willen het tempo van de lift bijhouden: naar mijn kruis, mijn buik, via mijn vingertoppen naar mijn keel. De lege verdiepingen trekken als een versneld afgespeelde film aan me voorbij. Buiten is de avondschemer ingetreden, binnen zijn alle lichten nog aan, alsof kantoor voor een brandoefening is geëvacueerd. Ik hoor slechts het suizen van de lift. Verder is het stil, angstig stil.

Achter de balie van de dertigste verdieping zit een meisje dat ik niet ken. Een jaar of twintig, een Indische vader of moeder; de kapper heeft haar donkere haren kort geknipt.

'Goedenavond, ik kom voor Kees Verdonk.'

'Wie mag ik zeggen dat er voor hem is?'

Zou ze niet weten wie ik ben? De kranten hebben steeds dezelfde foto afgedrukt, gemaakt toen ik net in dienst van kantoor was. Mijn hoofd weggedoken tussen mijn schouders. Je kunt zien dat ik niet vrijwillig op de foto sta. Als je niet beter zou weten, zou je denken dat het om een misdadiger ging.

'Boetselaar,' zeg ik, 'Eppo Boetselaar.'

Ze controleert het voorgedrukte papier dat voor haar ligt, vastgehaakt aan een klembord. Er staat één naam op. Met een gele marker streept ze de naam door.

'Welke firmanaam mag ik noteren?'

'Ik ben een oud-kantoorgenoot.'

Haar mond plooit zich in een glimlach. 'En waar werkt u tegenwoordig?'

Mijn adem stokt. Op deze vraag ben ik niet voorbereid. 'Nergens.' Mijn hoofd wordt warm.

Het blijft stil. Ze maakt een aantekening op het bezoekerspasje, langzaam, alsof ze net heeft leren schrijven.

Ik hoor mezelf zuchten. Nergens. Dat is waar ik werk. Niet bij Schwaab & Helvoeth, niet ergens anders. Nergens. Het dringt nu pas echt tot mij door. Daar, tegenover de onverbiddelijke Indische receptioniste, moet ik toegeven: ik ben werkloos. Ontslagen. Weg bij dit kantoor. En ook op dit moment, terwijl ik op het punt sta mijn exitgesprek in te gaan, heb ik het gevoel dat mijn ontslag een tijdelijke maatregel is. Dat het uiteindelijk wel goed zal komen. Het was een vergissing. Wij zaten fout. Het spijt ons. Met groot ceremonieel vertoon zal ik worden gerehabiliteerd. De kranten zullen er weer vol van staan.

Ik krijg een bezoekerspasje, dat ik wat onhandig aan het borstzakje van mijn jasje speld. Op de stippellijn, waar de naam van mijn werkgever had moeten staan, heeft het Indische meisje in ronde letters GEEN geschreven.

'Neemt u plaats. U wordt zo opgehaald.'

Vanuit de wit lederen buizenstoel bestudeer ik de minimensjes in de andere torens. Zie ze bedrijvig zijn, mijn voormalige collega's en confrères van de andere grote kantoren. In de blafhut van Blussé van Oud-Alblas licht een vrouw op in het schijnsel van een kopieermachine. Daar links is het crematorium van Van Kralingen & Kreupelhout. Even verderop, in het World Trade Center, zit Denters, Heldring & Vermeulen, samen met Slingeland & Schaafsma. De *Big Five*. Het is zeven uur, donderdagavond. Er is geen advocatenkantoor, kerstlunches uitgezonderd, waar nu niet wordt gewerkt.

Verdonk – zijn kale hoofd weer veel te bruin voor de tijd van het jaar – loopt in gedachten verzonken op mij af. Hij geeft mij een hand, professioneel, niet onvriendelijk.

'Kom je mee? Je kent de weg.'

Geconcentreerd loop ik achter hem aan, langs de eregalerij, de portretten van voormalige partners van kantoor. De kleurrijke geschiedenis van kantoor, vastgelegd in zwart-witfoto's.

Aan het einde van de gang doemt de glazen deur naar de Schwaab-zaal op. Verdonk houdt hem voor mij open – altijd galant. Mijn hart schakelt een versnelling hoger zodra ik zie wie er aan tafel zit: Rinzema. Wat doet die hier? Waarom is hij niet bij de kerstlunch? Naast Rinzema zit een blond meisje dat ik niet ken.

'Ga zitten, Eppo,' zegt Verdonk. 'Je vindt het toch niet erg als er een student-stagiaire bij het gesprek aanwezig is?'

Rinzema kijkt niet op van zijn BlackBerry. Zijn dikke duimen dansen als onvermoeibare amateurs over de toetsen. Zwarte randen onder zijn te lange nagels. Aangevreten nagelriemen.

Het blijft stil. Iedereen wacht totdat Rinzema klaar is. Hij drukt op 'send', kijkt op zijn horloge, maakt een aantekening, fixeert zijn donkere kraalogen op de volgende activiteit: mij. Ik verroer me niet.

'Welkom, Eppo,' zegt Verdonk. Met zijn vingertoppen herschikt hij de papieren voor zich op tafel. 'Dit is denk ik voor geen van de betrokkenen een makkelijk gesprek. Jouw exitgespek.' Verdonk neemt een slok water. 'Wil je ook wat drinken?'

Hij buigt zich voorover om mijn glas te vullen.

'We zijn hier niet om de hele affaire te recapituleren. We weten allemaal wat er is gebeurd.' Hij kijkt even opzij naar de student-stagiaire. 'Het heeft in alle kranten gestaan.' De student-stagiaire trekt haar wenkbrauwen op. Verdonk, de schurk, hij heeft haar niets verteld. 'We begrijpen dat je er spijt van hebt.'

'Bullshit,' sist Rinzema, zijn tanden op elkaar geklemd.

'W-wilde jij ook nog wat zeggen, Marcus?' vraagt Verdonk.

'Je hebt wel lef, Boetselaar, dat moet ik je nageven.' Rinzema blijft mij strak aankijken, alsof het een wedstrijd is wie het eerst met zijn ogen knippert. '*Gutsy*, om hier zo binnen te lopen alsof er niets is gebeurd.'

Verdonk wipt ongemakkelijk van de ene op de andere bil.

Mijn tong komt los van mijn gehemelte. 'Het is niet mijn bedoeling de indruk te wekken dat er niets is gebeurd.' Het is mijn eerste zin. Mijn stem klinkt alsof hij net is ontwaakt.

'Als ik jou was zou ik me doodschamen. *You're a fucking disgrace.*'

Ik kijk naar de tafel. 'Het spijt me.'

'In Amerika zouden ze wel raad met jou weten,' zegt Rinzema. Hij pakt zijn BlackBerry van de tafel en zakt als een getergd kind onderuit in zijn stoel.

'Het is dus niet de bedoeling de hele affaire te recapituleren,' zegt Verdonk. 'Dat zei ik net ook al. Wat is dan wel de bedoeling? Nou, eh, Eppo, de bedoeling van dit gesprek is om jouw kant van het verhaal te horen, en dan met name of je vindt dat kantoor iets te verwijten valt. Dat is wat we willen weten. Is kantoor op een of andere manier tekortgeschoten tegenover jou? Zo heb ik het toch goed verwoord, Marcus?'

Rinzema staart naar het beeldscherm van zijn BlackBerry. '*Sure.*'

'Alles wat wij bespreken blijft onder ons,' zegt Verdonk. 'Aan het eind van het gesprek stellen we een kort verslag op dat door alle aanwezigen wordt ondertekend. Dat verslag gaat in mijn archief. Mee eens?'

Ik knik.

'Dat is dan afgesproken.' Verdonk laat zijn tong over zijn onderlip glijden. 'Je hebt wel kunnen zien, in mijn brief aan jou, dat wij drie onderwerpen met je willen bespreken. Die onderwerpen zijn...' Hij kijkt naar het papier voor zich op tafel. '... verstandhouding met je patroon, opleiding en begeleiding, en omstandigheden die het functioneren in negatieve zin hebben beïnvloed. Bij dat laatste moet je denken aan sterfgevallen in de familie, zulke zaken. Als er nog andere onderwerpen zijn die je aan de orde wilt stellen, dan staat dat je natuurlijk vrij.'

Het lukt me niet de woordenbrij van Verdonk te registreren. Ik hoor hem wel, het geluid dat hij maakt, zie hoe zijn mond open- en dichtgaat, maar de betekenis van wat hij zegt dringt niet tot me door. Mijn lichaamsfuncties hebben er onvoldoende capaciteit voor. Eén gedachte komt steeds naar boven, domineert alle andere, zeurt om aandacht. Ik probeer haar te negeren, probeer haar als regenwater van me af te schudden. Maar het lukt niet. De stem tussen mijn slapen dreunt voortdurend zijn eentonige boodschap. Niemand weet dat je hier bent, niemand weet dat je hier bent. Het is waar. Bea, mijn oudste zus, heb ik niets verteld. Foekje zal hier ook ongetwijfeld buiten zijn gehouden door kantoor. Niemand, behalve de receptioniste en de bewaker, heeft mij zien binnenkomen. Kantoor is gesloten. Wie zijn die receptioniste en die bewaker eigenlijk? Wie is die student-stagiaire? Ik ben met mijn rug naar de glazen deur gezet. De schoonmakers hebben geen idee wie er binnen zit. Mijn ogen voelen droog aan. Het is koud in de Schwaab-zaal. Ze hebben de verwarming uitgezet.

'Boetselaar, is het je duidelijk?' vraagt Rinzema.

Mijn ogen knipperen. 'Ja.'

'*So*,' zegt hij, 'hoe zou jij je relatie met Foekje typeren?'

2

De advocatuur lonkte – letterlijk. Het was alsof je over de Amsterdamse Wallen liep. Overal waar je keek, probeerde iemand je te verleiden zijn winkeltje binnen te stappen. Het was 2004. De economie was aangetrokken en de vraag naar jonge juristen, naar handjes, was overweldigend. Na een aantal betrekkelijk sobere jaren in de Nederlandse advocatuur werd er weer volop overgenomen en gefuseerd. Studentenbladen stonden vol aandachtschreeuwende advertenties. Op de rechtenfaculteit kon je worden benaderd door *campus recruiters*, medestudenten die tegen betaling advocaat-stagiaires ronselden. Foldermateriaal lag als zwerfafval verspreid over de Oudemanhuispoort. Als je wilde kon je iedere week wel op een of ander kantoorbezoek. Er waren uitstapjes naar Willemstad, New York, Singapore, Tokio. Er waren bedrijvendagen, *in house*-dagen, snuffeldagen en *talent days*.

Wat zich precies achter de poorten van de advocatuur afspeelde, was onbekend. Het was een wereld die zich onttrok aan het zicht van de gewone sterveling. Slechts zij die het waagden de drempel over te stappen, die tot de gelederen van het gilde toetraden, zouden weten hoe het was. De suggestie was dat een baan in de advocatuur in wezen een verlenging van je studententijd betekende. Borrels in overvloed, de Advolympics, kantoorcabaret, volop leeftijdgenoten en een stageperiode van drie jaar, een onbezorgde tijd waarin je de beroepsopleiding volgde. De advocatuur nam voor mij, die eigenlijk geen studententijd had gehad, mythische proporties aan. Mijn studiejaren hadden grotendeels uit snookerwedstrijden bestaan, op de televisie of in SC Oud-West.

Tijdens mijn studie woonde ik in huis bij Paul, mijn zelfbenoemde snookertrainer bij SC Oud-West, het snookercentrum aan de Overtoom. Paul, die whisky met koffieroom dronk, een opgezette teckel had en drie studies deed: wijsbegeerte, oude geschiedenis en sinologie. Rechtsgeleerdheid, mijn studie, vond hij een cursus. 'Onder de douche, Boets, dat is waar een beschaafd mens rechten hoort te studeren, tijdens het flossen.' We zagen elkaar nooit studeren, voornamelijk omdat we niet studeerden. Als ik niet met Paul naar snooker op televisie keek – ergens op de wereld was altijd wel een belangrijk snookertoernooi gaande – waren we in SC Oud-West. Mijn propedeuse had ik net op tijd gehaald om mijn studiefinanciering veilig te stellen, eigenlijk alleen doordat het anderhalf jaar duurde voordat ik van Paul mee mocht naar SC Oud-West. Eerst moest ik voldoende nutteloze snookerfeiten hebben geleerd om me staande te kunnen houden tussen zijn vrienden.

Trude, mijn oudere zus, vond een keer op mijn bureau een overzicht van de faculteit met mijn behaalde studieresultaten. Uit het overzicht bleek dat ik in twee jaar tijd geen enkel tentamen had gehaald. Toen ze mij ermee confronteerde, zei ik dat het een fout was. 'Ik heb de onderwijsadministratie al gebeld. Het wordt rechtgezet. Over drie maanden begin ik aan mijn scriptie. Weet je wat mijn onderwerp is? Aansprakelijkheid van werkgevers voor asbestbesmetting.'

Trude keek beurtelings van de brief in haar hand naar mij.

'Heb ik enorm veel zin in, die scriptie.'

Ze legde de brief terug op mijn bureau. 'Heb je dat onderwerp gekozen vanwege oom Leo?'

Ik zei dat het zo was – oom Leo had asbestkanker.

'Dat is lief van je.'

Daarmee was het gesprek over mijn studie beëindigd. Het was ondenkbaar dat ik drie maanden later aan mijn scriptie zou beginnen. Maar ik was er steeds van overtuigd dat ik mijn verloren tijd nog in zou halen. Er was geen enkele reden waarom ik met een jaar heel hard werken niet mijn achterstand zou kunnen wegwerken.

En dat is precies wat ik deed. Het laatste jaar van mijn studie bracht ik door op de Universiteitsbibliotheek aan het Singel. Iedere ochtend was ik er om negen uur. Het was niet moeilijk om SC Oud-West te verruilen voor de Universiteitsbibliotheek. Voortaan ging ik bij het Leidseplein naar rechts in plaats van naar links. De plaats van handelen was vergelijkbaar. Lange, imposante tafels waar geconcentreerd werd gewerkt. Het rustgevende gekaats van ballen was vervangen door het omslaan van pagina's. Snookerweetjes werden ingewisseld voor juridische wetenswaardigheden. De jongens met zwarte broeken en zwarte vesten voor jongens met spijkerbroeken en blauwe overhemden. Bij het sluiten van de bibliotheek, aan het einde van de avond, vertrok ik. De hoeveelheid plastic koffie die ik daar wel niet heb gedronken. Ik had er net zo goed suppoost kunnen zijn.

Voordat ik aan mijn scriptie begon, schreef ik voor oom Leo een brief naar zijn voormalige werkgever, Nefabas. Een brief om ze aansprakelijk te stellen voor de asbestbesmetting. De bedrijfsjurist van Nefabas reageerde schriftelijk, op zeer arrogante toon. In drie regels werd alle aansprakelijkheid van de hand gewezen. Het was niet te bewijzen, schreef hij, dat de asbestkanker van oom Leo veroorzaakt was door zijn werk bij Nefabas. 'Ik vertrouw erop dat ik hiermee het dossier kan sluiten.' Dat was zijn slotzin.

Daarop beet ik me volledig vast in het onderwerp. Alles wat er in de bibliotheek over het onderwerp te lezen was, verslond ik. Ik raakte betoverd door het aansprakelijkheidsrecht. Na drie weken schreef ik weer een brief, van wel zes kantjes, vol verwijzingen naar jurisprudentie en rechtsliteratuur. Mijn stelling luidde dat Nefabas wel degelijk aansprakelijk was. Het enkele feit dat oom Leo met asbest had gewerkt was voldoende voor de aansprakelijkheid. Wij hoefden niet te bewijzen dat zijn ziekte werd veroorzaakt door het werk bij Nefabas. Na een maand wachten kwam er een brief terug, dit keer van een advocaat van Schwaab & Helvoeth. In een doortimmerd epistel werd weer alle aansprakelijkheid weerlegd. Maar het slot van de brief bevatte een verrassing. Ze wilden de zaak schikken. Uiteindelijk hebben ze twee ton betaald. Toen wist ik dat ik advocaat wilde worden.

Tegen het einde van mijn studie ging ik me oriënteren. Er was een dag in Utrecht, in de Jaarbeurs, waarop je kennis kon maken met de voornaamste advocatenkantoren. Het was als op de Vakantiebeurs, waar ik een keer met mijn zussen was geweest, net na het overlijden van mijn moeder. De kantoren hadden witte stands laten bouwen en daar trok ik langs, met de hele santenkraam bijna afgestudeerde juristen, in de hand een plastic tasje dat zich snel liet vullen met bekers, pennen, *mousepads* en veelkleurig foldermateriaal. De stands werden bemand door jonge, succesvolle advocaten, meestal twee of drie, van wie ten minste één oogverblindend mooie vrouw. De meeste studenten durfden niet lang bij de tijdelijke behuizing van de advocaten stil te blijven staan. Ze verzamelden het gratis promotiemateriaal en haastten zich naar het volgende winkeltje. 'Bij Slingeland & Schaafsma hebben ze stressballen!'

Het gedrentel van de studenten, het kijken-kijken-niet-kopen, maakte de jonge advocaten ongeduldig. Naarmate de dag vorderde werd hun verkooptechniek agressiever. Je kreeg alleen nog een paraplu als je vertelde waar je studeerde en of je al een studentstage had gelopen bij een groot, internationaal advocatenkantoor.

Aan het eind van de dag verzamelden de meeste studenten zich bij de stand van Van Kralingen & Kreupelhout. In een handomdraai was hun uitstalling omgebouwd tot een bar, zeer tot het chagrijn van de advocaten van de andere kantoren, die gedwongen werden zich te vervoegen bij de ontmoetingsplek van de concurrent.

Ik was in afwachting van een biertje dat werd getapt door een jongeman in een donkergrijs pak, toen ik joviaal op mijn schouder werd geslagen.

'Wat goed jou hier te zien!'

Het was een advocaat met een nonchalante scheiding in zijn iets te lange haar. Geen idee wie hij was. Hij leek oprecht blij mij te zien. Tegen de jongen achter de bar die mijn bier kwam brengen, zei hij: 'Doe mij ook maar een biertje, Patrick.' De advocaat wees naar de plastic tas in mijn hand. 'Heb je een beetje goed gescoord?'

Even opende ik de tas om hem te laten zien wat er allemaal in zat, nog verbaasd over de plotselinge toenadering, toen ik me realiseerde dat zijn opmerking ironisch was bedoeld.

'Ben je bijna klaar?' Hij nam een slok bier.

Verlegen zei ik dat ik alleen mijn scriptie nog moest schrijven.

Hij drukte zijn glas tegen het mijne. 'Oké dan!' Hij klopte me nog eens op mijn schouder. 'Goed werk, ouwe.' Grijnzend bleef hij tegenover me staan. Uit niets bleek dat hij snel weg zou gaan.

'Toevallig dat ik jou hier tegenkom,' zei hij.

'Ja, toevallig.' De aarzeling was hoorbaar in mijn stem.

'Vorige week op de verjaardag van Klaas, nu weer hier.'

Een moment wilde ik zeggen dat ik niet op de verjaardag van Klaas was, maar het moment ging voorbij en ik hoorde mezelf zeggen: 'Toevallig, ja.'

Een meisje kwam langs met een schaal kaas en leverworst. 'Heb je geen bruin fruit?' vroeg mijn nieuwe vriend.

'Zie jij hier ergens een frituur?' antwoordde het meisje.

Hij graaide drie stukken kaas van de schaal en stak ze tegelijk in zijn mond. 'Kut geregeld bij Van Kralingen,' zei hij met zijn mond vol. Na een deel van de kaas doorgeslikt te hebben, vroeg hij: 'Zie je Klaas nog vaak?'

Ik nam een slok bier om mijn gedachten over Klaas te verzamelen. 'Niet zo heel vaak,' zei ik. 'Soms. De laatste tijd bijna niet.'

Hij knikte terwijl hij de laatste resten kaas wegspoelde. 'Ik zie hem ook nooit meer. Komt door die vriendin van hem. Wat een trut van klasse is dat. Vind je niet?'

'Ja, echt een trut.'

Ik wachtte totdat hij zou zeggen dat Klaas helemaal geen vriendin heeft, maar hij leek tevreden met mijn antwoord. 'Heb je al student-stage gelopen?'

'Nee,' zei ik, dankbaar voor de wending die het gesprek nam, 'maar ik heb daar ook niet echt tijd voor. Ik moet over drie maanden klaar zijn en ik moet mijn scriptie nog schrijven.'

'Weet je wat jij moet doen,' zei hij. 'Jij moet bij ons de masterclass volgen. Is echt heel relaxed.' Hij gaf me zijn kaartje. Zijn naam was Olaf Tempelman en hij werkte bij Blussé van Oud-Alblas. ‘De selectie begint over twee weken. Zeg maar dat je via mij komt.’

3

Mathilde Rosalinde Groen. Haar tweede naam, Rosalinde, kende ik nog niet, die avond dat ik naast haar zat in het restaurant van Hotel de l'Europe. Het zijn de kleine dingen, de details, die het verschil maken. Mijn loopbaan in de advocatuur – als ik het zo mag noemen – had een compleet ander verloop gehad als ik had geweten wat haar tweede naam was. Ro-sa-lin-de. Ik zal het nooit meer vergeten. Dan moet ik natuurlijk ook nog Maarten Groen noemen. Ja, Maarten Groen – ik ken hem alleen van naam – speelde ook een beslissende rol in de prille schreden die ik op het advocatenpad zette.

Mathilde was een eerstejaars advocaat-stagiaire, één van de tachtig advocaten van Blussé die 's avonds mochten aanschuiven aan het diner, het hoogtepunt van de masterclass. Mathilde had niet in Amsterdam gestudeerd; dan had ik haar zeker gekend. Groene ogen die van een kat hadden kunnen zijn. Haar rode, golvende haren waren die ochtend gewassen. Boven haar mond een kleine moedervlek, een imperfectie die de volmaaktheid van het gezicht benadrukte. Ze had gevraagd of de stoel naast mij aan de ronde tafel vrij was – Mathilde koos mij – en ik knikte gretig. Met een sierlijke handbeweging ontvouwde Mathilde haar servet op haar schoot. Tafelconversatie was nauwelijks aan de orde. Het diner werd opgeluisterd door de ene speech na de andere.

Aan het eind van de avond – de lege dessertborden werden afgeruimd – kreeg een corpulente man het woord. Rond zijn kale schedel lag een krans van grijze krullen. Hij hield de microfoon losjes in zijn hand, alsof het een vliegenmepper was. Zijn andere hand was diep in de uitgewoonde zak van zijn jasje gestoken.

'Dat is Blackstone,' fluisterde Mathilde, 'de oudste compagnon van kantoor.'

'Jongens en meisjes – dat mag ik als het oudste paard van stal wel zeggen – het is een buitengewoon amusante avond. Ik zit hier aan tafel met een jongedame, een prachtig exemplaar, dat zult u met mij eens zijn, geboren in het jaar 1981. Zestien jaar nadat ik werd beëdigd als advocaat. Ik werkte met veertien andere advocaten bij het kantoor van meester Blussé van Oud-Alblas. Het was toen het grootste kantoor van Nederland; "de fabriek" werd het spottend binnen de Amsterdamse balie genoemd. Nu telt hetzelfde kantoor, na drie fusies, bijna 296 advocaten. Toen ik in 1965 begon was er nog geen fax, geen kopieermachine, geen computer, geen e-mail. Het papier was geduldig en de cliënten ook. Van een target had nog niemand gehoord.' Blackstone kuchte in de microfoon. Uit zijn zak viste hij een keelsnoepje, waar hij zorgvuldig het papiertje van verwijderde. Het geritsel was hoorbaar door de microfoon.

'Hij draait de hoogste omzet van kantoor,' fluisterde Mathilde, terwijl ze haar servet weer opvouwde.

Ik knikte vol bewondering, zonder precies te weten wat er van me werd verwacht.

'In zijn eentje houdt hij vijftien man aan het werk,' vervolgde Mathilde. 'De man is een machine. Iedere dag werkt hij van acht uur 's ochtends tot zeven uur 's avonds. Dan gaat hij naar huis, eet met zijn vrouw een bord soep met brood of een salade – hij is chronisch aan het diëten – en gaat terug naar kantoor om nog vier declarabele uren te schrijven. Van zijn medewerkers verwacht hij dezelfde inzet.'

'Werk jij voor hem?'

'Gelukkig niet. Ik zit op de sectie *Insurance & Liability*. Ik doe veel verzekeringsrecht.'

'Interessant,' zei ik.

Zonder te vragen of ze daar behoefte aan had, vulde ik haar wijnglas bij. De advocaat naast haar, een jongen van begin dertig die de hele avond met zijn BlackBerry had gespeeld, gebaarde dat hij ook nog wat wilde. Terwijl ik met mijn onvaste linkerhand langs Mathilde reikte, gleed er een naar lelie geurende lok langs mijn neus.

'Vind je?' vroeg ze nadat ik de fles weer veilig op het tafellinnen had gezet.

Ik lachte verlegen. 'Wat zoeken jullie eigenlijk in nieuwe mensen?'

Ze had me gehoord, maar besloot nog geen antwoord te geven. Uit het pakje Marlboro Light dat voor haar op tafel lag, pakte ze een sigaret. Ze hield hem in een kaars totdat het uiteinde zwartgeblakerd was. Op de achtergrond was het stemgeluid van Blackstone nog hoorbaar. Terwijl Mathilde me opnam, trok ze krachtig aan het filter, haar wangen naar binnen gezogen. Ze bestudeerde me alsof mijn vraag haar dwong voor het eerst te kijken wie er naast haar aan tafel zat. Een fonkeling in haar ogen verraadde dat het resultaat haar beviel. Langzaam, om te voorkomen dat de sigarettenlucht in mijn gezicht kwam, blies ze de rook uit via de hoek van haar mond. Met haar vrije hand zette ze haar volle glas aan haar lippen. Ze liet de wijn nog even in haar mond kolken voordat ze hem doorslikte.

'Dat hangt ervan af,' zei ze. Haar hand gleed onder mijn servet dat nog steeds op mijn schoot lag.

'Ik bedoel,' zei ik, 'hoe belangrijk zijn cijfers eigenlijk?'

Ze kneep lichtjes in mijn dijbeen. 'Het belangrijkste is de fysieke keuring,' fluisterde ze in mijn oor.

Ik veerde op, zenuwachtig dat iemand ons in de gaten hield. Maar iedereen concentreerde zich op Blackstone. Ik maakte een kuchend geluid in mijn hand – niemand keek op – en legde toen mijn hand op die van haar, die ik van schrik richting mijn kruis duwde. 'Ik ben verschrikkelijk fit,' zei ik. 'Jarenlang snooker gespeeld.'

'Of je fit bent, dat bepaal ik zelf wel.'

Mathilde benadrukte dat het een eenmalige affaire zou worden en dat niemand er iets van mocht weten. Ik ging stilzwijgend akkoord met de voorwaarden. Mathilde gedroeg zich alsof ze haar bord vulde bij een eet-zoveel-je-kunt-restaurant. Ze bond me vast aan de spijlen van haar houten bed en bereed me – een ander woord kan ik er niet voor verzinnen – terwijl haar handen mijn ballen omklemden. Het was niet onprettig. De volgende ochtend zei ze, terwijl ze haar rokje voor de spiegel recht trok, dat ik was geslaagd voor de keuring. 'Je mag mijn naam wel noemen als je solliciteert. Ik zal zeggen dat ik onder de indruk ben van je capaciteiten.'

Vier maanden later stond er een kleurige advertentie in het *Advocatenblad*: Blussé zocht een advocaat-stagiaire voor de sectie Insurance & Liability. Ik besloot Mathilde een e-mail te sturen. Een visitekaartje had ze me niet gegeven – we hadden niet eens nummers uitgewisseld – maar uit de oogst van de masterclass was eenvoudig de systematiek van adressering af te leiden: voorletter, punt, achternaam. De e-mail luidde, een tikkeltje lyrisch, als volgt:

> *Dag Mathilde,*
> *Hoe is het leven op de Zuidas? Behandelen ze je met het respect dat je verdient? Goed nieuws. Ik ben afgestudeerd! Met een 9 voor mijn scriptie over aansprakelijkheid voor asbestbesmetting. Heel fijn. In het* Advocatenblad *zag ik dat ze op jullie sectie Insurance & Liability een advocaat-stagiaire zoeken. Weet jij of die positie nog vacant is? Zo ja, dan moet ik maar eens een briefje schrijven. Grappig om te zien dat één van de vereisten van de kandidaat een hands-on-benadering is. Die kwaliteit heb jij in ieder geval bewezen in huis.*
> *Mijn ballen verkeren nog in katzwijm van de avond dat je ze hebt gewogen en goedgekeurd. En ja, mocht de gelegenheid zich voordoen, dan laat ik mij graag nog eens door je vastbinden.*
> *Lieve groet,*
> *Eppo*

Bij het schrijven twijfelde ik over de laatste alinea. Het was niet helemaal mijn stijl de zaken zo expliciet te benoemen. Maar ik verplaatste me in Mathilde en dacht dat zij de directheid zou waarderen. Zij had per slot van rekening ook niet echt een geheim gemaakt van haar wensen.

Een week later ontving ik een e-mail van een mij onbekende advocaat van Slingeland & Schaafsma.

Geachte heer Boetselaar,
Onderstaande e-mail van uw hand bereikte mij. Wat heeft dit te betekenen? Ik hoor graag.
Met vriendelijke groet,
Wiebe Reggers

Onder de e-mail van deze advocaat volgde een lange reeks andere berichten. Steeds werd verwezen naar de e-mail helemaal onder aan de string, die, zo bleek uit het commentaar, heel geestig zou zijn. De reacties op de verzender van deze eerste e-mail waren weinig flatteus. Hij werd voor 'prutser' uitgemaakt en zou 'oliedom' zijn. Terwijl ik naar beneden scrolde, passeerde ik de namen van wel honderd verschillende advocaten, gebundeld in groepen, van de meest uiteenlopende kantoren. Steeds had iemand de mail verstuurd aan een groep anderen, van wie iemand hem weer had doorgestuurd. Naarmate ik zakte in de correspondentie, sprongen de berichten steeds meer in naar rechts, gemarkeerd met van die pijlpunten, typerend voor geforwarde e-mails. Het was me nog steeds niet duidelijk wat dit met mij te maken had. Totdat ik zag wat het onderwerp van de mail was: 'Zo solliciteert men dus bij Blussé...'

Ik verslikte me in een slok koffie. Via mijn kin druppelde de lichtbruine substantie op het toetsenbord van mijn computer. Met de mouw van mijn trui veegde ik gehaast mijn mond schoon. Trillend sleepte ik de scrollbar naar het begin van de e-mailstring. Helemaal onderaan zag ik hem staan, ongeschonden: mijn e-mail aan Mathilde. Hij was in eerste instantie doorgestuurd door ene Maarten Groen, met de begeleidende tekst: 'Wat vinden jullie, hebben we nog plek voor deze ballenjongen?'

Op de website van Blussé vond ik een foto van Maarten Groen, een zelfingenomen veertiger met een Mickey Mouse-das. De HR-manager van Blussé van Oud-Alblas, verantwoordelijk voor het aannemen van advocaat-stagiaires.

4

Het was Foekje zelf die de deur van het grachtenpand opendeed. Met een hand boven haar ogen probeerde ze zich te beschermen tegen de felle winterzon die door de deuropening naar binnen drong. Ze was een tengere verschijning, zo naast de hoge, massieve deur.

'Jij moet Eppo zijn,' zei ze en ze stak haar andere hand naar me uit.

Ik greep verkeerd, waardoor ik vier vingers de hand schudde. Het was te laat om mijn fout te herstellen.

Foekje zag er niet uit als een advocaat, eerder als een uitgerangeerde rockster. Peroxideblond stekelhaar dat als een kwast in een pot gel was gedoopt. De smalle pijpen van haar leren broek verdwenen in een paar afgetrapte cowboylaarzen die eens modieus waren geweest. Haar rode brilletje was het enige wat suggereerde dat ze weleens met de neus in de boeken zat.

'Let niet op de rommel,' zei ze, terwijl ze me door een smalle marmeren gang vol dozen loodste. 'Ik moet nog een archiefruimte vinden.' Ze beet de laatste klinkers van haar zinnen af – een Gronings of een Fries accent?

Met een sleutel opende Foekje een groene, krakende deur. 'Hier gaan we zitten.'

Het rook er muffig, een beetje als de kamer van mijn moeder toen ze er niet meer was. Foekje liep naar het raam en schoof twee gordijnen van velours open. Stof dwarrelde door het vertrek. Het raam keek uit op een binnenplaats. Een ovale tafel uit grootmoeders tijd vulde de kamer. De tafel was volgebouwd met rode mappen, de ene stapel nog hoger dan de andere.

'Ik maak wel even wat ruimte.'

Foekje begon als een stratenmaker dossiermappen naar de grond te verplaatsen. Tegen de muur ontstond een reliëf van wankele torens. Ze bukte zich zonder door haar knieën te gaan, Foekje. De achterkant van haar witte blouse wipte uit de band van haar broek omhoog. Een bleke rug met blonde haartjes toonde zich. Het landschap werd doorkruist door een blauwe ader. De oprichter van De Jong cs. droeg een paarse onderbroek. Gegeneerd keek ik weg en bestudeerde verschillende onderdelen van de kamer – geornamenteerd plafond, muren, vloer, een visgraatparket. Foekje had besloten de hele tafel vrij van dossiers te maken. Ik stak mijn handen in mijn zakken. Nee, dat voelde niet goed. Ik sloeg mijn armen over elkaar.

Ik wilde iets zeggen. Sinds mijn binnenkomst had ik nog niets gezegd en ik werd er onrustig van. Je kreeg maar één kans om een eerste indruk te maken en dat moment was gedurende het stapelen van Foekje misschien al voorbijgegaan. Het was een prachtige winterdag en daar zou ik best iets over kunnen zeggen. Maar Foekje leek me niet echt een weertype. Iets over het pand. U zit hier heel mooi, mevrouw De Jong. Dat klonk enorm afgezaagd. Ik zocht een spectaculaire opening, eentje waardoor ze me niet snel zou vergeten.

Ik klopte tegen de muur. 'Zit er asbest in de muren?'

Foekje stapelde puffend door.

Ik kuchte om aandacht. 'Ik had dus een negen voor mijn scriptie over de aansprakelijkheid van werkgevers voor mesothelioom.' Ik schraapte mijn keel. 'Mesothelioom, dat is de medische benaming voor asbestbesmetting.' Foekje veegde haar voorhoofd droog met de mouw van haar shirt. 'Maar dat wist u natuurlijk wel.'

'Begin je altijd over kanker als je ergens binnenkomt, Eppo? Zou je me niet even willen helpen? Ik sta hier alles in mijn uppie te doen.'

Natuurlijk, het was een test. Hoe had ik het kunnen missen? In de vacature had De Jong cs. om een teamspeler gevraagd. In mijn brief had ik enthousiast verteld over mijn snookerverleden, de wedstrijden die ik had gespeeld. Maar nu ik erover nadacht: snooker was geen teamsport. Samen stapelden we tot de tafel leeg en de onderkant van de muur roodgekleurd was.

Toen we klaar waren, vroeg Foekje: 'Koffie, thee, water?'

'Koffie,' zei ik, om er gehaast aan toe te voegen: 'Zal ik het zelf even pakken?'

Er brak een glimlach door op Foekjes gezicht. 'Handen uit de mouwen. Dat weet ik te waarderen, Eppo. De keuken is aan het einde van de gang rechts. Voor mij helemaal zwart.'

Een voor een trok ik de houten keukenkastjes open, op zoek naar twee koppen. Hoe was ik hier in godsnaam terechtgekomen? Een letselschadekantoor. Een eenpitter. Gevestigd in een rommelig pand aan de Keizersgracht, ruim een halfuur fietsen van de Zuidas, het kloppend hart van de Nederlandse advocatuur, de plaats waar ik mij had voorgesteld te werken na mijn studie. Als het bij de Big Five niet zou lukken – die kans was niet verwaarloosbaar – dan in ieder geval bij een van de dertig kantoren in de subtop. Er was keuze genoeg. Maar nadat Maarten Groen mij een ballenjongen had genoemd en mijn e-mail aan Mathilde had geforward bij wijze van kantoorhumor, was mijn reputatie gevestigd. Ik moest advocaat in 'bal-lingschap' worden. Ik was Eppo 'Balleklaar'.

Het duurde lang voor ik mijn eerste sollicitatiebrief durfde te versturen. Een brief naar een middelgroot kantoor. De afwijzing kwam per kerende post. Daarna verstuurde ik drie brieven tegelijk. Twee dagen later had ik drie afwijzingen ontvangen, steeds standaardbrieven. De reden van afwijzing was dat 'de vacature helaas reeds vervuld was' of dat 'mijn profiel niet aansloot bij het kantoor'. Ik stuurde nog eens vijf brieven en tot mijn verbazing mocht ik bij Van Duffen & Spijkstra langskomen, een middelgroot kantoor met een sterke cassatiepraktijk. Bij binnenkomst zag ik meteen dat het mis was. Twee partners, volwassen mannen, die op hun lip moesten bijten om niet in lachen uit te barsten. De casus ging over een balpenfabriek in Balgarije. Dat vonden ze allebei erg geestig. 'In alle ernst, Boetselaar: hoe vestig ik een pandrecht op die ballentent?' De vraag bleef in de lucht hangen. Aan de andere kant van de tafel bleef het ijzig stil, enkel het geluid van een theelepeltje dat zorgvuldig door de jongste van de twee door een kop werd geroerd. 'Neem de tijd, denk rustig na.' Mijn hakkelende antwoord, het fronsen der wenkbrauwen van mijn gesprekspartners, gevolgd door ronduit verblufte gezichten. 'Ken je het Balkluiver-arrest dan niet?'

Het was niet in mij opgekomen ook maar een poging te wagen bij Schwaab & Helvoeth, het walhalla van de Nederlandse advocatuur. Ook als mijn naam niet door de drek was gesleept, had ik dat niet gedaan. Bij Schwaab & Helvoeth lag de lat te hoog voor gewone stervelingen zoals ik, zo veel zelfkennis had ik wel. Met één zes op je cijferlijst kon je het daar al schudden. Iemand die, zoals ik, de eerste vier jaar van zijn studie een verwaarloosbaar aantal studiepunten had behaald, moest wel een verdomd goede reden hebben voor de opgelopen studieachterstand. Snooker was geen goede reden.

Foekje warmde haar pezige handen aan de blauwe mok die ik in de keuken had gevonden. Er was een twinkeling in haar ogen. 'Jij bent dus die jongen van die e-mail.'

Ik slikte. 'E-mail?'

'Dat ga je toch niet ontkennen? Die e-mail aan dat meisje van Blussé. Arm kind. Kom, hoe heette ze ook weer?'

'Mathilde,' mompelde ik.

'Precies.' Foekje sloeg met haar hand triomfantelijk op tafel. 'Zeker nooit antwoord gekregen?'

Dit was niet hoe ik me het gesprek had voorgesteld. Nachten had ik in mijn bed liggen woelen, alle antwoorden op de vragen die Foekje kon stellen in mijn hoofd repeterend. Ik had uitgebreid research naar Foekje gedaan op het internet. Ze was begonnen in de sociale advocatuur. Op de barricades voor de kraakbeweging. De laatste jaren had ze haar naam gevestigd door een aantal spectaculaire letselschadezaken te winnen. Baby Kelly, over een moeder die schadevergoeding kreeg omdat het ziekenhuis tijdens de zwangerschap niet had verteld dat haar dochter gehandicapt was. Ze had ook als eerste een zaak over shockschade gewonnen; voor een vrouw die zag hoe haar zoon door een vrachtwagen werd doodgereden. Foekje was de eerste die ermee adverteerde op basis van *no cure, no pay* te werken en, als ik de berichten mocht geloven, ze had al meerdere keren de jackpot geraakt. Dit gesprek was mijn laatste kans op een baan bij een echt advocatenkantoor. Een eenpitter, dat wel, maar een was beter dan geen. Na De Jong cs. restte er niets meer, slechts het uitzichtloze bestaan van een bedrijfsjurist, daar was ik van overtuigd. Maar Foekje was net als alle anderen: aapje kijken.

Ik zette me schrap. 'Mevrouw De Jong, ik wil niet onbeleefd zijn, maar dat is een onderwerp dat ik liever niet bespreek. Het is privé, weet u.'

Foekje nam een slok koffie. Haar pretogen keken me door het rode montuur geamuseerd aan. 'Heb je nog contact met Mathilde gehad?'

'Nee, was dat nodig dan?'

'Was misschien aardig geweest. Om je excuses te maken of zo.'

'Excuses? Weet u wie zijn excuses zou moeten aanbieden? Die Maarten Groen. Maarten Groen en al die andere advocaten die mijn mail zomaar hebben doorgestuurd. Waarvoor zou ik me moeten verantwoorden? Ja, ik heb een verkeerd e-mailadres gebruikt. Sorry. Een menselijke fout. Geen opzet of grove schuld. Maar hoe zit het met Maarten Groen en consorten? Die hebben moedwillig het vertrouwelijke karakter van mijn e-mailbericht geschonden.' Ik sloeg mijn armen over elkaar.

'Je bent boos.'

'Ja, natuurlijk ben ik boos. Mijn e-mail was duidelijk niet bestemd voor Maarten Groen, laat staan dat hij hem mocht verspreiden. Ik zou een zaak tegen die man moeten beginnen.'

Foekje bestudeerde mij met stijgende interesse. 'Een zaak? Interessant. Maar zou je die zaak beginnen tegen Maarten Groen of tegen Blussé?'

'U hebt gelijk: tegen Blussé. De werkgever is aansprakelijk voor het handelen van de werknemer. Artikel 6:170 Burgerlijk Wetboek.'

'Heel goed, Eppo. En voldoet het handelen van Maarten Groen aan alle criteria voor aansprakelijkheid?'

'Dat lijkt me evident. Onder iedere e-mail van een advocaat

staat een dikke disclaimer dat je naar verschillende varianten van de hel gaat als je hem doorstuurt. Het is gewoon verboden.'

'Maar jij had je e-mail niet als vertrouwelijk gemarkeerd.'

'Dat maakt niets uit. Je mag andermans e-mail toch niet zomaar forwarden. Dat lijkt me een feit van algemene bekendheid. Uit de inhoud van de e-mail was bovendien eenvoudig het vertrouwelijke karakter af te leiden. Er werden handelingen in beschreven die, nou ja, duidelijk een privékarakter dragen. Mevrouw De Jong, die man is nota bene HR-manager. Alle mail die hij ontvangt is vertrouwelijk. Het is gewoon onrechtmatig wat hij heeft gedaan.'

'Dat valt te bezien. Het is toch niet aan hem toerekenbaar dat de e-mail onder al die andere advocaten verder is verspreid? Hij had hem alleen naar wat kantoorgenoten gestuurd. Zijn het niet die kantoorgenoten die verantwoordelijk zijn voor het naar buiten brengen?'

Ik wuifde het argument weg. 'Hij heeft willens en wetens dat risico genomen. Die meneer Groen heeft impliciet toestemming gegeven voor het doorsturen. De begeleidende tekst was jolig. Hij noemde mij een ballenjongen. Uit niets bleek dat hij wilde dat de e-mail niet naar buiten gebracht werd. Het gaat wel om een HR-manager. Wanneer die zichzelf kennelijk gerechtigd acht mijn e-mail door te sturen, ligt het in de lijn der verwachting dat anderen denken dat ze dat ook kunnen doen. De gevolgen komen volledig voor zijn rekening.' Ik nam een slok koffie.

Foekje keurde me als een stuk vee op de markt. Ze wreef met haar hand over haar kin, bedachtzaam. 'Heb jij niet zelf een veel te groot risico genomen door zo'n e-mail te versturen zonder het adres te controleren? Is het niet domweg je eigen schuld, Eppo?'

'Er gaan dagelijks heel pikante berichten over de e-mail. Waar het om gaat, is dat mijn e-mail niet bedoeld was voor Maarten Groen en dat hij dat ogenblikkelijk kon opmaken uit de aanhef. Hij had hem moeten vernietigen. Hij had mij in kennis moeten stellen van de verkeerde adressering. Hij had hem niet mogen doorsturen. Iedereen denkt nu dat ik een seksverslaafde maniak ben.'

Foekje moest lachen. 'Eerder iemand die heel graag een baan wil hebben, Eppo. Maar je vergeet iets.'

'Wat?'

'Wat heb je nog meer nodig behalve toerekenbaarheid voor onrechtmatig handelen?' Foekje leunde naar achteren in haar stoel.

'Causaal verband?'

'Ja, maar wat nog meer?'

Ik pijnigde mijn hersenen. 'R-relativiteit?

'Jawel, maar je vergeet één niet-onbelangrijk detail. Een cruciaal element om te kunnen concluderen dat er sprake is van onrechtmatig handelen. Het ligt zo voor de hand dat je het bijna over het hoofd ziet.'

Het antwoord, wat was het antwoord? Ik probeerde het antwoord te lezen op Foekjes gezicht. Bij haar ogen waren kraaienpoten van plezier verschenen. Ze liet me malen. Ik keek omhoog, naar het plafond. Diepe zucht. 'Ik weet het niet.'

Foekje sloeg in haar handen, alsof ze de wedstrijd had gewonnen. 'Schade! Eppo, je hebt geen schade geleden. Binnen een letselschadepraktijk het eerste element dat onderzocht moet worden.'

Ik veerde omhoog. 'Geen schade?' protesteerde ik. 'Mevrouw De Jong, hoe kunt u dat nou zeggen? Ik probeer al zes maanden een baan te vinden. Mijn reputatie is te gronde gericht. Geen kantoor neemt me aan.'

'Daar vergis je je in, Eppo.'

'Wat bedoelt u?'

'Zeg maar Foekje. Jij bent Eppo, ik ben Foekje. We zijn hier bij De Jong cs. heel informeel. Het lukt me niet goed stagiaires aan me te binden. De meesten lopen na een jaar gillend weg. Net als mijn ex.' Ze lachte haar tanden bloot. 'Maar dat gaat ons niet overkomen, toch?'

'P-pardon?'

'Ik ben een prima patroon, Eppo. Je krijgt van mij een opleiding van drie jaar, zoals de Orde van Advocaten het voorschrijft. Daarna zien we wel. Je kunt altijd bij me terecht. Ik zal je nooit laten vallen. Maar je moet wel een beetje geduld met me hebben.

Samenwerken is niet echt mijn ding. Ik werk hard, zonder de zekerheid dat ik ervoor betaald krijg. No cure, no pay, Eppo, dat is hoe het hier werkt. Als we een zaak voor de cliënt verliezen, krijgen we niets betaald. Maar als we winnen krijgen we een percentage van de opbrengst, en dat kan prettig lucratief zijn. Jij start met een salaris van tweeduizend euro per maand. Meer zit er niet in. Vanaf je tweede stagejaar krijg je vijf procent van de winst na belasting boven op je salaris. Je hebt vijfentwintig vakantiedagen, die in overleg kunnen worden opgenomen. Hebben we een deal?'

'B-biedt u me een baan aan?'

Voordat ik me realiseerde wat er gebeurde, reikte Foekje over de tafel en omklemde haar tengere vrouwenhand de mijne. 'De naam is Foekje, Eppo. Foekje de Jong van De Jong *cum suis*. Doe je mee?'

5

Je kunt je redder, degene die je uit het kolkende water omhoogtrekt, niet kiezen. Je weet alleen dat de hand die in het donker oplicht de enige mogelijkheid is om het er levend vanaf te brengen. Nooit zijn het twee handen die je ziet. Niemand vraagt je een keuze te maken bij kwesties van leven of dood. Foekje koos mij.

Het was niet mijn plek, de Keizersgracht. Op de fiets naar kantoor voelde het alsof ik de verkeerde kant op ging. Een onzichtbaar koord trok mij naar het centrum van de stad, naar de grachtengordel, terwijl mijn plaats van bestemming altijd een heel andere was geweest. Voor een advocaat leiden alle wegen naar de Zuidas, daar waar de torens tot aan de hemel reiken. Maar ik zakte 's ochtends vanuit mijn woning in De Pijp af naar de poppenhuizen waar de tijd bevroren leek, naar het kantoor van De Jong cs.

Ik was dankbaar, natuurlijk; dankbaar dat er een einde was gekomen aan mijn zwerftocht, dankbaar dat ik eindelijk een dak boven mijn hoofd had, dankbaar ook dat Foekje me niet had veroordeeld om mijn e-mail aan Mathilde. Maar als ik had mogen kiezen, had ik liever een andere patroon gehad. Begrijp me goed, Foekje had – en heeft – mijn volledige respect als advocaat, zij was een van de beste letselschadeadvocaten van het land. Als baas, opleider, begeleider, als patroon, was ze echter waardeloos. Ze was niet in staat mij enig inhoudelijk werk van betekenis te laten doen. Ik was receptioniste, secretaresse, koffiejuffrouw, bibliothecaris en kopieerhulp ineen. Officemanager, dat zou een elegante omschrijving van mijn functie zijn. Manusje-van-alles, minder elegant, dichter bij de waarheid. Het laatste wat ik was, was advocaat-stagiaire.

Foekje zei dat ze me de beste leerschool wilde geven. 'Je moet van onderop beginnen, Eppo. Alleen als je alle kieren en gaten van het vak kent, kun je een goed advocaat zijn. De kleinste details moet je in de gaten houden, ook de dingen die onbenullig lijken. Bij Van der Valk doen ze het net zo. Alle familieleden beginnen in de keuken, als afwasser.'

'Van de Orde van Advocaten moet ik tijdens mijn stageperiode ten minste vijf keer optreden in rechte.'

'Ach, wat weet de Orde van Advocaten er nou van?'

'Anders krijg ik geen stageverklaring.'

'Het komt wel. We hebben drie jaar de tijd. We gaan van jou een prima advocaat maken, stapje voor stapje. O ja, Eppo, wil je de vaatwasser zo even uitruimen? Je bent het gisteren vergeten.'

De enige keer dat ik tijdens mijn eerste maanden een rechtbank vanbinnen zag, was tijdens mijn beëdiging als advocaat. Het was een plechtigheid op de rechtbank Amsterdam, nabij de grote kantoren. Foekje gaf me een bef cadeau met op de achterkant, in gouden letters, mijn naam geborduurd. Ze had hem bij mij omgedaan. 'Het koord moet onzichtbaar zijn, Eppo, onder de kraag van je toga.' Voor het eerst in toga, ik vond het reuzespannend, net als de veertig andere advocaten, toekomstige confrères en collega's, die de belofte of de eed moesten afleggen. Een voor een gingen we op commando van de voorzitter van de rechtbank staan om te beloven of te zweren dat we geen zaak zouden verdedigen die we 'in gemoede niet gelove rechtvaardig te zijn'. Maar na de ceremonie was het gewoon weer terug naar de Keizersgracht, zonder enig uitzicht op een zaak.

Het opstellen van schadestaten, dat was al het juridische werk van betekenis dat Foekje me liet doen. 'Ik heb een leuke klus voor je, Eppo. Een heel interessante zaak. Op station Hilversum-Noord heeft een man zich voor de trein geworpen. Onze cliënt, stel je voor, was rustig een krantje aan het lezen op een stationsbank en krijgt het hoofd van die zelfmoordenaar tegen zijn knie. Ik verzin het niet. Knie ontwricht, spoedoperatie in het ziekenhuis. Die man heeft een compleet nieuwe knie gekregen. En wat denk je? De verzekeringsmaatschappij weigert uit te keren. Waarom? Omdat de verzekeringsnemer dood was op het moment dat hij op de knie belandde! Het moet niet veel gekker worden, Eppo. Weet je wat jij nu even voor mij mag doen?' Ze overhandigde me een verkreukelde Albert Heijntas. 'Een mooie schadestaat opstellen.'

Ik keek in de tas – een ongeorganiseerde bende van bonnen, treinkaartjes en andere papieren.

'We moeten hier echt het maximale uit zien te halen. Arbeidsvermogenschade, verlies van zelfwerkzaamheid, medische kosten, herstelkosten, reiskosten – alles. Eppo, ik reken op je.' Foekje kon het brengen alsof ze me net had gevraagd binnen vierentwintig uur de wereld van een atoomaanval te redden. De waarheid was dat ze zelf een spuughekel had aan het opstellen van schadestaten. Ik nam het werk dankbaar aan, in de wetenschap dat ik niet dichter bij een echte zaak zou komen dan dit.

De dagen waarop ik me het meest advocaat voelde, waren de woensdagen. Dat waren de dagen waarop ik beroepsopleiding had. Met dertig andere advocaat-stagiaires van Amsterdamse kantoren kreeg ik onderwijs in een verdrietig zaaltje van de loge der vrijmetselaars aan de Vondelstraat.

Het begin, de eerste keer, was niet prettig. Toen we met ons dertigen aan de U-vormige tafel zaten, kondigde de cursuscoördinator, een vrouw die mijn moeder had kunnen zijn, het onvermijdelijke voorstelrondje aan. 'Vertel ons wat je naam is, waar je hebt gestudeerd, bij welk kantoor je werkt en misschien nog een juridisch specialisme dat je beoefent.' Het voorstellen begon rechts van haar, aan het linkeruiteinde van de U. Na achttien keer, zo had ik snel berekend, zou ik aan de beurt komen.

Het was onmogelijk me te concentreren op de namen van mijn klasgenoten. De namen kwamen steeds dichterbij, als een lont aan een rotje dat ongeduldig opbrandde. Met een verlegen glimlach besloot het meisje links van mij haar zin – ze was gespecialiseerd in arbeidsrecht – en gaf de beurt aan mij door met haar hoofd mijn richting op te draaien. 'Mijn naam is Eppo Boetselaar.' Mijn stem galmde door de zaal. Het effect op het noemen van mijn naam bleef niet uit. Pennen werden neergelegd, blikken die eerst verveeld in het luchtledige hadden gestaard, zoomden nu in op mij, iemand vroeg aan zijn buurman mijn naam te herhalen, het meisje links van mij sloeg haar armen over elkaar. Ik haalde diep adem. 'Binnen de balie ben ik ook wel bekend als de ballenjongen.'

Het bleek de juiste keuze te zijn om het meteen te benoemen. Mijn openheid werd beloond met gelach. De volgende weken kwam het onderwerp nauwelijks ter sprake. Ik werd geduld, getolereerd. Meer zat er niet in, maar het maakte me niet uit. Al was ik slechts toehoorder, ik slurpte de verhalen van mijn klasgenoten op, als een hongerige baby. Zo was het dus om advocaat te zijn.

Michelle, een meisje met een blonde paardenstaart, vertelde dat ze in de eerste week al door haar patroon naar het hof was gestuurd voor een pleidooi. 'Het enige wat je moet doen, is de pleitnota voorlezen. Alles staat erin.' Totaal onvoorbereid was ze op haar fiets met een zware koffer vol producties naar de Prinsengracht gereden. In de gang naar de zittingszalen zat een zenuwachtige man. 'Bent u de heer Vinken?' De man was niet geïnformeerd over de wissel. Woedend was hij, dat haar baas niet was komen opdagen voor het pleidooi. Hij noemde het een schertsvertoning. En toen moest het pleidooi nog beginnen. Halverwege de pleitnota werd Michelle onderbroken door de president van het hof. 'Klopt het dat u nu letterlijk hetzelfde pleidooi houdt als bij de rechtbank?' Ze wist het niet, stamelde dat er wel wat andere accenten in het verhaal zaten. 'Misschien kunt u zich dan beperken tot die accenten.' Bleek haar patroon alleen de datum en de instantie te hebben veranderd, voor de rest was de pleitnota identiek aan de versie die hij in eerste instantie had voorgedragen. 'Ik wilde ter plekke sterven. Sindsdien schrijf ik al mijn pleitnota's zelf.' Elf keer had ze al pleidooi mogen houden.

De jongens en meisjes van de grote kantoren – zeven zaten er in mijn groep – vormden een eigen bastion. Ze zaten altijd bij elkaar, aan het hoofd van de U-vormige tafelopstelling. Wie ze zo zag zitten, handen onder de tafel, blik aandachtig naar het kruis gewend, zou denken dat ze in gebed waren verzonken. In werkelijkheid waren ze onophoudelijk berichten aan het typen op hun BlackBerry's. Mijn god, wat wilde ik graag ook zo'n ding. Maar Foekje had me niet eens een mobiele telefoon gegeven. 'Met wie moet jij nou bellen?' En ze had gelijk. De enige keer dat ik een cliënt sprak was dat om hem door te verbinden met Foekje.

Op een dag had Robert Smelt, een jongen van Van Kralingen & Kreupelhout, naar zijn hoofd gegrepen na het lezen van een bericht op zijn BlackBerry. Vloekend rende hij de zaal uit om pas na twee uur terug te keren, onder het mompelen van een of ander vaag excuus. Later vertelde hij dat een tanker van een niet nader genoemde cliënte in Buenos Aires aan de ketting was gelegd. Hij had de afgelopen twee uur koortsachtig overleg gepleegd met een Argentijnse advocaat uit hun internationale netwerk. 'Die advocaat sprak geen woord Engels en ik kon maar niet op het Spaanse woord voor "beslag" komen. Het duurde eindeloos voordat hij begreep wat er aan de hand was.'

De docenten van de beroepsopleiding konden op weinig interesse rekenen van de zeven advocaat-stagiaires van de grote kantoren. Het meeste van wat verteld werd, wisten ze al. Bovendien kregen ze intern een eigen opleiding, die veel beter was. Eén keer heb ik ze geconcentreerd zien opletten. Dat was toen Diepering les kwam geven. Ik wist toen nog niet wie hij was, deze éminence grise van Schwaab & Helvoeth.

Met lege handen was hij het lokaal binnen komen wandelen, zonder jas ook, dus ik vermoedde dat er ergens een chauffeur wachtte. Hij maakte niet de indruk de les op enige wijze te hebben voorbereid. Met de stroeve motoriek van een rechtsgeleerde, handen op de rug, kachelde hij op en neer voor de klas. 'Mij is verzocht u het een en ander te vertellen over het burgerlijk procesrecht. Aan dat verzoek voldoe ik gaarne, maar dat kan ik alleen als ik u eerst vertel over de blafkikker.' Hij sprak met de stem van een walrus. 'De blafkikker leeft hier niet zo ver vandaan, op een steenworp afstand van station WTC, tussen carbonpapier, typelint en restjes oude koffie. Blafkikkers komen in de beste families voor. Wat zeg ik: sommige van mijn beste vrienden zijn blafkikkers. De blafkikker schijt dagvaardingen, brult om een kort geding, vervloekt uw verhinderdata, maar' – hij pauzeerde voor het effect – 'doet vervolgens he-le-maal niets. Angst voor de blafkikker hoeft u dus niet te hebben. Een heel ander geval is de pisreiger, dames en heren.'

Diepering vertelde zijn verhaal droog, zonder haperingen. Hij had de volle aandacht van de zaal. De jongens en meisjes van de grote kantoren keken naar elkaar als ze lachten om zijn grappen. Dit is er een van ons, zag je ze denken. Als wij hard werken, doorzetten, dan worden wij misschien ook een Diepering. Mijn toekomst zag er op dat moment heel anders uit – een Foekje de Jong kon ik worden.

6

Rinzema duwt de zijkant van zijn duim tussen zijn tanden. Hij bijt. Dan scheurt hij langzaam de huid rond zijn nagel eraf, alsof hij een kous naar beneden rolt. Zijn ogen vertrekken even van de pijn. Het vel dat hij zo heeft buitgemaakt, houdt hij een moment tussen zijn tanden geklemd. Dan haalt hij het op met de punt van zijn tong. Aan zijn kaakbewegingen zie ik dat zijn voortanden de nagelriem fijnmalen. Hij slikt hem door.

Ik schrik van het geluid van een stofzuiger, achter mij. Zouden de schoonmakers weten dat kantoor verlaten is vanwege de kerstlunch? Rinzema wacht op mijn antwoord op zijn vraag. Hoe moet ik mijn relatie met Foekje typeren? De vraag is met opzet open geformuleerd. Ik kan alle kanten op met mijn antwoord. Verdonk leunt op zijn handen. De student-stagiaire zit gereed om aantekeningen te maken. Ineens begrijp ik waarom ze bij het gesprek is. Haar aanwezigheid moet mij aansporen tot sociaal wenselijke antwoorden. Zelfs nu ik ben ontslagen, voel ik de sociale druk om de onberispelijke reputatie van Schwaab & Helvoeth hoog te houden. Het kantoor van de landsadvocaat. Van de voormalige landsadvocaat, moet ik zeggen.

'Neem de tijd,' zegt Rinzema, terwijl hij zijn duim bestudeert. Hij perst een druppel bloed naar buiten die zich verspreidt langs de oevers van zijn nagelriem. Hij houdt zijn duim weer tegen zijn lippen, zuigt het bloed op.

'Mijn relatie met Foekje de Jong was prima,' zeg ik.

'Zeg je dat nou omdat het echt zo is of omdat het je beter uitkomt?' vraagt hij.

'Het is echt zo. Foekje valt niets te verwijten.'

Is het waar? Kan ik haar niets verwijten? Formeel was ze wel mijn patroon. De leerling, de noviet, dat was ik. Uit de veilige omgeving van de Keizersgracht nam ze me mee naar de hectiek van de Zuidas. Foekje had me beter moeten beschermen. Ze had vaker moeten vragen hoe het ging. Ze had resoluut een einde moeten maken aan de praktijken van Helvoeth. Als geen ander wist ze dat ik onmenselijke uren draaide. Maar Foekje was zelf ook een inboorling in de stad, die haar weg moest vinden door het razende verkeer. Hoe hebben ze ooit kunnen denken dat zij binnen een jaar een rendabele letselschadepraktijk zou opbouwen? Foekje, die tot het chagrijn van velen meteen partner mocht worden, de tweede vrouw van de maatschap nota bene, zij zou wel even doen wat nog niemand in de roemruchte historie van het kantoor had gedaan. Samen met één advocaat-stagiaire.

'Nam zij voldoende tijd voor overleg?' vraagt Verdonk.

'Ze had het druk, net als ik, maar in principe kon ik bij haar terecht als ik vragen had.'

'Maar je had nooit vragen,' concludeert Rinzema.

'Ik had vaker bij haar naar binnen moeten lopen,' zeg ik diplomatiek.

'*Yeah, right.*' Rinzema kijkt op zijn horloge. 'De volgende vraag. Heb je een gebrekkige begeleiding gekregen?' Het woord 'gebrekkige' spreekt hij uit als iemand die te lang in Amerika heeft gewoond.

Ik weet niet goed wat ik moet zeggen. Rinzema, Verdonk en de stagiaire zitten als een selectiecommissie op een rij. Wie niet beter zou weten, zou denken dat het om een sollicitatiegesprek ging.

'Wist je wat er van je verwacht werd?' Verdonk kijkt oprecht geïnteresseerd.

'Ik denk het wel.'

'Je denkt het wel?' roept Rinzema. 'Je dénkt dat je weet wat je moest doen?' De student-stagiaire naast Rinzema krimpt ineen.

Verdonk lacht ongemakkelijk. 'Heren, toe nou. We zijn per slot van rekening oud-kantoorgenoten van elkaar. Wat we met die vraag bedoelen, Eppo, is of we je wel goed hebben uitgelegd hoe alles werkt op zo'n groot kantoor. Hoe CarpeDiem werkt bijvoorbeeld, hebben we je dat goed uitgelegd?'

CarpeDiem was me niet uitgelegd. Niet in een aparte cursus of zoiets. Maar het systeem was iedere advocaat-stagiaire duidelijk. Het werd er ingepeperd: alle uren die je op kantoor doorbracht moest je verantwoorden in CarpeDiem. Vanaf het moment dat je binnenkwam, totdat je huiswaarts keerde. Werkzaamheden waren onder te verdelen in declarabele uren en non-declarabele uren. Non-declarabel: een jurisprudentielunch, de beroepsopleiding, een pleitwedstrijd, taart eten voor een verjaardag, zulke dingen. Declarabel: al het andere. Ieder gesprekje met een kantoorgenoot over een zaak, iedere gedachte aan een zaak, ieder kopietje dat je maakte, de zoektocht naar een nietmachine, het was allemaal declarabel en het werd allemaal gemeten. Meten is weten – het credo van Rinzema. Tijdschrijven deden we in eenheden van zes minuten. Alle tijd werd naar boven afgerond. Je kon CarpeDiem en je computer aan het einde van de dag alleen afsluiten als je acht volledige declarabele en non-declarabele uren had geschreven. Dat was nog wel sympathiek van het tijdschrijfprogramma: het ging uit van een achturige werkdag.

Ik weet waarom Verdonk over CarpeDiem begint. Ik weet alleen niet wat het goede antwoord is. Zou het relevant zijn dat het me niet is uitgelegd? Juridisch lijkt het me geen verschil maken. De blonde student-stagiaire zit klaar om mijn antwoord te noteren, de roze punt van haar tong uit haar mondhoek gestoken.

'Geef antwoord, Boetselaar. Heeft het je aan iets ontbroken?'

Spuug van Rinzema landt vlak voor me op tafel. Twee kleine belletjes die glinsteren in het licht van de Schwaab-zaal. Met een schrikachtige beweging veeg ik het van tafel. Mijn gesprekspartners begrijpen niet wat mijn arm daar op de tafel deed. Ik lach verontschuldigend en dan dringt de vraag van Rinzema tot me door. Heeft het me aan iets ontbroken? Ik aarzel. Misschien moet ik ze gewoon maar het hele verhaal vertellen. De waarheid, niets dan de waarheid.

7

'U moet alle vragen met ja of nee beantwoorden. Weet u het antwoord op een bepaalde vraag niet, dan laat u het open. Volledig ingevulde formulieren, voorzien van datum en handtekening, levert u bij mij in. Ik zit in de kamer hiernaast. Let u ook even op de vragen op de achterkant van het formulier?' Geroutineerd draaide ik het intakeformulier om en toonde de achterkant. Ik was verdomme net een stewardess die laat zien hoe je een reddingsvest omknoopt. 'Wij bepalen wanneer u aan de beurt bent. U moet rekening houden met een wachttijd van ten minste een uur. Wie in de tussentijd de wachtkamer verlaat, kan niet door ons worden geholpen. Zonder geldig identiteitsbewijs kunnen we u niet helpen. Wie heeft er geen pen?'

Een drietal handen ging de lucht in. Foekje had me verteld vooral niet zuinig te zijn met het uitdelen van de pennen. 'Een pen is de beste reclame die er is, Eppo. Iedere keer als de cliënt ermee schrijft, denkt hij aan ons.' Met de intakeformulieren en de pennen liep ik langs de mensen, gezeten op witte klapstoeltjes, die naar het inloopspreekuur waren gekomen. Het was maandag – extra druk, met in totaal zo'n twintig personen. Dat betekende dat Foekje ongeveer vijf minuten per persoon had. Het zag ernaar uit dat we weer flink zouden gaan uitlopen. Het zou zoveel efficiënter zijn dit proces via internet af te handelen. Iedereen zou gewoon via de website het intakeformulier kunnen invullen. Dan zouden we meteen een schifting kunnen maken. Foekje vond het onzin. 'Ik doe het al tien jaar op deze manier, en niemand klaagt. Het is prima zo.' Het aantal zaken dat binnenkwam, bewees haar gelijk. Iedere ochtend zat tussen acht en tien de wachtruimte vol. Foekje had een enorme achterstand in het afhandelen van aanvragen. Het was werk waar ik haar goed bij zou kunnen helpen. Maar ze achtte de tijd nog niet rijp. 'Je moet geduld hebben, Eppo. Je moet eerst het intakeformulier tot in je vingertoppen beheersen.' Dat hoorde ik al maanden. Ook als je me midden in de nacht wakker zou maken, zou ik de vragen zo op kunnen dreunen. Mijn geduld begon op te raken.

De aanwezigen namen de formulieren zwijgend in ontvangst. Af en toe mompelde iemand een bedankje. Ik was het gewend dat er nauwelijks werd gesproken in de wachtruimte. Het kwam, denk ik, door de akoestiek. Het plafond was drie meter hoog en er stonden, behalve de klapstoeltjes, geen meubelen in de kamer. Iedere scheet kon je horen. De indeling van de ruimte bood geen enkele privacy. Alle stoelen waren langs de kale muren opgesteld. Geen plant of een tafel. Foekje was nog wel zo attent geweest met gordijnen – een oranjebruin bloemmotief – het zicht vanaf de gracht naar binnen te blokkeren. Maar in de kamer spaarde het felle tl-licht niemand. Sommigen probeerden zich te verschuilen achter een tijdschrift, een *Aktueel* uit de leesportefeuille van zes jaargangen terug.

Vandaag leek het nog stiller dan normaal. Misschien kwam het wel door de bijzondere bezoeker die, samen met twee discipelen, in de hoek had plaatsgenomen.

'Kan ik iemand nog een kopje koffie aanbieden?' Ik ging met de kan langs de omhooggehouden plastic bekertjes en probeerde te raden wat de aard van de klachten was. De man met de mitella: verkeersongeluk. Het meisje dat de pluk haar voor de ogen om haar vinger draaide: seksueel misbruik. Het stel met de baby: medische blunder. De oude man in het blauwe trainingspak: asbest. Maar waarom zou zíj hier zijn?

'Heb je ook cappuccino?'

Natuurlijk hadden we geen cappuccino. Aan alles kon je zien dat er bij De Jong cs geen cappuccino te krijgen was. We hadden niet eens thee. Een glaasje water uit de kraan kon je krijgen als je geen filterkoffie wilde. De jongen die me de vraag had gesteld, zag eruit als een kledingverkoper uit de P.C. Hooftstraat. Hipper dan gij. Op zijn naar achteren gekamde blonde haren droeg hij een zonnebril.

'Ik vraag het niet voor mezelf. Het is voor Katja.'

Hij ging ervan uit dat ik wist wie Katja was. Toegegeven, ik wist wie Katja was. Iedereen in de wachtkamer wist wie Katja was. Alle aanwezigen hadden haar op enig moment herkend – verbaasd, nerveus, geschrokken – om vervolgens te doen alsof het de gewoonste zaak van de wereld was dat Katja in de wachtkamer zat bij De Jong cs. Katja, die eigenlijk Katja Janikova heette maar al jaren geleden haar achternaam had verloren – zoals dat kennelijk gaat bij vrouwen die publiek bezit zijn, misschien wel om de eeuwige jeugd te suggereren. Ondertussen was Katja niet meer zo jong, al deed ze haar best er als een tiener uit te zien. De lange vlechten, haar beroemde handelsmerk, waren als een kroon op haar hoofd gespeld. De laatste weken was ze in het nieuws geweest in verband met de serie benefietconcerten die ze ging geven voor de vrijlating van Vladimir Pravo, haar leermeester en, volgens sommigen, minnaar. Je zou bijna vergeten dat dat was waar ze beroemd mee was geworden: vioolspelen. De meeste mensen zouden haar er niet meer mee associëren, eerder met de eindeloze reeks talk- en quizshows waar ze in verscheen. Op het Mediapark leek ze te wonen, hoppend van studio naar studio. Ze was al jaren de lieveling van de redactie van *Spijker & Van Twist*, het dagelijkse praatprogramma.

De blonde assistent van Katja die om cappuccino had gevraagd bleef me vanaf zijn klapstoel vragend aankijken. 'Met magere melk, een zoetje, zonder cacao.'

'We hebben geen cappuccino. Het spijt me. Wil Katja misschien wat gewone koffie?'

Katja had me al die tijd geen blik waardig gegund. Ze bladerde in haar agenda, samen met de assistent aan haar andere zijde, een meisje dat uit een shampooreclame leek te zijn weggelopen. Katja had haar zonnebril opgehouden. Af en toe wees ze met een rode pinknagel naar een afspraak. Het shampoomeisje fluisterde dan iets in haar oor. Wat voor een vordering zou ze hebben? Misschien iemand die haar had beledigd.

'Nee, laat maar,' zei de jongen. 'Ik ga het zelf wel even halen.'

Nadat ik iedereen had bijgeschonken, ging ik naar mijn kamer, naast de wachtkamer, en nam plaats achter mijn bureau annex receptie. Het duurde gemiddeld een halfuur voordat iedereen de formulieren had ingevuld. Nadat ik ze op volledigheid had gecontroleerd, zou ik ze aan Foekje geven.

Het shampoomeisje was voor mijn bureau komen staan. Haar donkere krullen dansten op haar blote schouders, bruin en besproet van de zonnebank.

'We zijn klaar,' zei ze en ze overhandigde me het formulier.

'Dank je. Ik laat jullie weten wanneer jullie aan de beurt zijn.'

'Zeg, hoelang gaat dat nog duren, denk je?'

'Moeilijk te zeggen. Het is heel druk vandaag. Het spijt me.'

'Het is niet om lullig te doen, hoor, maar je weet toch wel wie Katja Janikova is?' Ze wachtte even om mijn blik te peilen. 'Vind je het niet heftig dat ze jullie kantoor heeft uitgekozen?'

Eerlijk gezegd vond ik het best wel heftig. Er had nog nooit een bekende Nederlander in de wachtkamer plaatsgenomen. Mijn eigen gevoelens waren alleen irrelevant; Foekje zou het helemaal niet heftig vinden.

'Ik ga mijn best voor jullie doen,' zei ik.

Haar jurkje steeg lichtjes op terwijl ze zich omdraaide.

Nadat ik haar voldoende tijd had gegeven om weer plaats te hebben genomen in de wachtkamer, bestudeerde ik gretig Katja's intakeformulier. Mijn oog viel meteen op het antwoord op vraag 14: Katja schatte de geleden schade op dertig miljoen euro. Ook als je daar de helft van aftrok, bleef er voor Nederlandse maatstaven een astronomisch bedrag over. Wanneer Foekje haar gebruikelijke percentage van dertig procent zou berekenen, zou er 4,5 miljoen euro voor ons overblijven. Waar werd de schade door veroorzaakt? De toelichting op de vordering was in grote ronde letters ingevuld. Het was ongetwijfeld het handschrift van het shampoomeisje. De zes voorgedrukte lijntjes waren niet voldoende voor het hele verhaal.

De schade is zeg maar een optelsom van heel veel verschillende dingen. We denken dat je eigenlijk eerst zou moeten beginnen bij al die jaren dat Vladimir in de gevangenis heeft gezeten, terwijl hij helemaal niet schuldig is. Dat is natuurlijk super erg!!! Het is een heel lieve, kwets-

bare man en Katja zegt dat er heel veel mensen zijn die niet meer met hem willen praten. Daar is hij heel erg verdrietig over. Het gaat emotioneel helemaal niet goed met hem, best wel heel slecht namelijk. Katja zegt dat zijn ziel is geknakt. Hij heeft zeg maar veel schade geleden omdat hij al die jaren niet heeft kunnen optreden. We hebben bewijs dat ze al die tijd hebben geweten dat hij onschuldig was! Het is super erg!!!

Ogenblikkelijk liep ik met het formulier naar de kamer van Foekje, op de eerste verdieping. Met twee treden tegelijk rende ik de houten trap op. De kamer van Foekje bestond uit stapels rode dossiermappen, als landmijnen verdeeld over de vloer, waar je omheen moest slalommen om haar bureau te bereiken.

'Ik denk dat je dit moet lezen,' zei ik. Het papier in mijn hand trilde.

Foekje bestudeerde als in een trance een of ander processtuk. Met een rode pen maakte ze aantekeningen in de marge.

'Foekje – contact. Ik heb geweldig nieuws. Er zit een prachtige zaak beneden op je te wachten.'

Ze keek op van het papier, alsof ze net wakker werd. 'Wat zeg je, jongen?'

Ik stak het vragenformulier naar haar uit.

Met haar rode bril op haar neus scande ze het papier. 'Wie is Katja Janikova?'

'Dat is een bekende Nederlander. Een violiste. Je moet het even helemaal lezen.'

'Is Vladimir ook een bekende Nederlander?'

'Je weet toch wel wie Vladimir Pravo is? Van de Vosbergermoordzaak.'

Ze zette haar bril af, wreef door haar ogen. 'Die dirigent? Maar die zit toch al jaren in de gevangenis?'

'Daar gaat dit ook om. Katja wil dat we een procedure starten tegen de Staat.'

'Een procedure tegen de Staat? Interessant.' Plotseling schoot haar iets te binnen. Ze sloeg met haar vuist op tafel. 'Shit. Sorry, kunnen we niet doen, Eppo. We hebben een conflicterend belang.'

'Een conflicterend belang? Wij werken toch niet voor de Staat? Alleen de landsadvocaat heeft een conflicterend belang.'

Foekje keek me met een pijnlijk gezicht aan. 'Ga maar even zitten, Eppo. Doe de deur dicht als je wilt.'

Ik verplaatste een stapel dossiers van de stoel voor Foekjes bureau naar de grond.

'Ik wilde je dit eigenlijk op een ander moment vertellen, maar ja.' Foekje krabde in haar hals, op haar bleke huid verschenen rode krassen. 'Je hebt misschien gemerkt dat ik het organisatorisch niet helemaal op orde heb hier. De zaken blijven binnenkomen, het is te veel voor mij alleen. Veel te veel. Ik dreig fouten te maken. Laatst ben ik bijna vergeten een dagvaarding tijdig aan te brengen.' Ze zuchtte. 'Waar het op neerkomt, beste jongen, is dat ik aan mijn eigen succes ten onder dreig te gaan. Er moet iets gebeuren. Jij ziet het toch ook?'

Foekje keek als het schuchtere meisje dat ze ooit moet zijn geweest. Waar ging dit gesprek naartoe? Misschien ging ze wel stoppen met werken. Overspannen, een burn-out. Het zou veel verklaren.

'Je moet ook meer mensen aannemen,' zei ik. 'Sorry hoor, maar hoe vaak heb ik wel niet gezegd dat we een secretaresse moeten zoeken? Iedere advocaat werkt toch met een secretaresse. Dat is de normaalste zaak van de wereld. Alleen jij doet het niet. Jij denkt dat ik je secretaresse ben.'

'Het is niet alleen een secretaresse, Eppo. Het is systeembeheer, administratie, incasso, de website, het is gewoon...' Foekje zuchtte. 'Alles. Het is te veel. Toen ik hiermee begon, ging het nog wel, maar de belangen zijn nu zoveel groter geworden. Als het fout gaat, kan ik een gigantische claim krijgen.' Foekje tikte met de achterkant van een potlood op een kladblok. Toen ze uitgetikt was, sloeg ze haar armen over elkaar en zuchtte. Ze ving mijn vragende blik en keek ogenblikkelijk weg, naar buiten, over de Keizersgracht. 'Een tijdje geleden ben ik benaderd door Willem Helvoeth – ik neem aan dat je weet wie dat is.' Ze keek nog steeds naar buiten. 'Hij heeft me gevraagd of ik daar wil werken.' Nu draaide ze haar gezicht naar mij. Haar ogen keken gespannen, een beetje angstig ook. 'Eppo, het zou voor mij een enorme uitkomst zijn. Ik kan zo aanschuiven. Ze hebben de beste faciliteiten, ik hoef me nergens zorgen over te maken. Alles wordt geregeld.'

Ik slikte. 'En ik dan?'

'Jij bent nog niet echt ter sprake gekomen in mijn gesprekken met Schwaab & Helvoeth. Ik weet niet of ze willen dat je daar opnieuw solliciteert.'

'Daar word ik nooit aangenomen.' De paniek klonk door in mijn stem.

'Ik ga het voor je regelen, echt. Ik ben je patroon en ik laat je niet in de steek. Als je mee wilt, tenminste. Wil je mee?'

Meende ze dit nu serieus? Dit zullen mijn klasgenoten van de beroepsopleiding nooit geloven. Zou ik aan het hoofd van de U-vormige tafel mogen zitten? Een BlackBerry, ik zou een BlackBerry krijgen! Ik zou een echte advocaat worden. Schepen aan de ketting leggen, sommatiebrieven sturen, pleiten. Misschien zou ik wel een eigen zaak krijgen.

'Tussen ons hoeft er niets te veranderen. Je blijft gewoon je werk doen.'

'Blijf ik voor jou werken?'

'Natuurlijk, we blijven een team.' Foekje bespeurde enige teleurstelling. 'Maar je hoeft geen koffie meer te schenken. Je krijgt een secretaresse. Wat vind je daarvan, een eigen secretaresse?'

'Die koffie voor *míj* gaat zetten.'

'Weet je, Eppo.' Foekje boog zich samenzweerderig over haar bureau. 'Ik kan je niets beloven, maar...' Ze vergewiste zich ervan dat we niet werden afgeluisterd.'... misschien kan ik je binnenkort een eigen zaak geven.' Een triomfantelijke blik. 'Zou je dat leuk vinden? Je eerste eigen zaak?'

'Ja, natuurlijk.'

'Zullen we het dan zo afspreken, dat je gewoon meegaat? Ik zou het echt heel leuk vinden, Eppo. Jij en ik bij het grote Schwaab & Helvoeth. Het kantoor van de landsadvocaat.' Ze bedacht iets. 'Maar ja, mevrouw Katja kunnen we dan niet bijstaan.'

8

De torens van de Zuidas doemden uit het niets op. Onaangekondigd, na de troosteloze bejaardenflats aan weerszijden van de Beethovenstraat, was daar ineens het groene, spiegelende glas van het World Trade Center, als een olietanker die opduikt uit de mist.

Op vrijdag waren ze gekomen, de mannen van Beheer. Zes man in rode overalls met SCHWAAB & HELVOETH op de rug. De verhuizers zwegen terwijl ze werkten. Ze wilden geen koffie, geen water, ondanks het troebele zweet dat van hun voorhoofden gleed. Foekje en ik konden niet veel doen, behalve toekijken hoe ze kartonnen dozen in elkaar vouwden, vulden en met tape verzegelden. Alles ging mee, ook de overleden cactus en de vieze koffiekopjes. Binnen vier uur was alles ingepakt. Foekje en ik bleven achter in het lege grachtenpand. De Perzische kleden en archiefkasten hadden plekken op de houten vloer achtergelaten. Stof danste door de kamers. Foekje ging haar zoon, haar enige kind, van school halen. 'Ook weleens leuk,' had ze gezegd. 'Ik zie je maandag. Gustav Mahlerlaan nummer 9.'

Overdonderd kneep ik in mijn handremmen. Ik dirigeerde mijn fiets onder het viaduct van de A10 – het verkeer raasde boven mijn hoofd – sloeg rechtsaf het rode fietspad op, langs de aangelegde waterplas. Mijn nieuwe das wapperde als een windvaantje over mijn schouder. Alles om mij heen bevestigde mijn eigen nietigheid.

Uit overdreven zorgvuldigheid had ik het adres opgeschreven. Maar dat ging ik niemand vertellen. Het was ondenkbaar dat je de toren van Schwaab & Helvoeth niet zou kunnen vinden. Als een uitgeschoten bonenstaak reikte hij ver boven de andere torens uit. Rank, kwetsbaar, met al dat glas, onmiskenbaar de mooiste en slimste van de klas. Je werd duizelig als je omhoog keek. Waar zou ik mijn fiets neerzetten? Ik wurmde hem in het laatste plekje van de fietsenstalling van Station Zuid/WTC, tussen een moederfiets met twee kinderzitjes en een roestbrik met een lekke band, maanden geleden in de steek gelaten. Ik draaide me om, fietssleutels nog in de hand, en keek uit over het plein, naar links, naar rechts, alsof ik bij het oversteken moest uitkijken voor het verkeer. Hijskranen stonden schouder aan schouder met blinkende torens. Stapels zand, lukraak verspreid over het terrein, afgezet door hekken. Ik hoorde het monotone gedreun van palen die de grond in werden geheid. Zou de Zuidas ooit afkomen?

Met flinke passen marcheerde ik over het plein, als door een magneet getrokken door de gouden letters die de kantoornaam spelden, schitterend boven op de glazen uitspanning, de ingang van kantoor. Vier glazenwassers waren op duizelingwekkende hoogte ramen aan het lappen. Het leken wel alpinisten. Een meeuw zweefde tussen de kabels door waarmee ze aan het dak waren bevestigd. Voorzichtig, alsof het glazen gevaarte zou kunnen instorten, liep ik onder de uitspanning door. Voordat ik de sensor van de schuifdeuren in werking stelde, keek ik nog even naar mijn spiegelbeeld in het reflecterende glas. De knoop in mijn das had de neiging om naar beneden te zakken.

De receptioniste was een mevrouw, een dame, een moeder van drie kinderen, misschien wel vier. Intimiderende borsten, die als een loop van een tank dreigend naar voren schoven bij iedere beweging.

'Weet u zeker dat u bent aangemeld?'

Ik bevestigde het nogmaals, maar zeker weten deed ik het niet. Foekje had niets gezegd over aanmelden. Het leek me alleen beter aangemeld te zijn. Het toetsenbord bonkte ongeduldig op het glazen blad. Er ontbrak een pootje: iedere keer dat de receptioniste op de pijltjestoets drukte, raakte het keyboard uit balans. De receptioniste haalde diep adem, als op verzoek van de huisarts. 'Hebt u nog een momentje?'

Lichtbundels als toneellampen schenen naar binnen om de hal, die reikte tot het dak, volledig te verlichten. Volwassen palmbomen markeerden de wachtruimte in een hoek van het atrium. Als een eindeloze colonne mieren stapten advocaten door de hal, in de richting van de poortjes die een laatste barricade vormden om de liften te bereiken. Het geluid van schoenhakken weerkaatste tegen het glaswerk. De mannen vastberaden, met grote passen, de vrouwen voorzichtig, trippelend op de marmeren tegels. Iedereen begroette de receptioniste – Ellen bleek ze te heten.

Ellen pakte de telefoon, drukte drie cijfers in. Haar nagels waren niet geschikt voor dit werk. Terwijl de telefoon overging, staarde ze – een vinger tegen de hoorn tikkend – naar boven, naar het heelal, dertig verdiepingen hoog. De zon scheen al misdadig op dit uur. Ellen schudde haar hoofd, legde de telefoon, onbeantwoord, weer op de haak. 'U wordt opgehaald,' zei ze. 'Neemt u even plaats in de wachtruimte.'

Uit een rek met kranten viste ik de *Financial Times*. Niet dat ik die ooit las, maar het leek me de juiste indruk wekken bij degene, wie dan ook, die mij zou ophalen. De krant was bevestigd aan een houten stok. Ik legde het gevaarte voor me op de leestafel, zonder enige intentie het ding te gaan lezen. Op de enorme flatscreentelevisie, bevestigd aan een systeemwand, sprak de presentator van CNN onheilsberichten uit. Vier mannelijke cliënten, ze spraken Spaans, gaven commentaar op een document dat van hand tot hand ging. Reiskoffers met wieltjes stonden naast de wit lederen buizenbanken opgesteld, de grepen nog omhoog geschoven. Op de klok zag ik dat ik hier al vijftien minuten zat.

Een man verkleed als ober – wit overhemd, strik, zwarte broek – vroeg in het Engels of ik iets wilde drinken. Ik bestelde koffie met melk en suiker, ook in het Engels, omdat ik niet zeker wist of hij Nederlands sprak. Even later kwam hij terug met een cappuccino en een glas water op een klein, houten dienblad. Zou Foekje er al zijn? Die zat waarschijnlijk in haar nieuwe kamer, met vogeluitzicht over de stad, omringd door verhuisdozen, reddeloos verloren. Geen dossier, geen paperclip kon ze vinden, niemand die koffie voor haar zette. Ik moest gniffelen om de gedachte.

'Kunt u nog één keer uw naam spellen?' Het was Ellen die haar post had verlaten.

Ik spelde mijn naam, wat ik niet eerder had gedaan. Ellen wierp me een verontschuldigende glimlach toe en spoedde zich terug naar de receptie. Daar pakte ze de hoorn van de telefoon die van de haak lag.

Mijn aandacht werd getrokken door een vitrinekast in het midden van de wachtruimte. Het bleek een prijzenkast te zijn. De kast was gevuld met plexiglazen staanders, *international lawyer trophees* zus of zo, *awards* voor het één of ander. Geplastificeerde artikelen uit internationale advocatenbladen. Ik hurkte voor de kast om alles te kunnen lezen. Een partner van de sectie Banking werd geroemd als een '*world leader in his field*'. Schwaab & Helvoeth steunde het Ronald McDonald House en had een lagere school in Jakarta laten bouwen. De Spanjaarden waren al een kwartier geleden opgehaald door een vrouw die een halve kop groter was dan de langste van het stel.

Daar was Ellen weer. 'Heeft u nog even een momentje? Uw kamer wordt nu klaargemaakt.' Ze rende weer terug naar haar honk, zo goed en zo kwaad als dat ging in een kokerrok. Mijn kamer klaarmaken? Het was hier toch geen hotel? Ik besloot Foekje te bellen op haar mobiele telefoon. Voicemail. Een mij onbekende stem zei in het Engels dat ik de voicemailbox van Foekje de Jong van Schwaab & Helvoeth had bereikt. 'Please leave a message after the tone and we will get back to you as soon as possible.' Ik besloot niets in te spreken. Volgens mijn horloge zat ik hier nu drie kwartier. Ik was de enige in de wachtruimte.

Bij de receptie zag ik Ellen een man mijn richting op wijzen. De man, hij was kaal, wees haar na en vroeg om bevestiging. Ellen knikte, waarna de man mijn kant op kwam lopen. Hij lachte breeduit, zijn tanden staken af bij zijn bruine hoofd.

'Eppo van Boetselaar, wat leuk dat je er bent. Welkom.' Hij gaf me een hand. 'Ik ben Kees Verdonk, hoofd Human Resources. Ik hoop dat we je niet te lang hebben laten wachten.'

'Nee,' zei ik.

'We moesten nog even een pasje voor je laten maken. Ons netwerk was uitgevallen. Maar je bent er, dat is het belangrijkste. Ga je mee? Dan laat ik je zien waar je zit.' Verdonk hield zijn pasje voor de sensor bij de poortjes naar de lift tot die groen oplichtte. Hij registreerde mijn verbaasde blik. 'Jouw pasje wordt nu gemaakt. Alles komt in orde. Jij moet er nu doorheen lopen. Goed zo.' Hij activeerde het poortje nog eens en liep er zelf doorheen. 'Beveiliging,' zei Verdonk. 'Je weet nooit wie je in huis haalt.' In de lift moest hij weer zijn pasje gebruiken om op de knop van de zevende verdieping te kunnen drukken. Verdonk keek me lachend aan. Ik wist niets te zeggen.

'Dus jij bent Eppo,' zei Verdonk ten slotte.

Ik zei dat het zo was.

'Goed zo, heel goed.'

Op de zevende verdieping hield hij de liftdeuren voor me open. 'Ik ga door naar de tiende. Jij moet door die deur, voorbij het secretariaat, langs de pantry, helemaal aan het eind van de kantoortuin, bij het kopieerapparaat, daar is jouw kamer. Succes.' Hij grijnsde, zwaaide nog naar me door de glazen liftdeuren en was verdwenen. Nu was ik alleen in de toren. Het plafond leek op me af te komen. Ik liep naar de deur van de gang. Op slot. Naast de deur kleurde een sensor rood. Door de glazen deur zag ik mijn nieuwe collega's druk heen en weer lopen. Secretaresses met stapels rode dossiermappen, advocaten bellend en gebarend, iemand die koffie over zijn shirt had gekregen, een jongen die het papier van de printer bijvulde, een dame met een trolley gevuld met lege pizzadozen. Het was of ik voor een aquarium stond. Niemand die me zag staan. Aankloppen lag voor de hand, maar ik durfde het niet. Ik belde Foekje. De telefoon ging drie keer over, ik verwachtte de voicemail, toen ze opnam.

'Eppo, waar ben je?' Ze klonk bezorgd.

'Op de zevende verdieping.'

'Daar ben ik ook. Kun je het niet vinden? We zitten helemaal aan het einde van de gang.'

'I-ik heb geen pasje. Ik sta nog bij de lift.'

'Wat een flippo's. Wacht, ik kom naar je toe.' Door de deur zag ik Foekje vanuit de gang naar me toe lopen, de mobiele telefoon nog in haar hand. Ze droeg haar vale spijkerbroek, een zwart T-shirt met de tong van de Rolling Stones erop, slippers aan haar voeten. Een toerist die per ongeluk in een besloten kerkdienst terecht was gekomen. Lachend deed ze de deur open. 'Welkom in de Schwaab-schwanz. Ze zijn je kamer nog aan het inrichten. Ik heb gezegd dat je een yucca wilt. Die kunnen niet dood.'

In mijn kamer waren de mannen met rode overalls nog bezig. Twee dit keer. Een volle dossierkast werd ontruimd. Ze stapelden de rode mappen op elkaar, bonden er zo nodig een postelastiek omheen en legden ze op een steekkar. Het bureau tegen het raam was net met een natte doek behandeld. Aan het scherm van de computer hing nog een geel post-itblaadje, gekruld door de tijd. 'Niet vergeten: CarpeDiem!' stond er in een meisjeshandschrift met potlood op geschreven. De verhuizers rolden hun steekkarren naar buiten. Boven op de kast lag nog een vergeten dossier. Ik sloeg het stof eraf en opende het, voorzichtig als een oud fotoalbum. De brieven, verzonden op papier van Schwaab & Helvoeth, waren ondertekend door ene Ph.M. Faasen. Strenge brieven. De wederpartij kreeg nog een laatste kans om aan de sommatie te voldoen, uiterlijk binnen zeven dagen na dagtekening van de brief, bij gebreke waarvan hij, zonder nadere waarschuwing, in rechte zou worden betrokken.

Een van de mannen kwam weer de kamer in. Geschrokken sloeg ik het dossier dicht.

'Deze waren jullie vergeten,' zei ik, terwijl ik het elastiek om de map bevestigde. Zwijgend trok hij de map uit mijn handen, pakte de volle prullenbak die op de bureaustoel stond en verdween weer uit mijn kamer. Ik keek uit het raam, naar de andere kant van de Zuidas, de andere kant van de A10, over het spoor waar het allemaal was begonnen, het gedeelte van de Zuidas dat de indruk wekte van een gepensioneerde profvoetballer, ooit bejubeld, nu toeschouwer van het spel van de jonge garde. Links, aan de Parnassusweg, lag de rechtbank. De rechterlijke macht beschikte duidelijk niet over hetzelfde budget als de advocaten. Het gebouw leek wel een gevangenis, met die zwarte raampartijen gestanst in het wit-grijze beton. Bij mijn voeten raasden de miniatuurauto's over de snelweg. Het verkeer zoemde als een afzuigkap.

Onder het raam, achter de verwarming, zag ik iets liggen, een gekruld stuk papier. Met mijn hand kon ik er niet bij. In de la van mijn nieuwe bureau vond ik een briefopener die net lang genoeg was. Ik wrikte tevergeefs. Toen liet ik de briefopener vallen, op het papier, dat met briefopener en al op het antracietgrijze tapijt plofte. Het was een kaart, vol spinrag. Een kerstkaart. Kerst 2004. Aan de binnenkant was een rijmpje voorgedrukt.

You're wonderful and very dear
And that is why a lot of love
Comes with this message here.

Met pen had de verzender 'Dear Philipine' boven de tekst geschreven. Eronder: 'Merry X-mas and best wishes for 2005!'

'Wat ben je aan het doen?' blafte een vrouwenstem achter me.

Als op heterdaad betrapt draaide ik me om. In de deuropening stond een vrouw van non-descripte leeftijd. Ze kon begin dertig zijn, maar ook eind veertig. Haar kleren zagen er vervaagd uit. Niet iemand die wasvoorschriften volgde. Een kwade blik. Een beetje zoals van de vrouwen in SC Oud-West die aan het eind van de avond, zwikkend op hun hakken, door niemand werden meegenomen. De vrouw had een zwart apparaat in haar hand.

'Wat denk je dat je aan het doen bent?' herhaalde ze.

'I-ik...'

Ze griste de kaart uit mijn handen, bestudeerde de tekst. 'Heet jij soms Philipine?'

'S-sorry.' Ik voelde mijn gezicht rood kleuren. 'B-ben jij Philipine?'

'Doe niet zo belachelijk.' Ik werd afkeurend opgenomen. 'Mieke.' Ze kneep net iets te hard in mijn hand. 'Ik ben je secretaresse. En ik heb er een hekel aan als andere mensen in mijn spullen zitten te neuzen. Hier,' – ze overhandigde me het apparaat – 'een BlackBerry voor je. De oude van Philipine. Je hebt over een uur een afspraak met meester Zweers. Zorg dat je er klaar voor bent.'

9

'Weet je wat een panopticum is?'

De afspraak met meester Zweers was al drie keer verplaatst. Het was alsof mijn BlackBerry een spelletje met me speelde. Steeds zat ik op het afgesproken tijdstip klaar voor wat zou komen en dan werd de afspraak op het laatste moment verzet. Ik had Mieke, de secretaresse die aan mij en twee andere stagiaires was toebedeeld, na de eerste keer gevraagd of het klopte dat de afspraak was veranderd. Ze keek naar me als een verveelde kassajuffrouw. 'Als het zo in je agenda staat, zal het wel kloppen, Eppo. Of denk je dat ik mijn werk soms niet goed doe?' Wie meester Zweers was, wat het onderwerp van de afspraak was, waarom de afspraak steeds werd verplaatst – het waren vragen die ik niet meer aan Mieke durfde te stellen. Ik durfde geen enkele vraag meer aan Mieke te stellen.

Er waren meer dingen waar ik die eerste week moeite mee had. Door de gang lopen bijvoorbeeld. Ik deed het bij hoge uitzondering, eigenlijk alleen als ik naar de wc moest. Buiten mijn kamer trof ik een open vlakte aan, de kantoortuin, waar ik werd blootgesteld aan tal van onbekende gevaren. De secretaresses, in viertallen gegroepeerd, als roedels wolven wachtend totdat ik eindelijk eens mijn kamer uit kwam. Vanuit hun holen, een vierkante tafel door twee schotten opgesplitst in vier delen, een soort kubussen, werd ik gadegeslagen, geanalyseerd, verguisd. Hoe verder ik van ze verwijderd was, hoe luider hun stemmen klonken. Ze achtervolgden me, zodat ik mijn tred wel moest versnellen. Uitgeput deed ik de deur van de wc achter me dicht, de enige deur in het gebouw die niet transparant was.

Lunchen, nog zo'n gruwel. Dat deed ik in die eerste week maar één keer, in de hippe bedrijfskantine op de 29ste verdieping. Aan een eenzaam tafeltje wist ik niet hoe snel ik mijn Mexicaanse omelet – het was 'Mexicaanse week' – moest opeten.

Nee, ik bleef bij voorkeur de hele dag op mijn kamer. Om zes uur, nadat de secretaresses waren vertrokken, sloop ik mijn kamer uit, naar huis.

Meester Zweers, zo had ik bedacht, was een van de vele hoogleraren die Schwaab & Helvoeth tot zijn gelederen rekende. Hij zou nog een examen bij me afnemen. Een test om te beoordelen of ik wel voldoende kennis had. Doodsbenauwd was ik ervoor. Ik was natuurlijk niet volgens de gebruikelijke procedure bij Schwaab & Helvoeth terechtgekomen. En, eerlijk is eerlijk, zonder de hulp van Foekje was ik hier nooit aangenomen.

Ik wist niet wat een panopticum was.

'Het is niet erg,' zei meester Zweers. 'Niet iedereen bij Schwaab & Helvoeth is gymnasiast, al zullen weinigen daar openlijk voor uitkomen. Panopticum betekent "alziend", Eppo. De bibliotheek is ontworpen volgens de principes van een panopticum. Dankzij de ronde vorm kun je vanaf ieder punt iedereen in de gaten houden. Een grapje van de architect.'

Meester Zweers bleek geen hoogleraar, maar een vrouw in een broekpak en met kaarsrecht haar, die met haar hakken bijna een kop groter was dan ik. Haar voornaam was Bernadette en ze was niet gekomen om mij een examen af te nemen. Het ging om een rondleiding.

'Normaal gesproken doen we dit op de eerste werkdag,' had ze quasiverontschuldigend gezegd toen ze zich voorstelde. 'Maar we waren niet geïnformeerd over je komst. Je bent een bijzonder geval.' Ze bestudeerde me alsof ik tot een uitheemse vogelsoort behoorde.

Bernadette en ik bleven bij de ingang van de bibliotheek staan. Er heerste een serene rust. Ik telde twaalf lange massief eikenhouten tafels met groene lampjes waaraan werd gestudeerd. Aan de laatste tafel, bij de koffieautomaat, zat een groep van zeven jonge meisjes.

'Onderdeel van het meubilair,' fluisterde Bernadette, mijn blik volgend. 'Ze zitten hier altijd.'

De meisjes leken inwisselbaar in hun donkere mantelpakjes. De advocate aan het hoofd van de tafel sprong eruit door een perzikkleurige outfit die pijn deed aan mijn ogen.

'Dit is de grootste privécollectie juridische boeken van Europa,' vervolgde Bernadette.

De boeken waren over twee verdiepingen verdeeld langs de ovaalvormige wanden van de bibliotheek. De tweede verdieping was via gietijzeren wenteltrappen te bereiken. Op de balustrade werd door boeken gebladerd. Niet eerder had ik zoveel studiemateriaal bij elkaar gezien.

'Privécollectie?'

'De collectie is aangelegd door meneer Schwaab. Alle boeken met een groene sticker op de rug komen oorspronkelijk uit zijn verzameling. Hoogtepunt is een oude druk van *Mare Liberum* van Hugo de Groot. Heel bijzonder.'

'Dus we hebben die boeken in bruikleen?'

Bernadette gebaarde dat ik zachter moest praten. 'Ik weet er niet alles van. Er loopt een geschil. Het gaat nog terug tot de fusie.' Ze registreerde mijn verbazing. 'In 1994 is Schwaab Advocaten gefuseerd met Helvoeth & Spit Advocaten.' Ze keek om zich heen, bracht haar gezicht samenzweerderig naar het mijne. 'Meneer Helvoeth vindt dat álle boeken van kantoor zijn.' Haar warme adem irriteerde mijn oorschelp. 'Er is een verschil van inzicht.' Ze liet één van haar geëpileerde wenkbrauwen omhoog komen, alsof ik daarmee wel zou begrijpen wat ze bedoelde.

In de lift naar boven scrolde Bernadette door de berichten op haar BlackBerry. Gehaast trokken de verdiepingen aan ons voorbij, steeds hoger. Waar gingen we heen? Ik staarde naar de nummers op het paneel boven de glazen deur.

'Je hebt bruine schoenen aan.' Bernadette wees met een roodgelakte nagel naar mijn voeten. 'Je ziet dat wel vaker de laatste tijd: lichtbruine schoenen onder een donker pak.' Ze zweeg een moment. 'Dat kun je hier beter niet doen. We zijn niet zo van de modetrends.'

Nummer 30 brandde op het paneel boven de deur. 'We zijn er.'

Bernadette ging mij voor, een grote ruimte in, gevuld met zonlicht. Tegen de horizon dreven wolken voorbij, als makke schapen. Met een schakelaar bij de deur liet Bernadette de zonwering wat zakken. Het maakte het geluid van een boor. 'Het licht is prachtig,' zei ze, 'maar we betalen er een hoge prijs voor. De airconditioning draait permanent op volle kracht en al het glaswerk moet voortdurend schoongemaakt worden. Iedere vingerafdruk is zichtbaar.' Het was me inderdaad opgevallen dat de glazen deuren aan de lopende band gepoetst werden door in blauwe schorten gestoken vrouwen met een mediterrane achtergrond. In het midden van de zaal stond een witte lange tafel, opgebouwd uit verschillende delen. Rondom de tafel stond een eindeloze hoeveelheid stoelen, fauteuils eigenlijk, met een hoge rug. Als soldaten in het gelid. 'Heb je al een keer de jurisprudentielunch bijgewoond?'

Ik had hem gemist, de eerste keer. Mieke had me erop geattendeerd, nadat de lunch voorbij was. 'Je weet toch dat er iedere dinsdag jurisprudentielunch is? Moet ik dan echt alles in je agenda zetten?'

'Ze vinden hier plaats,' zei Bernadette. 'Dit is de Helvoeth-zaal, de grootste vergaderzaal van kantoor. Hier vinden ook de maatschapsvergaderingen plaats.' Ik stelde mij voor dat alle stoelen gevuld waren. Allemaal mannen van middelbare leeftijd, twee vrouwen, onder wie Foekje.

In de hoek van de zaal stond een telescoop op een statief. 'Mensen zonder hoogtevrees vinden het leuk om even te kijken.' Bernadette en ik liepen naar de telescoop.

Ze draaide het kijkglas naar me toe. 'Daar is de Nederlandsche Bank, het Okura Hotel, de Rembrandttoren.' Met de telescoop volgde ik haar vinger. 'Je kunt ook goed de kroon op de Westertoren zien. Met 135 meter heeft Schwaab & Helvoeth de hoogste toren van de Zuidas. Niemand mag hoger bouwen. Dat is zo overeengekomen met de gemeente. Weet je waarom wij op nummer 9 zijn gevestigd?'

Ik zei dat ik het niet wist.

'Mahlers negende is de favoriete symfonie van meneer Helvoeth. Op ons verzoek is de nummering aangepast. Dit was eerst Gustav Mahlerlaan 10. Ik laat je nog even de Schwaab-zaal zien.'

De Schwaab-zaal was beduidend kleiner dan de Helvoeth-zaal. De donkere tafel, uit één stuk, was van een of andere tropische houtsoort gemaakt. Een Engelse boekenkast was gevuld met oude jaargangen *Nederlandse Jurisprudentie*, waarvan de bovenste planken bereikbaar waren met een houten trap. Het licht was hier minder penetrant. Aan de muur hingen drie zwart-witfoto's van een oudere man in toga.

'Dat is meneer Schwaab,' zei Bernadette toen ze me naar de foto's zag kijken. 'De foto's zijn hem aangeboden tijdens zijn afscheid, vijf jaar geleden. MS – verschrikkelijke ziekte.'

Op de eerste van de drie foto's keek Schwaab serieus de lens in, als een echte advocaat, zijn kin lichtjes geheven, zijn borst naar voren, handen op de rug. Deze man fileerde zijn tegenpleiter in de rechtszaal. Op de volgende foto brak een glimlach door op zijn gezicht. Een vriendelijke man. Een goede patroon, die zijn advocaat-stagiaires geduldig hun fouten uitlegde. Op de derde foto had hij de slappe lach gekregen. De fotograaf moet iets hebben gezegd. Hij sloeg, voorovergebogen, met zijn hand op zijn knie. Een vrolijke pater, zo in zijn zwarte jurk, de pater familias van kantoor.

'Ik heb hem helaas maar heel even mogen meemaken,' zei Bernadette. 'Een heel bijzondere man. Wist je dat hij de zaak van de DES-dochters heeft gedaan? Blackstone trad op voor de fabrikanten van de pil.' Er schoot Bernadette iets te binnen. 'Zeg, jij hebt toch ooit bij Blussé gesolliciteerd?'

Ik hapte naar lucht, zocht naar een antwoord, maar Bernadette wachtte het niet af.

'Tijdens het pleidooi wierp Blackstone Schwaab een passage tegen uit het handboek *Beginselen van aansprakelijkheidsrecht*.' Ze keek me streng aan. 'Je weet dat Schwaab dat heeft geschreven.'

Ik knikte.

'Maar Schwaab liet zich niet van de wijs brengen. Tijdens de repliek merkte hij op dat Blackstone zijn mening kennelijk op prijs stelde. "Dat doet mij deugd," zei hij. "Ik ben namelijk van mening veranderd." De passage zou in de volgende druk van het boek worden aangepast, repliceerde Schwaab.'

Bernadette staarde dromerig naar de foto's. Weer ontwaakt

keek ze op haar horloge. 'We moeten opschieten. Ik heb om half-elf een bespreking.'

Een voor een gingen we de verdiepingen af. De deuren van de lift gingen open en Bernadette noemde de naam van de sectie of de secties die op de verdieping gehuisvest waren. Als iemand anders de lift in stapte, werd ik de ene keer wel, de andere keer niet voorgesteld. Bij de ene persoon volgde een uitgebreide introductie met een opsomming van mijn studieprestaties, bij de andere keek Bernadette wezenloos naar boven de liftschacht in. Dat ik mezelf voorstelde was duidelijk niet de bedoeling. Een vrouw in een minirokje die haar lippen bijstiftte in de lift werd hardnekkig genegeerd.

'Niet te geloven, die *fee-burners*,' mompelde Bernadette nadat de vrouw op de zesde verdieping was uitgestapt.

Ze zag aan mijn blik dat ik haar niet begreep.

'Dat is ondersteunend personeel. Fee-burners. Wij zijn *fee-earners*. Als het goed is, kun je het zien.'

Een meisje in een grijs mantelpakje, het haar in een knotje op haar achterhoofd, stapte de lift in.

'Goedemorgen, Bernadette.'

'Goedemorgen, Letitia. Mag ik je voorstellen aan Eppo Boetselaar. Hij komt de nieuwe sectie Letselschade versterken.'

Letitia kon zo meedoen aan een tandpastareclame. 'Letitia van Bruinesse. Debt Capital Markets.' Ze keek misprijzend naar mijn schoenen.

'Eppo heeft in Amsterdam gestudeerd,' zei Bernadette.

'Lid geweest?' vroeg Letitia mij.

Ik keek haar vragend aan.

'Laat maar.' Letitia wendde zich tot Bernadette. 'Heb je binnenkort nog meer rondleidingen?' vroeg ze zoetsappig.

'Nee, niet volgens de planning.'

Letitia beet op haar onderlip. 'Dus hij is de laatste aanwinst?'

'Voorlopig wel.'

De advocate van Debt Capital Markets leek dit nieuws even te moeten verwerken. Vlak voordat ze uitstapte schitterden haar tanden weer naar me. 'Ik neem nog contact met je op.'

Een man met witte haren vergezelde ons. Ogenblikkelijk had ik het gevoel dat ik hem ergens van kende. Niet als advocaat. Hij was uit een ander deel van mijn leven gehaald en zo in de lift geplaatst. Was hij de vader van een ex-vriendin?

'Anton,' zei Bernadette. 'Mag ik je voorstellen aan Eppo Boetselaar? De jongen van Foekje. Een oud-student van je.'

Was ik een oud-student van deze man?

Eindelijk ging ergens een laatje open met de juiste informatie. Professor Van Velzen. Hoogleraar vermogensrecht. Tweede studiejaar, eerste trimester, tien hoorcolleges. Resultaat: een zes. Van Velzen verplaatste het dossier onder zijn arm naar de andere arm om mij een hand te kunnen geven.

'Dat is interessant, heel interessant. Heb je in Amsterdam gestudeerd, knul? Uitstekende keuze... Zelf ben ik een Leienaar. Nou, wij hebben hoge verwachtingen van jullie.' Hij had zijn verdieping bereikt. 'Ik zou zeggen: doe je best.'

'Dank u wel, meneer Van Velzen.'

'Kom, kom, geen flauwekul. Kantoorgenoten noemen elkaar bij de voornaam. Vanaf nu ben ik gewoon Anton.' Hij zei het met tegenzin.

Nadat de liftdeuren waren gesloten, zei Bernadette: 'Ik wist niet zeker of je hem kende. Gezien het cijfer dat je voor zijn vak hebt behaald.'

Het bleef stil.

'Er is trouwens één partner die je niet bij de voornaam aanspreekt,' vervolgde Bernadette. 'Dat is meneer Helvoeth, de managing partner.'

De lift veerde neer op de begane grond. 'O ja, Eppo, nog één ding,' zei Bernadette voordat ze me liet gaan. 'Mij is gevraagd het e-mailprotocol nog eens extra onder je aandacht te brengen.' Ze keek me aan als een hoofdonderwijzeres. 'Het is ten strengste verboden om persoonlijke e-mails te versturen vanaf je kantooradres.'

10

'Zou je niet eens meegaan?' vroeg een stem achter me. Het was Foekje, die ongemerkt mijn kamer was binnengekomen.

De eerste week had ik mijn deur dichtgehouden. Dat was in strijd met het opendeurenbeleid van het kantoor, zo had Mieke me fijntjes verteld. Mijn deur moest altijd openstaan. Zodat iedereen op elk moment van de dag naar binnen kon lopen zonder dat ik het in de gaten had – mijn bureau stond naar het raam gericht, naar het zuiden, met mijn rug naar de stad. Niet dat ik aan de lopende band gestoord werd. De enige die soms even binnenliep was Foekje, maar meestal belde ze vanuit de belendende kamer of ik naar haar wilde komen.

Foekje keek naar de schoenendozen, de vuilniszakken, de boodschappentassen die verspreid over de grond lagen. Ik kende hun inhoud als geen ander. Omdat er geen schadestaten meer waren om te maken, was ik van voren af aan begonnen. Foekje had het een goed idee gevonden. 'Je kunt nooit zeker genoeg zijn.' Maar nu ze de relikwieën van mijn arbeid aanschouwde, had ze een treurige blik in haar ogen.

'Je bent nog geen één keer geweest.'

Ik zei dat ik geen tijd had. 'Ik moet vandaag nog twee schadestaten controleren, waaronder eentje met allemaal medische bonnen die heel ingewikkeld zijn. Het is ook nog eens allemaal in het Engels.'

'Is dat voor de zaak-Derringer?'

Ik knikte.

'Die zaak heb ik vorige week geschikt met de verzekeringsmaatschappij. Ze hebben ons voorstel aanvaard. Sorry, dat had ik even moeten zeggen. Beetje kneuzig van me.'

Ik zuchtte op een manier die me aan Mieke deed denken.

'Het goede nieuws is dat je tijd hebt om mee te gaan.' Ze zag me aarzelen. 'Toe nou, kom je ook eens van je kamer.'

'Goed,' zei ik. 'Maar ik ga niets zeggen.'

'Ze doen je heus niets. Je komt gewoon naast mij zitten. Heb je het voorbereid?'

Ik wist van niets.

'Is niet erg. Kijk maar even in je postvakje, daar ligt een jurisprudentiebundel.'

Ellen, de receptioniste, vertelde me waar de postvakjes waren. Ze waren op nummer ingedeeld. Het allerlaatste nummer behoorde mij toe, nummer 323. In het postvakje trof ik allerlei papieren aan, circulaires die de afgelopen weken verspreid waren onder alle kantoorgenoten. Een bericht over het gebruik van de parkeergarage, een mededeling van Systeembeheer, drie nieuwe weekmenu's van Nel, de kantinejuffrouw. Boven op alle paperassen rustten drie dikke syllabi. Een doorzichtige voorkant met een witte achterkant, alles van plastic, net als de bundels die ik op de universiteit bij de reproafdeling kocht. De jurisprudentiebundels waren ieder drie vingers dik. De inhoudsopgave gaf aan dat ze waren ingedeeld op volgorde van instantie. Eerst alle uitspraken van de Hoge Raad, daarna die van de gerechtshoven, rechtbanken, afgesloten met uitspraken van voorzieningenrechters. Het tweede deel van de syllabus was gereserveerd voor uitspraken in zaken die door kantoorgenoten waren behandeld. Ik bladerde erdoorheen als door een plaatjesboek. Toen keek ik op mijn horloge. Het was twaalf uur. Over een halfuur zou de jurisprudentielunch beginnen. De zenuwen zwommen door mijn bloedbaan als opgejaagde vissen. Een moment sloot ik mijn ogen. Wat zou ik doen?

Terug in mijn kamer besloot ik alleen het gedeelte met de kantoorjurisprudentie door te nemen. Er was onvoldoende tijd om ook maar een enkele uitspraak te lezen, dus beperkte ik me tot het beoordelen of de zaken door mijn kantoorgenoten waren gewonnen of verloren. Bij iedere uitspraak controleerde ik eerst wie de behandelend advocaten waren. Op het intranet, in het digitale smoelenboek, zocht ik de namen op. Zodra ik wist of wij eiser of gedaagde waren, bladerde ik naar het dictum, het oordeel van de rechter. Vorderingen toegewezen of afgewezen? Bij iedere gewonnen zaak plaatste ik een geel post-itblaadje. Ik racete van de bundel naar het intranet, terug naar de bundel, naar de post-itvelletjes, naar de bundel.

Na zes zaken begon ik een patroon te ontdekken: alle zaken die waren behandeld door advocaten van kantoor waren gewonnen. Verloor niemand van dit kantoor dan ooit een zaak? Onmogelijk. Ik plakte verder tot de zijkant van de syllabus volledig geel zag. Eindelijk viel bij mij het kwartje. Bij Schwaab & Helvoeth werden alleen gewonnen zaken opgenomen in de jurisprudentiebundel. Verloren zaken werden verzwegen.

Er kon nauwelijks nog iemand bij in de lift. Foekje en ik wurmden ons, excuses mompelend, tussen onze collega's. Voeten schuifelden haastig weg. Iedereen had de witte jurisprudentiebundel tegen zijn borst gedrukt. Aan de gezichten kon je zien dat men het niet prettig vond zo dicht op elkaar te staan. Op de 30e verdieping ontwarde de kluwen mensen zich gehaast, zonder daarbij de beleefdheidsvormen te veronachtzamen.

Ook in de Helvoeth-zaal was het druk. De laatste binnenkomers werden geacht aan te sluiten in een rij, waarvan ik eerst niet doorhad waarheen hij leidde. Het bleek om een buffet te gaan. De rij ging stapvoets langs schalen gevuld met kleine broodjes. Toen het mijn beurt was om proviand in te slaan, realiseerde ik me dat ik geen bord had.

'Waar ga je heen?' vroeg Foekje.

'Bord vergeten,' murmelde ik.

'Ah joh, dat maakt toch niet uit. Houd het gewoon in je handen.'

Ik kende inmiddels voldoende omgangsvormen bij Schwaab & Helvoeth om te weten dat dat niet gewaardeerd zou worden. Dus sloot ik weer achteraan aan. Terwijl ik mijn broodjes nog moest pakken, was Foekje al lang en breed gaan zitten aan de witte tafel die geen einde leek te hebben. Ze gebaarde, ongegeneerd, dat ze een stoel voor me naast haar vrijhield. Het was of mijn moeder me bij het schoolhek opwachtte, terwijl de andere kinderen zelf naar huis mochten fietsen.

De broodjes, hoewel klein van stuk, waren overvloedig belegd. Een gewoon broodje kaas of ham zat er niet tussen. Gerookte zalm, garnalen, Franse kazen en vleeswaren die ik niet herkende. Met een knijptang werd je geacht ze van de schaal te pakken. Ik liet de fruitsalade voor wat hij was en nam een banaan. Uit een kan die in een bak ijsklonten stond schonk ik mezelf een glas melk in.

Diepering, de organisator van de jurisprudentielunch, inspecteerde of we van start konden gaan. Hij kuchte om aandacht. Toen hij zag dat ik nog niet op mijn plaats zat, hield hij zich een moment in. Verbeelde ik het me of keek hij geïrriteerd? Foekje legde haar hand heel even op de mijne toen ik eindelijk zat. Even stokte mijn adem. Mijn gezicht werd warm. Had iemand het gezien? Diepering kuchte nog eens, harder ditmaal. Vorken en messen hielden abrupt op met tikken en werden ter ruste gelegd.

'Goedemiddag allemaal.' Diepering keek even de zaal rond en pakte een papier dat voor hem op tafel lag. 'Op mijn lijstje staat dat Anton van Velzen vandaag aan de beurt is.' De gezichten draaiden in de richting van Van Velzen, die in een blauwe wettenbundel las. 'Klopt dat, Anton?'

Hij keek op van zijn wetboek. 'Dat klopt, Karel.'

Van Velzen stak van wal. Hij bladerde door de jurisprudentiebundel, pakte het wetboek erbij, citeerde een wetsartikel. Ondertussen werd er gegeten. Mijn collega's namen muizenhapjes van de broodjes, eerst voorzichtig de uitstekende onderdelen eraf bijtend, om zich daarna een weg naar het midden te knagen. De vrouwen hielden de broodjes slechts tussen de duim en wijsvinger geklemd, terwijl de andere vingers zich uitstrekten in de lucht. Mannen mochten al hun vingers gebruiken, zolang dat het eettempo maar niet versnelde. Een deel van mijn nieuwe collega's weigerde met de handen te eten. Zij aten de broodjes met vork en mes, heel voorzichtig, om zo min mogelijk geluid te maken, alsof ze diamanten sorteerden.

De eentonige stem van Van Velzen, het delicate getik van messen op porselein, een slablad dat werd doorgebeten – verder was het stil. Van Velzen was mij bij het eerste arrest dat hij besprak al kwijtgeraakt. In plaats van op mijn oude hoogleraar te letten, hield ik mijn kantoorgenoten in de gaten. Wanneer pakten ze de jurisprudentiebundel erbij, maakten ze een aantekening, wanneer werd instemmend geknikt, beschaafd gelachen? Foekje zat driftig mee te schrijven met alles wat Van Velzen zei. Af en toe maakte ze bij wijze van commentaar een raar, bijna dierlijk geluid. Het bleef niet onopgemerkt bij onze tafelgenoten die, om beurten leek het haast, hun monden in een verbaasde plooi trokken. Sommige gezichten kwamen me bekend voor. Ik wist alleen niet meer of ik me nou aan ze had voorgesteld tijdens de rondleiding met Bernadette Zweers of dat ik ze herkende van het smoelenboek. Ze waren vreemden voor me en toch werd ik geacht hen te kennen. De tijd dat ik me mocht voorstellen was voorbij.

Van Velzen keek op zijn horloge. 'Volgens mij heb ik nog wel even tijd om jullie te attenderen op een arrest van Hof Leeuwarden van vorige week.' Diepering knikte instemmend naar Van Velzen. 'Wij hebben in die zaak opgetreden voor Beekman Onion Traders. Voor wie het niet weet: dat is de grootste uienteler van ons land. Ja, dames en heren, dit is een zaak met een luchtje.' Er werd beschaafd gelachen. 'De wederpartij, ene Steggelaar, had op de dijk naast het perceel van onze cliënte uien gestort die besmet waren met koprot. Dat is een schimmelziekte. Het ging om voer voor schapen, die beesten schijnen het lekker te vinden.' Er werd weer gelachen. 'Nadat hij de uien had gestort, heeft Steggelaar nagelaten de restanten op te ruimen. Het gevolg: de hele oogst van onze cliënte is besmet geraakt. De schade loopt in de tonnen. Het Hof heeft nu geoordeeld, naar mijn mening volledig terecht, dat Steggelaar onrechtmatig heeft gehandeld tegenover onze cliënte door de uienresten niet te verwijderen...'

'Belachelijk.' Het was Foekje.

Van Velzen oriënteerde zich even op de plaats waar de opmerking vandaan kwam en kreeg toen Foekje in het vizier. 'Zei je iets?'

'Belachelijk arrest. Houdt nooit stand.'

'Wat attent dat je ons met je mening vereert,' zei Van Velzen met een hautain lachje. 'Misschien wil je ook uitleggen waarom het arrest geen stand zal houden. Ik heb deze zaak zelf bepleit.'

Foekje veegde haar mond af met haar hand. 'Mijn vader was uienteler. Koprot kan door van alles worden veroorzaakt. Besmet zaaigoed, afvalhopen, extreme regenval. Het is helemaal geen uitgemaakte zaak dat de besmetting van de uien van je cliënte door die Steggelaar is veroorzaakt. Geen causaal verband, zo simpel is het.' Foekje nam een hap uit een appel.

'Dank je wel, Foekje, voor je levendige bijdrage.' Van Velzen tuitte zijn lippen, zuinig professoraal. 'Misschien goed om te vermelden dat het hof nadrukkelijk heeft overwogen dat het enkele feit dat er een andere mogelijke besmettingsbron bestaat niet voldoende is om de onrechtmatigheid weg te nemen.'

'Gezwets.' Foekje herkauwde een stuk appel, slikte het weg. 'Waar het om gaat is hoe waarschijnlijk het is dat door die uienresten niet op te ruimen de boel besmet raakt. Het gaat om kansberekening. Hoe groot is de kans dat de storting tot schade leidt? Dat had het hof moeten onderzoeken.'

Het bleef stil. Alleen het getik van een enkel mes, een enkele vork – iemand die een banaan fileerde. De aanwezigen leken gestopt met ademen. Iedereen was in afwachting van de reactie van Van Velzen. Zijn rechterhand was tot een vuist gebald, zijn lippen op elkaar geperst. Tussen zijn ogen een ernstige frons. Zijn mondhoek, de linker, maakte een neerwaartse beweging.

Diepering kwam tussenbeide. 'Ik krijg toch de indruk dat je de kansen in cassatie niet te rooskleurig moet inschatten, Anton.'

De ontlading in de zaal stond niet in verhouding tot het grapje van Diepering.

II

Verdonk vouwt zijn handen vroom ineen. Hij is minder gespannen dan aan het begin van het gesprek. 'Neem de tijd, Eppo. Denk er rustig over na. Is kantoor op enige manier tekortgeschoten in jouw begeleiding?' Hij lacht bemoedigend.

Het was Verdonk die me de uitnodiging voor het exitgesprek had gestuurd. Toen ik de brief op de deurmat zag liggen, verpakt in een envelop zonder logo of afzender, dacht ik even dat het om een sommatie ging. Absurde gedachte, zo bleek na opening. Schwaab & Helvoeth zou zich nooit verlagen tot een procedure tegen een voormalig werknemer, een oud-kantoorgenoot. Schwaabiaan was je voor het leven.

Ik was onbekend met het fenomeen exitgesprek. Verdonk had het woord in zijn brief tussen aanhalingstekens geplaatst. 'Zoals te doen gebruikelijk bij het einde van het dienstverband, zal ook met jou een "exitgesprek" worden gevoerd.' Ik zag hem de brief dicteren. Apparaat voor de mond, benen op het bureau geslingerd. Net een echte advocaat. 'Tijdens het gesprek is er gelegenheid het dienstverband te evalueren en de redenen van vertrek te bespreken.' Het stond er echt. Typisch Schwaab & Helvoeth. Alles volgens de regels. Het Personeelsreglement bepaalde, zo stelde ik mij voor, dat er bij het beëindigen van het dienstverband een exitgesprek wordt gevoerd. Het desbetreffende artikel bevatte geen uitzonderingen. Dat betekent dat er ook een exitgesprek wordt gevoerd met de enige advocaat in de geschiedenis van het kantoor die op staande voet is ontslagen.

'Het is niet zo'n moeilijke vraag, Boetselaar. Schiet een beetje op. Deze poppenkast heeft al lang genoeg geduurd.' Rinzema kijkt als een hond aan een ketting. 'Ik vraag het je nog één keer,

Boetselaar. Heeft het je aan iets ontbroken?'

Mijn handen houden het tafelblad vast. 'Nee,' zeg ik, 'het heeft mij aan niets ontbroken. N-niets.'

Rinzema grijnst zijn cafeïnetanden bloot. Het is het goede antwoord. 'Was dat nou zo moeilijk?'

Geklop op de deur. Ik draai mij half om, zo ver ik durf, en zie Anja, de secretaresse van Verdonk. Ze staat als een geest voor de glazen deur. Verdonk gebaart dat ze binnen mag komen.

'Is het goed als ik naar huis ga?' vraagt ze. 'Ik ben klaar. De stukken liggen op je bureaustoel.'

'Dat is goed, Anja. We zijn bijna klaar. Tot morgen.'

Anja sluit de deur zachtjes, alsof het geringste geluid een lawine kan veroorzaken.

'We zijn toch bijna klaar?' vraagt Verdonk mij.

Ik knik.

'Mooi zo. Tot slot, zijn er nog zaken die je functioneren in negatieve zin hebben beïnvloed? Was je ziek, oververmoeid, een sterfgeval in de familie, zulke zaken?'

Dit is het moment om mijn dode ouders in de strijd te werpen. De verschrikkingen van mijn jeugd die een blijvend litteken op mijn ziel hebben achtergelaten. Maar mijn ouders hebben nergens schuld aan. Helvoeth is de schuldige.

Ik haal mijn schouders op. 'Nee,' zeg ik, 'althans niet dat ik weet.'

Op de lippen van Verdonk breekt een glimlach door. 'Je praat nog als een advocaat. Hebben we je tenminste iets kunnen leren. Als je mij wilt excuseren, dan werk ik ons gesprek direct even uit.'

Hij maakt aanstalten om op te staan, maar wordt onderbroken door Rinzema.

'Wacht. Misschien heeft Eppo nog een laatste woord voor ons. Zijn *closing arguments*.'

Ze kijken me gespannen aan. De stagiaire houdt haar potlood in de aanslag. Zou er dan toch nog een spannend slotakkoord zijn?

'Is er nog iets anders wat je ons wilt zeggen?' vraagt Verdonk om de stilte te doorbreken.

Een kort moment overweeg ik ze alles te vertellen. Ik maak me een voorstelling van hun reactie. Verbaasde gezichten? Begrip? Rinzema die een vaderlijke arm om mij heen slaat? Het is uitgesloten. Alles wat ik zeg zal verkeerd worden uitgelegd en tegen me gebruikt worden. De waarheid is op dit kantoor slechts een nuttig middel om een zaak te winnen.

'Nee,' zeg ik vastberaden.

'Dat is dan mooi, ik kom zo terug.'

Ik blijf achter met Rinzema en de stagiaire. Hij kijkt op zijn horloge, scrolt met zijn gehavende duim door de berichten op zijn BlackBerry. Buiten is het aardedonker. De stagiaire krabbelt iets op haar blocnote.

'Heb je alles goed opgeschreven?'

Ze knikt gretig.

'Goed zo. Dan kunnen we zo allemaal naar huis.' Hij rekt zich uit, voor de vorm.

Op de gang schiet een stofzuigersnoer terug het apparaat in. Rinzema schenkt nog wat water voor zichzelf in.

'Waarom durfde je nou niets te zeggen?' vraagt hij mij.

'Wat bedoel je?'

'Je bent zo'n fucking *loser*, Boetselaar. Dat jij ooit hebt gedacht dat je advocaat kon worden.'

Achter mij hoor ik de deur alweer opengaan. Verdonk is snel terug.

Hij legt een vel papier voor mijn neus. 'Besprekingsverslag' staat erboven. 'Aanwezigen: Eppo Boetselaar (EB), Marcus Rinzema (MR), Kees Verdonk (KV) en Simone Hofkes (SH).' Onderaan is ruimte gereserveerd voor vier handtekeningen. Onze namen staan er al bij vermeld.

'Lees het maar even rustig door.'

Wij bespraken het vertrek van EB, in het bijzonder of Schwaab & Helvoeth op enige wijze heeft bijgedragen aan zijn gedwongen vertrek. EB geeft aan dat dit niet het geval is. Desgevraagd merkt hij op dat het hem aan niets heeft ontbroken. Hij heeft een goede opleiding genoten en is kundig begeleid. Zijn relatie met zijn patroon, Foekje de Jong, typeert hij als goed. Zij nam voldoende tijd voor overleg. Desgewenst kon

EB bij haar terecht met vragen of opmerkingen. Er zijn EB geen oorzaken bekend die zijn functioneren in negatieve zin hebben beïnvloed.

Woord voor woord lees ik het verslag. Het duurt even voordat de woorden zich vormen tot zinnen, de zinnen een coherent verhaal worden, de samenvatting van ons gesprek. Ik speur naar fouten, omissies, een verkeerde woordkeuze. Het gevoel overheerst dat het anders moet, ik iets moet wijzigen, al was het alleen maar om te laten zien dat ik heus een goede advocaat ben. Maar na enige minuten moet ik het opgeven. Dit was inderdaad zoals wij het hebben besproken. Ik heb het allemaal zo gezegd. Verdonk reikt mij een vulpen aan. Ik teken. Het einde van mijn dienstverband, bezegeld met mijn handtekening, alsof ik ermee instem.

Dagvaarding

12

De man voor mijn deur is geen pizzabezorger, zoveel is duidelijk. Hij draagt een muts, tot over zijn oren naar beneden getrokken. Zijn benauwde gezicht gaat weer naar de intercom.

'Meneer Boetselaar,' herhaalt hij met zijn penetrante stem, 'wilt u opendoen?'

Vooralsnog zie ik geen reden gehoor te geven aan zijn oproep. Sinds mijn exitgesprek, vandaag een week geleden, heb ik, behoudens de pizzabezorger, niemand gesproken – het bevalt me prima.

De mutsman kijkt naar links, dan weer naar rechts. Hij doet een paar stappen naar achteren, zodat ik hem niet meer kan zien. Nu kijkt hij waarschijnlijk omhoog. Terug bij de deur tuurt hij in de camera, alsof hij naar mij kan kijken in plaats van andersom. Hij drukt de deurbel nog eens in, ongemanierd lang.

'Ik weet dat u thuis bent.' Het maakt hem niet uit of de buren hem kunnen horen.

Wie zou het zijn? Een lange zwarte jas, leren handschoenen – dit is geen koerier.

Hij kijkt op zijn horloge, drentelt op de stoep, blaast in zijn handschoenen voor extra verwarming.

'Meneer Boetselaar,' zegt hij uiteindelijk, 'ik heb een ambtelijk stuk voor u.' Hij schraapt zijn keel, kijkt nog eens om zich heen en blijft vervolgens in de houding voor de deur staan.

Een ambtelijk stuk – nooit geweten dat ze het zo noemen. Waar zijn mijn kleren? In mijn kamerjas ren ik langs de bergen die op willekeurige plaatsen in mijn kamer zijn ontstaan. Onder de krant op de bank vind ik mijn blauwe joggingbroek; mijn rode poloshirt ligt op de stoel bij mijn bed. Terwijl ik gehaast mijn armen in de lucht steek, ruik ik mijn oksels – ik zou eens moeten douchen. Morgen misschien.

Boven aan de trap trekt de man zijn handschoenen uit en stelt zich voor: 'Mijn naam is Flink.'

Kippenvel verschijnt op mijn blote armen. Ik ken hem. Tig keer aan de telefoon gehad, nooit in levenden lijve ontmoet.

'Bent u Eppo Ferdinand Boetselaar?'

Het wordt door mij bevestigd.

Hij schrijft mijn naam op de eerste pagina. 'Met dit stuk wordt u opgeroepen te verschijnen voor de rechtbank Amsterdam.'

De deurwaarder strekt zijn hand met het stuk naar mij uit. Ik pak het stuk beet, hij laat niet los. Zijn duim en wijsvinger blijven het papier als een hangslot omklemmen. Ik kijk hem aan, verbaasd. Zijn wangen, gladgeschoren, kleuren grijs. De rode muts geeft zijn uiterlijk iets clownesks, maar zijn ogen kijken ernstig. 'Heeft u een advocaat?'

Ik begrijp de vraag niet.

'U moet zich bij de rechtbank laten vertegenwoordigen door een advocaat. Heeft u die?'

'Een advocaat, ja, natuurlijk heb ik die.'

Zijn duim gaat omhoog. 'Mag ik weten wie dat is?'

Een moment aarzel ik. Wie is mijn advocaat?

'Mijn advocaat?' zeg ik om tijd te winnen, terwijl ik de eerste pagina van het papier bestudeer. Boven mijn naam staat de naam van de eiser. Mijn hart schiet naar mijn keel. Hoe durven ze? Tegen een oud-kantoorgenoot nota bene. De dagvaarding trilt in mijn handen. Ik blader door naar de eis. Schadevergoeding. Ze willen me kapot maken. In een reflex sla ik het processtuk dicht.

Flink kijkt me met zijn dooiepierenhoofd meewarig aan. 'Dit hoort er ook nog bij,' zegt hij en overhandigt me een ringband met producties.

Productie 1 is het besprekingsverslag. 'Productie 1, edelachtbaar college, betreft een besprekingsverslag dat door Boetselaar zelf is ondertekend. Hiermee bevestigt hij dat Schwaab & Helvoeth niets te verwijten valt.' Ik hoor het ze zeggen. Als de eerste de beste amateur heb ik me erin laten luizen. Een exitgesprek. De schoften. De student-stagiaire van Verdonk als getuige, het besprekingsverslag dat al door zijn secretaresse was uitgewerkt voordat de bespreking was afgelopen. Het ligt er zo dik bovenop. 'Zorg altijd dat je een goed dossier hebt opgebouwd voordat je aan een procedure begint. Zonder dossier geen zaak.' Ja, Foekje.

Flink trekt zijn handschoenen weer aan. 'U doet er wel goed aan zo spoedig mogelijk een advocaat in te schakelen, meneer Boetselaar. Het gaat om veel geld.'

Wedden dat Rinzema en Verdonk elkaar hebben gefeliciteerd na afloop van ons onderhoud? 'Wat een fucking loser.' Eerst laten ze in alle kranten opschrijven dat kantoor geen enkele blaam treft, dat het allemaal mijn schuld is, dat ze me hebben ontslagen en nu, terwijl ik knock-out op de grond lig, gaan ze voor de *kill*. De rechtbank Amsterdam moet bevestigen dat ik aansprakelijk ben voor de geleden schade. Ik wil de deurwaarder eens goed de waarheid vertellen.

Flink wankelt naar achteren bij het zien van mijn gezichtsuitdrukking.

'Mijn advocaat?' zeg ik giftig. 'Dat ben ik zelf. Het is *meester* Boetselaar.'

13

Mijn tegenpleiter leek op een teckel, een valse teckel: een laag, langgerekt voorhoofd, spitse neus en een kin die opgeslokt leek te zijn door zijn nek. Verontwaardigd, dat was zijn blik. Hij tuurde door een ronde, studentikoze bril, die bij iedere stemverheffing van zijn neus dreigde te glijden. Steeds wanneer dat gebeurde kwam een klein handje als een poppenkastpop uit de wijde mouw van zijn toga tevoorschijn om de ongehoorzame bril met een priemend vingertje omhoog te dwingen. Om zijn gespeelde boosheid te benadrukken sloeg hij de pagina's van zijn pleitnota met veel aplomb om. Hij wipte op zijn tenen wanneer hij een bepaalde passage kracht bij wilde zetten. Iets hoger kwam hij dan boven de katheder uit, maar het stelde nog steeds weinig voor. Zijn geringe lengte compenseerde hij met een scherpe stem, ja, als mijn tegenpleiter wilde kon hij blaffen.

'En om die reden, edelachtbaar college, dient de Orde van Advocaten de vordering van mijn cliënt volledig toe te wijzen, zulks met de veroordeling van de Orde in de kosten van het geding.'

'Dank u wel,' zei de voorzitter van de rechtbank. 'Meester Boetselaar, ik neem aan dat u wel wilt reageren.'

Ik had hier niet voor gekozen en – eerlijk is eerlijk – Schwaab & Helvoeth ook niet. Het was nu eenmaal een vastgeroeste gewoonte dat de jongste stagiaire, de 'laatste aanwinst' zoals dat heette, kantoor vertegenwoordigde bij de pleitwedstrijd. Het idee was dat alle stagiaires van uitmuntende kwaliteit waren en dat de jongste in rang net zo geschikt was als een ouder iemand. Zo werd een triviale selectieprocedure voorkomen.

Nu was ik, zo werd bij herhaling subtiel opgemerkt, een bijzonder geval. Ik was door de mazen van de sollicitatieprocedure geglipt. De regels van Schwaab & Helvoeth waren echter onverbiddelijk. Er werd geen uitzondering gemaakt voor een bij Schwaab & Helvoeth werkzame advocaat-stagiaire die buiten de reguliere sollicitatieprocedure om een betrekking had gevonden. Letitia van Bruinesse, mijn medestagiaire van Debt Capital Markets en daarnaast bestuurslid van de Jonge Balie, het orgaan van de Orde van Advocaten dat vrolijke activiteiten organiseerde voor advocaat-stagiares, had mijn deelname in een e-mail bevestigd.

Beste Eppo,
Op 8 september a.s. zal het bestuur van de Jonge Balie voor de 43ste keer de pleitwedstrijd in het arrondissement Amsterdam organiseren! Ook dit jaar zullen twaalf advocaat-stagiaires van (voornamelijk) grote kantoren de strijd aangaan om zich de beste pleiter van de Jonge Balie te kunnen noemen. Het thema dit jaar is: Spreken is zilver, pleiten is goud!
Schwaab & Helvoeth vaardigt ieder jaar de laatste aanwinst van kantoor af naar de pleitwedstrijd. Aangezien jij dat op dit moment bent, zul jij dit jaar Schwaab & Helvoeth vertegenwoordigen. Gefeliciteerd!
De procedure is als volgt. Drie weken voorafgaand aan de pleitwedstrijd zul je een casus toegestuurd krijgen, aan de hand waarvan je geacht wordt een schriftelijke pleitnota op te stellen. De spreektijd in de eerste termijn is beperkt tot vijftien minuten. Aansluitend krijg je nog vijf minuten gelegenheid voor re- of dupliek in de tweede termijn. De jury van de pleitwedstrijd bestaat uit de president van het Gerechtshof, de deken van de Orde van Advocaten en de winnaar van vorig jaar.
Veel succes!!
Met vriendelijke groet, namens het bestuur van de Jonge Balie,
Letitia van Bruinesse

Zoals aangekondigd ontving ik drie weken voor de pleitwedstrijd de casus. Het was een kinderachtig verhaal over een advocaat-stagiaire, genaamd Sjouwerman, die tijdens de beroepsopleiding in een cursusruimte over een snoer was gestruikeld en daarbij schade had geleden. Door zijn val had hij hete koffie over zich heen gegooid en brandwonden opgelopen. De stagiaire hield de Orde van Advocaten als organisator van de beroepsopleiding aansprakelijk voor de schade. Mij was de rol van de advocaat van de Orde van Advocaten toebedeeld, de gedaagde partij dus. Mijn tegenpleiter zou als eisende partij zijn pleitnota eerst moeten voordragen, daarna zou de beurt aan mij zijn, waarna beide partijen nog op elkaar mochten reageren, met de repliek (eisende partij) en de dupliek (gedaagde partij). Dit was het meest spannende gedeelte, want dan kwam het aan op het improvisatietalent van de pleiter.

Twee weken voor de pleitwedstrijd kreeg ik bezoek van Letitia van Bruinesse. Of ik mijn pleitnota al had geschreven? Ik vertelde haar dat ik daar nog geen tijd voor had gehad.

'Die pleitwedstrijd komt mij echt heel slecht uit. Ik heb waanzinnig veel werk dat allemaal rond 8 september klaar moet zijn. Enorm ingewikkelde schadestaten. Zelfs zonder die pleitwedstrijd zou ik niet weten waar ik de tijd vandaan moet halen.'

'Eppo,' zei Letitia, 'ik wil geen onnodige druk op je leggen, maar je weet dat de pleitwedstrijd meestal wordt gewonnen door een stagiaire van Schwaab & Helvoeth.'

'Kan iemand anders het niet overnemen?'

'Iedereen heeft het druk. Ik zie geen enkele reden om af te wijken van het protocol.'

Er waren genoeg redenen, niet in de laatste plaats de niet-ondenkbeeldige mogelijkheid dat ik volledig in de pan zou worden gehakt. Die gedachte had duidelijk postgevat bij Letitia, want ze kwam na haar eerste bezoek bijna dagelijks controleren of ik al was begonnen. Het waren pijnlijke bezoekjes, die ook Letitia met tegenzin verrichtte. Zij werd van hogerhand aangestuurd, zo liet ze blijken. Waarom was ik niet gewoon aan die pleitnota begonnen? Waarom stelde ik mijn taak tegen beter weten in steeds uit? In mijn perfide brein had het idee zich genesteld dat die pleitwedstrijd niet bestond zolang er nog niets op papier stond. Als ik hem negeerde, ging hij misschien vanzelf weg. Maar hij ging niet weg en Letitia bleef komen. Na haar vijfde aanmaning besloot ik een avond extra lang door te werken om de pleitnota te schrijven.

Het was na twaalven, er waren bijna geen mensen meer op kantoor. Alleen op de verdieping van de jongens van Mergers & Acquisitions werd nog doorgebuffeld. De vermoeidheid had plaatsgemaakt voor een licht gevoel in mijn hoofd. Mijn bureaulamp leek extra fel te branden. Het beeldscherm van mijn computer zoog mijn aandacht op. De pleitnota, zo leek het, was een verlengstuk van mijn brein geworden. Als gedaagde partij moest ik bedenken met welke argumenten de eiser tijdens de zitting zou komen. Die zogenaamde Sjouwerman zou natuurlijk beweren dat het gevaar dat was veroorzaakt door het losliggende snoer eenvoudig te voorkomen was geweest, dat de kans dat iemand over een ambulant snoer struikelt groot is. Hij zou erop wijzen dat volgens algemene ervaringsregels het struikelen over een snoer ernstige gevolgen kan hebben. Een voor een vernietigde ik die argumenten in mijn pleitnota. Ik schreef dat het toch een feit van algemene bekendheid was dat er snoeren op de grond liggen in een cursusruimte, dat de eiser, Sjouwerman, in strijd met de instructies koffie nuttigde in de cursusruimte. Mijn vingers dansten over het toetsenbord. 'Slechts de uiterste onoplettendheid en zorgeloosheid bij eiser (Sjouwerman) heeft er de oorzaak van kunnen zijn dat hij over het snoer is gestruikeld. De Orde van Advocaten, edelachtbaar college, is voor dergelijk roekeloos gedrag niet aansprakelijk.'

Het moment om mijn epistel voor te dragen, was nu aangebroken. 'Jazeker, meneer de voorzitter,' zei ik. 'Ik zou graag willen reageren op mijn gewaardeerde opponent.'

De voorzitter was een witgrijze man met een gezicht als een uitroepteken. Het kraakbeen in zijn neus en oren was met het verstrijken der jaren blijven groeien. Zijn mond hing afkeurend naar beneden. Zou hij weten dat dit mijn eerste pleidooi was? In mijn rug prikte de warmte van een gevulde zaal. Achter mij hoorde ik het publiek nog snel verzitten in de pijnlijke bankjes. Een flinke delegatie van Schwaab & Helvoeth moest aanwezig zijn. Ik meende het kuchje van Foekje te herkennen. Een jonge koningin Beatrix, in vol ornaat, keek mij glimlachend aan van achter de leden van de rechtbank annex jury. Het was geen spelletje. Het ging om de reputatie van Schwaab & Helvoeth, het ging om mijn reputatie – althans, wat daar nog van over was.

'Heeft u een pleitnota?' vroeg de voorzitter.

'Jazeker.' Ik liep met mijn vier exemplaren naar de imposante tafel waarachter de leden van de rechtbank en de griffier zich hadden verschanst. Het waren tien flinke stappen die ik moest zetten. Met een knikje werd mijn uitgetypte verhaal in ontvangst genomen. Toen ik mij omdraaide om terug naar mijn katheder te lopen, was het of honderden vlinders zich gelijktijdig ontpopten in mijn borst. Mijn buikspieren trokken zich samen. Zoveel mensen had ik niet verwacht. Ze stonden zelfs opgesteld langs de muren van de zittingszaal. Iemand nam met een flits een foto. Ik herkende een stuk of tien kantoorgenoten in het publiek. Foekje stak vanaf de derde rij plotseling een duim de lucht in, een gebaar dat zo onverwacht kwam, dat ik een moment mijn ogen verlegen naar beneden sloeg. Geschrokken van mijn eigen reactie herstelde ik mezelf en richtte mijn kin omhoog. Ik wilde een flinke stap nemen, maar mijn pas haperde. Mijn rechtervoet haakte ergens achter. Het bleef hardnekkig vasthouden, en terwijl mijn andere voet hinkte om evenwicht, raakte ik uit balans en viel, uitgestrekt, voorover op de grond. De vloer trilde onder mijn gewicht. Via mijn handen schoot de pijn, prikkend, naar mijn armen. Met mijn gezicht op het kale tapijt hoorde ik de mensen in de zaal verschrikt opstaan. Met beide handen duwde ik mezelf omhoog. Mijn toga zat vast onder mijn knieën. Ik moest als een vrouw de zwarte jurk omhoog schuiven om op te kunnen staan. Gestruikeld over een verlengsnoer dat de computer van de griffier verbond met een stopcontact aan de andere kant van de zaal.

De voorzitter hamerde op de tafel. 'Stilte, dames en heren.'

Ik sloeg het stof van mijn toga.

'Meester Boetselaar,' zei de voorzitter, 'u stond op het punt ons uit te leggen waarom de Orde van Advocaten niet aansprakelijk is voor de valpartij van de heer Sjouwerman, een valpartij die, als ik zo vrij mag zijn, opmerkelijke overeenkomsten vertoont met hetgeen zich zojuist voor onze ogen heeft afgespeeld.' Uit de zaal bulderde instemmend gelach. 'Ik neem aan dat dit onderdeel was van uw pleidooi.'

'Jazeker, meneer de voorzitter.' Ik had mij achter de katheder gepositioneerd. 'Wat ik hiermee wilde demonstreren, edelachtbaar college, was dat slechts de uiterste onoplettendheid en zorgeloosheid een dergelijke val kan veroorzaken.'

Het gelach raakte in een versnelling. Het moment om nog te kunnen inhouden was voorbij. De remmen konden geen tegenwicht meer bieden. Uit mijn ooghoeken zag ik mensen dubbelklappen van de kramp in hun buik. Zelfs mijn tegenpleiter lachte hartelijk mee.

'Stilte, dames en heren.' De voorzitter pauzeerde om de volle aandacht van de zaal te krijgen. Aan zijn kraaienpoten kon ik zien dat hij er schik in had. 'Meester Boetselaar, begrijp ik het goed dat u de Staat als organisator van de rechterlijke macht niet aansprakelijk houdt voor eventuele kleerscheuren die u zojuist hebt opgelopen?'

'Deze valpartij heb ik geheel aan mijzelf te wijten, meneer de voorzitter. Hetzelfde geldt voor de heer Sjouwerman, die mijn cliente volstrekt ten onrechte aansprakelijk houdt voor diens valpartij.'

De prijsuitreiking was die avond in de Escape. De zaal van de discotheek aan het Rembrandtplein was afgeladen, iedereen was in afwachting van het jaarlijkse cabaret van de Jonge Balie. Wij, de twaalf deelnemers aan de pleitwedstrijd, hadden ons op het podium achter het toneeldoek opgesteld. Het decor voor de eerste sketch van het cabaret stond al klaar: een tafel, vier stoelen en een palmplant waarvan de zeven levens bijna voorbij waren. De instrumenten van de begeleidende band stonden in een hoek eenzaam te wachten op de spelers. Het was bijna donker. Vanuit de coulissen kwamen slechts wat vage lichtstralen het podium op. Met moeite herkende ik de gezichten van de andere pleiters. Mijn tegenstander stond met zijn handen op zijn rug te wachten, de teen van zijn schoen tikte op het podium. Een meisje beet op haar nagels. Iemand vroeg, fluisterend, hoe laat het was.

Van achter het dikke gordijn klonk het uitgelaten gepraat van bijna duizend confrères en collega's, verzadigd van bier en bitterballen die zij tijdens de borrel voorafgaand aan het cabaret hadden genuttigd. Het toneellicht sprong aan en concentreerde zich, in de vorm van een bal, op de plek waar de gordijnen bijeenkwamen. De gesprekken in de zaal werden op een lager volume voortgezet. Achter in de zaal moest iemand hard lachen. Uit ons midden stapte een jongen naar voren die mij niet eerder was opgevallen. In zijn hand had hij een draadloze microfoon waarvan hij het aanknopje zocht. Een rood lampje op de microfoon ging branden. Met zijn andere hand tastte hij naar de opening van het doek. Hij probeerde tevergeefs het toneeldoek als een gewoon gordijn uiteen te schuiven. Onhandig stapte hij in de lichtbal. Hij stelde zich voor aan het publiek als de voorzitter van het Jonge Balie-bestuur. Vervolgens nodigde hij de president van het Gerechtshof op het podium uit voor de prijsuitreiking.

Het was nu stil in de zaal. De voetstappen van iemand die het podium op liep. Een beschaafde, rustige tred. Leren zolen. Een schaduw reikte de president de microfoon aan. Een papier werd opengevouwen. De pleiters om mij heen leken allemaal hun adem in te houden.

'Het was dit jaar weer een buitengewoon spannende wedstrijd,' zei de president. Hij klonk als de commentator bij het Polygoonjournaal. 'Alle twaalf de pleiters hebben een prestatie van formaat geleverd. Het was dan ook verduveld lastig voor de jury een winnaar aan te wijzen.' Wat duurde dit verschrikkelijk lang. Het voelde alsof ik ontzettend nodig moest plassen. De jongen naast mij keek naar de grond, zijn hand tot een vuist gebald. 'Juridisch inhoudelijk was op de pleidooien niets aan te merken. De jury heeft bij haar beraadslaging daarom met name gelet op andere kwaliteiten die van een bekwaam pleiter verwacht mogen worden. Improvisatietalent. Hoe gaat de pleiter om met onverwachte gebeurtenissen? Eén pleiter wist een onfortuinlijke valpartij in zijn voordeel om te zetten.' Een aantal hoofden draaide mijn kant op. 'De winnaar van de pleitwedstrijd 2005 is' – hij pauzeerde om de spanning te verhogen – 'Eppo Boetselaar van Schwaab & Helvoeth.'

In de zaal barstte applaus los. Ik werd op mijn rug geklopt door de andere pleiters. Een meisje dat ik niet herkende, gaf mij drie snelle zoenen. Het toneeldoek ging open. Ineens stonden we in het felle toneellicht. Het prikte in mijn ogen. De president draaide zich om. Hij zocht mijn gezicht, grijnsde en deed een stap in mijn richting toen hij me had gevonden. De andere pleiters deden spontaan een stap naar achteren. Vanuit de zaal liep een meisje in een grijs mantelpakje het podium op. In haar handen droeg ze een grote bos bloemen en een soort houten schildje. Het applaus ging maar door.

'Dames en heren, de winnaar van de pleitwedstrijd.' De president gaf mij een hand. Het applaus spoelde als een hoge golf over me heen. Vanuit de zaal flitsten fototoestellen. Het meisje reikte de president het schild aan. 'Het is mij een eer en genoegen deze wisselplaquette uit te reiken aan Eppo Boetselaar van Schwaab & Helvoeth.' Hij overhandigde mij het schild. 'Het is ieder jaar weer een tour de force voor de organisatie om de naam van de winnaar voor sluitingstijd in de plaquette gegraveerd te krijgen, maar het is gelukt.' De president wees mij op de onderste naam – 2005 E.F. Boetselaar. Het meisje zoende me en drukte de bos bloemen in mijn handen. De stelen waren nog nat.

Ik deed een stap naar voren en keek de zaal in. Alleen de eerste rij was zichtbaar. De rijen daarachter waren gehuld in de duisternis van een toneelzaal. Ik hoorde het publiek, maar zag het niet. Ik keek naar de eerste rij en zag de deken van de Orde van Advocaten voor me klappen. Hij knikte naar me toen ik zijn blik ving. Naast hem zat een grijze man, hij lachte tijdens het applaudiseren – was dat niet? Ik lachte terug, hield het schild samen met de bos bloemen boven mijn hoofd. Ik maakte zowaar een buiginkje. Terwijl het applaus doorging, keek ik naar de rij namen op het schild. De winnaar van 1968 was Willem Helvoeth, de man op de eerste rij naast de deken.

14

Op de dag na het winnen van de pleitwedstrijd fietste ik zonder jas naar kantoor. Eigenlijk was het te koud, maar de zon had me zo uitnodigend tegemoet gestraald toen ik de deur naar buiten opende, dat ik besloot mijn jas achter te laten op de trap van mijn huis. Het was een goede beslissing geweest. Een aangenaam windje blies in mijn rug. Het was alsof iemand zijn hand in mijn rug had gelegd en me een flinke duw gaf. Zeilend ging ik naar de Zuidas. Op mijn bureau stond een enorme bos bloemen. 'Gefeliciteerd namens al je kantoorgenoten, Kees Verdonk.' Het logo van kantoor prijkte op het kaartje.

Mieke kwam mijn kamer binnen, iets wat ze niet eerder had gedaan, en pakte me beet alsof ik na jaren ballingschap was teruggekeerd. 'Gefeliciteerd, Eppo.' Ze gaf me drie zoenen. Daarna hield ze me nog even vast bij mijn schouders en keek in mijn ogen. Ze ademde diep in en schudde haar hoofd in ongeloof. Ik kuchte om de betovering te verbreken. 'Wat is het hier toch donker,' zei ze en ze opende de jaloezieën.

Even later kwam iemand van Beheer langs. In zijn handen een ladder, een rails en een stuk visdraad.

'Waar wil je hem hebben?'

'Wat bedoel je?'

'Dat houten schild. Moet ik ophangen. Weet jij daar niets van?'

Terwijl de man op de ladder stond, zweefde Letitia van Bruinesse mijn kamer binnen. 'Eppo, je was ge-wel-dig.'

'Als ik niet over dat snoer was gestruikeld...'

'Niet zo bescheiden. Je hebt overtuigend gewonnen. Ik ben zo blij met je en je hebt het ook zo goed gedaan. Fantastisch gewoon. Iedereen heeft het over je, over jou en je prachtige prestatie. Eppo, wat heb je ons laten lachen.' Ze drukte dankbaar haar handen ineen. 'Ongelooflijk knap. Dat improvisatietalent van jou! Heb je nooit overwogen acteur te worden? In één woord: geweldig!' Letitia maakte een korte buiging, haar handen nog altijd ineen gevouwen. 'Het *Amsterdams Balie Bulletin* wil je interviewen. Heb je daar later vandaag tijd voor? Je zult het wel druk krijgen.' Ze draaide om haar as en zweefde mijn kamer weer uit.

Toen ik mijn e-mailbox opende, stroomden de berichten binnen. Letitia bleek een e-mail naar het hele kantoor te hebben gestuurd, met na iedere zin één of meerdere uitroeptekens. Op haar bericht volgden tientallen felicitatiemails van collega's van wie ik de meeste namen niet herkende. Tussen de stroom berichten, zag ik ineens een opvallende naam. Ik opende het bericht.

Eppo,
Onze cliënte Nefabas is aangesproken door een voormalige werknemer in verband met een geval van mesothelioom. De werknemer is in 1996 uit dienst getreden bij Nefabas. De vraag is of Nefabas aansprakelijk is. Graag ontvang ik een beknopt overzicht met de meest recente jurisprudentie op dit gebied. Besteed daarbij met name aandacht aan de relevante omstandigheden die al dan niet tot aansprakelijkheid van de werkgever leiden. Notitie mag in het Nederlands opgesteld. Maandagochtend negen uur is vroeg genoeg.
Groet,
Karel

Mijn hartslag versnelde. Nefabas was de voormalige werkgever van oom Leo. Het bedrijf dat bij wijze van schikking twee ton had betaald, nadat ze oom Leo, doodziek van de asbestkanker, iedere compensatie weigerde. En nu deze e-mail van Diepering. Professor Diepering. Karel voor collega's, eh, kantoorgenoten. Hoe wist hij van mijn bestaan? Waarom stuurde hij mij een e-mail? Op de sectie die hij runde had hij de beschikking over meerdere advocaat-stagiaires. Het was een test. Ik moest alsnog examen doen. Mijn toelatingsbewijs verdienen. Ik las de e-mail nog een keer, terwijl ik steekwoorden noteerde. Nefabas, ex-werknemer, mesothelioom, 1996, recente jurisprudentie. Voor iemand die niet zijn scriptie over dit onderwerp had geschreven, was het geheimtaal. Zou Diepering mijn scriptie hebben gelezen?

Ik opende het bovenste knoopje van mijn overhemd om beter te kunnen ademen. Was het een test en, zo ja, waarop werd ik getest? Ging het om mijn juridische kennis of om mijn integriteit? Moest ik melden dat ik in het verleden een zaak tegen Nefabas had behandeld? Het was een duivels dilemma. Ik kon het melden en dan was de kans groot dat Diepering de zaak aan iemand anders zou geven. Mijn kans om me te bewijzen, om voor iemand anders dan Foekje te werken, zou voorgoed voorbij zijn. Stel dat Diepering geen kennis had van mijn scriptie, dan zou hij ronduit verbluft zijn over het resultaat dat ik na een weekend werken kon laten zien. Ik kende de recente jurisprudentie op dit gebied. Het was slechts een kwestie van opschrijven. En als ze me met mijn werk in het verleden tegen Nefabas zouden confronteren, kon ik ook gewoon zeggen dat ik het was vergeten. Wie let er nou op zo'n naam? En wat dan nog: het was geen slecht resultaat dat ik had bereikt voor oom Leo. Fijn dat u nu voor ons werkt, zullen ze bij Nefabas denken. Vond ik het zelf een probleem om voor Nefabas te werken? Nee. Dit was een zuiver juridische vraag. Trouwens, oom Leo was inmiddels dood. Je moest professioneel zijn in die dingen.

Dat weekend werkte ik voor het eerst op kantoor. De deuren gingen zowaar open toen ik mijn pas tegen het rode licht van de sensor hield. In de hal rook het naar schoonmaakmiddel. Ik nam de lift naar de derde verdieping, naar de bibliotheek. De bel in de lift klonk luider dan normaal. De deur schoof open: niemand in de gang. Voorzichtig stapte ik op het smetteloze blauwe tapijt. Het was vreemd om op kantoor te zijn zonder de anderen. Het voelde toch een beetje alsof ik aan het inbreken was. Het was zo stil, alleen het zoemen van een kopieerapparaat, het tikken van een klok was te horen. Net toen ik naar binnen wilde gaan, zwaaide de deur van de bibliotheek open. Een meisje met een boek in haar handen botste bijna tegen me op. Ik schrok.

'W-wat doe jij hier?' Ik realiseerde me dat ze mij dezelfde vraag kon stellen.

Het meisje keek me verbaasd aan. 'Werken?' zei ze. 'Als je me er even langs wilt laten; het papier van het kopieerapparaat is op.'

In de bibliotheek viel mijn mond open. Toen ik vijf jaar was – het moet een van mijn eerste herinneringen zijn – kwam ik erachter dat de sinterklaasviering niet voorbij was nadat ik in bed was gestopt. In mijn pyjama was ik de trap af geslopen, gealarmeerd door het geluid van mijn lachende zussen. De deur kraakte, maar niemand hoorde me. Het feest was nog in volle gang. Er werden pakjes uitgedeeld, gedichten voorgelezen en stukken borstplaat verdeeld. In mijn herinnering stond ik daar uren te kijken, terwijl de rest van de familie vrolijk sinterklaas vierde. Totdat ik door mijn moeder werd opgemerkt. 'Eppo, kom er gezellig bij,' zei ze, zonder een woord vuil te maken aan het geheime karakter van de familiebijeenkomst. Dat er geen cadeaus voor mij bij waren maakte me niet zoveel uit, maar het idee dat er nog een wereld was waar ik geen deel van uitmaakte, vond ik een verschrikkelijke openbaring.

In de deuropening van de bibliotheek had ik een vergelijkbare ervaring. Hier was iedereen dus wanneer ik nietsvermoedend thuis het weekend consumeerde in de kennelijke veronderstelling dat de werkweek voorbij was. Er was een parallel universum waar ik geen weet van had. Het was drukker dan door de week. Dit was de Universiteitsbibliotheek in een tentamenweek. Alle tafels waren bezet met advocaat-stagiaires. Wie niet zat, stond op de balustrades, driftig op zoek naar het juiste boek, naar de juridische bron die de stelling zou bewijzen, het argument zou ondersteunen. Natuurlijk deed ik of ik dit de normaalste zaak van de wereld vond. In een uithoek van de bibliotheek zag ik nog een tafel met een vrije plek. Vanaf deze plek zou ik mezelf bewijzen. Uit mijn tas haalde ik mijn scriptie. Vijftig pagina's dik. 173 voetnoten. Het overschrijven kon beginnen.

15

Op zondagavond was ik de donkere kamer van Diepering binnen geslopen en had mijn notitie op zijn bureaustoel gelegd. Het witte papier schitterde op het zwarte leer van de directiestoel. Vijftien pagina's gelardeerd met verwijzingen naar recente jurisprudentie. Ik had mezelf overtroffen. Het voelde alsof ik een *maximum break* had gemaakt.

Maar op maandag hoorde ik niets van hem. Dat was niet vreemd, natuurlijk niet, Diepering was een druk man. Maar dinsdag hoorde ik ook niets. Woensdag kon ik me niet meer op mijn andere werk concentreren. Ik was ontmaskerd. Mijn fraude was ontdekt. Het kon niet anders. Eindelijk hadden ze een mogelijkheid gevonden om zich van mij, de jongen van Foekje, te ontlasten. Donderdag stuurde ik Diepering een e-mail met de vraag, heel voorzichtig, of hij mijn notitie had gevonden. Geen reactie. Op vrijdag overwoog ik me ziek te melden. Om al het andere uit te sluiten, besloot ik mijn notitie te laten nalezen door een collega-stagiaire. Verkoren had de fout meteen opgemerkt. Het was inmiddels avond, vrijdagavond.

'Boets, je moet het je niet aantrekken.'

Ik trok mijn schouders op.

'Het is nu eenmaal gebeurd.'

'Hé, de kans is groot dat hij het helemaal niet ziet.'

'Eén zo'n lettertje.'

Het was vrijmibo, de vrijdagmiddagborrel, de borrel die nooit 's middags begon, waarbij het avondeten bestond uit plakken leverworst, zompige kaas, bitterballen en ander bruin fruit. De borrelavond was van de advocaat-stagiaires. Hier waren we onder elkaar, na een week lang opgejaagd te zijn door blaffende partners en streberige medewerkers, konden we hier tot rust komen. Alle stress van de week verdampte bij het drinken van liters bier. Het café was een replica, een natuurgetrouwe kopie van de kroeg waar men kwam in de tijd dat Schwaab & Helvoeth nog aan de Keizersgracht was gehuisvest. Houten planken op de vloer, een verlaagd systeemplafond, met een onbestemde kleur, dat de indruk moest wekken door nicotine te zijn aangetast. Oude theaterposters aan de muur. Een dartboard, opgehangen in een kast, de deuren die als scorebord fungeerden. Een ingelijst voetbalshirt in de Schwaab & Helvoeth-kleuren, een aandenken aan een of ander advocatentoernooi. Het café werd In den Gewonen Man genoemd.

'Boets, kijk niet zo bedompt.'

'Drink nog wat.'

'Ja. En eet die bitterbal 'ns op. Je staat er al een halfuur mee in je hand.'

De jongens van Mergers & Acquisitions waren mijn vrienden geworden. Als een verloren zoon was ik na het winnen van de pleitwedstrijd binnengehaald in hun groep. Onder de advocaatstagiaires was dit de top van de apenrots, de jongens van M&A. Veel uren, hoge omzetten. Het was geen ingewikkeld werk dat ze deden, nee, simpelweg een kwestie van de stippellijntjes tussen de haakjes invullen. Zodra de strijd om het model fusie- of overnamecontract was gestreden, resteerde een invuloefening. Maar deze jongens hadden een ander talent: uithoudingsvermogen. Tot drie uur 's ochtends doorwerken en de volgende ochtend weer uitgeslapen op kantoor verschijnen. Het was misschien niet de intellectuele voorhoede van kantoor met wie ik aan de bar stond, maar, belangrijker, het waren de toekomstige *dealmakers*. De jongens die na hun stage mochten blijven, hadden grote kans partner te worden.

'Jongens, dank voor jullie steun.'

Het was een domme fout die ik had gemaakt. Ik had de notitie tien keer herlezen, maar het niet gezien. Mijn aandacht was steeds naar de juridische inhoud gegaan, niet naar de aanhef van de notitie.

'Heb je je eigen naam wel goed geschreven?'

De jongens barstten uit in dom dronkemansgelach. Ze leken zo net meisjes op het schoolplein.

AAN: MR K.J.L. DIPERING. Sukkel.

'Boets, het had veel erger kunnen zijn.'

'Hoe dan?' vroeg een jongen met de pand van zijn hemd uit zijn broek.

'Hij had ook "Dieperin" kunnen schrijven.'

Verkoren, degene die mijn fout had ontdekt, proestte zijn bier uit zijn mond. De kring week uiteen om niet nat te worden.

'Gaat het, Verkoren?' Hij werd op zijn rug geklopt door een andere jongen.

Ik kon er niet om lachen.

'Boets, snap je hem niet?' Verkoren maakte schokkerige bewegingen met zijn heupen.

Het was donker in de bar. Het enige vertrek van kantoor – afgezien van de parkeergarage – waar het licht permanent werd buitengesloten.

'Mag ik jullie even storen?' klonk het ineens achter mij.

Dit was niet een stagiaire. Het was een stem van een oudere man, een donkere stem. De stem van een walrus. Aan de reacties van mijn gesprekspartners zag ik dat ik hem goed had herkend. Er werd niet meer gelachen, de stem had een ontnuchterend effect. De grappenmaker van zojuist keek naar de grond, sigaretten werden inderhaast uitgedrukt en links en rechts werd een kapsel gefatsoeneerd. Iedereen hield zijn mond, in afwachting van wat komen ging.

'Boetselaar, mag ik jou even losweken van je gezelschap?'

Het was of ik door de hoofdonderwijzer aan mijn oor werd meegetrokken naar zijn kamer, naar het strafkamertje. Hoelang zou Diepering achter mij hebben gestaan? Hij had alles gehoord, daar was ik van overtuigd. Vol afschuw zou hij de heupbewegingen van Verkoren hebben gadegeslagen. Diepering zal zijn gedachten hebben gehad over de jeugd van tegenwoordig. Zou hij denken dat ik die spelfout expres heb gemaakt, zodat ik er later tegenover mijn vrienden grappen over kon maken? Dit kwam er nog eens bij.

Diepering liep als een beul voor me uit, zonder mij verder in de gaten te houden. Voor mij was alleen zijn donkergrijze rug zichtbaar, een dikke rug, gekromd van vermoeidheid.

Mijn gedachten kaatsten heen en weer als ballen op een snookertafel. Hij heeft de notitie doorgestuurd naar Nefabas, ongeschonden, met mijn naam erboven. Het hoofd Juridische Zaken heeft Diepering briesend opgebeld. Ik heb gehandeld in strijd met de gedragsregels voor advocaten. En hebben we hier niet tijdens de beroepsopleiding les over gehad? Iedere schijn van belangenverstrengeling moest je als advocaat vermijden. Schrapping van het tableau was de hoogste sanctie.

Mijn benen leken van rubber. Bij iedere stap die Diepering zette, spleet de advocatenmassa in de bar als vanzelf uiteen. Gesprekken verstomden een moment, om vervolgens fluisterend te worden voortgezet. Het ging over mij. Iemand goot per ongeluk bier over me heen. Er leek geen einde aan onze dodenmars te komen. Waar bracht hij me naartoe? Ik durfde nauwelijks voor me te kijken. Zou hij me tijdens een borrel ontslaan?

Aan het einde van het pad verscheen een ronde statafel, waaraan een kleine man stond.

'Ik wil je aan iemand voorstellen, Boetselaar,' zei Diepering toen wij bij de tafel waren aangekomen. 'Dit is meneer Helvoeth.'

16

Helvoeth keek me niet aan. Hij concentreerde zich op de bar, uitdrukkingsloos. Zijn wijnglas hield hij tussen twee vingers vast bij de steel, de voet van het glas ondersteund door zijn andere hand, gescheiden door een papieren servetje. Uit de borstzak van zijn jasje stak een zorgvuldig gevouwen pochet. Zijn pak was donkerblauw – ongebruikelijk voor een advocaat – met een bescheiden krijtstreepje. De rode das stak fel af tegen het witte kreukloze overhemd. Zijn manchetten werden bijeengehouden door verzilverde kwartjes. Mijn mond voelde als na het eten van een rol beschuit. Ging *hij* me ontslaan?

'Ik laat jullie even alleen,' zei Diepering en hij verdween in het luchtledige.

Helvoeth leek wel een menselijk standbeeld, zo'n toeristenattractie die pas in beweging komt als je een muntje in een bak geld legt. Nu draaide hij zijn hoofd, langzaam, als een oude leeuw, hij keek omhoog, focuste zijn ogen op mijn gezicht. Als jonge man, toen zijn haar nog zwart was, moest hij een indrukwekkende verschijning zijn geweest, met zijn helblauwe ogen. Zijn zorgvuldig geknipte wenkbrauwen – nog niet vergrijsd – gaven een hint van dat verleden. Hij was kleiner dan ik me hem had voorgesteld.

'Jij bent dus Eppo.'

Ik veegde mijn hand, nat van het bier, gehaast af aan mijn broek en stak hem uit naar Helvoeth. 'Eppo Boetselaar.'

Helvoeth verroerde zich niet. 'We hoeven elkaar geen hand te geven, Van Boetselaar. We zijn kantoorgenoten. Wij kennen elkaar.' Hij nipte aan zijn glas wijn. 'Ben je soms familie van Lucas van Boetzelaer, de Achmea-man?'

Het kwam wel vaker voor dat er een familierelatie werd verondersteld. De familie Van Boetzelaer is een voornaam adellijk geslacht. De Boetselaars hebben er niets mee te maken. Wij zijn van oorsprong keuterboeren uit Drenthe.

'Nee, ik weet wie hij is, maar we zijn geen familie. Mijn achternaam is Boetselaar, zonder "van".'

'Je vader heeft je wel een merkwaardige voornaam gegeven – Ep-po.' Hij sprak mijn naam uit als een geslachtsziekte. 'Is dat een afkorting van Epimachus?'

'Niet dat ik weet, meneer Helvoeth.'

Hij keek me ongelovig aan. 'Je weet toch wat dat is, een epimachus?'

'Tot mijn spijt niet, meneer Helvoeth. Ik ben niet klassiek geschoold.'

Helvoeth liet zijn linkerwenkbrauw omhoogkomen. 'Een fruitvliegje, Van Boetselaar. Je vader heeft je naar een fruitvliegje genoemd.' Hij grijnsde. Bedachtzaam nipte hij aan zijn wijnglas. 'Wat zou hij daarmee hebben bedoeld? Omen est nomen, dat weet je toch?'

Ik knikte. Ook zonder Latijnse les wist ik dat het gezegde precies andersom luidde. Maar het leek me onverstandig hem te verbeteren.

Met een korte polsbeweging wierp Helvoeth een noot achter in zijn mond, als een precisiebom. Hij maalde met zijn kaken. Uit mijn ooghoek zag ik dat de jongens van M&A ons nieuwsgierig in de gaten hielden. Waarom was Diepering weggelopen? Het protocol vereiste wellicht dat ontslagzaken persoonlijk door Helvoeth werden afgewikkeld. Het laatste oordeel kwam van de managing partner zelf.

'Je hebt de afgelopen drie maanden niet aan je omzetverplichtingen voldaan, Van Boetselaar.'

Ik slikte met moeite. 'Pardon?'

'Je target, Van Boetselaar. Je zit stelselmatig onder target.'

Niemand had mij iets verteld over een target. Al mijn uren had ik braaf geschreven in CarpeDiem. Maar zolang er geen gewonnen zaken of lucratieve schikkingen waren, konden we vanwege ons systeem van prestatiebeloning niets in rekening brengen. Alle geschreven tijd werd aan het einde van de maand door Foekje afgeboekt. Ging hij dat nou tegen me gebruiken?

‘Dat wist ik niet.’

‘Heeft zij je dat niet verteld? Luister, kerel, eerstejaars stagiaires moeten 1123 declarabele uren per jaar schrijven. Nu zien we wel vaker dat nieuwe stagiaires even op stoom moeten komen, maar in jouw geval vertoont CarpeDiem wel een heel opmerkelijk beeld. Heb je enig idee hoeveel declarabele uren je vanaf datum indiensttreding hebt geschreven?’

Ik zei Helvoeth dat ik het niet wist.

‘Nul, Van Boetselaar. Je hebt núl declarabele uren geschreven. Weet je wat dat betekent, Van Boetselaar? Dat kantoor nog niets aan jou heeft verdiend, geen cent. We geven je een mooie opleiding en jij, Van Boetselaar, jij geeft ons niets terug.’

Dorst, dorst had ik. Ik scande de tafel op zoek naar een glas water – niets. Helvoeth nam geduldig een slok wijn.

‘Maar ik schrijf iedere dag minstens acht declarabele uren,’ protesteerde ik.

‘Niets van te zien. Die worden kennelijk allemaal door haar afgeboekt. Dat is naar alle waarschijnlijkheid inherent aan dat no-cure-no-pay systeem van jullie. Geen cure, geen pay, geen declarabele uren.’

Helvoeth gooide nog een noot in zijn mond. Hij leek er eindeloos op te kauwen. Ik voelde hoe een spiertje bij mijn oog begon te trillen. Ik plaatste mijn hand op de plek, met als gevolg dat nu ook mijn hand trilde.

‘We kunnen voor jou geen uitzonderingen maken, Van Boetselaar. Je moet je realiseren dat je al een geval apart bent, door de manier waarop je bij ons terecht bent gekomen, eigenlijk als onderdeel van háár boedel. Je bent er een beetje bij gemoffeld als het ware. We waren niet echt geïnformeerd over je bestaan. Je collega-stagiaires, dat moeten we toch in overweging nemen, vinden het vreemd dat je niet de reguliere sollicitatieprocedure bij kantoor hebt doorlopen. Enfin. We zullen niet weglopen voor onze verplichting ten opzichte van de Orde van Advocaten. Je mag je stageperiode – de hele drie jaar – bij ons blijven. Maar je begrijpt,

Van Boetselaar, het is van eminent belang dat we een consistent en consequent beleid voeren ten aanzien van declarabel gedrag. Met andere woorden, kerel,' – met zijn tong verwijderde hij een stuk noot tussen zijn voortanden – 'jij bent op dit moment niets waard.'

Ik knikte dociel. Er was niets wat ik kon uitbrengen. Later, dacht ik, later zou ik precies weten wat ik allemaal had moeten zeggen, later, voor de spiegel, zouden de volzinnen uit mijn mond rollen, allemaal even scherp en vilein, maar nu voelde het alsof Helvoeth me bij mijn strottenhoofd had beetgepakt en langzaam mijn keel dichtkneep. In de verte, bij de bar, hoorde ik Verkoren lachen, een bulderende lach die het kabbelende geroezemoes van de andere advocaten luid oversteeg.

'Ik heb nog eens een zaak tegen haar gehad. Tegen Foek-je.' De naam van mijn patroon behoorde tot dezelfde categorie ziektes als de mijne, alleen kwaadaardiger. Hij leek haar naam uit te braken. 'Voor onze gewaardeerde cliënte McDonald's. Doen we al jaren zaken voor. Ik acteer een beetje als *boardroom advisor* voor ze. Enfin. Foek-je trad op voor een achterlijk mens uit Almere dat een tampon in haar hamburger had gevonden. Vervelend, maar ze leed geen enkele schade. Kansloze zaak, Van Boetselaar. Maar die baas van jou heeft er toch nog een mooi bedrag uit weten te slepen.' Hij bestudeerde het effect van zijn woorden op mijn gezicht. 'McDonald's wil ook niet dat zo'n zaak voor de rechter komt. Public relations, dat is waar het in het land van de *free* om gaat. Terecht, hoor. Reputatie, Van Boetselaar, onthoud dat goed: het komt te paard en gaat te voet. Dat rijmt.' Hij wachtte op een glimlach.

'Ik zal je niet langer ophouden, Van Boetselaar. Je hebt een notitie geschreven voor Diepering. Dat mag je voor mij ook doen. Lidy zal contact met je opnemen om een afspraak te maken.' Hij zette zijn glas op tafel. Uit zijn binnenzak haalde hij een zakdoek, waarmee hij de hoeken van zijn mond aantipte. 'Gaan we eens kijken of we wat aan die urennorm van jou kunnen doen.'

Helvoeth knoopte zijn jasje dicht, trok de panden naar beneden, veegde wat roos van zijn schouders. 'Uitstekende kerel, je vader – Lucas. Veel met hem samengewerkt in zijn tijd als voorzitter van de RvB van Achmea. Schrijf ik weleens een adviesje voor. Wil je hem de groeten van me doen?'

'D-dat zal ik doen.'

Hij draaide zich om en liep weg. Ik vroeg me af of ik hem moest volgen, maar hij was verdwenen voordat ik mezelf in beweging kon zetten. Verward bleef ik aan de statafel staan. Ik was niet ontslagen. Integendeel. Uit de bak noten graaide ik een halve hand, wierp ze een voor een in mijn mond. Triomfantelijk vergruisde ik ze. Het glas van de oprichter van kantoor was nog halfvol. Zonder na te denken, pakte ik het en klokte het leeg. Ik knoopte mijn jasje dicht, trok de panden naar beneden en zette een grote stap in de richting van mijn vrienden.

17

Lidy zei dat ik alvast naar binnen mocht gaan. 'Hij zit nog even in bespreking, maar zal zo wel komen.'

Voorzichtig stapte ik over de drempel, bevreesd dat Helvoeth ineens toch achter zijn bureau zou zitten. Net of ik over zo'n rood gevlochten koord van een afgeschermde ruimte in een museum stapte. De kamer leek wel een operatiekamer: een volledig steriel vertrek; geen rode dossiermappen, in willekeurige stapels, die de kamers van de andere partners ontsierden; geen rondslingerende papieren; geen lege koffiekopjes. Het mahoniehouten bureau met groen lederen blad contrasteerde met de rest van de kamer, waarin de kleur wit de hoofdrol opeiste. Achter het bureau stond een boekenkast die weinig boeken bevatte voor iemand die al bijna veertig jaar advocaat was. De planken waren in plaats daarvan gevuld met memorabilia van zaken die hij had gedaan – een soort grafzerken van plexiglas – en met fotolijstjes.

Lidy stak haar hoofd om de deurpost. 'Het duurt denk ik nog wel een minuut of tien. Ga maar alvast zitten.'

Voor het bureau van Helvoeth stond een witte kuipstoel. Mijn blik ging van de stoel naar de boekenkast. De foto's in de boekenkast achter Helvoeths bureau trokken als een magneet. Met kleine stappen, voetje voor voetje, benaderde ik de boekenkast, mijn onderlip tussen mijn tanden geklemd. Halverwege was er een moment dat ik nog kon omkeren. Maar ik stapte over de imaginaire grens naar het verboden terrein.

De fotolijstjes waren gevuld met belangrijke mensen, steeds in gezelschap van Willem Helvoeth. De wisselende kwaliteit van de foto's verraadde het tijdperk waarin ze waren gemaakt. Ik herkende een jonge Jan des Bouvrie, samen met Helvoeth op een witte bank. Ruud Lubbers die handenschuddend een boek in ontvangst nam. Ron Brandsteder, ergens op een golfbaan. Helvoeth met een burgemeester onder een paraplu. Wie was die man met wie hij achter die tafel zat? Het leek een soort persconferentie. Langzaam, uit de spelonken van mijn geheugen, kwam het beeld naar boven. Het was de Staatscommissie Medische Fouten. Helemaal vergeten dat Helvoeth daar onderdeel van uitmaakte. En die man... die man... ja, ik had hem bijna niet herkend zonder zijn witte jas.

De beste van het land, die man, dokter Makenbach, zo hadden ze ons verzekerd. Je had hem moeten zien zitten schuifelen in zijn stoel, nadat hij ons – mijn drie zussen en mij – een uur had laten wachten. Een verpleegster gaf ons allemaal een plastic bekertje water.

'Wij hebben helaas geen limonade,' zei ze tegen mij, alsof ik een kind van zes was. Onder haar witte kleren droeg ze dezelfde witte gympen die ik een jaar daarvoor in Amsterdam had gekocht, samen met mijn moeder.

'Thee?' had dokter Makenbach gevraagd. 'Wil je misschien thee?'

Ik schudde mijn hoofd.

'Mooi zo.' Zijn mond grijnsde, terwijl zijn ogen angstig de rij van vier voor hem afgingen. 'Jullie hadden nog wat vragen over de behandeling van Mary Boetselaar.' Hij sprak de voornaam van mijn moeder verkeerd uit. Het is *Merry*, op zijn Engels, niet *Meerie*.

'Dat klopt,' zei Bea. 'Wij hadden namelijk van u begrepen dat mama's kans op herstel groot was, na de operatie.'

'Heb ik dat gezegd?' Dokter Makenbach krabde aan zijn grijze wenkbrauw. Uit zijn oren groeide haar.

'Ja, daar was ik zelf bij. U zei dat de kans op genezing tachtig procent was.'

'Tja,' zei hij met een zucht, 'dat betekent dat er nog altijd twintig procent kans is dat het misgaat.'

'Maar ze bleek overal uitzaaiingen te hebben,' interrumpeerde Fanny, mijn derde zus.

'Wanneer een naaste komt te overlijden,' zei dokter Makenbach, terwijl hij zijn handen vroom ineenvouwde, 'zoeken de nabestaanden altijd naar een reden. Daarmee hopen zij de dood betekenis te geven. Maar de dood is altijd zinloos. Het spijt mij verschrikkelijk dat jullie moeder is overleden. Wij hebben echt onze uiterste best gedaan. Ik wens jullie veel sterkte met het verwerken van dit verlies.' Hij keek naar de klok boven de deur, achter ons. 'Willen jullie mij verontschuldigen? Er wachten patiënten op me.' Hij was opgestaan, had een patiëntenkaart van een stapel op zijn bureau gepakt en liet ons achter in zijn kamer, zonder ons een hand te geven.

Onderweg terug naar huis – Bea reed in de oude Fiat Panda van mijn moeder – had het overgebleven gedeelte van de familie Boetselaar gezwegen. Ik zat achter Bea, het raampje wat opengedraaid. Ter hoogte van hotel De Witte Bergen mompelde Trude: 'Mama was die laatste maanden wel gelukkig. Misschien was het beter dat ze het niet wist.' Het bleef stil. Ik keek uit het raam en luisterde naar de wind die door het open raam gierde. Iedereen gaat dood, dacht ik. Iedereen gaat dood en niemand wil het weten.

'Zie je nog bekenden, Van Boetselaar?'

Helvoeth. Ik had hem niet horen binnenkomen.

'Me-meneer Helvoeth,' Ik sprong in het gelid, als een militair die tot de orde wordt geroepen. 'Lidy,' zei ik, 'Lidy, had gezegd... dat ik alvast mocht gaan zitten.'

'Dan zou ik maar gauw gaan zitten, kerel.'

Helvoeth volgde met geamuseerde verbazing mijn hazenpassen naar de stoel. Nadat ik had plaatsgenomen, ging hij zelf achter zijn bureau zitten. 'Ik heb niet veel tijd. Je hebt waarschijnlijk wel gehoord dat er een paar jaar geleden in Enschede wat vuurwerk is afgegaan. Een aantal slachtoffers, omwonenden, is een procedure begonnen tegen de gemeente. Er zou onvoldoende toezicht zijn gehouden op de naleving van de brandveiligheid. Enfin. Waar vuur is, komt altijd gesodemieter. Dat hoef ik jou niet te vertellen, Van Boetselaar.' Zijn glimlach suggereerde dat we handlangers waren in een of andere misdaad. 'Schrijf daar voor mij maar eens een mooie notitie over.'

In de haast had ik het verhaal niet goed kunnen registreren. Waar wilde hij precies dat ik een notitie over schreef? Treden wij op voor de gemeente Enschede? Het was ongelooflijk stom dat ik geen pen en notitieblok had meegenomen.

'Duidelijk.'

'Lidy zal ervoor zorgen dat je het dossier krijgt. Wat voor jouw analyse met name van belang is, is de handhaving door de gemeente van de milieuvoorschriften. De verstrekte vergunningen en vooral de verlenging daarvan. Kijk daar goed naar. Een vraag die ik graag beantwoord zie is of ook voor die MAVO-boxen en zeecontainers vergunningen zijn aangevraagd. Volgens mij heeft de commissie-Oosting daar iets over gezegd. Je zult verder wel even naar het Jetlast-arrest willen kijken. Men beweert ten stelligste dat 1.1-vuurwerk werd geclassificeerd als 1.3-vuurwerk. Als dat waar is, is het wel een vrij ernstig verwijt. De vraag is of het zo is en, zo ja, of ze het hard kunnen maken. Er is een brief, ik zeg het even uit mijn hoofd, van 23 mei 2001 van een van die kerels van S.E. Fireworks. Die is denk ik interessant.'

'Uitstekend.'

Helvoeth trok wat lades van zijn bureau open, op zoek naar iets. 'Ik hoop dat je dit allemaal onthoudt, want ik ga het niet nog eens vertellen.' Met een briefopener in de hand, een miniatuursabel, keek hij me aan. 'Kerel, ik vind het echt onbegrijpelijk dat je geen aantekeningen maakt.'

'Ik onthoud het.'

Het zwaard scheurde door een grote gele envelop. 'Wat hoor ik nou voor een verhalen over jou? Iets met een e-mail die je zou hebben gestuurd?'

Het was of ik schrikdraad aanraakte.

'Dat is allemaal heel lang geleden. Uit mijn studententijd. Een beetje een uit de hand gelopen grap. U moet niet alles geloven wat ze erover zeggen.'

'Ze zeggen er helemaal niets over, Van Boetselaar. Ik hoor iets, zo in het passeren, en ik vraag jou ernaar. Dat is alles, kerel. Moet je luisteren, wat jij buiten kantoortijd uitspookt kan me helemaal niets schelen, zolang, Van Boetselaar, zolang het maar niet terugslaat op kantoor. Mocht er iets zijn wat ik moet weten, wat als het ware tegen ons gebruikt kan worden, dan moet je het me vertellen.' Hij boog zich over zijn bureau, de briefopener dreigend in zijn hand. Zijn ogen vernauwden zich tot streepjes. 'Altijd. Als managing partner van kantoor is het mijn verantwoordelijkheid dat ik alles weet. Goed of fout.' Toen ontspande zijn blik en zakte hij terug in zijn stoel. 'Sommige mensen, Van Boetselaar, beschouwen mij als hun biechtvader, een soort vertrouwenspersoon. Als jij dat ook wilt, dan mag dat.'

Zou ik hem vertellen over mijn e-mail aan Mathilde? Maar toen ik het begin van mijn relaas in mijn hoofd repeteerde, stuitte ik al direct op een onwelgevallig onderwerp: Blussé van Oud-Alblas. Ik zou Helvoeth moeten vertellen dat ik bij Blussé, de concurrent, wilde solliciteren. 'Waarom niet bij ons?' zou hij vragen, waarop ik zou moeten erkennen dat ik de kans van slagen bij Schwaab & Helvoeth minimaal had geacht. Dat is geen basis, zo oordeelde ik, voor de gewenste samenwerking met de oprichter van kantoor. En daarbij: wat viel er eigenlijk te vertellen? De gebeurtenissen lagen intussen ruim een jaar achter ons. Mijn e-mail was niet bepaald geheim gebleven. Op geen enkele manier kon ik het kantoor nog in diskrediet brengen.

'Het is niets, meneer Helvoeth.'

'Je weet dat je mij alles kunt vertellen?'

'Ik weet het, meneer Helvoeth. Het is goed om te weten. Ik stel het zeer op prijs.'

'*Parblanc*, kerel. Laten we er zand over doen.' Hij haalde een foto uit de gele envelop. 'Kijk, dit wilde ik je laten zien. Dit was toen ik de pleitwedstrijd won. Dat ben ik.' Hij wees naar een jonge versie van zichzelf. 'Ik was toen net zo oud als jij. En die kale man, dat is Stolwijk, dat was toen – we hebben het over 1968 – de president van het Gerechtshof. Ja, kerel, er is niets veranderd. Mooie tradities moeten we koesteren, vind je niet? Die foto, die hebben ze in het gemeentearchief gevonden. Dat kun je tegenwoordig gewoon via het internet bekijken. De dingen die ze verzinnen...' Het viel me nu pas op dat Helvoeth geen computer op zijn bureau had staan. 'Nu nog een mooi lijstje en hij kan er zo tussen.' Hij probeerde de foto tussen de lijstjes in zijn kast te plaatsen, maar hij gleed steeds naar beneden, om uiteindelijk naar de grond te dwarrelen. 'Dat moet iemand anders maar doen. Moet jij niet aan het werk, Van Boetselaar?'

'Pardon?' Een seconde dacht ik dat hij me vroeg de foto voor hem op te hangen.

'Vooruit, aan de slag. De gemeente Enschede houdt niet van wachten. Over drie dagen wil ik een notitie van je op mijn bureau hebben. Lidy kan je aan het volledige dossier helpen.'

Ik had het gevoel dat ik nog een vraag moest stellen, een slimme vraag. 'Lidy heeft dus het dossier?'

'Bespreek het maar met haar. Ik heb even geen tijd meer voor je.'

'Uitstekend, meneer Helvoeth, geen probleem.'

Zijn telefoon ging. Hij gebaarde dat ik moest gaan.

'Dan ga ik nu maar aan het werk,' zei ik. Maar Helvoeth luisterde al niet meer.

18

Een jongen van Beheer kwam mijn kamer binnen, een steekkar voor zich uit dirigerend. Zijn pokdalige gezicht kwam nauwelijks boven de toren van dozen uit.

'Pas op!' Hij reed bijna mijn yucca omver. Met een ruk stuurde hij de kar bij; de dozen wankelden. 'Waar wil je ze hebben?'

'Weet je zeker dat het voor mij is?'

De jongen parkeerde de kar, veegde zijn voorhoofd droog met zijn mouw, en haalde een gekreukeld stuk papier uit de borstzak van zijn rode overall. 'Ben jij Boetselaar?' Hij gaf me het papiertje waarop de zaaknaam stond genoteerd: 'Gemeente Enschede / omwonenden'.

'Is dit het hele dossier?' De paniek klonk door in mijn stem.

Ik had het nog niet gevraagd of een tweede jongen, een lange slungel, kwam mijn kamer binnen.

'Waar wil je ze hebben?' vroeg de eerste jongen.

Ik keek van mijn dossierkast, die praktisch leeg was, naar de dozen. Ik telde er twaalf. Twaalf dozen!

'Maak maar een stapel in de hoek,' zei ik verslagen.

De jongens maakten twee torens van zes dozen. Met een doffe dreun werd het geheel door de lange slungel voltooid. 'Veel plezier ermee.'

Nadat de mannen van Beheer waren vertrokken, staarde ik naar de hoek van mijn kamer. Ik reed mijn bureaustoel naar de dozen, die als de Twin Towers naast elkaar stonden. Ik klom op mijn stoel om de bovenste te openen. In de doos zaten acht rode mappen. Hoeveel is acht keer twaalf? Net toen ik de rekensom had voltooid, verloor ik mijn evenwicht en viel met stoel en al tegen de stapels aan. Met een schreeuw stortte ik ter aarde. Rode mappen lagen als plassen bloed door mijn kamer.

'Wat ben je toch allemaal aan het doen?' hoorde ik Mieke vanuit haar kubus roepen, geïrriteerd.

'Niets.' Mijn elleboog prikte pijnlijk. Ik sloot de deur.

Verstijfd keek ik naar de ravage op de grond, als een getuige van een verkeersongeluk die niet weet hoe te handelen. Op mijn knieën probeerde ik weer enige orde in de zee van mappen te scheppen. Er was ongetwijfeld een systeem geweest. Het leek me het beste de mappen eerst zo veel mogelijk per doos te sorteren. Ze waren zwaar, met correspondentie en andere stukken die eruit puilden. Na drie dozen werd ik overvallen door een enorme moeheid. Het was of iemand zijn handen op mijn schouders zette en me verder naar beneden probeerde te duwen. Mijn lichaam was moe, maar mijn gedachten draaiden door. Over drie dagen moest ik hierover – ja, waarover eigenlijk? – een notitie hebben geschreven. Waar haalde ik de tijd vandaan? Ik moest nog honderdeen andere dingen doen. Mijn handen drukten tegen mijn slapen, alsof ik daarmee zou kunnen voorkomen dat mijn hoofd uit elkaar zou spatten. Ik kneep mijn ogen dicht, slikte, opende mijn ogen weer. De mappen waren er nog steeds. Iedereen kon mij vanuit de kantoortuin zien zitten.

Ik vluchtte naar de bibliotheek, niet wetende wat ik daar moest zoeken. De juridische bibliotheek met de grootste privécollectie van Europa bevatte ongetwijfeld het antwoord op de vraag van Helvoeth. Voor het eerst ging ik de balustrade op. Het hout kraakte onder mijn voeten. Arrogant keken de dikke banden mij vanuit de hoogte aan, een onneembare vesting van juridische wijsheid. Willekeurig pakte ik een blauwe pil uit een boekenkast. Ik keek in de inhoudsopgave, in het register. Moest ik nou zoeken op vuurwerkramp? Het lukte me niet logisch na te denken. Ik bladerde ongeduldig door het boek. Niets. In mijn maag voelde ik een klomp.

'Zoek je iets?' vroeg een meisje dat ongemerkt naast me was komen staan.

Ze was gekleed in een perzikkleurig mantelpakje met een witte panty. De combinatie maakte haar gezicht fletser dan het al was.

Haar breekbare melkboerenhondenhaar had ze met een elastiekje in een staartje achter haar hoofd gebonden. In de naad van haar neus glinsterde een rood pukkeltje, dat ze die ochtend tevergeefs had proberen te verwijderen. Ovale brillenglazen in een ijzeren montuur.

'Nee,' zei ik en ik pakte een ander boek. 'Jij?'

'Niets bijzonders.' Haar enkel maakte een knik. 'Van Velzen heeft gevraagd of ik het notenapparaat van zijn handboek bestuursrecht wil controleren.'

'Het notenapparaat? Daar ben je dan mooi klaar mee.'

Ze haalde haar schouders op. 'Liever noten dan niets. De nieuwe druk komt volgende maand uit.'

'Ik ben Eppo,' zei ik, terwijl ik door het boekwerk bladerde. Op een willekeurige pagina liet ik mijn vinger over de tekst slalommen, alsof ik had gevonden wat ik zocht. Ik kneep een oog dicht, veinsde een diepe gedachte, snel gevolgd door een zogenaamd moment van inzicht.

'Ik ken jou wel. Iedereen kent jou. Jij hebt de pleitwedstrijd gewonnen.' Het fletse meisje bestudeerde de opengeslagen pagina in het boek. 'Hippisch recht. Interessant. Waar ben je mee bezig? Een juridisch probleem met een paard?'

Met een klap sloeg ik de pil dicht. 'Een notitie voor Helvoeth.' Ik wierp haar een vileine glimlach toe.

'Ik dacht dat je voor Foekje werkte.'

Het kind begon op mijn zenuwen te werken. Waarom liet ze me niet met rust? Alsof ik niet genoeg problemen had zonder dat zij haar pokdalige neus in mijn zaken ging steken.

'Dat doe ik ook.' Haar ogen zagen er belachelijk uit achter die brillenglazen. 'Maar dit is een speciale opdracht.' Ik fluisterde: 'Het is een geheime zaak. Het is niet de bedoeling dat Foekje het weet.'

'Spannend, een geheime opdracht.' Ze zei het net iets te hard. 'Voor de baas van kantoor.'

Ik scande de directe omgeving om te zien of iemand haar gehoord had. 'En jij werkt dus voor Van Velzen?'

'Ja, voornamelijk voor het notenapparaat. Officieel zit ik op de sectie Public & Regulations – elfde verdieping – maar Van Velzen heeft liever dat ik in de bibliotheek werk. Dat is zo gegroeid.'

'Zeker nieuw op kantoor.'

'Nee, ik ben van de lichting voor jou. Monique Busman, aangenaam.' Ze gaf mij een hand. Het moet er raar uit hebben gezien, zo op de balustrade. Kantoorgenoten werden geacht elkaar te kennen. 'Ik houd niet zo van kantooractiviteiten. Vandaar dat je mij niet kent. Wat zoek je?'

'Niets bijzonders.' Ik zette het boek terug in de kast. Vergiste ik me nou of ging ze steeds iets dichter tegen me aan staan?

'Kan ik je ergens mee helpen?'

Na een korte overpeinzing zei ik: 'Misschien. Heb jij weleens van het arrest Jetlast of iets dergelijks gehoord?' Ik had een fluisterstem aangenomen. 'Helvoeth had het erover. Het kan ook een naam zijn die erop lijkt. Alles met Jet of met last behoort tot de mogelijkheden. Je hebt het niet van mij, maar ik heb het idee dat Helvoeth weleens woorden door elkaar haalt.'

Monique knikte. 'Hij is dyslectisch.' Ze weigerde mijn bibliotheekstem te volgen.

Even verderop stond een jongen met zijn hand in zijn zak verzonken in een boek. Hij had niets gehoord.

'Helvoeth kan geen normale zin op papier krijgen,' vervolgde Monique. 'Lidy, zijn secretaresse, schrijft al zijn brieven.'

'Hoe weet jij dat?' fluisterde ik, nu nog zachter.

'Ik vang weleens iets op. Kijk, daar zit ik.' Haar vinger wees naar beneden. Naast het koffieautomaat, aan de laatste tafel, zat een groepje van zes meisjes van ongeveer dezelfde leeftijd als Monique. Ze zwaaiden toen ze me zagen kijken. Monique giechelde en gebaarde naar de meisjes dat ze moesten ophouden. 'We delen alles met elkaar.'

'Zijn jullie van dezelfde sectie?'

'Nee, we zijn gewoon altijd in de bibliotheek.'

'Altijd? Dat kan toch niet. Hebben jullie nooit eens een bespreking met een cliënte of zoiets?'

'Nee,' zei ze met een zucht, 'ik geloof dat het niet de bedoeling is dat wij rechtstreeks contact hebben met cliënten. Philipine Faasen was ook één van ons. Je zit in haar oude kamer. Maar die mocht geen medewerker worden na haar stageperiode. Te weinig omzet.' Haar gezicht veranderde van sip naar monter. 'Je zoekt dus het Jetblast-arrest.'

'Heet het zo?'

'Ja, een jetblast is een luchtstoot veroorzaakt door een straalmotor van een vliegtuig. Een vrouw op Sint-Maarten werd getroffen door een jetblast, met lichamelijk en psychisch letsel tot gevolg. De vraag was of de luchthaven zich kon disculperen door te verwijzen naar een bord met een waarschuwing tegen jetblasts. Hoge Raad 28 mei 2004, *NJ* 2005, 105.'

'S-sorry?'

'De vindplaats van het arrest: Ne-der-landse Juris-pru-dentie, het zijn groene tijdschriften, ingebonden in bruine bundels. Je bent op zoek naar jaargang 2005, nummertje 105. Je kunt het ook op de computer vinden.'

'Ik ken de *NJ* wel. Ik ken alleen niemand die *NJ*-nummers uit zijn hoofd leert.'

'Ik ken niemand die het Jetblast-arrest niet kent. Hoort toch een beetje tot je standaarduitrusting, vooral in een letselschadeprak...'

'Dank voor je hulp. Ik ga weer verder zoeken.' Ik beende langs de boekenkast en zette koers naar de bundels *NJ*.

Monique liep achter me aan. 'Wacht. Het was niet mijn bedoeling je te beledigen. Soms ben ik sociaal niet zo handig.' Ze lachte haar tandvlees bloot. 'Kan ik je nog ergens mee helpen?'

Ik twijfelde. Twaalf dozen in mijn kamer zeiden dat ze me ergens mee kon helpen. Iemand die *NJ*-nummers uit haar hoofd kende, kon goed van pas komen, ook al spoorde deze Monique niet helemaal. Het probleem was alleen dat ik niet wist wat ik voor Helvoeth moest uitzoeken. Ik voelde er weinig voor dat tegenover dit kind te moeten erkennen. In de binnenzak van mijn jasje maakte mijn BlackBerry een repeterend geluid. Er waren twaalf nieuwe mails binnengekomen sinds de laatste keer dat ik had gekeken. Monique keek me vol verwachting aan. Als ze een staart had gehad, was die nu aan het kwispelen.

'Oké,' zei ik ten slotte. 'Je mag me helpen.'

'Leuk!'

Ik gebaarde dat ze minder hard moest praten. 'Ik kan je het probleem het beste uitleggen als je mee naar mijn kamer gaat.'

'Dan ga ik me even afmelden bij mijn vriendinnen.'

Monique racete de wenteltrap af naar de begane grond en liep op een drafje naar de tafel bij de koffieautomaat. Haar lichaamstaal verraadde een zekere opwinding. De meisjes knikten begripvol, glommen als opgepoetst zilver en zwaaiden nog eens demonstratief naar mij, bij wijze van ouderlijke instemming.

Toen Monique weer mijn kant op kwam, haar rug naar de tafel gekeerd, ging het gezelschap ogenblikkelijk in conclaaf over de ontstane situatie.

19

In de deuropening keek ik door de ogen van Monique naar mijn kamer. Het leek alsof iemand moedwillig de verhuisdozen had omgekieperd en de inhoud – de rode dossiermappen – zo onwillekeurig mogelijk door de kamer had verspreid. Mijn kamer zag eruit als die van een achtjarige na een driftbui.

'Ik zie wat het probleem is,' zei Monique. Ze deed haar vleeskleurige jasje uit. 'Zullen we eerst maar eens de rotzooi opruimen?'

'H-het is niet wat je denkt. Het was een ongelukje.'

'Je hoeft je tegenover mij niet te verantwoorden, Eppo.' Monique verplaatste drie rode mappen. 'Ik leg ook geen verantwoording tegenover anderen af. Als jij de dozen in elkaar vouwt, dan begin ik met de dossiermappen.'

Onwennig begon ik aan de mij toebedeelde taak. Vanuit de kantoortuin had iedereen vrij zicht op ons en de puinhoop in mijn kamer. Maar gaandeweg trok ik me minder aan van de verbaasde blikken van passerende secretaresses en advocaten. Monique was iemand met wie je heel prettig kon opruimen. Ik begon er zelfs plezier in te krijgen. Het was alsof we samen de ballen voor een partij snooker op de tafel in positie brachten. Alles nauwkeurig in gereedheid brengend voor de wedstrijd, het echte werk dat zometeen ging beginnen. Monique kon prachtig stapelen, heel nauwkeurig, zonder dat ze risico's nam wat betreft de hoeveelheid mappen die ze op elkaar plaatste. De orde die we creëerden gaf me rust. Ik merkte dat de klomp in mijn maag was verdwenen.

'Zo,' zei Monique terwijl ze de laatste vier mappen op mijn bureau plaatste. 'Wat moeten we uitzoeken?'

Ik krabde op mijn hoofd. 'Het probleem is eigenlijk, Monique...' Ik wilde niet te schaapachtig overkomen. 'Om je de waarheid te zeggen...' Monique plantte haar handen in haar zij. '... dat ik niet zo goed weet wat het probleem is. Ik was mijn notitieblok vergeten toen Helvoeth me de opdracht gaf. Hij heeft van alles geroepen, maar ik heb geen aantekeningen gemaakt.'

Monique leek niet van slag gebracht door mijn bekentenis. 'Gaat het om de vuurwerkramp?'

'H-hoe weet je dat?' Ze was een helderziende.

'Ik heb net 96 mappen geordend met de zaaknaam "gemeente Enschede versus omwonenden". Ik mag sociaal wat geïsoleerd zijn, maar ik lees weleens een krant, Eppo. De kern van de zaak is dus of de gemeente aansprakelijk is voor de schade ontstaan door de vuurwerkramp.'

'Ja, zoiets zei Helvoeth ook.'

'Zullen we even gaan zitten?' Monique nodigde mij uit aan mijn eigen bureau plaats te nemen. Ze kwam naast me zitten. 'Eerst maar eens de dagvaarding bestuderen.' Uit een van de vier mappen die ze op mijn bureau had geplaatst, haalde ze een blauwe folder. 'Het eerste wat ik altijd doe is naar het petitum kijken. Wat zijn de vorderingen?' Monique bladerde naar de laatste twee pagina's van de dagvaarding. 'In dit geval gaat het om een verklaring voor recht dat onrechtmatig is gehandeld en een verzoek de schade op te mogen maken middels een schadestaat . Niet zo verrassend.' Ze bladerde terug naar de eerste pagina van de dagvaarding. 'Met de dagvaarding wordt de gedaagde opgeroepen op een bepaalde dag te verschijnen voor de rechtbank...'

'Dat weet ik ook wel. Het is niet de eerste keer dat ik een dagvaarding zie.'

'Sorry.' Monique moest giechelen om zichzelf. 'Ik heb jaren bijles gegeven en ik ben een beetje geconditioneerd om anderen als intellectueel inferieur te behandelen.'

De waarheid was dat het niet zo lang geleden was dat ik voor het eerst een dagvaarding had gezien. Foekje – dit was nog op de Keizersgracht – had me gevraagd een dagvaarding die ze had opgesteld te vertalen in het Engels voor een van onze cliënten. Dat ze mij zou vragen zelfstandig een dagvaarding op te stellen, was ondenkbaar. Daar was ik volgens Foekje nog lang niet aan toe. Maar een dagvaarding vertalen paste in haar idee over mijn opleiding: eerst de basis leren. De zaak ging over een Engelse vrouw – onze cliënte – die door een tram in Amsterdam was aangereden. Met een dik Nederlands-Engels juridisch woordenboek bij de hand ploegde ik erdoorheen. Eindeloos deed ik over de eerste pagina. Onbegrijpelijk. Die formuleringen hadden net zo goed Arabisch kunnen zijn. Ik las dat de wederpartij moest verschijnen voor de rechtbank, niet in persoon maar vertegenwoordigd door een procureur. Ik wist niet wat een procureur was. Slaafs schreef ik de Engelse term voor procureur over uit het woordenboek. *Procurator litis*. Nu ik erover nadacht, realiseerde ik me dat ik het nog steeds niet wist.

'Kijk,' vervolgde Monique. 'Onze cliënte is de gemeente Enschede. De gedaagde moet verschijnen voor de rechtbank in het arrondissement van zijn eigen woon- of vestigingsplaats. Artikel 99 Wetboek van Burgerlijke Rechtsvordering. In dit geval de rechtbank Almelo. De gedaagde moet bij de rechtbank worden vertegenwoordigd door een procureur uit zijn eigen arrondissement. Daarom moeten wij een procureur van een ander kantoor inschakelen. Het is maar een formaliteit. Er is een wet in de maak om het verplichte procuraat af te schaffen.'

Mijn houding was verveeld. Ik probeerde uit te stralen dat Monique me niets nieuws vertelde. Maar het was of ik voor het eerst snookerles kreeg.

'De dagvaarding wordt uitgebracht – betekend – door een deurwaarder. Dit is zijn stempel.' Monique wees naar een blauw stempel met de naam van de deurwaarder op de dagvaarding. 'Onze cliënte moet verschijnen' – Moniques vinger onderstreepte de relevante passage op het voorblad – 'niet in persoon maar vertegenwoordigd door een procureur op een zogenoemde rolzitting. Hij hoeft daar niet echt aanwezig te zijn. Het is louter administratief.'

Dat wist ik. Toen ik die dagvaarding voor Foekje aan het vertalen was, was mij de datum van de eerste zittingsdag opgevallen. De rolzitting. Maar... dat was die dag. Ik checkte mijn agenda; ik had me niet vergist. Sterker, de zitting vond plaats precies op het moment dat ik de dagvaarding aan het vertalen was. En Foekje zat gewoon boven te werken! In paniek rende ik naar haar kamer. Ik struikelde over mijn woorden. Nadat ik op adem was gekomen, lachte Foekje me uit, vertederd, als een moeder die om haar kind lacht. 'Het maakt niet uit dat je het niet weet, Eppo. Iedereen moet het leren.'

Monique ging ongestoord door met haar spreekbeurt. 'Wat men nooit moet vergeten, is de dagvaarding nadat hij is betekend bij de rechtbank aan te bre...'

'Monique, ik ben niet achterlijk. Zullen we die formaliteiten overslaan en naar de rechtsvraag kijken? Over drie dagen wil Helvoeth een notitie hebben.'

Monique was even uit het veld geslagen, maar ze hernam zich snel. Met haar vinger wipte ze haar bril iets hoger op haar neus. 'Juist, Eppo. De zaak van de omwonenden kan alleen maar slagen als zij aantonen dat de gemeente op de hoogte was van de risico's en ten onrechte, gelet op de ernst daarvan, niet heeft ingegrepen. Het betreft dus een tamelijk feitelijke kwestie. Eens even kijken...' Monique bladerde verder in de dagvaarding. 'Er zijn in totaal 83 producties overgelegd. Die zullen het merendeel van de dossiermappen wel vullen. Als jij nou de eerste veertig producties bestudeert, dan doe ik de rest. En denk eraan, het gaat steeds om de vraag of de gemeente wist van de risico's van de vuurwerkopslag voordat de ramp zich voordeed.'

De dagen erna werkten wij gezamenlijk aan de notitie, naast elkaar achter mijn bureau. Om de vier uur vergeleken we onze aantekeningen. Op een apart A4'tje noteerden we de grootste risico's voor de gemeente, de belangrijkste verwijten van de eisers, dat waren de zaken waar we extra oplettend op moesten zijn bij ons onderzoek. Het maakte niet uit dat de lucht van blauw naar roze kleurde, dat de hemel donker werd, behoudens het flikkeren van een eenzaam vliegtuiglicht. Het maakte niet uit dat de schoonmakers kwamen. We gingen pas naar huis nadat de man van Seceurop zijn laatste ronde had gedaan; het schijnsel van een aarzelende zaklantaarn was het teken dat de werkdag erop zat.

Na twee dagen waren we klaar. We hadden alle producties doorgenomen. Op de plek waar ons onderzoek begonnen was, vatte Monique onze conclusies – háár conclusies – samen.

'De slotsom is dat de verstrekte vergunningen in orde waren, in ieder geval naar de in mei 2000 geldende inzichten.' Ze kon formuleren alsof het al door de rechtbank was opgeschreven, zonder enige twijfel in haar stem.

Om tegenspel te geven legde ik een bedenkelijke vinger onder mijn kin. 'Hmm. En wat vind je van die onjuiste indeling in gevarenklassen?'

'De gemeente kon niet weten dat er een verkeerde aanduiding op de verpakkingen stond,' zei Monique verontwaardigd. 'Er bestond mijns inziens ook geen verplichting voor de gemeente om dat te onderzoeken.'

'Jij vindt dus dat de gemeente vrijuit gaat?'

'Absoluut. Dat volgt in wezen ook uit het rapport van de commissie-Oosting.'

Dat rapport had ik niet gelezen, maar wat maakte het uit. Monique beheerste de materie tot in haar vingertoppen. Echt ongelooflijk dat Van Velzen haar inschakelde voor iets geestdodends als het controleren van een notenapparaat.

'Mooi. Nu moeten we nog een notitie voor Helvoeth opstellen.'

'Zal ik daar een voorzet voor geven?' Monique legde even een hand op mijn arm. Ze volgde mijn blik en trok de hand geschrokken terug.

'Als je dat zou willen doen, zou je echt een schat zijn.' Ik verwijderde een haar van haar schouder.

Achter haar ziekenfondsbril zag ik haar oogleden knipperen als vinkenvleugels. 'Ik zal het geheel ook van een juridische onderbouwing voorzien. Lindenbergh heeft een heel goed stuk over deze materie geschreven in *AV&S*. Dat verwerk ik dan ook meteen even.'

Ik kende Lindenbergh noch *AV&S*, maar dat deerde niet. Ik vertrouwde volledig op Monique, mijn *partner in crime*.

Een week later werd ik ontboden bij Helvoeth. 'Van Boetselaar, noem jij dit een notitie?'

Helvoeth, op zijn witte bank gezeten, hield het papier als een vieze vaatdoek tussen duim- en wijsvinger. 'Niet om door te komen. Bijna vijftig voetnoten. Ben je helemaal gek geworden? Denk je dat ik die allemaal ga zitten navlooien? Ik wil gewoon weten hoe het zit, niet een of andere semiwetenschappelijke verhandeling doornemen. Enfin.' Hij zuchtte. 'Begrijp ik het goed dat we deze zaak gaan winnen?'

'Ik denk het wel, meneer Helvoeth.'

'Je denkt het, je denkt het. Moet ik dat tegen de gemeente Enschede zeggen? "Mijn stagiaire Van Boetselaar dénkt dat jullie wel gaan winnen." Ik wil dat je het zeker weet, kerel.'

'Ik weet het zeker.'

'Hmm.' Helvoeth krabde aan zijn kin terwijl hij de notitie doorbladerde. 'Heb je al die arresten gelezen?'

'Ja, meneer Helvoeth.'

'Heb je ook dat artikel van Lindenbergh gelezen, dat je hier aanhaalt, voetnoot 14, een stuk in, hoe heet het? *AS&V*?'

'Dat heb ik ook gelezen.'

'En Lindenbergh zegt ook dat de gemeente Enschede gaat winnen?'

'Ik heb alle relevante literatuur en jurisprudentie bestudeerd. Het ziet er heel goed uit voor de gemeente.'

'Dat bepaalt de rechter nog altijd, maar goed, ik begrijp wat je wilt zeggen. Bouw die notitie van je maar om in een advies aan de gemeente. Uit mijn naam, zonder voetnoten. O ja, Van Boetselaar. Ik haat nietjes. Ik ontvang mijn notities met een paperclip. Knoop je dat voor de volgende keer goed in je oren?'

'Ja, meneer.'

De volgende keer. Hij zei dat er een vólgende keer zou zijn.

20

Mijn telefoon gaat. Dit is een van mijn zussen, Bea waarschijnlijk, of iemand die me een abonnement op een krant wil verkopen. Zussen en krantenverkopers zijn de enigen die me op mijn vaste nummer bellen. Het snoer dat de hoorn verbindt met het toestel is een grote kluwen geworden. Het zit zo in de knoop dat het toestel de lucht in gaat wanneer ik de hoorn tegen mijn oor druk.

'Ik verbind u door met meester Blackstone,' zegt een secretaresse aan de andere kant van de lijn.

'Hallo?' bromt een mannenstem.

Ik probeer een prop onder in mijn keel weg te slikken. 'Met Eppo Boetselaar,' zeg ik.

'Waar gaat dit over?' Hij klinkt alsof ik hem stoor in zijn winterslaap.

U belt mij, wil ik zeggen, maar dat doe ik niet. Ik heb respect voor oudere advocaten, respect voor de oudste compagnon van Blussé van Oud-Alblas. 'U belt inzake Schwaab & Helvoeth tegen Boetselaar.'

'Natuurlijk. Meneer Boetselaar?'

'Daar spreekt u mee.'

Ondertussen probeer ik met trillende hand het snoer te ontwarren om het toestel weer op de tafel te kunnen zetten. Zonder succes.

'Moet u luisteren, confrère.' Hij pauzeert. 'U bent toch nog steeds een confrère?'

Een nerveus lachje ontsnapt uit mijn mond. 'Jazeker.'

'Schwaab & Helvoeth heeft mij ingeschakeld om de zaak tegen u te behandelen.'

Het was mij niet ontgaan. De dagvaarding, daar was ik van

overtuigd, was door Schwaab & Helvoeth opgesteld. De opmaak, de indeling, de formuleringen, het taalgebruik – het was allemaal precies zoals ik het had geleerd. Kantoor vond het alleen niet sjiek de zaak tegen zijn ex-werknemer zelf te behandelen. Daarom was hij uit handen gegeven aan de enige advocaat die bij de partners van Schwaab & Helvoeth gezag inboezemde: meester Blackstone.

Blackstone vervolgt: 'Moet u luisteren, het is voor mij geen usance om rechtstreeks contact op te nemen met de wederpartij. Dat begrijpt u ook wel. Maar de dagvaarding is aangebracht, de eerste rolzitting is inmiddels verstreken, en er heeft zich nog geen advocaat voor u gemeld.'

'Dat klopt,' zeg ik.

'Wie is uw advocaat?'

Dit is het moment om op mijn schreden terug te keren. Ik kan zeggen dat ik nog op zoek ben naar een advocaat. Ik kan zeggen dat ik nog op de zaak terug zal komen, dat hij van mij of mijn advocaat zal horen. Je bent zo'n fucking loser, Boetselaar. Dat jij ooit hebt gedacht dat je advocaat kon worden. Ik zal je krijgen, Rinzema.

'Dat ben ik zelf. Ik zal mijn eigen zaak bepleiten.'

'Juist.' Blackstone is een moment stil. 'U moet dat natuurlijk helemaal zelf weten, maar gezien de omstandigheden, meneer Boetselaar, lijkt het me niet onverstandig u bij te laten staan door een externe advocaat. Het is geen kleinigheid waar u voor aansprakelijk wordt gehouden.'

'Daar ben ik me van bewust. Ik zal uw advies in overweging nemen.'

'Juist,' zegt Blackstone en hij krijgt een hoestaanval die maar niet ophoudt. Hij neemt niet de moeite de hoorn te beschermen tegen zijn bacillen. Op de achtergrond hoor ik het geritsel van een snoeppapiertje. Met het snoepje in zijn mond vraagt hij: 'U heeft de producties ontvangen?'

'Die zaten bij de dagvaarding, dank u wel. Ik heb met interesse kennis genomen van productie 1, het besprekingsverslag. U weet dat die verklaring door bedrog tot stand is gekomen?'

'Gaat u zich op een wilsgebrek beroepen?'

‘Inderdaad. Ik ben onder valse voorwendselen naar die bespreking gelokt. Het gesprek zou vertrouwelijk blijven.’

‘Heel interessant.’ Blackstone maakt een notitie. ‘Dan ga ik ervan uit dat de komende rolzitting een advocaat zich voor u zal stellen.’

‘Daar kunt u van uitgaan,’ zeg ik. ‘Meester E.F. Boetselaar zal zich voor mij stellen.’

21

'Zijn er nog vragen?' De man – zijn naam was ik vergeten – had een Amerikaans accent. Hij keek de zaal in, een intimiderende blik, en hikte zijn schouders omhoog, dreigend, alsof hij ieder moment een vuistslag zou kunnen uitdelen. Dat gebaar met zijn schouders was een tic. Ik had het hem na iedere presentatie zien doen. Net als dat hij steeds dezelfde vraag stelde: 'Zijn er nog *vrah-gen*?' Maar er waren geen vragen. Er waren de hele dag nog geen vragen geweest. Het was een heidag, een dag waarop er niet gewerkt werd, zonder dat de cliënten dat mochten weten. Het schijnsel van BlackBerry's lichtte overal in de zaal op.

'Nee?' Hij richtte zich weer tot Diepering, die, zo leek het wel, de katheder gebruikte om een plasvlek in zijn broek af te schermen. 'Karel,' – hij zei: *Kah-rel* – 'mag ik jou dan hartelijk bedanken voor je bijdrage? Je hebt het best wel een beetje prima gedaan.' Hij liep nu met kordate passen op Diepering af, die, geschrokken van de plotselinge toenadering, pardoes de laptop op het tafeltje naast de katheder dichtsloeg. De man, onze dagvoorzitter, legde zijn hand op Dieperings schouder. 'Je hebt je heel kwetsbaar opgesteld.' Daar gingen die schouders weer de lucht in.

Diepering knikte als een melaatse die net door de Messias was genezen. De dagvoorzitter, zijn vingertoppen nog op Dieperings schouder, draaide zijn verwaarloosde buikje in de richting van de zaal. 'Als jullie vinden dat Karel geslaagd is voor zijn *license to bill* dan weet jullie wat je moet doen.' Uit de zaal klonk overdreven applaus. Iemand floot op zijn vingers. Er werd 'bravo' geroepen. Diepering nam het allemaal met zichtbare tegenzin in ontvangst.

We waren getuige geweest van een heel andere Diepering dan de man die voorzitter was van de jurisprudentielunch; iemand anders dan degene die onderkoeld vertelde over blafkikkers en pisreigers tijdens de beroepsopleiding. Diepering had uiteengezet hoe er door hem en zijn sectie geld werd verdiend. Geld! Dat was duidelijk niet iets waar Diepering zich dagelijks mee bezighield. Met zijn dikke rug naar de zaal, zijn verbaasde blik op het grote scherm achter hem gericht, las hij de slides regel voor regel voor, haperend, alsof hij de tekst voor het eerst zag, wat waarschijnlijk ook zo was. De arme man had net zo goed een verhandeling over zijn eigen stoelgang kunnen houden.

'Karel, je hoort het. Je collega's zijn heel enthousiast. Je bent geslaagd!' De Amerikaan – Helvoeth had hem aan het begin van de dag voorgesteld – liep naar de coulissen waar hem, buiten ons beeld, een van de laatste medailles werd aangereikt. Het opspelden ging nog even ongemakkelijk als bij de eerste partner. De dagvoorzitter hield zijn draadloze microfoon vast terwijl hij de pin van de veiligheidsspeld opende en in de groene trui van Diepering prikte, een handeling die veel te intiem was voor de hoogleraar. Van beide mannen was de onrustige ademhaling hoorbaar. De microfoon schuurde bij het spelden onhandig langs de slobberige trui, wat een dof geluid veroorzaakte. Onder applaus daalde Diepering het trappetje af, terug naar zijn stoel, waar hij veilig was.

'Dan wil ik nu de laatste partner van deze heidag naar voren roepen.' De man, een messcherpe vouw in zijn beige bandplooibroek, keek nog eens op het briefje in zijn hand. 'Foekje de Jong.'

Foekje stond op, vijf rijen voor mij, bij de andere partners, precies in het midden. Een halve rij mannen in vrijetijdskleding moest opstaan om haar te laten passeren. Je kon de rode pluchen stoelen omhoog horen klappen. 'Geef haar een groot applaus, beste mensen.'

Foekje beende naar voren. Mijn god, ze had haar leren broek aan. Waar was dat nou voor nodig? Nerveus peilde ik de gezichten van de mensen om mij heen. Letitia van Bruinesse, naast mij, staarde verveeld kauwgum kauwend naar het projectiescherm. Maar Beau van der Does had de broek gezien: zijn onderlip krulde misprijzend naar beneden, zijn kin leek wel een ingedeukt pakje boter. Mieren kropen bij mijn staartbeen onder mijn huid en trippelden via mijn ruggengraat omhoog.

Bij het beklimmen van het trappetje negeerde Foekje de uitgestoken hand van de dagvoorzitter. Waarom deed ze dat nou?

'Mijn verhaal is iets anders dan dat van de heren die mij zijn voorgegaan,' zei Foekje nadat ze haar presentatie op het scherm had getoverd. 'Op de sectie Letselschade gaat het niet om uurtje-factuurtje. Bij ons gaat het om het procentje-per-cliëntje.' Ze wachtte, schijnbaar om een lach te incasseren. Een lach die niet kwam. 'Wij werken op basis van no cure, no pay. Van de zaken die wij winnen, pakken wij gemiddeld dertig procent van de toegewezen schadevergoeding.'

Met ingehouden adem zonk ik weg in mijn stoel. Het waren voor Letselschade geen makkelijke eerste zes maanden geweest bij Schwaab & Helvoeth. Nadat de eerste rolstoeler zich bij de receptie had gemeld, was de reputatie van onze sectie wel gevestigd. *Ambulance chasers*, dat waren wij. Op de vrijmibo werd er lacherig over gedaan. Konden wij onze cliënten niet elders ontvangen? Foekje was gedwongen het inloopspreekuur af te schaffen. Kantoor had er zogenaamd de capaciteiten niet voor. Maar de waarheid was dat onze clientèle vloekte met de overige aanwezigen in de wachtruimte van kantoor: de gecoiffeerde bestuurders van Philips, Shell en Unilever.

Katja Janikova, ja, die zou niet misstaan in de wachtruimte – conflicterende belangen daargelaten. Zij was iemand die de hoofden in beweging zette. Vooral sinds de uitzending van Spijker & Van Twist van gisteravond. Ze was door Neerlands meest bekeken talkshow uitgenodigd om nog één keer uit te leggen waarom Vladimir Pravo, haar leermeester, onschuldig was. Maar het liep anders. Halverwege haar relaas werd ze onderbroken door een Zwitser die op het grote beeldscherm in de studio verscheen. Als het waar was wat hij had verteld, wat hij had gesuggereerd, dan zou de liefde van de media weleens snel kunnen bekoelen.

Foekje ging onverstoorbaar door. 'Wat kan dat opleveren? Ze liet een slide met zaaknamen en cijfers in beeld verschijnen. 'Genoeg om een dorp in Ethiopië vijf jaar lang van eten en drinken te voorzien.’ Een aantal zaken herkende ik als dossiers waarvoor ik wat onbeduidende uitzoekklusjes had mogen doen. Het meest veelbelovend was een zaak tegen Bristol-Myers over een ondeugdelijk medicijn. Daar had ik samen met Monique Busman een korte notitie over geschreven. De vordering, namens zestig gedupeerden, bedroeg 34 miljoen euro.

‘Dank je wel, Foekje,’ zei de Amerikaan, nadat Foekje als laatste een slide met VRAGEN? erop in beeld had gebracht. ‘Ik heb nog wel een vraag.’ Hij legde zijn hand op zijn BlackBerry; het apparaat hing als een revolver in een holster aan zijn broekriem. ‘Uit je presentatie kan ik geen omzetcijfers opmaken. Kun je de mensen in de zaal daar nog iets over vertellen?’

De 322 advocaten werden stil als ijs. Het was een publiek geheim dat Foekje in vijf maanden tijd geen cent had verdiend voor kantoor. Geen gewonnen zaken, geen lucratieve schikkingen. Niets. De overname van De Jong cs. had Schwaab & Helvoeth tot nu toe slechts geld gekost. Mijn eigen omzet was ook nog steeds ver beneden de target, maar dankzij mijn werk voor Helvoeth was er tenminste wel een stijgende lijn. Verdonk was er vriendelijk over geweest tijdens mijn eerste beoordelingsgesprek, een week geleden. Foekje had een vies gezicht getrokken toen Verdonk begon over mijn werk voor Helvoeth. Als een bokkend kind zat ze naast Verdonk, de armen over elkaar geslagen, alsof mijn beoordelingsgesprek een strafexercitie was. Verdonk was nog zo aardig geweest me te complimenteren met het winnen van de pleitwedstrijd. De HR-manager constateerde dat ik mij snel de kantoorcultuur had eigen gemaakt. ‘Het moet een grote stap voor je zijn geweest, van een kantoor met twee advocaten naar een kantoor met 322 fee-earners.’

Maar Foekje had zich de kantoorcultuur nog niet eigen gemaakt. De zaal wachtte gespannen op haar antwoord. Ze keek naar de Amerikaan. Ze keek naar het scherm. Daarna keek ze naar de zaal. Het zaallicht leek ineens feller te schijnen. Ik verborg mijn gezicht in mijn handen.

Ik hoorde Foekje zeggen: ‘Uit het ontbreken van omzetcijfers kun je opmaken dat er nog geen omzet is.’

Het bleef stil. Toen ik weer durfde te kijken, zag ik dat de Amerikaan zijn hand op zijn mond had gelegd.

'*Oh boy*,' zei hij ten slotte. 'Nou, dank je wel...' – hij keek weer op zijn briefje – 'Foekje. Zijn er nog andere vragen?'

Op de eerste rij ging een vinger de lucht in. Een vrouw met een donkerblauw mantelpakje en een rode sjaal bracht de man een microfoon. Het was Helvoeth.

'Kun je ons misschien wel vertellen wat je kantoor kost?'

Foekje keek even naar links, alsof het antwoord op de vraag door een souffleur in de coulissen zou worden gegeven. Toen ze wist wat ze ging zeggen, bracht ze haar mond rustig naar de microfoon aan de katheder. 'Wil je dat ik de zaal vertel wat mijn winstdeel is?'

Foekje keek lachend de zaal in. Maar die lachte niet terug. Helvoeth vroeg de microfoon terug van de dame met het sjaaltje.

'Nee, Foekje, het is heel eenvoudig. Doordat jij met name optreedt tegen grote farmaceuten en verzekeraars gaat een groot deel van die praktijk aan ons voorbij. Dat zijn partijen waar wij traditiegetrouw veel voor werken. Ik ben nieuwsgierig hoeveel werk kantoor daardoor misloopt.'

Foekje leek even te wankelen op haar hakken. Ze pakte met beide handen de katheder beet en boog zich naar voren. 'Zoals je weet, Willem, hebben wij een conflict-check gedaan toen ik mijn praktijk bij Schwaab & Helvoeth inbracht. Daar zijn geen grote conflicterende belangen vastgesteld. Ik denk dat het dus wel meevalt.'

Het bleef stil vanuit de zaal. 'Willem, wil je daar nog op reageren?' vroeg de dagvoorzitter.

De vrouw met het sjaaltje reikte hem de microfoon weer aan, maar Helvoeth gebaarde kennelijk dat hij de microfoon niet meer wilde, want de vrouw trok de uitgestoken hand weer in.

'Oké,' zei de Amerikaan met twijfel in zijn stem. 'Mag ik dan van jullie horen of Foekje geslaagd is voor haar license to bill?'

Het bleef stil. In de levenslijn van mijn hand glinsterde het transpiratievocht. Met mijn duim wreef ik het weg. Ik veegde mijn handen droog aan mijn broek. Waarom klapte er niemand?

Op het podium rechtte Foekje haar rug. Schouders naar achteren, spitse kin omhoog, haar blik scherend over de hoofden in de zaal, naar de mensen van de techniek in het glazen hokje achterin. Verlegen keek ik naar Letitia, die haar schouders ophaalde om te zeggen dat zij er ook niets aan kon doen. Iemand moest als eerste klappen. Daarna zou de rest volgen. Ik durfde het niet, ik durfde niet eens meer te kijken. Zouden wij de enige sectie zijn die geen license to bill, een brevet van *bill*-vaardigheid, kreeg? Ik schaamde me voor mijn sectie, voor mijn patroon, voor mezelf. Met mijn handen tussen mijn dijbenen bukte ik me en nam ik de houding aan van iemand in een vliegtuig dat een noodlanding gaat maken.

Ineens klonk er vanaf de eerste rij een eenzaam applaus – Helvoeth. Tergend langzaam. De rest van de zaal volgde aarzelend. Men hield elkaar in de gaten om vooral niet te hard of te lang te klappen. Ik zat nog steeds met mijn handen tussen mijn dijen, als versteend. Net toen ik dacht dat het veilig was om mee te doen, verstomde de zaal, als een auto die kuchend in de eerste versnelling tot stilstand komt.

Het opspelden van de medaille duurde weer veel te lang. De advocaten in de zaal leken zich gegeneerd af te wenden van het tafereel. Foekje liep met opgeheven hoofd van het podium naar haar stoel. Nadat ze was gaan zitten, knikte de dagvoorzitter naar Helvoeth, die opstond en als de koningin naar het podium liep. Achter de katheder ging hij op een kleine verhoging staan en boog de microfoon wat naar beneden. De dagvoorzitter stelde zich naast hem op. De dagafsluiting. Een act van twee heren.

'Dank je wel, Marcus Rinzema, voor een heel bijzondere dag.' Helvoeth keek naar de Amerikaan alsof hij de verloren zoon was. 'Je hebt de hele partnership in zes weken klaargestoomd voor de license to bill. Een prestatie van formaat. Hoe vind je het om terug in Nederland te zijn?'

'Nou, Willem. Het is na tweeëntwintig jaar Verenigde Staten leuk om weer hier te zijn. Je blijft toch Nederlander. Het is leuk dat ik mijn Amerikaanse ervaring kan toepassen in Nederland. Ik moet zeggen, alle partners hebben het echt heel goed gedaan. Het is wel even een verschil met wat ze gewend zijn. Echt een compliment waard.' Rinzema stak zijn duim op naar de zaal.

Helvoeth knikte instemmend en gebaarde dat de zaal mocht applaudisseren. Voor zichzelf. De zaal, moe van al het klappen, perste er een laatste ronde uit.

Helvoeth maande de zaal tot stilte. Zijn blik was ineens ernstig. 'Ben je geschrokken van wat je hier aantrof?'

'Geschrokken niet, Willem.' Rinzema legde zijn hand op de BlackBerry aan zijn broekband. 'Het is echt heel anders. In de States wordt alles gemeten, weet je. Declarabele uren, niet-declarabele uren, sure. Maar wij meten ook *business generation*, *conversion* en *execution*. Ben je een *client getter* of een *client keeper*? Wat is je *leverage*? Breng je *key clients* binnen? Wat doe je aan *client care*? Wij willen weten hoeveel cliënten je *retaint* voor kantoor, hoeveel *engagement letters* er worden verstuurd met jouw naam eronder, hoeveel deals je sluit, hoe groot de deals zijn, *exposure* van de deals. Weet je, wij willen weten hoeveel zaken je wint of verliest,' – hij telde op zijn vingers – 'het aantal pitches dat je doet, business lunches, hoeveel recruitmentgesprekken, de tijd die je per dag doorbrengt op kantoor, kopieerkosten die je maakt. Alles eigenlijk. Alles wordt gemeten, want alles is belangrijk. Ik zeg altijd: meten is weten, Willem.'

'Hoe zie jij de internationale ontwikkelingen?' Helvoeth vroeg het met een pijnlijk gezicht, alsof kantoor ten onder zou gaan aan de internationale ontwikkelingen.

'Kijk, de wereld wordt steeds kleiner, Willem. Globalisatie is *here to stay*. Daardoor veranderen de spelregels een beetje. *Survival of the fittest is the name of the game*. Het is overnemen of overgenomen worden. Op termijn, Willem, zullen er nog maar een paar kantoren wereldwijd meedoen.'

Onze managing partner leek getroffen door dit nieuws. 'Denk je dat Schwaab & Helvoeth een van die kantoren kan zijn?'

'Sure, ik denk het wel, Willem. Schwaab & Helvoeth heeft een heel sterke *local presence*. Dat is een goede uitgangspositie om te expanderen. Ik zie veel mogelijkheden voor overnames in het buitenland. Maar er moet wel een goed gevulde oorlogskas zijn. Het is simpel: er moet gewoon meer geld verdiend worden.'

Gewoon meer geld verdienen. Het klonk als een knop die je even moest omzetten. Maar Foekje en ik waren er al zes maanden niet toe in staat gebleken. Hoe lang zouden ze ons, minderwaardige fee-burners, nog in hun omgeving tolereren? Wanneer survival of the fittest het spel wordt dat gespeeld gaat worden. De sectie Letselschade moest meer omzet draaien. Ik moest meer omzet draaien. Het was de enige manier om te overleven. De vraag was alleen: hoe?

Helvoeth knikte. 'Wat de mensen in de zaal nog niet weten is dat jij ons daarmee gaat helpen.'

'Dat klopt, Willem. We hebben afgesproken dat ik nog een tijdje blijf. We gaan kijken of we een aantal Amerikaanse principes kunnen doorvoeren binnen de Nederlandse praktijk van Schwaab & Helvoeth. We hopen als eerste afscheid te kunnen nemen van jullie *lockstep*-systeem, waarbij iedereen *equal pay* krijgt. Dat noemen we *communism* in de States.' Rinzema lachte. 'We gaan *eat what you kill* introduceren. De ervaring leert dat snelle expansie dan het meest eenvoudig is.'

Eat what you kill. Het klonk als extra prijzengeld voor het in één beurt behalen van de maximale snookerscore, een *one-four-seven*. Dat was iets wat ik zou moeten kunnen leren.

22

Foekje en ik spraken niet over de heidag. Het was niet nodig. Advocaat-stagiaire en patroon begrepen elkaar stilzwijgend. Er moest iets gebeuren. Er moest omzet gedraaid worden. Het voortbestaan van de sectie hing ervan af, onze toekomst op kantoor. Foekje stemde in met mijn werkzaamheden voor Helvoeth, die almaar toenamen. Dankzij de inspanningen van Monique Busman kon ik een enorme hoeveelheid werk verzetten. Van Foekje kreeg ik nog nauwelijks werk. Ze trok zich steeds meer terug op haar eigen kamer. De deur bleef dicht, de luxaflex ging naar beneden en onder geen beding, zo werd de schoonmakers te kennen gegeven, mocht haar kamer worden opgeruimd. Geen koffiekopje mocht worden verplaatst. Als we elkaar passeerden in de gang keek ze me meewarig aan, alsof ze haar eigen kind had opgegeven. 'Doe je wel voorzichtig, Eppo?' vroeg ze me een keer. Ik knikte, zonder te weten waar ze me voor waarschuwde.

Helvoeth behandelde me als zijn persoonlijke slaaf. Dag en nacht kon hij me bellen. Steeds als de mededeling 'Willem Helvoeth belt' in het scherm van mijn BlackBerry verscheen, kreeg ik het benauwd. Je wist nooit waarom hij belde. Het kon van alles zijn. Een brief, een jurisprudentieonderzoek, een notitie, een processtuk. En altijd moest het gisteren klaar zijn. Hij eiste dat ik van alle details van zijn zaken op de hoogte was. Ik werd zijn tweede geheugen, voor zover hij een eerste had. De verantwoordelijkheid was enorm. Helvoeth stuurde ongelezen stukken van mij door naar cliënten, naar wederpartijen, naar de rechtbank. Hij vertrouwde volledig op mij. En ik vertrouwde op Monique.

Net toen ik aan de gedachte begon te wennen dat mijn patroon mij nooit meer zou inschakelen, trof ik op een dag, een maandag, een dossier op mijn stoel aan. Op de voorkant was een klein geel briefje geplakt: 'Even overleg' – het handschrift van Foekje. Ik verwijderde het postelastiek. In de dossiermap zaten drie gekleurde insteekmappen: geel voor correspondentie, blauw voor de stukken van de cliënt, groen voor jurisprudentie en notities. De groene map was leeg, de blauwe map rijkelijk gevuld. Ik sloeg de blauwe map open. Het papier was nog warm van de printer. De giftige tonerlucht walmde omhoog. Ik bestudeerde het formulier aan de binnenzijde van de dossiermap om te zien wanneer de zaak was aangemaakt: op 5 december 2005. Dat was vandaag! Dit was een *nieuwe* zaak. Foekje had me een nieuwe zaak gegeven. Dat had ze nog nooit gedaan.

Voorzichtig haalde ik de stukken uit de blauwe map. Ik bladerde door het materiaal. Notulen van een ouderraad van een of andere basisschool, brieven van de gemeente Nuenen, verslagen van politieverhoren, een psychiatrisch rapport, verklaringen van mensen die ik nog niet kende. Dit was explosief materiaal, dat kon ik zo wel zien. Ik sorteerde het materiaal als ware het een archeologische vondst. Er zat een vonnis bij. Zou het gaan om een hoger beroepprocedure?

Het was een vonnis van de meervoudige kamer van de sector strafrecht van de rechtbank 's-Hertogenbosch. Wij behandelen toch geen strafzaken? Ik racete door de overwegingen. Gadverdamme. Het ging om een ontuchtzaak. Een docent lichamelijke opvoeding die vervolgd werd voor het plegen van ontucht met een jongetje. Wat moesten wij daar nou mee? Het was een beknopt vonnis. Het Openbaar Ministerie was niet-ontvankelijk verklaard. Er was sprake geweest van 'een onherstelbaar vormverzuim in het voorbereidend onderzoek'. Vormfouten bij het verhoor van het jongetje.

In de correspondentiemap, de gele map, zat één e-mail, gedateerd op 2 december, afgelopen vrijdag.

Geachte Foekje de Jong,
Het is een zaak van de grootste urgentie die ik onder uw aandacht breng! Het gaat om een valse aanklacht door mijn voormalige werkge-

ver, een basisschool in Nuenen. Ze hebben mij beschuldigd van ontucht met een leerling. De gemeente Nuenen, het bestuur van de school, heeft mij ontslag aangezegd en heeft er bij de vader van het jongetje op aangedrongen aangifte tegen mij te doen. Terwijl er helemaal geen bewijs was! Ik ben opgepakt en aan mensonterende verhoren onderworpen. Niemand wilde mij geloven en een langdurige strafrechtelijke vervolging was het gevolg. Natuurlijk heeft de rechtbank mij vrijgesproken! Nu ik van alle blaam ben gezuiverd wil ik genoegdoening van de gemeente.

Geld om een advocaat te betalen heb ik niet, dat kan ik u op voorhand reeds mededelen. Ik heb begrepen dat slachtoffers die schade hebben geleden met u een regeling kunnen treffen. Mijn schade is enorm, dat kan ik u zo voorrekenen. Nog steeds weigert iedere basisschool mij een betrekking en in Nuenen kan ik niet meer over straat zonder dat mensen mij nastaren en -wijzen. Mijn partner, met wie ik tien jaar samen was, heeft mij verlaten. Als u zich geroepen voelt mijn zaak op u te nemen, zou ik u zeer erkentelijk zijn. Als bijlagen bij deze e-mail stuur ik u alle relevante documentatie. Mag ik u verzoeken even te bevestigen dat alles goed is aangekomen?

Hoogachtend,

P.J. Braspenning

Nu werd het me duidelijk. Cliënt stelde zich op het standpunt dat hij ten onrechte was beschuldigd van ontucht. De schade die hij daardoor had geleden wenste hij vergoed te zien. Interessante zaak.

Foekje keek niet op van haar beeldscherm toen ik haar kamer binnenkwam. De rode dossiers hadden als onkruid haar werkterrein overwoekerd. Zonlicht had ze buitengesloten: de jaloezieën waren dicht. Binnen rook het naar oude sokken. Foekje typte door, onverstoorbaar; haar lange vingers behandelden het toetsenbord als een piano.

Toen ze klaar was, zei ze: 'Eppo, het spijt me dat ik je zo heb verwaarloosd.'

Ik zei dat het niet uitmaakte, dat ik voldoende werk had.

'Het maakt wel uit. Ik ben je patroon en ik moet goed voor je zorgen. In voor- en tegenspoed. Heb je het dossier bestudeerd?'

'Ja, interessante zaak.'

'Interessant maar lastig. Welke vervolgstappen moeten we nemen?'

Op deze vraag was ik niet voorbereid. 'Misschien eerst een bespreking met de cliënt... Het dossier bevat nog wel wat witte vlekken. Bellen is ook een optie. Misschien is dat beter; het kost minder tijd.'

Foekje moedigde me aan mijn gedachtegang af te maken.

'Bellen lijkt me eigenlijk goed voor dit moment,' besloot ik. 'We moeten een analyse maken van de kans van slagen, beoordelen of wij ermee verder willen gaan en, zo ja, onder welke voorwaarden.'

'Goed zo, Eppo. Zou je dat voor me willen doen?'

'Wat?'

Foekje keek me vertederd aan. 'Bellen.'

'Wil je dat ik hem bel?'

'Je kunt het best. Je bent er nu klaar voor, Eppo. Maak van tevoren even een lijst met vragen die je wilt stellen. Die kun je tijdens het gesprek gewoon afvinken.'

Ik veerde even omhoog op mijn tenen. 'Goed, ik zal hem bellen. Moet ik dan meteen een afspraak met hem maken?'

'Dat is jouw beslissing.'

'Misschien even afwachten wat hij zegt. Zal ik anders daarna even met jou overleggen?'

'Wat jij denkt dat goed is, Eppo.' Ze zette haar bril af om het belang van wat ze ging zeggen te onderstrepen. 'Het is jóúw zaak.'

De adrenaline spoot door mijn aderen. Mijn zaak? Zei ze dat het míjn zaak was?

'W-wat bedoel je? Bedoel je soms dat je wilt dat ik de zaak alleen behandel? I-is dat wat je bedoelt?'

'Je hebt me prima verstaan, beste jongen. Maar één ding, Eppo.' Ze krabde met haar knokige arm op haar rug, tussen haar schouderbladen, een plek waar ze net niet bij kon. Haar gezicht vertrok. 'Jij bent *dominus litis*. Je moet het alleen doen als je het heft stevig in handen kunt houden. Je cliënt is je ergste vijand, dat weet je toch? Ze willen je van alles laten doen waar je geen zin in hebt. Dus als het een kansloze zaak is, moet je hem niet aannemen.'

'Duidelijk. Alleen als het een kansrijke zaak is...'

'En je dominus litis kunt zijn.'

'Juist... Dominus litis.'

Ik wist niet wat ze bedoelde, maar wat deed het ertoe. Mijn eerste cliënt! Het voelde als mijn eerste auto, helemaal van mij. Mijn god, wat had ik hier lang naar uitgekeken. Het was misschien geen megazaak, geen zaak waarmee baanbrekende jurisprudentie zou worden geschreven, maar het was wel míjn zaak. Een bevrijding. Ik was geen marionet meer van anderen, ik hoefde geen notities meer te schrijven in zaken van partners, geen brieven op te stellen die onder andermans naam zouden worden verstuurd. Misschien zou ik wel mogen pleiten bij de rechtbank. Waarom eigenlijk niet? Het was per slot van rekening mijn zaak. Daar stond ik, in toga en bef. 'Edelachtbaar college, de heer Braspenning is ten onrechte vervolgd voor strafbare feiten die hij niet heeft gepleegd. Hij is uit zijn functie ontheven, door roddel en achterklap zijn huis uit gejaagd, zijn partner heeft hem verlaten. Dit alles omdat de leiding van de school een valse aanklacht tegen mijn cliënt heeft ingediend.'

Conclusie van antwoord

23

Mijn zaak. Ik moet mijn zaak voorbereiden. Een conclusie van antwoord moet ik schrijven. Zonder kantoor. Geen boeken, geen secretaresse, geen templates, geen knowhowsysteem, geen Monique Busman. Mijn god, ik heb niet eens een dossiermap.

Ik besluit naar de Oudemanhuispoort te gaan, mijn oude faculteit. Ik neem mee: de dagvaarding, een laptop om aantekeningen te maken, kleingeld voor het koffieapparaat. Mijn fiets parkeer ik, net als vroeger, in de galerij met boekenstalletjes die leidt naar de binnenplaats van de faculteit. De boekverkopers – de tijd heeft geen vat op ze gehad – kijken me geïrriteerd na: ik heb mijn fiets in de loop van hun handelswaar gestald. Rondom het plantsoen drinken studenten koffie, roken sigaretten. Met mijn blik gefixeerd op de glazen schuifdeuren van de rechtenfaculteit snel ik langszij. Ogen prikken in mijn rug. Is dat niet...? Ja, die gozer die is ontslagen bij Schwaab & Helvoeth!

Binnen: twee oud-docenten van me. Van Doorne drinkt koffie met studentes, Kaspersen vraagt iets aan de mannen van de receptie. Ze zien me – ik weet het zeker – maar veinzen andere bezigheden. Het kan me niet schelen. Niemand ben ik een verklaring verschuldigd. Niemand, behalve de rechter. Via de smalle, donkere gang kom ik bij de trap naar de bibliotheek. Ongelooflijk, de dikke jongen met de staart werkt er nog steeds.

Ik ga helemaal achter in de zaal zitten, met mijn rug naar de studenten. De laptop doet er eindeloos over om op te starten. Ik schuif hem naar rechts. Eerst maar de dagvaarding herlezen. 'Deze zaak betreft handelen in strijd met de zorgvuldigheid die een werknemer betaamt en ander onrechtmatig handelen.' Het staat er zo plechtig, dat het wel waar moet zijn. Wat nu? Ik heb een boek nodig, een boek over aansprakelijkheidsrecht. Werknemersaansprakelijkheid. Bestaat dat eigenlijk wel? Ik schuif mijn stoel weer naar achteren, loop gehaast langs de studietafels. Overal waar ik kijk, zie ik blikken van herkenning. Dit is hoe het voelt om een bekende Nederlander te zijn.

Op de computer vind ik een boek dat een stap in de goede richting lijkt. Ik schrijf de titel en het bibliotheeknummer op het daartoe bestemde briefje. Nu moet ik aan de dikke jongen met de staart vragen of hij het voor me uit de kast wil halen. Geduldig wacht ik tot hij klaar is met het meisje voor me in de rij.

'Hoi.' Hij ziet er nog net zo uit als tweeënhalf jaar geleden. Misschien wat dikker.

Ik geef hem het briefje. 'Hoi.'

'Eens even kijken. Ja, dat moeten we hebben.'

Hij loopt naar achteren om tussen de boekenkasten te verdwijnen. Zijn billen barsten bijna uit zijn bruine ribbroek. De staart is langer dan ik mij herinner. Wat moet een man met zoveel haar? Daar is hij weer, een boek in zijn handen. Hij kijkt alsof hij het zes meter onder de grond heeft gevonden.

Wanneer hij weer voor mij staat, zegt hij: 'Ken ik jou niet ergens van?'

Het zou niet mijn keuze zijn geweest, de foto die Schwaab & Helvoeth aan de pers heeft verschaft. Maar je kunt me er wel van herkennen.

'Ik heb hier gestudeerd. Misschien ken je me daarvan?'

'Nee, het was iets wat je had gedaan... Hoe heet je ook al weer?'

'Eppo,' zeg ik, 'Eppo Boetselaar. Jou ken ik in ieder geval niet. Is dat mijn boek?'

'Eppo Boetselaar... Die naam zegt mij echt wat. Ik heb over jou gelezen... in de krant. Kan dat?'

Ik schud mijn hoofd. Achter mij zijn twee meisjes in de rij aangesloten. Ik hoor ze smoezelen.

'Waar kom je vandaan?'

'Bilthoven.' Zeven jaar Bilthoven, twaalf jaar De Bilt, maar ik zeg altijd dat ik uit Bilthoven kom.

Nauwkeurig word ik bestudeerd. Je kunt hem de kaartenbakken

in zijn hoofd zien opentrekken. Achter mij begint zich een rij te vormen. Dan zegt hij: 'Ik kom ook uit Bilthoven.' Een frons tekent zijn voorhoofd.

'Ik ken jou niet,' zeg ik, nu ongeduldig. 'Mag ik mijn boek hebben? Volgens mij ben ik niet de enige die geholpen wil worden.'

'Ik weet het!' Zijn vinger wijst naar mijn borst. Ogen als stuiterballen. 'Ik weet wie jij bent.' Hij wipt enthousiast op en neer op zijn gymschoenen. 'Jij bent beroemd. Dat ik het niet meteen gezien heb.'

Onder mijn oog begint een spiertje onbedaarlijk te trillen. De rij maakt een curve. Minstens acht studenten luisteren mee. Ik wil hier weg. Naar huis, terug naar mijn kamer, waar het veilig is.

'N-nou, vooruit, je hebt mij herkend. Heel knap. Zou je me nu mijn boek willen ge...'

'Jij bent die snookerspeler. Jij speelde voor SC Oud-West.'

Mijn mond valt open. 'D-dat klopt.' De jongen die mij standrechtelijk zou executeren, is ineens mijn beste vriend. Ik kan hem wel tegen mijn borst drukken.

'Jij was echt waanzinnig goed.'

'Dank je wel.'

'Speel je nog steeds?' Hij haalt mijn boek over de scanner.

'Niet meer, nee. Geen tijd.'

'Wat doe je dan?'

Ik twijfel even over het antwoord. 'Ik ben advocaat.' Het komt er niet zo overtuigend uit.

Op zijn gezicht verschijnt een grijns. 'Tja, die moeten er ook zijn... Maar jij was een verdomd goeie snookerspeler.'

24

'Goedemiddag, meneer Braspenning. U spreekt met Eppo Boetselaar van Schwaab & Helvoeth Advocaten. Mijn kantoorgenote Foekje de Jong heeft mij verzocht contact met u op te nemen naar aanleiding van uw e-mail van afgelopen vrijdag.'

Ik repeteerde mijn openingszin nog eens. Hij rolde er goed uit. Ik nam een slok water om mijn keel te smeren. Zorgvuldig noteerde ik de zin op mijn notitieblok. Ik repeteerde hem nog een keer. Nam nog een slok water. Benen op de grond, in een hoek van negentig graden, rug recht, achter in de stoel. Precies voor me stond mijn telefoon, een zwart apparaat met een woud aan ongebruikte knopjes. Links van de telefoon lag mijn notitieblok met de vragenlijst, versie 3. Rechts stond een glas water. Het voelde als mijn eerste autorit na het behalen van mijn rijbewijs.

Een pen, ik heb een pen nodig. Ik legde een pen – nog een exemplaar uit de tijd van De Jong cs. – naast mijn blocnote. Voorzichtig drukte ik op de oranje knop om de luidspreker te activeren. Echte advocaten bellen handsfree. Een ongeduldige toon schalde door mijn kamer. Geschrokken drukte ik het geluid weg. Kan dat ding niet zachter? Even keek ik achterom, naar Mieke die in haar kubus met haar collega's huizen aan het vergelijken was op Funda. Ik piekerde er niet over haar om hulp te vragen.

Waar is zijn telefoonnummer? Ik pakte de rode dossiermap erbij en kopieerde het nummer op mijn vragenlijst. 'Goedemiddag, meneer Braspenning. U spreekt met Eppo Boetselaar van Schwaab & Helvoeth Advocaten.' Na het uitspreken van mijn naam zou ik even pauzeren om mijn cliënt een moment te geven hem te onthouden. Moest ik erbij zeggen dat ik advocaat was? Straks dacht hij dat ik alleen maar belde om een afspraak te maken. Ik schreef het op mijn notitieblok. 'Ik ben advocaat.' Mijn hand trilde.

Een moment legde ik mijn handen op mijn bureaublad om ze tot rust te brengen, de vingers gespreid. Het was maar een telefoongesprek. Er kon niets misgaan. Je hebt het goed voorbereid. Ik pakte de hoorn, nee, fout, ik ging met de speaker bellen. Eerst een nul voor een buitenlijn. Het kengetal van de gemeente Nuenen. Dit ging goed. Ik nam een slok water. 'Ik ben advocaat.' Te lang gewacht. De telefoon schakelde over op de ingesprektoon. Opnieuw. Mijn wijsvinger deed niet wat ik wilde. De telefoon ging over. Een uitgerekte toon. Drie keer. Hij zou toch wel thuis zijn? Een vierde keer. Er werd opgenomen.

'Ja?'

'Goedemiddag, spreek ik met de heer Braspenning? Ik ben op zoek naar de heer Pieter Braspenning.'

Dit ging goed.

'U belt mij, nietwaar, vertelt u eerst maar eens met wie ik het genoegen heb.'

De scherpe, nasale stem van mijn cliënt weerkaatste door de ruimte. De man aan de andere kant van de lijn was een leraar. Een leraar lichamelijke oefening. Vast zo'n spierbundel die eindeloos in de ringen kon blijven hangen. Het beeld van meneer Dikstaal doemde op, mijn gymleraar op de middelbare school, een voormalige militair die zijn leerlingen als soldaten behandelde. Als ik meneer Dikstaal op straat zou tegenkomen, zou ik weer doodsbang voor hem zijn.

Ik nam een slok water. 'Eppo Boetselaar,' zei ik. 'Ik ben advocaat...'

'Een advocaat? Toe maar. En waar heb ik de eer aan te danken?' Er klonk venijn in zijn stem.

'Ik ben van Schwaab & Helvoeth... het advocatenkantoor. U heeft mij een e-mail gestuurd...'

'Foekje de Jong heb ik een e-mail gestuurd,' beet hij me toe. 'U ken ik niet.'

Braspenning moest op de gang te horen zijn. Waar zat nou de volumeknop op die telefoon?

'Dat klopt... mevrouw De Jong, mijn collega, eh kantoorgenote, heeft mij gevraagd u te bellen.'

'Ah, u belt om een afspraak te maken. Dat kan. Ik pak even de agenda.' Aan de andere kant van de lijn hoorde ik hem pagina's omslaan. Hij dacht zeker dat we na de eerste de beste e-mail de auto naar Nuenen zouden nemen.

'Zegt u het maar. U wilt natuurlijk dat ik naar Amsterdam kom?'

'Dat is correct. Afspraken vinden hier op kantoor plaats. Wij zitten aan de Zuidas. Eenvoudig met het openbaar vervoer te bereiken...' Nee, terug, geen afspraak maken. Eerst een analyse van de kans van slagen. 'Maar... eigenlijk is dit nog een oriënterend telefoongesprek. Er zijn nog wat vragen.'

'Vragen? Wat voor vragen?'

'Over de zaak, eh, de kwestie die u en de gemeente Nuenen verdeeld houdt. Dat kunt u zich misschien wel voorstellen... dat wij nog wat vragen hebben; en dan is het wel zo gemakkelijk die even met u te bespreken, die vragen. Telefonisch. Daarna kunnen we eventueel een afspraak maken. Mocht daar aanleiding toe zijn.'

'Wat voor vragen?'

Ik pakte mijn notitieblok erbij. 'Nou, om een voorbeeld te noemen, u schrijft dat er sprake was van een valse aanklacht. Wat bedoelt u daar precies mee, een valse aanklacht?'

'Wilt ú dat weten, of is dat een vraag van mevrouw De Jong?'

'Dat is een vraag van ons beiden.'

'Moet u luisteren, meneer... Hoe heette u ook alweer?'

'Boetselaar.'

'Meneer Boetselaar, ik heb een volledig dossier opgestuurd, nietwaar. Alles blijkt uit de papieren die mevrouw De Jong heeft. U moet het eerst lezen, daarna kunnen wij vraag-en-antwoord-spelletjes spelen.'

Uit de hoek van het secretariaat riep een stem of het wat zachter kon. Als er maar niemand binnenkwam. Angstig keek ik naar de kubus van Mieke en haar vriendinnen.

'I-ik heb het dossier gelezen,' stamelde ik. 'Ik be-bedoel... Ik heb het vluchtig doorgenomen. Ik dacht... ik bel u even. Dan kan ik me even voorstellen en een paar vragen met u bespreken.'

'Waarom moet u zich voorstellen? De e-mail was gericht aan mevrouw De Jong, nietwaar?'

'U kunt natuurlijk ook kennismaken met mevrouw De Jong. Wij behandelen dit soort zaken altijd samen. Wij werken bij voorkeur in teams, bij Schwaab & Helvoeth.'

Het leek me, gezien de wending die het gesprek nam, beter om in dit stadium nog niet te zeggen dat Foekje de zaak aan mij gegeven had.

'Jongeheer Boetselaar, ik stel voor dat u en uw collega eerst het dossier goed bestuderen. U mag mij vragen stellen, vanzelfsprekend, maar bij voorkeur per e-mail. U maakt er maar een mooi lijstje van, dat stuurt u mij op en dan kan ik beoordelen of het nodig is dat ik helemaal naar Amsterdam kom. Jullie mogen best wat doen voor die dertig procent die jullie vragen, nietwaar.'

Hij draaide het om. Mijn cliënt dacht dat híj bepaalde of wíj zijn zaak zouden behandelen. In wat voor een wereld leefde die man?

'Natuurlijk, meneer Braspenning. Maar misschien was ik niet helemaal duidelijk. Wij moeten eerst nog beoordelen of wij de zaak wel willen doen.'

'Pardon?'

'Wij moeten eerst nog een analyse maken... De kansen van succes. Wij kunnen niet iedere zaak aannemen die zich aandient. Het moet wel een kansrijke zaak zijn.'

'Heeft u dan helemaal niets van die documenten gelezen die ik heb meegestuurd? Wat bent u voor een advocaat? Dit is werkelijk een gotspe. Heb ik al die moeite voor niets gedaan? Ik denk dat we dit gesprek beter kunnen beëindigen. Ik zoek mijn heil wel elders.'

Nee, hij mocht niet ophangen! Mijn eerste zaak. Hij moest bij mij blijven. 'Ik heb het gelezen, heus. Het is een heel interessante zaak...'

'Interessant?'

'Nou ja, vervelend voor u natuurlijk. Juridisch is het interessant. Het is de vraag of u die schade kunt verhalen op de gemeente Nuenen. Dat is interessant.'

'Dat lijkt mij nou een vaststaand feit, jongeman. De schade staat vast. Dat lijkt mij een bekeken zaak. Of niet soms?'

Mieke keek verontwaardigd mijn kant op. Ze stond op uit haar stoel, alsof ze wakker was geworden van mijn telefoongesprek, en waggelde naar mijn kamer.

'Heeft u een momentje, meneer Braspenning?'

Voordat Mieke bij de deur was, drukte ik hem dicht.

'Wat ben je aan het doen?' riep ze door het glas.

Ik legde mijn vinger op mijn mond en snelde terug naar mijn bureau.

'Daar ben ik weer. Natuurlijk heeft u schade geleden. Maar het uitgangspunt van ons recht is dat iedereen zijn eigen schade draagt. Als we willen dat iemand anders ervoor opdraait, moet de schade aan die ander toerekenbaar zijn. Er moet sprake zijn van een onrechtmatige daad. Zo noemen we dat.'

'U hoeft niet zo uit de hoogte te doen met uw onrechtmatige daad. Hoe lang bent u eigenlijk al advocaat?'

'Ik heb ruime ervaring in dit soort zaken.'

'Dan kunt u toch wel op basis van de stukken beoordelen of het een kansrijke zaak is?'

'Natuurlijk. U heeft een redelijke kans van slagen.'

'Een redelijke kans, waar heeft u het over, deze zaak is heel eenvoudig. U bent zo groen als gras. De strafrechter heeft mij vrijgesproken. Ik ben onschuldig. On-schul-dig.'

Wat te doen als een cliënt overtuigd is van zijn eigen gelijk? Ik wist zeker dat we dit hadden behandeld tijdens de beroepsopleiding. Tijdens het blok praktijkleer. Toen we al die verschrikkelijke rollenspelen moesten doen. Het was die dag dat Helvoeth mij onophoudelijk belde over de baggerclaim. Steeds moest ik het klaslokaal weer verlaten, onder het mompelen van een of ander vaag excuus.

'Ik hoor wat u zegt. Maar strikt genomen is dat niet helemaal juist, meneer Braspenning. U bent niet vrijgesproken, het Openbaar Ministerie is niet-ontvankelijk verklaard. Dat is net even anders, juridisch gezien dan.'

'Quatsch! Je bent toch onschuldig tot het tegendeel wordt bewezen, nietwaar?' Op de achtergrond hoorde ik het kaatsende geluid van een astma-apparaat. Hij inhaleerde.

'Wij moeten de laatste jurisprudentie nog bestuderen,' probeerde ik.

'Meneer Boetselaar, als u twijfelt aan mijn zaak, kan ik ook naar een andere advocaat gaan. Er zijn er ongetwijfeld genoeg die mijn zaak willen behandelen.'

Mijn voorhoofd voelde warm aan. Wat moest ik doen? Hij mocht onder geen beding naar een andere advocaat gaan. Foekje zou het me nooit vergeven. Mijn eerste eigen cliënt die stante pede, na het eerste telefoongesprek, naar een ander kantoor is gegaan. Ze zou me nooit meer een eigen zaak geven.

'Dat zal niet nodig zijn...' zei ik. 'Uw zaak is bij ons in goede handen.'

'Dus jullie zien het zitten?' Hij vroeg het als een man bij de dokter die wil weten of hij snel beter wordt.

'U heeft een sterke zaak.'

'Meneer Boetselaar, ik moet deze zaak winnen. Kunt u mij dat garanderen? Weet u, verliezen is voor mij geen optie.'

'Het moet raar lopen als u verliest.'

'Dus we gaan winnen?'

'U heeft een goede kans om te winnen.'

'Een percentage. Ik wil een percentage! Hoe groot is de kans om te winnen?'

Dit was absoluut verboden. Als je er niet onderuit kwam, moest je de kansen altijd lager dan vijftig procent inschatten. 'Iedere cliënt verdient een lastige zaak, Van Boetselaar. Een cliënt die denkt dat hij een eenvoudige zaak heeft, is een ondankbare cliënt. Het is jouw schuld als hij verliest en zijn eigen verdienste als hij wint.' Helvoeth had het er bij mij ingepeperd.

'U heeft zeventig procent kans om te winnen.'

'Meneer Boetselaar, daar doe ik het niet voor.' Hij dreigde zich weer te gaan opwinden.

'Ik maak altijd een heel voorzichtige inschatting... u heeft echt een heel sterke zaak.'

'Dus u doet het?'

'Absoluut.'

'Dat is goed om te horen. Stuurt u mij die lijst met vragen? U heeft mijn e-mailadres. Ik verheug mij op onze samenwerking.'

Een moment twijfelde ik of hij de verbinding wel had verbroken. 'Meneer Braspenning?' riep ik door de hoorn. Maar hij was echt weg. Naast de telefoon lag mijn vragenlijst. Mijn papier met vragen staarde mij verontwaardigd aan. Eppo, leek het te zeggen, wat heb je gedaan? Mijn hoofd voelde zwaar. De stem van Braspenning echode na tussen mijn slapen. Ik had gefaald. Mijn eerste zaak en ik was al door de mand gevallen.

Duizelig van mijn miskleun liep ik naar de kamer van Foekje. Verdoofd, zonder te kloppen, liep ik haar donkere kamer binnen. Haar bureaulamp bood het enige licht in de kamer. Het geluid van ratelende vingers over een toetsenbord. Zodra ze mij zag staan, stopte ze met typen. Hoe moest ik verslag uitbrengen van mijn telefoongesprek? Ik had de zaak aangenomen zonder een analyse te hebben gemaakt van de kans van slagen. Geen enkele vraag had ik gesteld. Als ik deze zeperd zou opbiechten, zou ze me de zaak ogenblikkelijk weer afnemen. Mijn eigen zaak, de beloning voor het vele harde werken, de compensatie voor al die rotklussen die Foekje me had laten doen.

'En? Wordt het wat met meneer Braspenning?'

'Braspenning?'

'Die nieuwe zaak. Heb je hem gebeld?'

'Ja, ik heb hem gebeld.'

'En wordt het wat?'

Ik moest tijd rekken om een antwoord te verzinnen. De waarheid was geen optie, dat was me duidelijk. Waarom kon ik die zaak niet gewoon blijven doen? Op de achtergrond. Niemand hoefde het te weten. Mijn andere werk zou er niet onder lijden. Het was míjn zaak.

'Nee,' zei ik, 'het wordt niets. Kansloze zaak. Ik heb gezegd dat wij niets voor hem kunnen betekenen.'

25

Het was de tijd van de maand dat Foekje onaangenaam was. De tijd dat ze zich verschanste achter haar bureau met twee enorme stapels papier aan weerszijden. Van de stapel aan haar linkerzijde werd een stuk papier gepakt en nauwgezet beoordeeld – haar rode bril op het puntje van haar neus. Er werden strepen gezet, zuchtend. Om de zoveel papieren werd er gevloekt. Na de correcties verdween het papier met een smak op de stapel aan de rechterzijde. Het afgewerkte papier zou door mij in ontvangst worden genomen, zwijgend, vol begrip voor de situatie. Het was mijn taak om de verbeteringen door te voeren. Je kon veel van Foekje vragen, maar dat niet. Zij zou zich niet verlagen tot de digitale aanpassingen, de aanpassingen in het systeem. Foekje moest al veel verdragen. Het meest tergende was het regelmatige bezoek van Rinzema, Mister Spreadsheet, die uitleg wilde over de cijfers.

Het was de tijd dat bij de andere secties de vlag uit ging. Het was declaratietijd. Voor Foekje betekende dat: afboeken. Zolang ons no-cure-no-paysysteem niet tot enige cure leidde, bleef iedere pay uit. Omdat wij wel onze tijd moesten verantwoorden in CarpeDiem, het tijdschrijfsysteem, werden alle uren aan het einde van de maand door Foekje gecontroleerd. Met de inloggegevens van Foekje voerde ik de verbeteringen door in het systeem; ik was zogenaamd de CarpeDiem-expert. Foekje kon het niet laten mij toch nog een beetje als haar secretaresse te beschouwen. De aangepaste declaraties gingen naar onze cliënten, nadat op iedere rekening een korting was verleend van honderd procent. Omdat iedere verstrekte korting moest worden goedgekeurd door Rinzema, liep hij de deur plat bij Foekje.

Foekje had mij bij haar geroepen.

Ik stond te dralen voor haar bureau, totdat ze had gevonden wat ze zocht.

'Waar is dat ding nou?' Ze bladerde als een volleerde rekenmeester door de conceptdeclaraties, terwijl ze af en toe haar duim bevochtigde met speeksel. 'Ah, daar ben je.' Ze trok een declaratie uit de stapel. Ze bestudeerde het papier nog eens. 'Eppo, wie is MBU?'

Ik begreep haar vraag niet.

Ze reikte mij de declaratie aan. 'MBU heeft twaalf uur geschreven voor het opstellen van een schriftelijk advies in de zaak Bristol-Myers. Jij hebt die notitie toch geschreven?'

Mijn hart miste een slag. 'In de zaak Bristol-Myers? Die notitie? Ja... die heb je toch gelezen?'

Foekje liet haar hoofd op haar hand leunen. 'Er staan helemaal geen uren van jou op de declaratie. Heb jij je uren wel geschreven?'

'Ja, eh, ongeveer twaalf uur.'

Ze had kringen onder haar ogen. 'Wie is dan MBU? Waarom staan zijn initialen op de declaratie?'

MBU was een vrouw en ik wist precies waarom haar initialen op de declaratie stonden. Maar dat ging ik Foekje niet vertellen.

'Ik weet het niet. Geen flauw idee...' Ik pijnigde mijn hersenen op zoek naar een plausibele verklaring. 'Misschien heb ik verkeerd ingelogd.'

Foekje wuifde het meteen weg. 'Dat lijkt me onzin. Kunnen we dit omboeken? Ik ga hier vragen over krijgen. Krijg ik die miesgasser van een Rinzema weer langs.'

'Ik weet eerlijk gezegd niet hoe dat moet.'

'Jij bent toch de grote CarpeDiem-expert.'

'Op basis van jouw machtigingen kan ik alleen afboeken. Ik kan niet uren op iemand anders naam zetten.'

'Wat een onzin. Dat ligt echt aan de basis van dit kantoor: een gebrek aan onderling vertrouwen. Kun je het niet met Marianne Verschoor regelen?'

'Ik zal even met haar overleggen.'

Marianne Verschoor, het hoofd Systeembeheer, was de helft van een voormalig echtpaar. Ze was getrouwd geweest met Stef, een stille man met een passie voor apparaten, zo ging het verhaal. Stef was degene met de technische achtergrond, Marianne zorgde voor de contacten met de advocaten. Jarenlang vormden zij als duo de afdeling Systeembeheer. Totdat Marianne, dit was nog in het oude pand aan de Keizersgracht, op een dag van de trap viel en haar enkel verbrijzelde. Terwijl ze in het ziekenhuis lag, legde Stef het aan met een blonde secretaresse met opgeblazen borsten. Stef was vertrokken toen Marianne terugkeerde op kantoor. Ze deed alsof er niets was veranderd. Iedere dag trok ze er met haar ontwapenende glimlach en haar ene goeie been opuit om te inventariseren of er problemen waren. Met een lange lijst keerde ze terug naar haar kamer, met dat verschil dat er niemand meer was om de problemen op te lossen. Het duurde maanden voordat kantoor durfde te suggereren dat er een nieuwe Stef moest komen (Rasheed, de enige allochtoon van kantoor).

Ik wilde mijn probleem niets liever dan met Marianne Verschoor regelen.

'Mag ik je even storen?'

Marianne draaide haar stoel naar de deuropening. Het was een klein mensje. Haar voeten bungelden in de lucht. Ze leek blij me te zien; op een manier waarop mijn moeder vroeger blij was me te zien. Dat was Mariannes gave: ze gaf iedereen een welkom gevoel, ongeacht de ellende die de bezoeker voor haar meetorste. Geen slechte eigenschap voor een systeembeheerder.

'Eppo, waar kan ik jou mee helpen?'

'Er is iets verkeerd gegaan in CarpeDiem.'

Grote glimlach. 'Waarom verbaast me dat niets?'

'Mijn uren zijn per ongeluk op naam van Monique Busman geregistreerd.'

'Als dat alles is, is mijn dag weer goed. Het sectiehoofd, in jouw geval dus Foekje, kan dat aanpassen. Het DB moet wel even toestemming geven om haar machtigingen tijdelijk aan te passen.'

Het DB – dat was Helvoeth. Monique had natuurlijk ook allemaal uren geschreven op dossiers van Helvoeth. Hoe had ik dit over het hoofd kunnen zien? Ik ging alle zaken langs waarin ik Monique om assistentie had gevraagd. Ik raakte de tel kwijt. Diepering. Ik had haar ook voor Diepering laten werken! Waarom had ik dit niet bijgehouden? Ik moest al haar uren zien om te boeken.

'Foekje springt uit haar vel als ik haar dat vertel. Echt, Marianne. Voor ons is CarpeDiem puur administratief, wij moeten alle uren afboeken vanwege ons no-cure-no-paysysteem. Als Foekje toestemming moet vragen aan het DB duurt het minstens een maand voordat we die krijgen. Het gaat alleen maar om het op orde brengen van de administratie.'

Marianne keek alsof ik haar zojuist had gevraagd met haar de bezemkast in te duiken. Haar ronde wangen gloeiden rood. Ik zag haar twijfelen. Ze keek langs mij naar de kantoortuin, kennelijk om vast te stellen dat niemand ons in de gaten hield.

'Het is ons geheimpje,' fluisterde ik.

'Omdat jij het bent.' Ze giechelde als een schoolmeid die in de klas een briefje van een vriendinnetje leest. 'Eppo, je bent mij er eentje. Als je zulke dingen ook voor de cliënten voor elkaar krijgt, zullen ze heel blij met je zijn.'

'Je moest eens weten. Je bent een schat, Marianne, je hebt mij gered. Echt waar.'

Foekje stond in haar kamer met iemand te praten. Toen ik de glazen wand van haar kamer dichter was genaderd, zag ik dat het Rinzema was. Hij stond met zijn rug naar de deuropening en was zich druk aan het maken. Hij wees naar een flip-over waar hij iets op had geschreven. Ik gebaarde Foekje dat ik naar mijn kamer zou gaan.

'Blijf maar staan, Eppo,' zei Foekje. 'Marcus en ik zijn zo klaar.'

Rinzema – hij keek mij vluchtig aan – was nog midden in zijn betoog. Hij liep naar de deur en sloot deze zonder mij nog een blik waardig te keuren. Ik trippelde over het grijze tapijt. Zou ik doorlopen of blijven staan? Het Amerikaanse stemgeluid van Rinzema was goed hoorbaar door de glazen deur. Ik besloot te blijven.

'Natuurlijk ken ik je nog niet,' zei Rinzema. 'Ik ken alleen de cijfers en die zijn *pretty scary*. Tot nu toe hebben jij en je *associate* kantoor alleen maar geld gekost. Je mag best weten dat ik niet de enige ben in het DB die daar zo zijn vragen bij heeft. Het is voor iedereen duidelijk dat de verwachtingen die waren gewekt ten tijde van de overname niet zijn uitgekomen. Kan gebeuren. Shit happens. Daar heb ik ook niet zo'n moeite mee. Waar ik moeite mee heb is dat jij mij niet kunt vertellen wat je verwachtingen zijn voor Q2. Ik kan geen begroting maken als ik geen idee heb wat de inkomsten zullen zijn. Hé, ik pin je er niet op vast, het is een *estimate*.'

Foekje snoefde, bewoog haar scherpe kin omhoog. 'Tussen de nul euro en een miljoen.'

Rinzema liet zijn armen zakken. Hij leek wel een gorilla. Typisch zo'n Amerikaanse zoutzak die alleen zijn schouders traint in de *gym*. 'Daar kan ik niets mee. *I hate to be a bitch*, maar ik heb een getal nodig. Wat zal het zijn? Een half miljoen? Prima. 100.000. Ook goed. Ik moet gewoon een bedrag hebben, zodat ik mijn *forecast* kan maken.'

Foekje gaf zich gewonnen. 'Ik verwacht volgend kwartaal een uitspraak van de rechtbank Rotterdam die 300.000 euro kan opleveren. Ik hoop drie of vier zaken te schikken. Misschien komt er iets nieuws binnen waar snel geld uitkomt. Ik kan het gewoon niet zeggen.'

'Zal ik dan 300.000 noteren?'

'Je moet doen wat je niet laten kunt. Mij heb je het niet horen zeggen.'

Rinzema zette een stap in de richting van Foekje. '*Listen*. Ik weet dat het voor jou niet makkelijk is. Een nieuw kantoor. Meteen de *major league*. Wij begrijpen allemaal dat je even moet wennen. Hé, ik moet hier ook wennen. De dingen gaan hier echt totaal anders dan in de *States*.'

Foekje sloeg haar armen over elkaar. 'Je hoeft je om mij geen zorgen te maken.'

'In Amerika hebben ze een gezegde: *If you can't stand the heat, get out of the kitchen*. Denk daar maar 'ns over na.'

Hij draaide zich om, liep bijna met zijn hoofd tegen de glazen deur, herstelde zich, greep kordaat de klink vast. Hij leek verrast mij nog buiten te zien staan, besloot het te negeren en beende de gang in. Toen hij de hoek om was, stapte ik de kamer van Foekje binnen, voorzichtig, het ego van Rinzema was nog aanwezig. Foekje zag eruit of ze net de trap naar de zevende verdieping had genomen.

'Sorry,' zei ik. 'Ik wilde jullie niet storen.'

'Je stoorde niet. Het was weer het gebruikelijke gezeur van Mister Spreadsheet.' Foekje krabde in haar hals. 'Het spijt me dat je daar getuige van moest zijn. Heb je het opgelost met Systeembeheer?'

'Ja, het was een fout in CarpeDiem. Duizend excuses van Marianne Verschoor. Het wordt opgelost.'

'Mooi. Moeten wij verder nog iets bespreken?' Foekje staarde naar de stapel declaraties op haar bureau. 'Is er iets waar ik je mee kan helpen?'

'Niet dat ik weet.'

'Aan de slag dan maar.'

Ik knikte. 'Aan werk geen gebrek.'

In mijn draai richting de deur zag ik wat er op de flip-over geschreven stond: *Show me the money.* Het stond er in rode hanenpoten.

26

Braspenning had geweigerd mijn vragen te bespreken. 'Futiliteiten,' noemde hij ze. Ik moest maar meteen de dagvaarding opstellen. 'De details vullen we later wel in.' Ik piekerde er niet over zijn commando's op te volgen. Een advocaat was nooit een instrument van zijn cliënte; hij maakte zijn eigen afwegingen. De docent gedragsleer had tijdens de beroepsopleiding uitgelegd wat 'dominus litis' betekende: de advocaat moest baas zijn over de zaak. De gedragsregels voor advocaten waren daar duidelijk over.

Maar Braspenning had geen boodschap aan de gedragsregels. Er waren dagen dat hij me wel drie keer belde om te vragen of de dagvaarding al gereed was. Hij stuurde woedende e-mails, soms midden in de nacht. Een keer liet hij me uit een bespreking met Helvoeth halen. Het keerpunt kwam toen hij Foekje belde. Een hartverzakking kreeg ik toen ik het hoorde. Godzijdank was Foekjes secretaresse zo alert geweest hem door te verbinden met Mieke, die toen doodleuk een afspraak met hem maakte, zonder met mij te overleggen. 'Wanneer meneer groot genoeg is om zijn eigen afspraken te maken, moet hij het maar even laten weten. Het is niet voor mijn plezier dat ik die poepluiers van jou verschoon,' had Mieke gezegd toen ik me erover beklaagde. Maar stel je voor dat hij Foekje te pakken had gekregen! 'Mevrouw De Jong, waarom laat u mij twee maanden wachten op een dagvaarding?'

Er moest een einde komen aan dit gedoe. Ik had besloten dat het beter was het ding voor hem op te stellen, althans Monique te vragen dat te doen. Dan was ik ervan af.

Mieke zei dat Braspenning gearriveerd was en in spreekkamer 14 zat. Ik liet hem wachten. Wat verbeeldde die man zich wel? Zomaar een afspraak buiten mij om maken. Met de secretaresse van Foekje bellen. En trouwens, ik moest de dagvaarding nog bestuderen.

Ook zonder alle details van de zaak te kennen, had Monique er een prachtig epistel van weten te maken. Onze vragen had ze tussen vierkante haken in de tekst geplaatst, geel gemarkeerd. Daar moest ik vandaag antwoord op zien te krijgen. Het was nog best een lastige zaak. In de civiele procedure moest Braspenning bewijzen dat hij geen ontucht met het jongetje had gepleegd. Monique had me gewaarschuwd. 'Het bewijs van een negatief feit is niet eenvoudig te leveren, Eppo.' En dan met dat vingertje erbij. Ze was om op te eten.

Mieke kwam mijn kamer binnen, zogenaamd om mijn yucca water te geven.

'Eppo, ik wil me nergens mee bemoeien, maar hij zit al een halfuur te wachten. Zou je niet eens naar beneden gaan?'

Ik keek op mijn horloge. 'Geef maar door dat ik er zo aankom.'

Nadat ik de dagvaarding had gelezen en in de kantlijn mijn opmerkingen had genoteerd, liep ik gewoontegetrouw langs de kamer van Foekje. Maar toen hield ik mijn pas in: ze zou er niet bij zijn. Ineens besefte ik ten volle dat dit de eerste keer was dat ik een bespreking in mijn eentje zou voeren. Stevig klemde ik het dossier onder mijn arm en vervolgde mijn mars door de kantoortuin. Het ondersteunend personeel had niet in de gaten hoe ik me voelde.

De spreekkamers waren gevestigd op de begane grond. Terwijl in de rest van het gebouw glas de hoofdrol speelde, waren de vertrekken voor besprekingen opgetrokken uit witte panelen. Hiermee werd de privacy van de bezoeker gewaarborgd. Het kwam nogal hokkerig over. Nummer 14 was een van de kleinere spreekkamers. Er stond een bescheiden vierkante tafel waar niet meer dan vier personen aan konden zitten. Houten stoelen van de tweede garnituur en tegen de muur een whiteboard vormden het overige meubilair. In de hoek van het raamloze vertrek stond een cactus. Mijn cliënt keek niet op van zijn krant.

'Excuses dat ik u heb laten wachten.'

De wetenschap dat ik met een mogelijke pedofiel te maken had, maakte mij extra zenuwachtig. Hij bleef lezen. Zijn ogen kon ik niet zien. 'Je zult er wel een goede reden voor hebben, nietwaar.'

Een moment overwoog ik hem een reden te geven voor mijn late binnenkomst, maar ik besloot dat het niet nodig was. In mijn drukke praktijk kon ik zomaar worden weggeroepen voor een spoedgeval en dan moest iedereen even wachten, ook meneer Braspenning.

'Kon u het makkelijk vinden?'

Hij keek op. Zijn bruine ogen schoten gifpijlen. 'Ik mag uit de provincie komen, maar ik ben niet achterlijk.' Hij sloeg de krant dicht. 'Moeten wij niet wachten tot mevrouw De Jong erbij is?'

Bij mijn oog trok een spiertje. 'Me-mevrouw De Jong laat zich verontschuldigen... een spoedgeval.'

'Ach zo.' Hij streek een hand door zijn glanzende haar. Het was geverfd. 'Ik begin zo langzamerhand te vermoeden dat mevrouw De Jong niet bestaat.'

Met een plof legde ik het dossier op tafel. 'Ze heeft het heel druk op het moment. Ze heeft een zitting. Een kort geding... Gisteren pas binnengekomen. Zoals ik al zei: een spoedgeval. Maar maakt u zich geen zorgen, ik heb alles uitgebreid met mevrouw De Jong besproken.'

'Ook de dagvaarding?'

'Natuurlijk ook de dagvaarding.'

'Laten we het daar zometeen dan maar eens over hebben. Gelukkig is het maar een concept. Mijn leerlingen uit groep 8 kunnen beter spellen, nietwaar.' Braspenning reikte naar de grond. 'Ik wil je iets laten zien.'

Hij plaatste een katoenen draagtas met opdruk op de glazen tafel. Aan het vale katoen te zien, was de tas al jaren een trouwe metgezel. Terwijl hij voorovergebogen zijn smoezelige tas doorzocht, bestudeerde ik hem. Een jaar of vijftig schatte ik. Sterke onderarmen. Hij was gespierd op een gracieuze manier, als een balletdanser. Hij droeg een geblokt hemd met een zwart leren vestje erover. Uit de tas kwam een opgekrulde foto tevoorschijn.

'Ik heb een foto voor je meegenomen.'

Het was een klassenfoto, zo één waar er miljoenen van zijn. Een gymzaal, bankjes, leerlingen die braaf rechtop zitten, Braspenning linksachter, een jongetje dat op zijn zij voor de groep ligt, languit, als een diva.

'Dat is hem,' zei Braspenning. 'Machiel van Berkel, de kleine Lolito. Toen die foto werd genomen was hij elf jaar. Moet je nagaan, een jongetje van elf dat zo op de foto wil. Het is echt ongelooflijk, die kinderen van tegenwoordig, zo zelfbewust. Je moet ze zien dansen op schoolfeestjes. De meisjes schurken met hun heuploze kontjes tegen het kruis van een willekeurige knaap. Dat kopiëren ze allemaal van de televisie.'

Ik keek nog eens goed naar het jongetje op de foto. Hij zag eruit als een jongen van elf, een gewone jongen met een capuchontrui aan en zijn duim in de lucht. Zijn uitbundige lach legde een plaatjesbeugel bloot.

'Het was een week voor kerst, 2004, een vrouwelijke collega kwam naar mij toe. Zij had een schriftje in haar handen, het weekschriftje van Machiel; de scholieren schrijven erin wat ze die week hebben meegemaakt. "Dit moet je maar eens lezen," zei ze. Ze hield het voor mij open, nerveus, het schriftje trilde met haar hand mee. "Waar moet ik lezen?" vroeg ik. Ze wees een passage aan. "Meester Braspenning wilde weer een spelletje met mij spelen." Zo begon het, ik ken het letterlijk uit mijn hoofd. "En heeft aan mijn piemel gezeten." Dat was niet alles, het jongetje vervolgde: "Het is heel erg dat hij ons aanraakt bij dingen die eigenlijk privé zijn." Ik was totaal van mijn stuk gebracht. Mijn collega zei dat ze het aan de directeur moest laten lezen.'

Braspenning leek wel een bandje dat was aangezet. Ik moest hem onderbreken, anders zou ik nooit een antwoord op mijn vragen krijgen. Het leek me het beste meteen terzake te komen.

'U ontkent dus dat u het gedaan heeft?'

'Laat me uitpraten!' Hij greep naar zijn broekzak en haalde er een inhaler uit. Braspenning zoog een flinke portie van zijn medicijn naar binnen. 'De directeur had na de melding van mijn collega Machiel meteen bij zich geroepen. Het protocol schrijft voor dat in een dergelijk geval – een verdenking van seksueel misbruik –

een man niet meer alleen met het kind mag zijn, dus mijn collega was ook aanwezig. Machiel bevestigde na enig aandringen dat ik stoute spelletjes met hem deed.'

'Wat voor spelletjes?'

Braspenning pauzeerde, staarde naar de klassenfoto. 'Seksspelletjes.' Hij keek me aan om mijn reactie te peilen. Ik maakte een aantekening op mijn notitieblok. 'Dat was het dan. Van de ene op de andere dag was ik een docent die seksspelletjes met zijn leerlingen speelt. Zonder enig onderzoek was ik gebombardeerd tot pedofiel. Er waren collega's die niet meer met mij wilden praten. Terwijl ik niets had gedaan!'

Zou hij de waarheid spreken? Ik had de verklaring van het jongetje gelezen, die wegens vormfouten niet was geaccepteerd door de rechtbank. In kindertaal vertelde Machiel hoe Braspenning hem had betast onder de douche. Hij had hem vijf keer in zijn 'potlood' moeten knijpen. Braspenning had een zeepje in zijn 'poepertje' gestopt. Het gebeurde na schooltijd. Hij liet Machiel nablijven. Hij kreeg straflessen gym. Naakt moest hij door de zaal rennen, eindeloos rondjes rennen, steeds sneller, Braspenning achter hem aan, totdat Machiel er doodmoe bij neerviel. Dan sloeg hij toe. Zou Braspenning een pedofiel zijn? Je hoort weleens dat ze er heel normaal uit kunnen zien, pedofielen. Alsof het gewone mensen zijn.

'Twee dagen later stond de opvoering van de musical *Scrooge* op het programma. Ik had het stuk geregisseerd – net als ieder jaar – en speelde drie rollen. Na koortsachtig overleg werd besloten de voorstelling door te laten gaan; *the show must go on* en al die dingen meer. Ik kan mij er weinig meer van voor de geest halen, behalve dat ik na afloop als een kind stond te wenen in de coulissen van de aula. De volgende maandag: geen bloemen, geen bedankje, nee, een drieregelig briefje van het schoolbestuur – in Nuenen is dat het gemeentebestuur – waarin mij werd medegedeeld, zonder enige toelichting, dat ik – "hangende het onderzoek" – was geschorst. Met onmiddellijke ingang en tot nader order.'

Er stond een kan water op tafel. Vier glazen op elkaar gestapeld. Wat stom, ik had hem nog niets te drinken aangeboden.

Voorzichtig pakte ik twee glazen van de stapel. 'Wilt u wat water?'

Hij knikte. 'Het onderzoek – god mag weten wat dat inhield – werd verricht door de ouderraad van de school, waarin nota bene de vader van het jongetje zitting had. Een heel emotionele man. Een dag na mijn schorsing deed hij, vergezeld van een journalist van het *Eindhovens Dagblad*, aangifte bij de politie. De krant opende met de kop "Docent geschorst wegens seksspelletjes". De woordvoerder van de politie bevestigde dat er aangifte was gedaan van "ernstige strafbare feiten". Alsof dat iets betekent; iedere idioot kan aangifte doen van ernstige strafbare feiten, nietwaar. Mijn naam werd in het artikel consequent afgekort tot Pieter B., maar je hoeft geen speurhond te zijn om te weten om wie het ging. Er waren slechts drie mannelijke docenten op De Eik en er was maar één Pieter.'

In de binnenzak van mijn jasje voelde ik mijn BlackBerry zoemen. Hoe laat was het? Braspenning praatte maar door. In mijn hoofd probeerde ik een opsomming te maken van mijn taken na dit gesprek. Ik kreeg het er benauwd van. Die conclusie van antwoord in de Kelderlijk-zaak moest vandaag af; Helvoeth wachtte er al een week op. Ik durfde niet op mijn horloge te kijken, maar Braspenning had ook een horloge om. Voorzichtig kantelde ik mijn hoofd om de wijzerplaat op zijn pols te bestuderen. We zaten hier al veertig minuten en hij was nog steeds niet bij de kern van zijn verhaal gekomen.

'U vindt dus dat u onschuldig bent?'

'Daar kom ik zo op.' Hij nam een slok water. 'Na het bericht in de krant werd de school overspoeld met telefoontjes van verontruste ouders. Men besloot een speciale ouderavond te beleggen om de ouders gerust te stellen. Maar er viel natuurlijk helemaal niets te vertellen. Er was aangifte gedaan, het was een ernstige beschuldiging, de zaak werd onderzocht. De ouders namen daar geen genoegen mee en eisten dat de school mijn gedrag veroordeelde. Welk gedrag? Mij was nog steeds niet naar mijn versie van het verhaal gevraagd. Maar de geruchtenmachine draaide op volle toeren; aan het einde van de avond was ik de Nederlandse Marc Dutroux. De school zei toen dat als de beschuldigingen juist zouden zijn – welke beschuldigingen? – ik vanzelfsprekend niet langer aan de school verbonden zou blijven.'

Braspenning vertelde het verhaal als een lange, ingestudeerde monoloog, met de juiste klemtoon, zorgvuldige pauzes, een priemende vinger in de lucht, zijn woorden begeleid door blikken van verontwaardiging of verbazing. Het was nu eigenlijk te laat om nog al mijn vragen te bespreken. Mijn BlackBerry trilde drie keer in mijn binnenzak. Dit was geen oproep, maar een herinnering. Wat die behelsde, was ik vergeten. Lag het aan mij of was het hier verschrikkelijk warm? Ik sloeg mijn notitieblok dicht en keek demonstratief op mijn horloge.

'Moet je weg?' Braspenning keek me met de ogen van een oude hond aan.

'We hebben nog wel even,' zei ik en opende mijn notitieblok weer.

'Na die ouderavond kon ik in Nuenen niet meer veilig over straat. Mijn auto werd bekrast, er kwam een steen door het raam van mijn huis, op de muur van de school kalkten vandalen "Pieter is een pedo". Mijn partner kon er niet meer tegen; iedere nacht zat hij in zijn kamerjas beneden, bang dat er ingebroken zou worden. Hij sliep nauwelijks meer. Ik kan het hem niet kwalijk nemen dat hij naar zijn moeder ging.'

Zijn partner was een *híj*. Ik omcirkelde de aantekening.

'Ik werd door de politie gebeld met het verzoek of ik naar het bureau wilde komen. Als ik niet vrijwillig zou komen, wilden ze mij ook best halen, werd daar meteen aan toegevoegd. Op het bureau, dit was medio januari 2005, werd ik direct in de cel gezet. Veters uit, riem af – ik werd behandeld als de grootste crimineel sinds Al Capone.'

Braspenning nam een moment om op adem te komen. 'Mag ik hier roken?' vroeg hij. Hij zag eruit of hij een sigaret kon gebruiken. Ik aarzelde, maar schudde toch mijn hoofd. Zijn katoenen tas lag nog steeds op tafel. Braspenning pakte het hengsel beet en masseerde de stof met zijn duim. Hij kon mij niet meer aankijken.

'Ik zei dat ik een advocaat wilde bellen. Niet nodig, zeiden ze. Ik kreeg geen eten, geen drinken, geen sigaretten, niets. Na ongeveer zes uur – het was al donker buiten – werd ik uit de cel gehaald en naar een kamer gebracht. Daar zaten twee rechercheurs van de KLPD. Zes uur lang ben ik verhoord door die gasten. Om beurten. De ene speelde *good cop*, de andere *bad cop*, het leek verdomme net een Duitse krimi. De goeie zei dan als de kwaaie weg was: "Wij mannen zijn toch allemaal van vlees en bloed. Als je bekent, kijkt niemand daarvan op. Dan kun je zo naar huis."'

Braspenning haalde zijn neus op. Op het whiteboard zag ik de vervaagde sporen van een vorige bespreking. BEWIJS! stond er in blauwe letters. Ik dacht aan de waarschuwing van Monique: 'Het bewijs van een negatief feit is niet eenvoudig te leveren, Eppo.' Tja, het bewijs. Nou ja, dat zou later wel komen.

'De hulpofficier van justitie kwam langs. Ik zou nog drie dagen vastzitten, zei hij. Toen knapte er iets in mij. Ik begon onbedaard te snikken, het hield niet meer op, het snot liep in lange draden uit mijn neus. Ik kreeg het benauwd, de voorbode van een astma-aanval. Ik tastte naar mijn zakken voor mijn inhaler, niets, leeggemaakt toen ik de cel in ging. "Wat is er met hem aan de hand?" vroeg de kwaaie. "Geen idee, dit gaat niet goed," zei de andere. Ze keken mij angstig aan. Een sterfgeval in de verhoorkamer staat denk ik niet goed op het cv van een rechercheur. Ik probeerde te zeggen dat het astma was, maar mijn adem stokte. Mijn spieren verslapten – ik viel flauw. Toen ik bij bewustzijn kwam, was ik weer in mijn cel. Na een halfuur ging de deur open. Ik kon gaan.'

Ik staarde naar Braspenning. Er zat een andere man tegenover me aan tafel. Uitgeput, moegestreden. Zijn stem klonk waterig. Uit zijn tas haalde hij een pakje papieren zakdoekjes. Voorzichtig, om te voorkomen dat de andere zakdoekjes mee omhoog zouden wippen, trok hij er één uit. Hij vouwde het papier open en legde het op zijn gezicht, alsof het een masker was. Het snot werd met geweld uit zijn neus geperst. Daarna vouwde hij het zakdoekje weer op en stak het in zijn zak. Hij sloeg zijn ene been over het andere, kruislings. Braspenning legde zijn vermoeide hoofd op zijn hand en weigerde me aan te kijken.

'Zullen we dan nu de conceptdagvaarding bespreken?' vroeg ik.

Braspenning moest slikken voordat hij kon antwoorden. 'Dank

je wel, Eppo.' Hij keek me aan. 'Dit is de eerste keer dat ik mijn hele verhaal heb kunnen vertellen.' Zijn stem was gebroken.

Niets herinnerde aan de gespierde balletdanser van het begin van het gesprek. Een gevallen zwaan, dat was hij nu. Kwetsbaar, alleen op het grote podium, terwijl de zaal geschrokken toekijkt. Ik voelde een enorme behoefte hem te troosten, maar ik wist niet hoe.

27

Mijn praktijk groeide. Het was niet alleen Helvoeth die me inschakelde. Dagelijks ontving ik een stroom e-mails van partners die mij verzochten 'even' iets voor ze te doen. Of ik 'even' een briefje wilde opstellen. Kon ik niet 'even' iets uitzoeken in de bibliotheek? Wilde ik mezelf niet 'even' een minuutje uitlenen? Het was altijd hetzelfde: de klus die 'even' geklaard had moeten worden, bleek veel meer tijd te vergen dan aanvankelijk gedacht. Het dossier bevatte een desastreuze erkenning van onze cliënte die de partner 'even' over het hoofd had gezien. De Hoge Raad had net vorige week een arrest gewezen waardoor het probleem 'even' heel anders moest worden bekeken. 'Goed dat je dat gezien hebt, Boetselaar. Zou je er nog even verder mee willen gaan? Je zit er nu zo goed in.' Ik durfde geen nee te verkopen, wilde niemand teleurstellen, voelde me gevleid met al die aandacht. Maar, toegegeven, het was te veel. Zelfs met de hulp van Monique kon ik het niet bolwerken.

Ik probeerde overzicht te behouden door continu op te schrijven wat ik niet moest vergeten. Op een kladblok maakte ik lijsten van het werk dat op stapel stond. Ik priegelde kleine post-itbriefjes vol en hing die aan het scherm van mijn computer. In mijn BlackBerry schreef ik reminders die in de loop van de dag als duiveltjes op mijn beeldscherm verschenen. Als ik mijn kamer verliet, legde ik een spoedeisend dossier op mijn bureaustoel zodat ik bij terugkomst aan de zaak herinnerd werd. Het was allemaal tevergeefs. De dagen verliepen altijd anders dan gepland. Ik was enorm snel afgeleid. Eén onverwacht telefoontje en al mijn urgente werkzaamheden werden in een zwart gat gezogen. Pas aan het einde van de dag vond ik het werk terug waar ik voor het interrumperende telefoontje aan was begonnen.

In de avonduren, wanneer de secretaresses naar huis waren en de schoonmakers kwamen, probeerde ik mezelf te hervinden. Omringd door de semiduisternis van kantoor kon ik eindelijk een begin maken met de taken die die ochtend geen verder uitstel hadden geduld. Het was nog niet te laat. Het lukte misschien niet om alles af te ronden, maar toch op zijn minst de helft. Natuurlijk, ik hield mezelf voor de gek, noodzakelijk kwaad om de energie te verzamelen voor de avond, die zich presenteerde als een nieuwe werkdag.

Ik was niet alleen. De avonden behoorden toe aan de advocaatstagiaires. Om een uur of zeven ging een dikke stagiaire van Labour & Employment – wij deelden de zevende verdieping met L&E – de kamers langs met de menukaart. 'Eet je mee?' Hij wist het antwoord al, dat kon je horen aan de manier waarop hij het vroeg. De wekelijks variërende menukaart werd geleverd door een traiteur uit Oud-Zuid die tot tien uur 's avonds geopend was. Als je zei dat je van Schwaab & Helvoeth was, hoefde je alleen maar een dossiernummer door te geven. Iedere avond werden de stagiaires van de zevende – acht in totaal – gefêteerd door een cliënte, zich onbewust van haar generositeit. Die avond werd de maaltijd aangeboden door onze gewaardeerde cliënte KLM.

Het moet een uur of elf zijn geweest toen Helvoeth belde. Op het beeldscherm van mijn BlackBerry lichtte zijn naam ongeduldig op. Mijn maag maakte een samentrekkende beweging. Even overwoog ik niet op te nemen. Ik had geen tijd voor nog meer werk. Maar het had geen zin de managing partner van kantoor te negeren. Hij wist mij altijd te bereiken.

'Van Boetselaar, ik heb niet veel tijd.' Op de achtergrond hoorde ik het geroezemoes van een feest. Iemand, ver weg, hield een toespraak. Helvoeth was in Paradiso, ineens wist ik het weer, bij een benefietconcert voor War Child – Lidy, zijn secretaresse, had het me die ochtend verteld. Hij was voorzitter van het bestuur. Helvoeth, zo leek het soms, was voorzitter van ieder liefdadigheidsbestuur in Nederland.

'Ik heb morgenochtend om tien uur een bespreking met Van der Putten van Numico,' vervolgde Helvoeth. 'Er is iets tussengekomen. Ik moet een klusje doen voor de ambassadeur van War Child. Je moet mij even waarnemen. Zeg maar tegen Van der Putten dat ik plotseling naar het ziekenhuis moest.'

Ik maakte gehaast aantekeningen. Morgen tien uur, Van der Putten, Numico, ziekenhuis. Toen ik een vraag wilde stellen, had Helvoeth al opgehangen. Ik legde mijn hoofd in mijn handen, sloot mijn ogen. Dit kon ik er echt niet bij hebben. Van der Putten van Numico. Wie was dat in godsnaam?

Op de website van Numico vond ik een foto van een man die mijn vader had kunnen zijn, samen met een korte omschrijving van zijn functie. Hij was de financiële man van het bedrijf, de CFO. Numico, die naam kwam me zo bekend voor. Had Monique daar niet laatst een advies voor geschreven? Ik scrolde door mijn e-mails, tientallen ongeopende berichten passerend, op zoek naar een bericht van Monique. Wanneer had ze me het ook alweer gestuurd? Vorige week? Twee weken geleden? Ik bewoog de scrollbar van mijn e-mailprogramma steeds verder naar beneden. Rode vraagtekens verschenen als onkruid op mijn scherm. Daar was het memorandum, een document van zeventien pagina's. Ik had alleen de naam van Monique vervangen door die van mij voordat ik het stuk naar Helvoeth had gestuurd, die ongetwijfeld op zijn beurt hetzelfde had gedaan. Ik scande het stuk. De wetsartikelen duizelden voor mijn ogen. 'Betoogd zou kunnen worden dat de handelingen van de vennootschap op grond van artikel 3:45 lid 1 BW paulianeus zijn verricht.' Dit ging ik voor morgenochtend niet meer begrijpen. Ik belde Monique, die op de elfde verdieping aan het werk was.

'Monique. Ik moet iets doen voor Helvoeth, een spoedklusje. Een bespreking met Van der Putten van Numico. Morgenochtend tien uur. Kun je daarbij aanwezig zijn? Het gaat over dat advies van jou.'

Van der Putten, het haar over zijn kale schedel gekamd, wist dat hij was afgescheept, maar niet met wie. Hij nam me aandachtig op toen ik mezelf aan hem voorstelde. Heel even trok hij zijn neusvleugels op, alsof hij wilde vaststellen waar die onwelgevallige lucht vandaan kwam. Ik zag hem denken: wie is deze jongen? Hij bestudeerde mijn pak, overhemd, mijn das. Het was allemaal onberispelijk, want mijn uniform was zorgvuldig uitgekozen. Maar Van der Putten twijfelde. Was ik een medewerker of een partner? Hij moest eens weten.

Monique stelde zich ook voor, een vluchtige hand die even tussenbeide kwam.

'Kon u het goed vinden?' vroeg ik achteloos, terwijl ik hem voorging naar spreekkamer 16. Hij murmelde iets onverstaanbaars. Monique hield de deur voor hem open. Wat waren wij toch een geweldig duo.

'Wilt u koffie, thee of liever iets fris?'

Hij wilde koffie. Monique schonk het voor hem in uit de gestileerde thermoskan die op tafel stond.

Intussen had Van der Putten het advies demonstratief voor zich neergelegd. Hij legde zijn hand erop. 'Het is spijtig dat Helvoeth er niet is,' zei hij terwijl zijn ogen Monique volgden. Ze ging naast mij zitten. 'Beetje lastig om zijn advies te bespreken zonder hem erbij.'

'Maakt u zich geen zorgen. De inhoud van het advies is mij bekend. Meneer Helvoeth moest plotseling naar het ziekenhuis, helaas. Vandaar dat hij mij heeft gevraagd de bespreking over te nemen.'

'Wat vervelend.' Van der Putten nam een andere, geïnteresseerde houding aan. 'Niets ernstigs, hoop ik?' Hij keek vragend naar me, wachtte op mijn antwoord.

Hier was ik niet op voorbereid. Helvoeth had alleen maar gezegd dat ik moest zeggen dat hij naar het ziekenhuis moest. Wat kun je in godsnaam hebben als je ineens naar het ziekenhuis moet? Wat voor een kwalen hebben vijfenzestigjarige mannen? Zeggen dat het voor een controle was, behoorde niet tot de mogelijkheden; daarvoor maak je een afspraak. Helvoeth wordt wakker, voelt zich niet lekker, gaat naar het ziekenhuis. Wat kan het zijn? Het is geen spoedopname, want hij heeft voldoende tijd gehad mij te vragen de bespreking over te nemen. Ik wierp een vluchtige blik op Monique. Help mij. Alsjeblieft. Monique zei niets, ze straalde slechts onbevangen geluk uit, als een stagiaire.

'Het is iets met zijn prostaat,' zei ik. Wat is een prostaat? Wat kan er mis mee zijn? Ik had geen idee. 'Het is niet ernstig. Hij is er in het verleden voor behandeld. Het voelde vanmorgen niet goed, vandaar.'

'Jezus,' mompelde Van der Putten. Door het nieuws vergat hij zijn mond te sluiten. 'Ik had geen idee. Mijn vader is overleden aan prostaatkanker. Echt een verschrikkelijke ziekte.'

Mijn BlackBerry zoemde in mijn binnenzak. Ongezien drukte ik de oproep weg. 'Het gaat echt goed met hem. Maakt u zich vooral geen zorgen.'

Monique keek nog altijd alsof ze het gesprek niet volgde.

'Ik vond al dat hij er laatst zo slecht uitzag. Bleek. Mager. Die ziekte vreet aan je.' Met zijn vingertoppen streek Van der Putten over zijn dunne haren.

Mijn BlackBerry zoemde weer. 'Meneer Helvoeth heeft liever niet dat het bekend wordt.'

'Ik begrijp het. Jezus. Arme man.'

Van der Putten keek tussen Monique en mij door naar de muur – sprakeloos.

Ik keek wiens oproep ik had gemist. Mieke. Met een verontschuldigende blik zette ik de telefoon uit. 'Zullen we het over het advies hebben?'

Op mijn beeldscherm was een post-itbriefje geplakt: BRASPENNING BELLEN!! Alsof die twee uitroeptekens niet genoeg waren, was de boodschap ook nog eens met een rode stift in boze blokletters geschreven. Ik liep direct naar Mieke.

'Heeft hij weer gebeld?'

'Gebeld? Hij heeft een uur beneden gezeten, in afwachting van meester Boetselaar. Waar was je? Ik heb je tien keer gebeld.' Mieke deed geen enkele moeite om haar irritatie te verbergen.

Ik doolde door de gangen van mijn geheugen, links en rechts een kamer openend op zoek naar een verklaring voor wat Mieke mij zojuist verteld had.

'Had ik een bespreking met Braspenning?'

'Kijk jij weleens in je agenda?' Op het scherm van Miekes computer was een website van een reisorganisatie geopend. 'De volgende keer dat je besluit uit te slapen, moet je het mij even melden.'

'Sorry. Ik moest op het laatste moment een bespreking van Helvoeth overnemen.'

De drie secretaresses die de kubus met Mieke deelden hadden hun werk neergelegd om te luisteren hoe Mieke mij de les las.

'Misschien handig om eerst in je agenda te kijken voordat je afspraken van anderen overneemt. Wat sta je daar nou dom te grijnzen?'

De collega's van Mieke lachten achter hun handen.

'Wat heb je tegen hem gezegd?'

'De waarheid. Dat ik niet wist waar je was.'

'Mieke, wil je hem alsjeblieft bellen en zeggen dat ik op het laatste moment verhinderd was. Zeg hem maar.... dat ik plotseling naar het ziekenhuis moest? Wil je dat doen? Alsjeblieft?'

Mieke ging er gemakkelijk voor zitten, wachtte totdat ze ervan verzekerd was dat alle aandacht op haar was gevestigd. De actrice in haar verbeeldde zich dat ze net een rotte kers had gegeten.

'Eppo, ik ga niet voor je liegen. Je mag hem zelf bellen. Misschien wel zo aardig. Hij probeert je al weken te bereiken. Je kunt mij als een verdwaalde puppy aankijken, maar bij mij werkt het niet. Iedere keer als die man belt, moet ik van je zeggen dat je in een bespreking zit. Hoe vaak ik hem al niet heb verteld dat je hem terugbelt. Nu mag je het een keer doen ook.'

Ze draaide zich weer om naar haar scherm, maakte nog net geen buiging voor het publiek.

Na de lunch besloot ik hem te bellen. Ik wist wat Braspenning wilde weten: was zijn zaak al gestart? Hij dacht dat het allemaal vanzelf ging, zo'n procedure. Alsof er niet eerst voldaan moest worden aan formaliteiten en regels. Ik moest het allemaal nazoeken, de vereiste stappen op een rijtje zetten, maar was er simpelweg nog niet aan toegekomen. Dit soort dingen hoorde je secretaresse te regelen, maar Mieke was druk met andere zaken: het plannen van haar volgende vakantie bijvoorbeeld.

Ik had haar laatst gevraagd een brief uit te werken die ik had gedicteerd.

'Bandjes doe ik allang niet meer, lieverd.' Alles moest ik zelf doen.

Ik toetste het nummer van Braspenning in op de zwarte kantoortelefoon. Hier had ik echt geen tijd voor. Die man dacht toch niet dat ik alleen voor hem werkte? De telefoon ging over. Drie keer. Een vierde keer.

'Hallo?'

'Meneer Braspening, ik begrijp dat mijn secretaresse niet heeft doorgegeven dat ik vanmorgen verhinderd was. Heel vervelend. U spreekt met Eppo, Eppo Boetselaar van Schwaab & Helvoeth.'

'Vervelend is niet het goede woord, Eppo, het was een catastrofe. Deze heilloze exercitie heeft mij vijf teerbeminde uren gekost. Ik stond een uur in de file. Een uur! Aansluitend heb ik een uur op je gewacht. Tevergeefs. Niemand wist waar je was. "Het spijt ons, meneer Braspenning. Wilt u nog een kopje koffie, meneer Braspenning?" Vijf uur! Je mag wel een verdraaid goede verklaring hebben voor je absentie.'

'Ik moest naar het ziekenhuis voor een controle.' Ik slikte. 'Het spijt mij heel erg dat het zo gelopen is. Mijn secretaresse had u moeten bellen om de afspraak te verzetten.'

'Dat heeft ze dus niet gedaan.'

'Zullen we maar meteen een nieuwe afspraak maken?'

'Ik probeer je al weken te bereiken. Je zit steeds in bespreking. Je belt nooit terug.'

'Het is erg druk geweest de laatste tijd. Waar wilde u mij over spreken?' Mijn stem klonk als die van een misdienaar.

'Mijn zaak. Wanneer gaan we nou beginnen?'

'Dat gaat niet automatisch. Er zijn formaliteiten...'

'Zoals wat?'

'Nou, de dagvaarding moet eerst worden betekend door een deurwaarder. De deurwaarder moet naar de gedaagde, de gemeente Nuenen, en die in kennis stellen dat er een zaak tegen ze wordt gestart. Met de dagvaarding wordt de gedaagde opgeroepen te verschijnen voor de rechtbank. Daarom hebben we in de dagvaarding ook een eerste zittingsdatum opgenomen. De rolzitting.'

'De rolzitting?'

'Ja, woensdag 29 maart.'

'Dan al?'

De verhoudingen waren weer duidelijk. Dominus litis, dat was ik. Zonder mij zou er niets van die zaak terechtkomen. Braspenning had geen flauw benul van de meest simpele procesrechtelijke handelingen.

'Het is maar een datum. Het maakt niet uit, zolang het maar op een woensdag is. Op woensdagen vinden de rolzittingen plaats.'

'Moet je die datum niet even met mij overleggen? Straks ben ik verhinderd.'

Ik moest glimlachen om zoveel naïviteit. Wat leek het lang geleden dat Monique mij bijles gaf over dagvaardingen. 'Meneer Braspenning, maakt u zich geen zorgen. We hoeven er niet bij aanwezig te zijn. De rolzitting is puur administratief. Het is geen echte zitting. Het is gewoon de dag waarop de zaak wordt geïntroduceerd bij de rechtbank.'

'Maar waarom is de dagvaarding dan nog niet door de deurwaarder betekend?'

Daar had Braspenning een punt. Ik had er gewoon geen tijd voor gehad het te organiseren. 'Hij wordt deze week betekend door de deurwaarder.'

'Eindelijk goed nieuws. Deze week dus.'

'Ja, ik houd u natuurlijk van de voortgang op de hoogte.'

Mijn BlackBerry zoemde in mijn binnenzak. Ik had geen tijd de dagvaarding deze week te laten betekenen. Ik moest nog uitzoeken hoe ik aan een deurwaarder in Nuenen kwam. Later, dacht ik, later verzin ik wel een reden waarom ik het nog niet heb gedaan.

'Ik moet nu ophangen, meneer Braspenning.'

Oproep gemist. Shit. Het was Helvoeth. Ineens bedacht ik dat Van der Putten mij had gevraagd een vervolgadvies te schrijven voor Numico. Dat moest Monique maar doen. Ik maakte een aantekening op een geel post-itpapiertje en plakte het op mijn beeldscherm.

28

Ik word wakker van de telefoon. Door een half geopend oog kijk ik naar de wekker – tien uur.

'Bel ik je wakker?' Het is Bea, mijn oudste zus.

'Nee hoor.'

'Hoe is het met je? Je klinkt een beetje somber. Heb je wel ontbeten?'

'Het gaat prima. Met jou ook?'

'Luister, ik heb Mark gesproken, je weet wel, hij is partner bij Van Duffen & Spijkstra.'

'Je bedoelt je ex.'

'Dat doet er nu even niet toe. Hij zegt dat je je persoonlijk failliet moet laten verklaren als je verliest. Dan valt er niets meer voor ze te halen.' Bea klinkt alsof ze zojuist een medicijn tegen kanker heeft ontdekt.

'Het gaat ze niet om het geld.' Ik loop naar het raam en doe de gordijnen open. De zon schijnt misdadig fel in mijn gezicht.

'Ze willen toch schadevergoeding?'

'In de dagvaarding wordt geen concreet bedrag gevorderd. Het schadebedrag moet in een aparte procedure worden vastgesteld, een schadestaatprocedure.'

'Mark zegt dus dat ze niets bij je kunnen halen als je persoonlijk failliet bent.'

Mark is een oude jeugdliefde van Bea. Een tijdlang – Mark en Bea deden toen eindexamen – woonde hij praktisch bij ons in huis. Hij beweerde dat hij bij ons beter kon studeren. Bea is nu tien jaar getrouwd en heeft drie kinderen, maar in tijden van nood duikt Mark altijd op.

'Het geld kan ze niets schelen,' zeg ik geïrriteerd. 'Het gaat om hun reputatie. Ze willen dat de rechter oordeelt dat het allemaal mijn schuld is.'

'Mark vindt het trouwens heel onverstandig dat je geen advocaat hebt geraadpleegd.'

'Ik ben zelf toch advocaat.'

'Volgens Mark kun je niet objectief naar je eigen zaak kijken. Hij heeft aangeboden de dagvaarding te lezen.'

'Dat is heel aardig van Mark. Maar als ik een advocaat zou inschakelen, zal dat niet iemand van Van Duffen & Spijkstra zijn.'

'Mark zegt dat je ze nu al een brief kunt sturen, waarin je aankondigt dat je je persoonlijk failliet laat...'

'Ik zal erover nadenken.'

'Zorg je dat je wel ontbijt?'

29

De kantine van Schwaab & Helvoeth, op de 29ste verdieping, werd al decennia bestierd door Nel, een Jordanese met haar als een suikerspin. Toen kantoor nog aan de Keizersgracht gevestigd was, in de tijd van Schwaab, werd de lunch volledig verzorgd door Nel. Mooie stukken kaas, dikke plakken ossenworst, leverworst van Louman en zoetigheid in overvloed. Aan het standaardmenu, zo was me verteld, voegde Nel iedere dag van de week iets toe: op maandag eiersalade, op dinsdag een bal gehakt, op woensdag kroketten, op donderdag hardgekookte eieren en op vrijdag haring. Met de verhuizing naar de Zuidas, onder Helvoeth, had het menu radicaal anders gemoeten. Nel mocht blijven, net als de vooroorlogse jaargangen van *NJ*, maar zij had ondersteuning gekregen van een professionele cateraar, Oberon. Dames en heren met witte schorten voor en mutsen op verschenen ten tonele. Er kwamen buffetten met salades, warme maaltijden, twaalf soorten brood, plakjes kaas in cellofaan, toetjes die 'desserts' werden genoemd. Voortaan waren er iedere dag kroketten en hardgekookte eieren. De kantine was ook geen kantine meer. Het was een bedrijfsrestaurant.

Ik wist niet beter dan dat dat de normale situatie was. Nel, die in onmin leefde met de mensen van Oberon, ging over de warme maaltijden. Nou ja, ze mocht iedere week een thema selecteren voor het weekmenu. We gingen van de Amerikaanse naar de Franse week, hopten van Duitsland naar Hongarije. De keuken werd versierd met vlaggen en parafernalia van het land van de keuze van Nel. Ze stond achter de pannen, zonder 'zo'n sjofel schort', alsof ze het allemaal zelf gemaakt had.

De file dienbladen begon bij een bordkartonnen toren van Pisa. Ik schoof mijn vervoermiddel op de band, achter dat van twee partners. Nel stond ongeduldig met een pollepel in haar hand achter een pan pasta. De mannen leken niet door te hebben dat Nel in afwachting was van hun bestelling. Al hun aandacht ging naar het gespreksonderwerp.

'Vind je het geen onwaarachtige ontwikkeling?'

'Het creëert een uniek precedent.'

'Mijn inschatting was niet-ontvankelijkheid.'

'Als jullie niet opschieten ben ik zo ook niet-ontvankelijk.' Nel tikte met haar lange nagels op de lepel.

Een stagiaire mengde zich niet in een gesprek van twee partners. In stilte liet ik mij een bord spaghetti all'arrabiata opscheppen.

Bij de kassa leken twee jongens van M&A in de rij achter mij hetzelfde nieuws als de partners te bespreken.

'Dat is toch niet normaal?'

'Echt niet normaal.'

'Bizar gewoon.'

'Dat de Hoge Raad die gast gelijk heeft gegeven.'

Als ik wilde inbreken, moest ik het nu doen. Maar ik had geen tijd voor een gesprek. Het was mijn bedoeling mijn maaltijd zo snel mogelijk op te eten en dan weer aan het werk te gaan. Heel even had ik zelfs overwogen op mijn kamer te lunchen, zoals sommige kantoorgenoten deden, maar dat werd beschouwd als een antisociale daad. Terwijl ik afrekende keek ik over het hoofd van de kassajuffrouw heen waar een vrije plek was.

Dit was een spannend moment. Waar kon ik aanschuiven? Een advocaat ging nooit bij een secretaresse aan tafel zitten of vice versa. Ondersteunend personeel en de advocaten aten gescheiden. Partners aten ook apart. De rode leren bank die over de gehele lengte van de kantine liep met tafels voor twee personen was voor hen gereserveerd. De grotere secties – M&A, Corporate Litigation, Debt Capital Markets – aten altijd gezamenlijk aan de lange tafels aan de noordkant van de kantine. Maar de sectie Letselschade bestond in het bedrijfsrestaurant uit één persoon; Foekje lunchte altijd achter haar bureau.

Ik scande de kantine. Monique zat in haar eentje aan een grote ronde tafel. Ze zwaaide naar me, gebaarde naar de stoel naast haar. Geen goed idee. De tafel met het beste uitzicht over de stad was weer helemaal bezet door M&A. De meisjes van Labour & Employment – vijf stuks – zaten aan een tafel waar ik wel bij kon. Ik betaalde met mijn kantoorpas en liep, vriendelijk lachend, op hen af.

Ook zij waren ongebruikelijk druk met elkaar in gesprek. Mijn aanwezigheid werd nauwelijks opgemerkt. De stemming aan tafel leek geagiteerd. Mijn tafeldames luisterden slecht naar elkaar, men viel elkaar in de rede. De lunchmaaltijd lag nog op hun borden, nauwelijks aangeroerd. In de hals van één van de meisjes, bij een zilveren kettinkje, waren rode vlekken ontstaan. Iemand riep, onnodig hard, dat iets wat de ander had gezegd 'onzin' was en sloeg met haar hand op tafel. De borden schrokken ervan. Vluchtig keek ik naar de belendende tafels of het iemand was opgevallen. Maar ook aan de andere tafels waren verhitte discussies gaande.

Voorzichtig draaide ik wat spaghetti aan mijn vork. Nieuwsgierig probeerde ik me te oriënteren op het gesprek. Het ging als een windvaantje heen en weer.

'Hij heeft haar toch wíllen vermoorden.'

'Daar is dus geen enkel bewijs voor.'

'Je ziet toch aan het hoofd van die man dat hij hartstikke schuldig is.'

'Het was zelfmoord.'

'Nee, dat was het pertinent niet. Uit het nieuwe onderzoek volgt dat de concentratie digoxine in het bloed veel lager was dan het Openbaar Ministerie beweerde.'

'Een mislukte poging tot zelfmoord dan.'

'Ze is gewoon overleden aan een hartkwaal.'

'Juist, een natuurlijke dood.'

'Ik blijf erbij: die man is schuldig.'

'Sorry hoor, maar de Hoge Raad heeft gesproken.'

'En nu moet het Hof Amsterdam nog spreken.'

'Ze laten hem niet voor niets nu al vrij.'

'Sorry dat ik jullie onderbreek,' zei ik, 'maar waar hebben jullie het over?'

In één ruk wendden alle gezichten zich naar mij. De discussie was tot een einde gekomen, nogal abrupt. Ik werd aangestaard door vijf verbaasde meisjes. Het was mij niet duidelijk of hun gelaatsuitdrukkingen werden veroorzaakt doordat ze waren vergeten dat ik bij ze aan tafel zat, of door mijn vraag.

'Weet je dat dan niet?'

'Pravo is vrijgelaten.'

'Wat?' zei ik.

'Zijn zaak wordt herzien.'

'De Hoge Raad vond dat er te veel twijfels waren over het bewijs.'

'Ze hebben hem meteen laten gaan.'

'Om twee uur geeft hij een persconferentie.'

'Wij gaan allemaal kijken in de bar.'

De bar was bomvol. Minstens honderd man. Van alles wat: jongens van de postkamer, iemand van Beheer in zijn rode overall, van bijna iedere sectie was wel een partner aanwezig, ik zag Ellen van de receptie, de jongen van de bibliotheek die de supplementen invoegde, Marianne van Systeembeheer, zelfs één van de poetsvrouwen die het glaswerk doen. Een snelle schatting: er stond zo'n 40.000 euro aan advocaten. Iedereen keek in spanning naar de extravagante flatscreen die tegen de muur was bevestigd. Niemand wilde de televisieshow van Vladimir Pravo missen.

De televisiepresentator zei dat 'wij' live gingen overschakelen naar het Holiday Inn in Amsterdam, waar de persconferentie werd gehouden.

Achter een geïmproviseerde tafel zaten twee mannen en een vrouw, Pravo zat in het midden. Over de tafel, die eigenlijk uit twee aan elkaar geschoven tafels bestond, was een groen laken gelegd. Pravo hield een microfoon in zijn handen, het zwarte snoer liep over de tafel het beeld uit. Van alle kanten flitsten fototoestellen naar het drietal. Geluidstechnici met microfoonhengels slopen zenuwachtig door het beeld op zoek naar de beste plek. Een cameraman werd door iemand van het hotel gemaand meer afstand te nemen. Geen stoel was onbezet. De journalisten hadden zich ook langs de muren van het zaaltje opgesteld. Pen en blocnote in de hand. Pravo kuchte in de microfoon om aan te geven dat hij ging spreken.

'Voor oe zit een geloekkig man.' Voor iemand die al twintig jaar hier woonde, sprak hij gebrekkig Nederlands. 'Iek ben blij, heel blij dat vandaag de rechter gezegd heeft dat iek vrijgelaten word. Ook iek ben bedroefd. Bedroefd door alle jaren die mij ontnomen zijn door het juridische dwaling van het Openbaar Ministerie. Mijn gedachten gaan naar mijn vrouw, die bij haar God is, die dit geloekkig niet heeft hoeven meemaken. Dankbaar ben ik ook. Dankbaar voor de inzet van zoveel mensen die in mijn onschoeld bleven geloven. De twee mensen die hier naast mij zitten, hebben daar een grote rol bij gespeeld.'

Pravo gaf de microfoon aan een man in een witte jas die links van hem zat. Ik herkende hem van de actualiteitenprogramma's waar hij de afgelopen jaren steeds had uitgelegd dat de vrouw van Pravo niet vergiftigd was. Dokter Wassenberg. De laatste dokter op aarde door wie ik me zou laten behandelen. Met beide harige handen omklemde hij onwennig de microfoon. Zijn neus trok zenuwachtig omhoog.

'Dank je wel, Vladimir. Ik heb slechts mijn medische plicht gedaan. Ik wil alleen maar zeggen dat ik nooit aan mijn contraonderzoek was begonnen zonder de inzet en de vasthoudendheid van de vrouw die aan de andere kant van je zit en geen nadere introductie behoeft.'

Hij reikte met zijn dikke arm langs Pravo om de microfoon aan de vrouw te geven. Het werd stil in de zaal, alleen het aanhoudende geklik van camera's was hoorbaar. De vrouw, die geen introductie behoefde, pakte gretig de microfoon aan. Zij nam de tijd, dit was haar moment, laat het maar flitsen. Haar lippen waren versteend tot een glimlach die een enorme zelfgenoegzaamheid verraadde. Ze had gelijk gekregen. Zij die van publiekslieveling was verworden tot publiekspariá vanwege haar militante vasthoudendheid. Zij die moest meemaken dat haar populaire concertreeks in het Concertgebouw werd geschrapt vanwege haar inzet voor de zaak-Pravo. Zij die door niemand meer werd geloofd behalve door de fanatici die met haar meeheulden op internet.

Je zag haar denken: stelletje huichelaars, jarenlang mocht ik opdraven om mijn verhaal te doen. Het onderwerp was hot, alle actualiteitenprogramma's wilden me hebben. Ze vochten om mij. Hingen aan mijn lippen als ik uitlegde dat er geen sprake was van moord. En toen draaide de wind. Een Zwitser met een zonnebril, een zogenaamde getuige, mocht in de uitzending bij Spijker & Van Twist vrijuit onzin spuien. De beschuldiging dat Vladimir en ik lid zouden zijn van de Orde van de Zonnetempel. Dat we een relatie zouden hebben. Jullie noemden me een waanzinnige, een Don Quichotte, een fanaticus, een fantast. Maar ik bleef geloven in zijn onschuld, om de doodeenvoudige reden dat ik mijn leermeester niet in staat achtte tot zo'n gruwelijke daad. Omdat ik geloof in de goedheid van de mens. Ik ging door, op het internet, met amateurs, mensen die willen weten wat de waarheid is, de zogenaamde gekken en dwazen. Zonder enige steun van justitie. Er werd gezegd dat ik het onderzoek saboteerde. Er werd gezegd dat ik medeplichtig zou zijn. En nu, nu eindelijk is gebeurd wat ik al die tijd al heb voorspeld, toen niemand wilde luisteren, nu zijn jullie er allemaal weer.

'Dag lieve mensen,' sprak ze. Zij die geen introductie behoefde – Katja Janikova.

30

'Van Boetselaar, meekomen!' Helvoeth gebaarde met een korte beweging van de hand dat ik achter hem aan moest lopen. Ik liet mij inmiddels niet meer van de wijs brengen door zijn commando's. Ze konden van alles betekenen, variërend van een beroepsfout die ik had gemaakt tot een verzoek of ik zijn dochter mee uit eten wilde nemen. Helvoeth had zich aangeleerd te praten als een generaal tegen zijn troepen. Als een haan paradeerde hij door de gang, langs de kantoortuin, waar het secretariaat zat, op weg naar zijn kamer. Ik had moeite de man met de korte benen bij te houden. De secretaresses staarden ons vanuit hun kubussen geamuseerd na. Ik zag ze denken: daar gaat Helvoeth met zijn slaaf.

Helvoeth deed de deur van zijn kamer dicht, wat ongebruikelijk was. Hij griste een gele envelop van zijn bureau en haalde er een dik pak papier uit.

'Ik heb een nieuwe zaak binnengekregen en die mag jíj met me doen.'

Het was zijn vaste openingszin. Maar de suggestie dat wij gezamenlijk 'een zaak zouden doen' was vals. Helvoeth schudde wat instructies uit zijn mouw – schrijf een dagvaarding, maak een conclusie van antwoord, stel een verzoekschrift op – en ik deed het. Meestal hoorde ik weken niets meer over de desbetreffende zaak totdat de wederpartij van zich had laten horen. Dan kwam hij weer: schrijf een conclusie van repliek, neem een antwoordakte, maak een inventarislijst van de producties.

Soms – als mijn werk het toeliet – mocht ik mee naar een pleidooi. Helvoeth kon de door mij geschreven pleitnota reciteren alsof het zijn eigen woorden waren. Hij verluchtigde het verhaal met anekdotes uit oude zaken van hemzelf. 'Even buiten de pleitnota om, edelachtbaar college, dit doet mij denken aan een echtscheidingszaak die ik in mijn beginjaren als advocaat heb gedaan. Het was 1968, meester Sterck was mijn patroon, het was in de tijd dat je als stagiaire alle soorten zaken deed. Mevrouw Van Leent, ik zal het nooit vergeten, mijn eerste pro-Deaan, stopte mij ter zitting een briefje toe. "Vraag hem waar mijn parelketting is." Ik deed wat mij was opgedragen, met mevrouw Van Leent viel niet te spotten, en haar echtgenoot, de beste man, werd witheet. Wat was het geval? Mevrouw Van Leent had haar parelketting gevonden om de hals van haar beste vriendin!' Wat het verband van de anekdote was met de zaak die op dat moment door Helvoeth werd bepleit, was nooit helemaal duidelijk. Maar de rechters vonden het prachtig.

'Het is een zaak voor de Staat,' zei Helvoeth, terwijl hij plaatsnam op de punt van zijn mahoniehouten bureau. 'Daar schrik jij toch niet van terug?'

'Nee, meneer Helvoeth. Het lijkt mij heel interessant.'

'Dat is het ook, jongen, heel interessant. Wij zijn gedaagde.' Hij zwabberde met de inhoud van de envelop. 'Je raadt nooit wie de eisers zijn.'

Wilde hij echt dat ik ging raden?

'Kom, het heeft in alle kranten gestaan.'

Ik veinsde een overpeinzing.

Grote glimlach. 'Vladimir Pravo en zijn idiote vrienden.'

Mijn mond viel open. Hoe vaak had ik Helvoeth wel niet vervloekt? Nachten liet hij me doorwerken, waarna hij de resultaten van mijn noeste arbeid weken ongelezen op zijn bureau liet liggen. In mij persoonlijk toonde hij geen enkele interesse. Hij wist niet waar ik woonde. Als ik hem zou vertellen dat ik vroeger snooker speelde, zou hij me verbaasd aankijken. Nooit werd ik bedankt voor mijn werk, laat staan dat ik te horen kreeg dat het goed was wat ik had gedaan. Maar nu was ik hem dankbaar. Dit was de beloning! Dit was het proces van mijn leven. Ik realiseerde het me ogenblikkelijk. Op deze zaak zou ik over veertig jaar nog terugkijken. 'Ik weet het nog goed, edelachtbaar college, het was 2006, ik was de stagiaire van Helvoeth en ik mocht samen met hem de

Pravo-zaak doen.' Ik zweefde naar het plafond van de kamer.

Helvoeth keek als een vader die zijn zoon net had verteld dat hij mee mocht naar Ajax. Hij gaf me de tijd om het volledig tot me door te laten dringen.

'Ongelooflijk,' zei ik ten slotte, nog bedwelmd van het nieuws. 'Wat eisen ze, als ik zo vrij mag zijn?'

'Heel veel beukennootjes. Je moet die dagvaarding zometeen maar lezen.' Helvoeth bladerde door het stuk alsof het een stripverhaal was. 'Het is een verschrikkelijk paranoïde verhaal. Ze zijn ervan overtuigd dat het OM veel eerder op de hoogte was van het bestaan van ontlastend bewijs.' Hij sloeg zichzelf op een knie. 'Deze mensen denken dat de wereldschepping een groot complot tegen hen is. Als je het mij vraagt, moeten ze allemaal de isoleercel in. Luister, Van Boetselaar, deze zaak mogen wij niet verliezen. Er staan grote belangen op het spel. Het gaat niet alleen om geld – ze vorderen een astronomisch bedrag – het gaat ook om de rechtsstaat.'

Ik knikte, zonder te weten wat hij bedoelde.

Helvoeth stond op van zijn bureau en liep een rondje door de kamer, zijn vinger in de lucht. 'De Staat mag niet aansprakelijk worden gehouden voor het bewaken van de rechtsorde. Dan begeven wij ons op een hellend vlak, Van Boetselaar. Straks worden rechters nog aansprakelijk gehouden voor een verkeerd vonnis.'

Ik was mij van het belang van de zaak bewust. Nadat Helvoeth dat had vastgesteld, ontspande zijn houding. Hij nam weer plaats achter zijn bureau.

'Wat dus echt een giller is, Van Boetselaar, is dat die zaak voor Pravo en zijn vrienden wordt behandeld door Jan Hoekstra, een verschrikkelijk domme eenpitter uit Purmerend. Ik wil dat je die dagvaarding uitkamt, regel voor regel. En dan schrijf je hem hele-maal kapot. Je mag hem echt vernederen, kerel.'

Helvoeth was bevangen door een jongensachtig enthousiasme. Hij was even vergeten dat ik een nietige stagiaire was en hij de oprichter van kantoor. Ik was zijn vriend, zijn speelkameraad, zijn vertrouweling.

'Waar ik dus helemaal niets van begrijp, is dat ze die zaak nu starten. Het staat helemaal niet vast dat die man onschuldig is. Het Hof Amsterdam moet zich daar nog over uitspreken. Die vordering is gewoon niet-ontvankelijk. Wat een amateurs.'

Helvoeth bladerde, het puntje van zijn tong uit de mond, door de dagvaarding en de producties die er waren aangehecht. Terwijl ik hem zo door de stukken zag grasduinen, met de eetlust van een jongen die net het zwembad uit komt, realiseerde ik me dat dit zijn kracht was. Helvoeth moest winnen. Hij was misschien geen briljant jurist, geen studeerkamergeleerde, maar zijn vechtlust maakte alles goed. Zijn jeugdige bravoure ging verscholen achter de façade van onkreukbaarheid die de arrivé typeert. De echte Helvoeth was onzichtbaar geworden – verstopt achter een maatpak, een overhemd van het fijnste katoen, een kapsel dat wekelijks werd verzorgd – doordat zijn omgeving van hem verwachtte dat hij anders was. Hij mocht geen Dobermann meer zijn die zijn tegenstanders aan stukken reet. Hij was de oud-deken, verheven boven de partijen, de landsadvocaat die het staatsbelang in het oog hield, de managing partner die het goede voorbeeld gaf. Maar nu, met een kraakverse dagvaarding op zijn bureau, zijn jongste vazal aan zijn zijde, mocht de jonge Helvoeth tevoorschijn komen.

Hij keek even op van de dagvaarding. 'Luister, Van Boetselaar, in mijn knowhowsysteem zit nog wel een oud advies van Schwaab over een soortgelijke kwestie. Kijk maar even. Lidy kan je wel helpen.'

Helvoeth begon bij het lezen geluid te maken. Een 'aha' en een 'nee, nee, nee'. Hij mompelde 'uilskuikens' en schudde zijn hoofd. Hoe verder hij kwam, hoe meer hij zich verkneukelde om de inhoud van het stuk

'Van Boetselaar, kerel, dit is de makkelijkste zaak uit mijn carrière als advocaat. Een sneeuwbal in de hel heeft nog meer kans van slagen dan die Hoekstra. Wat is dat een ongelooflijk domme advocaat. Echt een leeghoofdige opportunist. In mijn tijd als deken heb ik hem nog eens berispt.' Hij ging weer staan, zijn handen op de rug, de dagvaarding nog beet, en kuierde door de kamer. 'Die Hoekstra had een productie vervalst, moet je nagaan. Een datum veranderd of zoiets. Echt een heel domme man.' Helvoeth bleef staan. 'Ik wil dat je ook even de gangen van die dokter Wassenberg natrekt. Beroepsfouten en dergelijke. Er moet iets zijn. Die man deugt natuurlijk van geen kanten. Heb je er zin in?'

'Ja, meneer.'

Hij gooide de dagvaarding, net iets te hard, naar mij toe. Ik kon hem amper vangen.

'Die Zwitser moeten we ook opsporen, de man die bij Spijker & Van Twist in de uitzending was. Weet je wie ik bedoel?'

Het was alweer een halfjaar geleden, maar de Zwitser zou niet snel uit het collectieve televisiegeheugen worden gewist. Nadat Katja in de uitzending van Spijker & Van Twist was geconfronteerd met de anonieme getuige, rustte er een televisievloek op haar. Geen programma wilde haar nog hebben. Tot de uitspraak van de Hoge Raad natuurlijk. Het mediatribunaal dat haar na de beschuldigingen van de Zwitser meteen had veroordeeld, had haar nu weer standrechtelijk vrijgesproken van iedere medeplichtigheid.

'Ik zal contact opnemen met de redactie van Spijker & Van Twist.'

'Luister, Van Boetselaar,' – Helvoeth had zijn officiële pak weer aangetrokken – 'als je dit goed doet, zit er iets aardigs voor je in. Ik mag je dit eigenlijk niet vertellen, maar goed.' Helvoeth kwam dichter bij mij staan. 'We zijn niet ontevreden over je, dat weet je. Je werk voor mij is... nou ja, veelbelovend. De cijfers zijn goed. We zien dat je gretig bent om te leren. Dat is allemaal hartstikke mooi, kerel. Alleen...' Hij legde zijn hand onder zijn kin, alsof hij nog even goed moest nadenken. 'We zien ook dat op je huidige sectie, bij Foekje, jouw uren niet in klinkende munt worden omgezet.' Hij keurde mijn blik. 'Wat vind je daar nou van?'

Ik wist het: als ik een kans wilde maken om na mijn stageperiode van drie jaar medewerker te worden, dan moest de omzet omhoog. Dankzij mijn werk voor Helvoeth ging het beter, vooral sinds ik Monique en wat andere meisjes kon gebruiken. Maar ik moest nog behoorlijk inlopen op de achterstallige maanden waarin ik alleen voor Foekje had gewerkt.

'Dat is natuurlijk zonde,' zei ik. 'Er zitten interessante zaken in de pijplijn, maar...'

Helvoeth gebaarde dat hij genoeg had gehoord. 'Ik kan niets beloven, begrijp me goed, maar misschien, ik zeg misschien, zit er een sectiewissel voor je in. M&A heeft interesse in je. Je blijft natuurlijk voor mij werken. Het is alleen goed voor je toekomst als meer partners je leren kennen. Ik blijf niet eeuwig aan kantoor verbonden, begrijp je? Je moet jezelf een beetje leren verkopen.'

Het was of Helvoeth me uitnodigde mee te doen aan de World Snooker Championship. 'I-ik weet niet wat ik moet zeggen.'

'Zeg nog maar even niets. Het is nog niet zover. Er moeten nog wat poppetjes worden verplaatst. Eerst Pravo maar eens een nootje lager laten spelen.' Hij lachte om zijn eigen grap. 'Hij was vroeger een verdomd goede dirigent, dat wel. Hij had alleen zijn vrouw niet moeten vermoorden.

'Luister, Van Boetselaar, we mogen deze zaak niet verliezen. Het wordt mijn laatste zaak als landsadvocaat. Ze zeggen toch dat je op het hoogtepunt moet stoppen?'

Hij gaf mij een knipoog, pakte de telefoon. 'Lidy, wil jij mij doorverbinden met die advocaat in de zaak-Ballast Nedam, kom, hoe heet die man ook alweer? Juist! Waar zou ik zonder jou zijn? Verbind me even door, wil je?'

Ik sloop zijn kamer uit.

31

'Ik zou het leuk vinden om je een keer te pijpen.' Monique lispelde het in mijn oor, nadat ze mij had verzocht te bukken.

'Wat?'

Ze hield mij aan mijn arm vast om te voorkomen dat ik me zou oprichten. Onbekende lichamen plakten tegen mij aan. Haar vochtige adem in mijn oor. Ik had moeite stil te blijven staan in deze menigte. De meeste Portugese jongens hadden hun bovenlichaam ontbloot, de overtollige kleding aan de broeksband geknoopt. De waterflessen die ze als rekwisieten bij zich hadden, werden gebruikt als geïmproviseerde douche. Het overtollige water schudden ze uit hun lange, donkere haren. Iemand, ver weg, drukte op de claxon van een luchthoorn. De dj mixte de volgende beat erin. Iedereen sprong de lucht in. Iedereen, behalve Monique en ik. Ik hield mijn hand bij mijn oor om Monique beter te kunnen verstaan. Ze ademde diep in om extra hard te kunnen gillen.

'Ik zou het leuk vinden om een keer wat met je te schrijven. Een artikel.'

We waren in Lissabon, de hoofdstad van Portugal. Dat was ook het enige wat ik van de stad wist. Vrijdag waren we ingevlogen. Taxibusjes hadden ons vervoerd naar het Four Seasons Ritz Hotel. De mensen in het hotel waren heel vriendelijk, dat was iedereen opgevallen. Er was een gym, een binnenzwembad, een overdadig ontbijtbuffet en een bar die geen last had van sluitingstijden. Het was het jaarlijkse SM-weekend, het stagiaire-medewerkersweekend, en mij was verteld dat het niet erg was als je je er na terugkomst niets meer van kon herinneren.

'Ja leuk, een artikel. Moeten we doen.'

Monique sprong in de lucht, haar armen boven haar hoofd, en

bewoog haar heupen wat onritmisch mijn kant op. Ze had zich opgedoft voor deze avond en was gehuld in een witte blouse, met de panden bijeengebonden, zodat haar witte buik zichtbaar werd. Om haar smalle billen spande zich zowaar een spijkerrokje. Ik liet haar naar me toe komen. Het mocht. Ze had het verdiend. Succes moest gevierd worden en Monique en ik waren succesvol. De afgelopen maanden hadden we bergen werk verzet. Ik haalde het werk binnen, bij Helvoeth, Diepering, Foekje en steeds meer andere partners, en Monique regelde de inhoudelijke kant van de zaken.

Een meisje met ravenzwart haar, net zo klein als Monique, klampte haar aan. Het was of Monique weer verenigd werd met haar door de FARC-rebellen ontvoerde zuster. Nadat ze klaar waren met hun innige omhelzing, kwam de aandacht terug bij mij.

'Eppo, dit is Florentine van Lookeren Campagne!' gilde Monique.

Ik stak mijn duim in de lucht, breed grijnzend, en dreunde door op de muziek.

'Florentine zou het leuk vinden ook eens voor je te werken.'

Ik herhaalde het ritueel.

Monique ronselde meisjes die net als zijzelf onvoldoende gewaardeerd werden door de partners voor wie ze werkten. Ze pikte ze op uit de bibliotheek, waar ze waren geparkeerd met een of andere niet-declarabele klus – modelcontracten maken, knowhow doorploegen, dossiermappen ordenen. Meisjes die simpelweg waren opgegeven. Aangenomen voor de stageperiode van drie jaar, maar al snel ongeschikt bevonden voor het metier. Omdat de Orde van Advocaten slechts in uitzonderlijke omstandigheden akkoord ging met een ontbinding van de arbeidsovereenkomst, werden ze in een hoek gezet waar niemand last van ze had: de bibliotheek. Monique had een goed oog voor de beste meisjes: sociaal gemankeerd doch briljant.

Met een handgebaar vroeg ik of Florentine en Monique wat wilden drinken. Al dansend wurmde ik mij tussen de mensen door richting de bar. Van een afstand zag ik de jongens van M&A om zich heen kijken. Hun bleke hoofden torenden boven de Portugezen uit. Ze waren enigszins *out of context* met hun blauwe overhemden. Pas toen ik mij in het gezelschap had gedrongen, werd ik opgemerkt.

'Hé, Boets!' Van alle kanten werd ik door jongens op mijn rug en schouders geslagen.

'Goeie tent, man,' riep één van de jongens, Gerrit-Jan, een derdejaars medewerker met een bierbuik. Hij gaf mij een hand, niet omdat hij mij niet eerder had gezien, maar omdat hij graag handen gaf.

'Dank je. Ik was er nog nooit geweest, maar Maurizio zei dat het de beste club van Lissabon was.'

Dankzij Maurizio Beltran, hij werkte bij DPG & Associados, konden wij met zijn allen naar binnen. Ik had hem leren kennen toen er een tanker aan de ketting moest worden gelegd in de haven van Lissabon.

Gerrit-Jan wenkte dat hij me iets wilde vertellen. Hij had zijn grijze v-halstrui over zijn schouders gedrapeerd en met een nonchalante knoop in de mouwen vastgemaakt. Met zijn gele katoenen broek en zijn witte overhemd kon hij zo mee op het zeiljacht van de koninklijke familie.

'Boets, je bent een goeie gast.' Hij sloeg zijn warme arm om me heen, drukte me tegen zich aan. 'Gozer, je moet iets minder enthousiast doen met die meisjes uit de bibliotheek. Het zijn een beetje grijze muizen, weet je. Wil je eigenlijk niet mee gezien worden.' Hij drukte zijn glas tegen mijn borst. 'Dat zeg ik je als vriend.'

'Bedankt voor de tip.' Ik gaf hem opnieuw een hand. 'Wil je een biertje?'

Gerrit-Jan hield zijn glas, dat bijna leeg was, in de lucht en knikte.

De bar werd bemand door twee jongens die ongetwijfeld succesvol waren bij de vrouwen. Heel foute Zuid-Europese types, beide met een wit mouwloos T-shirt, zodat je vrij uitzicht had op hun gebruinde spieren. Een van hen nam de bestellingen op, de andere was onophoudelijk cocktails aan het mixen. Hij stond met zijn rug naar de zaal, zijn gewicht op een stamper die hij in een beker perste. Zijn collega moest steeds ver over de bar hellen, met zijn hand bij zijn oor, om te horen wat er besteld werd. Ik wenkte. De creditcard van Schwaab & Helvoeth lag achter de bar, zodat alle stagiaires en medewerkers onbeperkt drank konden bestellen. Een idee van mij. Desondanks werd ik genegeerd. Wat is het toch een crime om in dit soort tenten te bestellen. Ik wil niet de man zijn die tevergeefs om aandacht vraagt, maar ik wil ook niet de man zijn die van alle kanten wordt gepasseerd.

Mijn tussenvorm bestond eruit dat ik heel beslist mijn arm over de bar stak, terwijl ik de verrichtingen van de barman geconcentreerd bleef volgen. Ik bestelde zes biertjes, zonder mijn mannelijkheid te verliezen. Ze werden met gejuich door de jongens van M&A in ontvangst genomen. In één vloeiende beweging gingen de pullen bier naar het midden van de groep, waar ze tegen elkaar klotsten. Het bier ging over de randen van de glazen, maar dat deerde niemand. Er werd gelachen. Gerrit-Jan kroop wat dichter naar mij toe om zich beter verstaanbaar te maken.

'Boets, jij doet toch veel voor Helvoeth?'

Ik knikte, hapte in de kraag van mijn bier.

'Weet jij waar ze allemaal mee bezig zijn?'

Hij doelde op de overnamebesprekingen. Helvoeth was voortdurend in de Verenigde Staten. Hij vertelde mij natuurlijk niets over de plannen. 'Ik vang af en toe wat op.'

'Welke kantoren staan nou op de hitlist?'

'Ik zou je er graag meer over willen vertellen, maar dat kan echt niet. Helvoeth zou me vermoorden.'

Gerrit-Jan knikte, zichtbaar onder de indruk. Hij wees naar een meisje op de dansvloer dat met haar achterste tegen het kruis van een Portugees schuurde. De jongen hield zijn armen in de lucht en draaide met zijn heupen. Hij goot water uit een flesje op de rug van het meisje.

'Lekker wijf, man.' Wij hingen allebei met onze ellebogen op de bar. Twee mannen op zoek naar vrouwelijk schoon op de dansvloer.

Gerrit-Jan helde met zijn hoofd naar mijn oor. 'Boets, wat is er waar van het gerucht dat ze iedereen die zijn target niet heeft gehaald eruit gaan flikkeren?'

Op dat moment persten Monique en Florentine zich in de groep. Monique had een blik in haar ogen die ik niet van haar gewend was. Ondeugend.

'Hoi Eppo, wij dachten: we gaan het zelf wel halen.' Monique keek nieuwsgierig naar mijn gesprekspartner.

'Hoi,' riep Monique tegen Gerrit-Jan, terwijl ze kort zwaaide.

'Ken ik jou?'

'Monique Busman, aangenaam. We zijn kantoorgenoten van elkaar.'

'Hoi Monique. Ik ben Gerrit-Jan. Mijn vrienden noemen mij geile Gerrit.' Gerrit-Jan stootte zijn elleboog kameraadschappelijk tegen de mijne aan. 'Heb jij zin om te dansen?' vroeg hij aan Monique.

Monique pakte de bierpul uit Gerrit-Jans hand, nam drie gulzige slokken en zette het glas op de bar.

'Prima,' zei Monique. Ze draaide zich om naar de mensenmassa waar ze net uit was geglipt.

Gerrit-Jan greep haar bij de pols en trok haar als een hond aan een riem naar zich toe, zonder zijn houding aan de bar wezenlijk te veranderen. 'Ik wil hier met je dansen.'

Monique probeerde aan mijn gezicht te zien of ze zich moest verzetten. Ze wilde een signaal van mij. Ik lachte een beetje. Een lach die van alles kon betekenen, maar het meest in de buurt kwam van onverschilligheid.

'Je bent toch niet bang voor een medewerker?' blafte Gerrit-Jan in haar gezicht. Hij omklemde haar met beide armen om haar rug en trok haar stevig tegen zich aan. Monique kon nu alleen haar hoofd bewegen. Ze draaide het naar links, naar rechts, alle kanten op, behalve omhoog naar Gerrit-Jan, die een ronkende lach liet horen. Hij had net een schaap geslacht en ging nu zijn tanden in het rauwe vlees zetten. Het tafereel had de aandacht van de andere jongens getrokken.

'Laat haar niet los, Kooymans.'

'Kom op, meisje, wij gaan dansen.' Gerrit-Jan draaide Monique om, hij hield zijn armen stevig om haar middel. Monique spartelde als een vis in een schepnet. Ze probeerde met de hakken van haar schoenen Gerrit-Jans voeten te raken. Gerrit-Jan lachte als een piraat.

Een van de andere jongens liep op Florentine af, die het geheel vanuit de periferie van de groep als een bevend konijn had gadegeslagen. 'Wil jij ook dansen?'

Florentine aarzelde niet en dook de mensenmassa achter zich in.

De jongens van M&A hadden zich nu allemaal in een halve cirkel rond Monique en Gerrit-Jan opgesteld. Monique begon moe te worden, ze verzette zich minder actief, een vermoeide elleboog ging nog richting de vadsige buik van Gerrit-Jan, maar er zat weinig overtuigingskracht in. Gerrit-Jan ontspande zijn grip, verplaatste zijn handen naar haar heupen.

'En nu moet je schuren, meisje.' Gerrit-Jan waggelde onritmisch met zijn heupen. Zijn buik klotste tegen haar aan. Monique bewoog wat met haar billen. De ondeugende blik was verdwenen. Uitdrukkingsloos staarde ze naar de dansvloer.

'Heel goed, je kunt het best.'

Eén van de andere jongens goot een straal bier in Moniques nek. Ze protesteerde niet.

'Hé Kooymans, mogen wij ook even?' Het was Alexander Berenkamp, ook een medewerker.

Gerrit-Jan gaf Monique als een stuk vlees aan Alexander.

'Ik begon net een beetje opgewonden te worden.' We moesten er allemaal om lachen.

Alexander pakte van achteren met beide handen de borsten van Monique beet en likte over haar oor. Hij draaide haar weer om en duwde zijn mond tegen die van haar. Monique hield haar lippen op elkaar geperst. Ik zag de paarse tong van Alexander die zich naar binnen probeerde te dringen.

'Au,' riep Alexander plotseling. Hij greep met zijn hand naar zijn achterhoofd. Monique ontworstelde zich aan zijn greep en rende naar de dansvloer.

Achter Alexander, met geheven hand, stond de jongen die de cocktails had gemaakt. Hij gaf hem nog een klap. Alexander wilde van de bar weglopen, maar de jongen pakte zijn overhemd beet.

Hij moest ver over de bar heen reiken. De bovenste knopen sprongen van het blauwe shirt af. De jongen riep iets in het Portugees naar Alexander. De andere barman, die niet eerder had gezien wat er aan de hand was, snelde zijn vriend te hulp. Hij gaf Alexander een derde klap, dit keer in zijn gezicht. Bloed en zweet spatten mijn richting op.

'Trankwilo, trankwilo,' riep Gerrit-Jan, terwijl hij probeerde de vuist van de jongen van het shirt van Alexander los te maken. Toen Alexander ontkoppeld was, nam Gerrit-Jan hem snel mee, weg van de bar. 'Kom op mannen, we gaan dansen!' riep Gerrit-Jan.

Gedwee liepen wij achter hem aan. Monique bleef bij de bar staan, alleen. Haar broze haren waren niet meer samengebonden, maar hingen als een vliegenscherm naar beneden. De knoop was uit haar witte blouse getrokken. Het spijkerrokje zat scheef. Ze leek wel een gecentrifugeerde kat. Maar ik kon niets voor haar doen.

32

Het was een heldere avond, de avond waarop wij de notities bespraken. De maan was op een dag na rond en hing als een volvette kaas tegen het donkere doek van de nacht. Ver weg trokken twee eenzaam knipperende lichten een diagonale lijn in de duisternis. De andere torens aan de Zuidas, als een berglandschap rondom ons, toonden een mozaïektekening van licht. Je kon precies zien op welke verdiepingen, op welke secties van onze concurrenten, nog werd gewerkt. In de fitnessruimte, de ruimte waarin wij ons hadden teruggetrokken, was de verlichting uit. De apparaten waren in een diepe slaap. Je zag alleen hun silhouetten. De lange armen van de crosstrainers, vermoeide hoofden van de halters, de dumbbells als kippen in een ren.

Niemand maakte gebruik van de gym. De ruimte leek overdag wel een showroom van een sportartikelenwinkel. Een rij loopbanden, fietsen en crosstrainers die de hele dag eenzaam naar de stad keken. Werkbanken die nooit een druppel zweet zagen. Een roeimachine waarvan de stekker niet eens in het stopcontact zat. Gewichten: onaangeroerd sinds ze uit de doos waren gehaald. Het was allemaal eersteklas materiaal van Technogym. Helvoeth had het laten aanschaffen, zonder overleg. Bij de Amerikaanse kantoren was het volgens hem een verplicht onderdeel van de inventaris, een fitnessruimte. 'Hard werken, hard zweten,' aldus onze managing partner. Maar er werd op kantoor alleen gezweet – tussen de billen – wanneer Rinzema langskwam met zijn spreadsheets. Sportactiviteiten, net als andere niet-declarabele bezigheden, hadden net zoveel prioriteit als laagbouw op de Zuidas. Een uur gewichten heffen was een uur niet schrijven. De enige keer dat de sportruimte bezoek kreeg, was tijdens de rondleiding. Zelfs de schoonmakers kwamen hier niet meer.

Aan de gym grensde een kleine kamer, een glazen hok, bedoeld voor de instructeur die nooit in dienst kwam. Dat was de ruimte die de grijze muizen en ik hadden geconfisqueerd om ons voor te bereiden op de zaak waar dagelijks in de media over werd bericht. Wij werkten in stilte, onder de felle tl-verlichting, achter de schermen van de fitnessruimte, verborgen voor het journaille en voor de rest van kantoor. Monique had gezegd dat ik het commando stevig in handen moest nemen. 'Mijn vriendinnen zijn een tikkeltje autistisch, dus je moet heel duidelijk zijn.' De *war room*, had ik ons hok gedoopt. Het was ons bastion. Rode dossiermappen vulden de tafel in het midden van de kamer. Op de grond, tegen de muur: rijen witte ordners met producties. In iedere hoek stapels met jurisprudentie, literatuur.

Buiten was het doek gevallen, maar in de war room was het spel net begonnen. De cast was geconcentreerd, zenuwachtig, zich bewust van de taak die op hun schouders rustte. Onze wangen kleurden rood van opwinding. Als je niet beter wist, zou je denken dat we net intensief hadden gesport. Wij stonden, te onrustig om te zitten. Zes muizen, als knipmessen aan weerszijden van de tafel, ik aan het hoofd. Monique, mijn adjudant, had zich opgesteld bij de flip-over in de hoek van de kamer. Het was haar taak de sterke en de zwakke punten van de wederpartij te noteren met respectievelijk een groene en een rode stift. Zes kernargumenten hadden we bedacht. Zes redenen waarom de zaak van Vladimir Pravo niet zou kunnen slagen, niet zou *mogen* slagen. Iedere grijze muis had een onderdeel toebedeeld gekregen.

Als een generaal sprak ik mijn troepen toe: 'Phaedra, jij hebt het novum onderzocht.'

Phaedra – zwarte koltrui, lange paardenstaart, grijze kokerrok – pakte het klembord voor haar van tafel. 'Dat klopt, Eppo. Heeft iedereen een exemplaar bij de hand?' Phaedra, zorgvuldig als altijd, had een aantal extra notities geprint.

Twee vingers gingen angstig de lucht in. Ze waren van Elise en Hermelijn. Monique gebaarde dat ik er iets van moest zeggen.

'Jongens, zorg er nou voor dat je altijd alles bij je hebt,' zei ik streng. 'Dit is allemaal onnodig oponthoud.' De twee meisjes keken schuldbewust naar het papier dat ze zojuist in handen hadden gekregen en mompelden een verontschuldiging. Monique knikte tevreden naar me.

'Goed,' zei Phaedra. 'Het novum. Om van een novum in de zin van artikel 457 van het Wetboek van Strafvordering te kunnen spreken, moet sprake zijn van een omstandigheid die niet bekend was bij de eerdere berechting. Het moet gaan om een nieuwe omstandigheid. Door die nieuwe omstandigheid moet bovendien het ernstige vermoeden ontstaan dat de rechter de verdachte zou hebben vrijgesproken wanneer hij ten tijde van de eerdere procedure wel bekend was geweest met het novum. Het is onvoldoende wanneer de procedure mogelijk een andere afloop zou hebben.' Phaedra – haar geëpileerde wenkbrauwen als bogen boven haar ogen – controleerde of zij ieders volledige aandacht had. 'Er moet echt sprake zijn van een ernstig vermoeden.'

'Hm...' Ik legde een hand onder mijn kin. 'Dat betekent dat in het oordeel van de Hoge Raad eigenlijk al besloten ligt dat Pravo had moeten worden vrijgesproken. Zie ik dat goed?'

Iedereen keek naar Phaedra. 'Dat klopt, Eppo, maar niettemin zal het Hof Amsterdam de zaak op grond van artikel 467 Strafvordering helemaal opnieuw moeten behandelen. Uit het stelsel van de wet volgt dat de civiele rechter in een schadeprocedure, zoals door Pravo en anderen geëntameerd, daar in beginsel niet op vooruit mag lopen.'

'In beginsel?'

'Denkbaar is wel dat de rechter een voorschot op de schadevergoeding toewijst.'

'Dat is dus slecht nieuws. Monique, maak jij daar een aantekening van?' Monique schreef met een groene stift 'voorschot schadevergoeding' op de flip-over bij de sterke punten van het kamp-Pravo. 'Goed, wat heb je gevonden over Wassenberg?'

Phaedra bladerde een paar pagina's verder in haar notitie, krulde de overgeslagen bladzijden over de bovenkant van het klembord. 'Het rapport van dokter Wassenberg heeft voornamelijk betrekking op de digoxinemeting door het Nederlands Forensisch

Instituut. Volgens Wassenberg heeft het NFI ten onrechte geen rekening gehouden met de hartkwaal van mevrouw Pravo en de medicijnen die ze gebruikte. Wassenberg beweert dat daardoor het digoxinegehalte in haar bloed hoger dan gebruikelijk was. Ook zou het NFI geen rekening hebben gehouden met de post mortem redistributie van digoxine vanuit de lever en de nieren naar het bloed...'

'Even in normaal Nederlands, Phaedra.'

'Sorry, eh, de verspreiding van digoxine in haar bloed na het overlijden. Wat wij denk ik naar voren moeten brengen, is dat de door Wassenberg aangevoerde omstandigheden wel degelijk bekend hadden kunnen zijn ten tijde van de eerdere veroordeling. Het feit dat het NFI het over het hoofd heeft gezien is naar mijn mening onvoldoende. Bovendien – zo zou je vol kunnen houden – lijkt de opvatting van Wassenberg eerder een gevolgtrekking dan een novum. Een novum, zo blijkt uit de jurisprudentie van de Hoge Raad, mag slechts een omstandigheid van feitelijke aard betreffen. Een gevolgtrekking is niet louter feitelijk, zo kan betoogd worden.'

'Interessant. Dank je wel, Phaedra. Elise, jij hebt onderzoek gedaan naar de Orde van de Zonnetempel.'

Elise knikte. 'Ja, Eppo. De Orde van de Zonnetempel, ook wel the Order of the Solar Temple genoemd, roept haar leden op tot zelfmoord. De sekteleden zouden na collectieve zelfdoding afreizen naar de ster Sirius.' Elise keek even op van haar papier. 'Volgens de leer van de sekte wordt op Sirius de terugkeer van Jezus Christus afgewacht, die ditmaal als zonnekoning zal verschijnen.' In haar pokdalige wangen verschenen lachkuiltjes. Ze kuchte in haar vuist en dwong zichzelf serieus te kijken. 'Ik heb via de redactie van Spijker & Van Twist de contactgegevens van die Zwitser opgevraagd. Aanvankelijk waren ze zeer terughoudend, maar na dreiging met een kort geding waren ze bereid de gegevens te verstrekken, zonder daar beperkende voorwaarden aan te verbinden. Die Zwitser blijft bij zijn verhaal. Hij klinkt heel overtuigend, Eppo: Pravo, zijn vrouw en Katja waren allemaal lid van de sekte.'

'Maar dan was het dus toch zelfmoord?'

Elise schudde haar hoofd. 'Niet als Pravo het vergif heeft toegediend. Hij zou een hogepriester of iets dergelijks zijn. Bovendien is er sprake van een motief als wij kunnen bewijzen dat Pravo en Katja een relatie met elkaar hebben of in ieder geval hadden ten tijde van het overlijden van Pravo's vrouw.'

'Is die Zwitser bereid als getuige op te treden?'

'Ja, hij heeft het zelf aangeboden.'

We wachtten totdat Monique uitgeschreven was. De rode marker maakte een vegend geluid op het papier. 'Mooi. Franka, wat heb je gevonden over de schade van de mede-eisers?'

Franka – haar voorhoofd nam de helft van haar gezicht in beslag – had een heel zacht stemmetje waarmee ze nauwelijks durfde te spreken. 'Niet toerekenbaar,' fluisterde ze.

'De geleden schade is niet toerekenbaar aan de Staat?'

Franka knikte dociel, haar kin op de borst.

'Fijn. We lezen de onderbouwing wel in je notitie.'

Tot diep in de nacht werkten we door, mechanisch, alsof het lopendebandwerk was. Af en toe nam iemand een hap uit een Snickers of een slok water of koffie, maar veel meer werkonderbrekingen waren er niet. De temperatuur steeg. Zelfs de klimaatbeheersing dacht dat iedereen naar huis was. Het voelde als een avond bij SC Oud-West of, beter, een snookertoernooi. Geconcentreerd potten wij het ene argument na het andere, zonder zicht op het einde van de wedstrijd. Steeds kwam er weer een nieuw aspect van de zaak bij dat moest worden onderzocht. Nieuwe jurisprudentie, een oude wetsinterpretatie, een obscuur wetenschappelijk artikel. Het kon een lange frame worden. Eén ding was zeker: de volgende nacht zou de wedstrijd worden voortgezet. Het was juist die wetenschap – dat wij nog nachten hier met elkaar zouden doorbrengen – die ons verbond. Wij moesten het samen doen, waren aan elkaar overgeleverd, verknocht als macaroni en kaas. De vijand had zijn zegje gedaan, nu waren wij aan de beurt.

De stemming was uitstekend. Er mocht worden gelachen. Om de leer van de Orde van de Zonnetempel, om de reacties van de bezoekers van de site van Katja, om de oubollige formuleringen van meester Hoekstra. Ik was trots op mijn grijze muizen, trots op mezelf; trots dat ik ze had geprepareerd, had geslepen als ruwe diamanten, en dat ze nu fonkelden onder de tl-verlichting in de war room. Zonder Monique was het niet mogelijk geweest, dat geef ik toe. Monique had deze dames gevonden, had ze ervan weten te overtuigen dat ze beter voor mij konden werken dan voor een partner die ze als restafval had gedumpt in de bibliotheek. Ik had hun vertrouwen gewonnen, beetje bij beetje. Als argwanende puppy's waren deze meisjes uit het asiel gekomen. Met iedere voeding vertrouwden ze me meer. Eerst gaf ik ze wat jurisprudentieonderzoek, dan een notitie, een brief, een verzoekschrift. Geduldig bereidde ik ze voor op het grotere werk. Dat wij nu met zijn achten de conclusie van antwoord in de Pravo-zaak schreven, was de bekroning van mijn arbeid.

33

Mijn deurwaarder rookte. Hij had nog een laatste keer aan zijn sigaret getrokken voordat hij de peuk in een plas op straat gooide. Het siste. Hij zette zijn kraag omhoog om zich te beschermen tegen de regen, nou ja, regen, de bui zette niet echt door, het motterde wat, maar met de koude wind kon het regenwater akelig in je gezicht slaan. Hij had een tas in de hand, mijn deurwaarder, een zwarte leren tas met een bolling, zoals dokters die hebben. In de tas zat de dagvaarding, twee exemplaren. Hij – zijn naam was Jan Spaargaren – liet een auto passeren en stak toen de straat over, naar het gemeentehuis.

Zou hij een nummertje trekken? Nee, zoiets deed een deurwaarder niet. Jan Spaargaren ging recht op zijn doel af. Daar zat ze, achter de balie, mevrouw Babs van den Oetelaar. Ze wist nog van niets. Kruisbeens zat ze achter de balie, een headset op haar hoofd als een diadeem op haar geblondeerde haardos, die bij de wortels al weer donker aan het kleuren was. Wat Babs van den Oetelaar betrof zou het een doodgewone dag worden.

Maar ik wist wel beter, Jan Spaargaren wist beter, Braspenning hoopte het. In zijn woning aan Het Steenen Huys 22 te Nuenen hoopte hij dat vandaag de dag zou zijn, zoals hij al weken, herstel: maanden, hoopte dat vandaag de dag zou zijn.

Heden zou Jan Spaargaren, ten verzoeke van Pieter Johannes Braspenning, domicilie kiezend ten kantore van de advocaat Mr E.F. Boetselaar alsmede ten kantore van de procureur Mr J.E. Lenglet, die als zodanig voor hem zal optreden, de gemeente Nuenen dagvaarden om op woensdag 17 mei 2006, niet in persoon maar vertegenwoordigd door een procureur, te verschijnen ter terechtzitting van de Rechtbank te 's-Hertogenbosch die alsdan gehouden zal worden in één der lokalen van het gerechtsgebouw aan Leeghwaterlaan 8.

'Kan ik u ergens mee helpen?' vroeg Babs van den Oetelaar nietsvermoedend toen ze Jan Spaargaren in zijn blauwe windbreker voor haar balie zag staan. Hij had brede schouders en grote handen, mijn deurwaarder, en misschien dacht Babs wel heel even, niet langer dan een oogopslag: wat een leuke man is dat. Jan zette zijn tas op de balie, ferm, want zo'n man was hij. Hij opende zijn tas – de sluiting maakte een klikkend geluid – en haalde daar, zonder aarzeling, de twee dagvaardingen uit.

'Ik heb een dagvaarding voor u,' zei hij.

Babs sloeg haar hand voor de mond. Wat heb ik misdaan, dacht ze, terwijl ze in haar hoofd al haar misdaden tegen de menselijkheid liet passeren. Te hard gereden met de Opel Astra die ze van de buurman had geleend? De honden die iemand, een kind misschien, hadden gebeten? Haar ex die geld van haar wilde?

Jan Spaargaren overhandigde haar het document. Misschien kon hij aan de blik van Babs van den Oetelaar haar gedachten wel raden en zei hij daarom: 'Het gaat om de gemeente.'

Dit stelde de baliemedewerkster gerust, al wist ze nog steeds niet wat van haar verwacht werd.

'Uw naam?' vroeg Spaargaren.

Ze zei 'm, haperend, bang om het verkeerd te zeggen, zodat het leek alsof ze even niet meer zeker wist wat haar naam was.

Spaargaren schreef met een blauwe ballpoint haar naam op de twee dagvaardingen en gaf haar één exemplaar. 'Geeft u die maar aan uw baas. Prettige dag verder.' Hij draaide zich om en liep met grote passen het gemeentehuis uit. Hij had nog meer werk te doen, heden.

Zo moet het ongeveer zijn gegaan, nu tien dagen geleden. De dagvaarding, mijn vriend, lag betekend en wel op mijn bureau. In het midden van de eerste pagina een blauw stempel van de deurwaarder: 'Heb ik, Jan Spaargaren, gerechtsdeurwaarder te Eindhoven en aldaar kantoorhoudende aan de Ukkelstraat 10.' Het stempel was niet helemaal recht geplaatst, het stond onder een hoek van twintig graden. Die gaf het stuk een extra authentieke aanblik. De ochtendzon weerkaatste op mijn bureau. De tafel rook nog naar de allesreiniger waarmee de schoonmaker gisteravond het blad had behandeld. Het was 18 mei 2006. Gisteren was de zaak tegen de gemeente Nuenen gestart. Tijdens een administratieve zitting, de rolziting.

Het had allemaal wat langer geduurd dan ik tegen Braspenning had gezegd. Het stuk lag al maanden klaar op mijn bureau, op de voet van mijn bureaulamp. Iedere dag weer keek het papier me verwijtend aan, maar ik kwam er niet aan toe de zaak in gang te zetten. Steeds nam ik mij voor het die dag te regelen. Ik zou een deurwaarder in de omgeving van Nuenen bellen en hem de dagvaarding sturen. Maar aan het einde van de dag, wanneer ik de bureaulamp uitknipte, zag ik het stuk weer liggen. Morgen, morgen zou ik het regelen. En ook dan werd ik weggevoerd door de hogesnelheidstrein die mijn praktijk was.

Deze zaak was een smet op een verder vlekkeloze carrière. Alle partners van Schwaab & Helvoeth kenden mij bij naam. De dossierkasten op mijn kamer waren tot de bovenste plank gevuld met rode mappen. Dagelijks werd ik gevraagd om mee te helpen met nieuwe zaken. Ze wisten niet hoe ik het klaarspeelde, al die zaken, maar wat deed het ertoe? Waar het om ging, was dat ik hoogwaardig werk afleverde, binnen de afgesproken termijn. In een jaar tijd was ik uitgegroeid tot een volleerd advocaat.

Nu moest ik nog dit zaakje afhandelen. Wat zou het een genot zijn om een glorieuze overwinning op de gemeente Nuenen te behalen. Na mijn winst, zo had ik bedacht, zou ik Foekje alles vertellen. Ze zou me mijn eigenwijsheid vergeven. We zouden erom lachen, vooral nadat we dertig procent van de door de gemeente betaalde schadevergoeding hadden getoucheerd.

Ik belde mijn procureur om te informeren naar de rolzitting. Hij kon mij vertellen welke advocaat zich had gesteld voor de gemeente Nuenen.

'Lenglet.' Mijn procureur had een raspend stemgeluid.

'Dag, meneer Lenglet. U spreekt met Boetselaar van Schwaab & Helvoeth.'

Ik had mezelf aangeleerd te praten als een advocaat met minstens tien jaar ervaring, verveeld, bij voorbaat wat geïrriteerd, van onder uit de buik. Het was ook gepermitteerd wat uit de hoogte te doen. Deze man, mijn procureur, werkte tenslotte voor mij. Hij zat bovendien in de provincie, onder de rivieren, terwijl ik – dominus litis – belde vanuit het zenuwcentrum van de Nederlandse advocatuur.

Na mijn introductie murmelde ik, zonder Lenglet tijd te geven om het te noteren, zaaknaam en dossiernummer. 'Ik bel u in verband met de zitting van gisteren...'

'U belt voor de afdeling Procuraten.'

Hij bracht me in verwarring. 'Nee, ik bel voor mijn procureur. Er staat hier...'

'Ik zal u even doorverbinden met mijn secretaresse.'

Dit ging anders dan ik me had voorgesteld. Had ik het dan verkeerd begrepen? Ik werd zenuwachtig van het idee. De secretaresse van Mr Lenglet – ze had weinig geduld – verbond me door met de afdeling Procuraten. Een jonge vrouw met een zuidelijk accent, een dik meisje, zo beelde ik me in, beantwoordde de telefoon.

'Goedemiddag, u spreekt met Eppo Boetselaar van Schwaab & Helvoeth. Ik bel in de zaak Braspenning tegen de gemeente Nuenen. Ik heb nog geen rolnummer. De zaak heeft gisteren gediend.'

'Ik zal even kijken.' Het geluid van toetsen die werden aangeslagen. 'Heeft u misschien wel een zaaknummer voor mij?'

'Nee.' Ik klonk wat aarzelend.

'Braspenning, zei u?'

Mijn god, waar leren die mensen praten?

'Ja, met een B.'

'Hebben wij niet in ons systeem staan.'

Ik slikte. 'D-dat is onmogelijk, de zaak...'

'Weet u zeker dat Mr Lenglet als procureur optreedt in deze zaak?'

'Heel zeker. De betekende dagvaarding ligt hier voor me en zijn naam staat erop.'

'U hebt geen brief van ons ontvangen?'

'Een brief?' Ik bladerde door de correspondentiemap, hopend

op een brief, tegen beter weten in. 'Ik zie hier geen brief, maar al onze zaken bij de rechtbank 's-Hertogenbosch lopen via jullie. Mr Lenglet is onze vaste procureur.'

'Hm, even kijken, de naam van de wederpartij was de gemeente Nuenen?'

'Klopt.'

Aan de andere kant van de lijn ratelde het toetsenbord. Ik had weer even hoop.

'Staat niet in ons systeem.' Het deed het meisje niets. 'Was de dagvaarding tijdig aangebracht?'

Aangebracht? Deze mensen maakten er een sport van in geheime codes te spreken. Dit was kinnesinne. Omdat ik van het grote Schwaab & Helvoeth was en zij van een of ander plakbandkantoor dat om 17.00 uur het antwoordapparaat erop gooide. 'Hij is betekend, natuurlijk. Door de gerechtsdeurwaarder Jan Spaargaren.'

'En de zaak was aan-ge-bracht bij de rechtbank?'

Onhebbelijk om zo de nadruk op dat woord te leggen. 'I-ik kijk nog even in het dossier.' Mijn vingers gingen trillend door alle stukken. Was de zaak aan-ge-bracht? Wat zou dat wicht daarmee bedoelen? Het kon iets Brabants zijn, iets wat wij in het arrondissement Amsterdam niet kennen. Aanbrengen. Het klonk als iets wat wij niet deden.

'U wilt weten of de zaak is aangebracht?'

'Da's toch niet zo'n vreemde vraag.'

Mijn hartslag versnelde zich. 'Heeft u nog een momentje?' Maagzuur rispte omhoog. Ik nam een slok water. Achter mij hoorde ik Mieke en haar vriendinnen lachen. De hand aan mijn muis wilde iets anders dan mijn hoofd. Ik wilde naar Mijn documenten. De elektronische stukken van de Braspenning-zaak had ik opgeslagen in mijn eigen map, niet in de centrale zakenmap van kantoor. Maar mijn hand wilde niet naar Mijn documenten. Hij maakte schokkende bewegingen op de muismat. Met mijn andere hand erbij kreeg ik de muis onder controle. Ik klikte een folder aan. Daar stond de dagvaarding. Mijn brief aan de deurwaarder. Wat zocht ik ook alweer? Shit, shit, shit. Ik ging terug naar de dagvaarding op mijn bureau, waarmee ik ineens een heel andere band had.

'Bent u er nog?'
Het Brabantse meisje zei dat ze er nog was.
'Moet u luisteren. De eerste roldatum was gisteren...'
'Hij staat niet in ons systeem.'
'Zal ik anders zelf de griffie van de rechtbank even bellen?'
'Meneer, u moet doen wat u niet laten kunt. Bij ons is de zaak onbekend.'
'Ik vind dit een zeer merkwaardige gang van zaken. U hoort nog van mij.'
Met een knal drukte ik de hoorn op de haak. Ik staarde naar de telefoon, verdoofd. Een man verscheen voor mijn raam. Mijn hart maakte een sprong. Een glazenwasser. Vanuit het tuigje waarmee hij via de kabel aan het dak was verbonden, zeepte hij mijn raam in met sop. Hij zwaaide – in zijn hand een spons – alsof er niets aan de hand was. Onbezorgd ramen lappen. Mijn god, wat zou ik graag met hem ruilen. Wat moest ik doen? Ik beet op mijn duimnagel. In mijn hoofd hoorde ik een kakofonie aan stemmen. Hoge stemmen, kinderstemmen leken het wel. Ze spraken in warrige zinnen. De wisser maakte een piepend geluid op het raam. Met een soepele polsbeweging veegde de glazenwasser het schuim weg. Mijn borst. Alsof ik onder een steen lag. Ik snelde mijn kamer uit. Weg.
'Waar ga je naartoe?' riep Mieke verontwaardigd vanuit haar kubus.
Ik negeerde haar commentaar en rende de afdeling over, in een jasje dat weg wilde fladderen, nagestaard door secretaresses, alsof ze nog nooit een rennende advocaat hadden gezien. Weg moest ik, naar een plek waar ik rustig kon nadenken, een plek waar zuurstof was. Uit de binnenzak van mijn jasje, haalde ik mijn kantoorpas, activeerde de deuren naar de lift. Ik drukte op een willekeurige verdieping, omhoog. In de glazen schacht probeerde ik mijn gedachten te verzamelen. De zaak was niet aangebracht. Ik had de dagvaarding naar de rechtbank moeten sturen. Godverdomme. Ik sloeg mijn hand tegen de metalen railing in de lift. De deurwaarder, misschien had de deurwaarder hem naar de rechtbank gestuurd? Ik stuurde de lift direct weer naar de zevende verdieping,

rende terug naar mijn kamer. Mieke gebaarde naar haar collega's dat ze me had opgegeven. Waar is het telefoonnummer? In Outlook, mijn map met contactpersonen. Zoek: Spaargaren. Ik belde. Mijn oor was warm.

'Nee, meneer Spaargaren is zijn ronde aan het doen.'

Ze klonk als een vriendelijke vrouw. Wat had ik een behoefte aan een vriendelijke vrouw. 'Mag ik een domme vraag stellen?'

'Domme vragen bestaan niet,' zei de vrouw.

Ik perste er een verlegen lachje uit. 'Sturen jullie weleens een dagvaarding naar de rechtbank?'

'Nee, meneer Boetselaar, dat doen we niet. We sturen een exemplaar terug naar de advocaat. Die moet hem dan zelf aanbrengen.'

Ik keek naar de dagvaarding op mijn bureau. Mijn onderlip trilde. 'Dank u wel.'

Tegen beter weten in belde ik de griffie van rechtbank. Ik kreeg weer zo'n vreselijk accent aan de telefoon.

'Braspenning, zei u? Nee, die zaak is niet bekend bij de rechtbank. Wanneer zou die zijn aangebracht?'

Ik legde mijn hoofd in mijn handen, trok aan mijn haren. Monique zou wel een oplossing weten. Ik rende mijn kamer weer uit. Mieke tikte met haar wijsvinger tegen haar slaap. Het deerde me niet. Met mijn pasje activeerde ik de lift. Ongeduldig keek ik naar de oplichtende verdiepingen op het paneel boven de deur. Ik rende door naar de bibliotheek. In mijn binnenzak voelde ik mijn BlackBerry zoemen. Geen tijd. Net toen ik de klapdeuren van de bibliotheek wilde openen, prikte mijn hartspier. Au. Met mijn linkerhand drukte ik tegen mijn borst. De pijn zat onder mijn ribben. In mijn hand zag ik het zweet omhoog parelen. Ik maakte mijn das los en knoopte het bovenste knoopje van mijn overhemd open. Water. Ik liep terug naar de waterkoeler die ik net was gepasseerd. In een papieren bekertje liet ik het ijskoude water stromen, mijn vinger op het blauwe tappunt. Ik nam een slok, nog één. Het duizelde voor mijn ogen. Ik zocht steun bij het plastic watervat. Wat ging ik eigenlijk tegen Monique zeggen? In één teug dronk ik het bekertje leeg en verfrommelde het in mijn hand. Ik wankelde terug in de richting van de bibliotheek. Mijn voorhoofd voelde warm. Rustig nadenken. Mijn slapen bonkten. Met een dreun opende ik de klapdeuren van de bibliotheek. Iedereen was rustig aan het werken, alsof er niets aan de hand was. Monique zat op haar vaste plaats, bij de andere muizen.

'Eppo, wat zie je eruit!'

'Kan ik je even spreken?'

'Wat is er?'

Monique liep achter me aan tot nabij de groene bundels Aansprakelijkheidsrecht. Ik slikte. Hoe ging ik dit uitleggen?

'Het gaat over de zaak-Braspenning,' fluisterde ik, nog niet wetend hoe ik verder zou gaan.

Monique knikte. 'Gisteren was de eerstdiendende dag. Weet je al wie zich voor de gemeente Nuenen heeft gesteld? Ik zag op rechtspraak.nl dat Blackstone in het verleden voor de gemeente heeft opgetreden.'

Ik haalde adem, klaar voor mijn bekentenis, mijn keel voelde droog aan. Mijn hand steunde tegen de boekenkast, schijnbaar nonchalant. Ik glimlachte naar Monique, een domme glimlach, om me bij voorbaat te verontschuldigen.

'Wat is er?' vroeg ze nog eens.

Iemand pakte een groene bundel uit de kast. Monique keek me met ogen als knikkers aan. Ze duwde haar bril wat hoger op haar neus.

Uit mijn mond kwam een aarzelend geluid, het begin van een zin. 'De pro-procureur...' zei ik en ik zuchtte.

'Wat is er met de procureur?'

En net toen ik dacht dat ik alles ging opbiechten, dat ik Monique deelgenoot zou maken van mijn blunder, kreeg ik een ingeving. Een heldere gedachte. Een engel die het in mijn oor fluisterde.

'Ik zal de procureur even bellen om het te vragen,' zei ik.

'Wat?'

'Wie zich heeft gesteld.' Mijn ademhaling kwam tot rust.

'Onze procureur is Mr Lenglet van Bukman Advocaten,' zei Monique. 'Maar je moet vragen naar de afdeling Procuraten.'

Ik drukte mijn wijsvinger op de punt van haar neus. 'Dat weet ik, wijsneus.'

Ze kleurde rood, knipperde met haar ogen. 'Maar wat wilde je vragen?'

'Niets.' Ik keek naar de tafel met de grijze muizen. 'Heeft iedereen voldoende werk?'

Monique volgde mijn blik over haar schouder naar haar vriendinnen. 'Meer dan genoeg. Maak je daar maar geen zorgen over. Wat was er met Braspenning?'

'Niets. Ik vroeg me af of jij wist wanneer de zaak diende. Maar dat was dus gisteren. Dank. Ga maar weer aan het werk.'

Ik draaide om mijn as, vederlicht. De deuren van de bibliotheek openden zich als de deuren naar de hemel. In de gang gaf ik de waterkoeler een vriendschappelijke tik. Het water trilde zenuwachtig. Ik moest erom lachen. Ik knoopte mijn overhemd weer dicht, schoof mijn das omhoog en knoopte mijn schoenveters extra strak. Dansend ging ik door de gang. In de lift balde ik mijn vuisten. Ik was briljant. Op mijn afdeling groette ik het ondersteunend personeel uitbundig.

'Waarom ben jij ineens zo vrolijk?' vroeg Mieke verwijtend.

'Mieke,' zei ik, 'geef ik jou wel genoeg waardering voor je werk?'

'Een bloemetje zou aardig zijn.'

Ik lachte mee met haar collega's.

De ramen van mijn kamer waren als van kristal. Ik leegde een waterglas bij de yucca in de hoek van de kamer. De droge aarde zoog het op. De plant leek onmiddellijk tot leven te komen. De dagvaarding op mijn bureau grinnikte. Ik bewoog de cursor naar mijn inbox. Nieuw bericht. Ik typte als een pianist. De oplossing was eigenlijk heel eenvoudig.

Geachte heer Braspenning,
Zoals u weet, was gisteren de eerste rolzitting van de rechtbank. Dit is een louter administratieve handeling, waarbij de zaak wordt geïntroduceerd. Voor de wederpartij stelde zich Mr Blackstone, advocaat bij Blussé van Oud-Alblas Advocaten. De rechtbank verleende de gemeente Nuenen een pro forma uitstel van zes weken voor de conclusie

van antwoord. Vanzelfsprekend zal ik u van het verdere verloop van de procedure op de hoogte houden. Mocht u nog vragen hebben, aarzel dan niet contact met mij op te nemen.
Met vriendelijke groet, mede namens Foekje de Jong,
Eppo Boetselaar

Comparitie van partijen

34

Ik heb geleefd te midden van dit oorlogstuig. Het papier heeft zijn dienst bewezen; het ligt erbij als een afgerold condoom. Onwillekeurige stapels. Conceptversies van de conclusie, vol geklad met aantekeningen, doorhalingen, verbeteringen. Documenten, mogelijke producties, behangen met gele post-itblaadjes, steeds met een nummer erop, doorgestreept, veranderd. Uitspraken van de Hoge Raad, gekopieerd uit de *NJ*. Prints van rechtspraak.nl. Kopieën van artikelen uit juridische tijdschriften. Boeken van de Universiteitsbibliotheek, de Oudemanhuispoort, die allang terug hadden moeten zijn. Heb ik dit allemaal gelezen? Overal waar ik kijk zie ik overblijfselen van afhaalmaaltijden uit landen waar ik nog nooit ben geweest. Donkere en rode sauzen in witte plastic bakjes, klompen rijst waarmee je een huis kunt bouwen, aluminium bakken van de Griek, aangevreten pizza's van de Turk.

Twee dagen geleden was het allemaal nog springlevend, nu staart het mij doods aan. Koud, verlaten, overbodig. Twee dagen geleden wist ik precies waar ik tussen de smeulende oorlogsdampen het Delfland-arrest kon vinden, nu weet ik niet eens meer waar het arrest over gaat. De strijd is geleverd, de restanten kijken mij verwaarloosd aan. De liefde is voorbij. Ik ben met jullie opgestaan, ben met jullie gaan slapen, ik koesterde de aanblik van mijn woonkamer annex keuken, de bron van al mijn wijsheid, het voedsel dat mij op de been hield. Maar nu voel ik geen enkele genegenheid meer voor het dode papier. Het was de bedoeling dat ik het vandaag zou opruimen, maar zelfs een waardige begrafenis kan ik voor mijn gewezen geliefde niet opbrengen.

Vraag niet hoe, maar het is gelukt – de conclusie van antwoord in de zaak Schwaab & Helvoeth vs. Boetselaar is ingediend.

Eerst was er niets, alleen de dagvaarding. Monotoon had mijn voormalige werkgever zijn positie ontvouwd, zijn stellingen betrokken, culminerend in de eis. Dit is wat ik wil, dit is rechtens vereist, dit moet de rechter toewijzen. De vorderingen waren gekozen als in een snoepwinkel – een onsje schadevergoeding, een pond onthoudingen, een portie dwangsommen en doet u ook nog maar wat proceskosten. De eerste keer dat ik de dagvaarding las, greep het stuk me naar de keel. Nagels verankerden zich als weerhaken in mijn nek. Ik wilde het bij voorbaat opgeven.

Boetselaar heeft ook anderszins onrechtmatig gehandeld jegens Schwaab & Helvoeth. Recentelijk heeft Schwaab & Helvoeth moeten vaststellen dat Boetselaar zich op frauduleuze, want oneigenlijke, wijze toegang heeft verschaft tot het urenadministratiesysteem van het kantoor, genaamd CarpeDiem. Een en ander blijkt uit de verklaring van Marianne Verschoor, tot voor kort hoofd Systeembeheer van Schwaab & Helvoeth, die als productie 16 is overgelegd. Op 28 december 2005 (de datum blijkt uit de als productie 17 overgelegde uitdraai van CarpeDiem) heeft Boetselaar Verschoor bewogen hem een eenmalige machtiging te verstrekken teneinde abusievelijk te veel op een bepaald dossier geboekte uren af te boeken. Althans, dat beweerde Boetselaar.

Dat was de eerste lezing, de grote teen die de temperatuur van het badwater proefde. Toen volgde de herlezing. Daar kwamen de kansen. Eerst langzaam, een voor een, daarna sneller, als een mierenkolonie rond een suikerklontje, zodat plotseling de kantlijn van de dagvaarding was volgekriebeld met verweren. De tijd was aangebroken om het antwoord op te stellen, de conclusie van antwoord.

De conclusie van antwoord is muziek. Het verweer tegen de argumenten van de eiser, staccato opgesomd in de dagvaarding, soms genummerd of met *bullet points*: primair, subsidiair, meer subsidiair. Die opsomming volgt de conclusie van antwoord niet, nee, de conclusie van antwoord volgt haar eigen ritme. Ze begint traag, met een uiteenzetting van de feiten en partijen. Dit is hoe het zit. Kijk, edelachtbare, lees deze brief, deze e-mail, deze beoordeling. Ik verzin het niet, het staat geschreven. De waarheid staat altijd geschreven, hoe onwerkelijk ook. Iedere alinea wordt gelardeerd met een of meer verwijzingen naar de bijgevoegde producties. Het Bewijs. Dan volgt het juridische kader. Stapje voor stapje wordt de leer uitgerold, ondersteund door jurisprudentie.

Bij het schrijven moest ik denken aan Foekje. Pas na anderhalf jaar mocht ik van haar een keer een conclusie van antwoord opstellen. 'Begin met je eigen verhaal, niet dat van de wederpartij, Eppo. De rechter moet jouw verhaal volgen. En op een gegeven moment moet hij het willen overnemen. Op de zaak vooruit gaan lopen, voor de muziek uit. Maak van de rechter de dirigent. Dat is hoe je wint.' Ik had haar les opgevolgd. Mijn weerlegging van het relaas van Schwaab & Helvoeth kwam als een vanzelfsprekendheid. Voor het standpunt van de eiser is geen enkele steun te vinden in de jurisprudentie. De stelling ontbeert iedere juridische grond. Het is juridisch onhoudbaar. Zelfs als wij louter veronderstellenderwijze zouden aannemen dat de premisse juist is, dan nog leidt dat niet tot toewijzing van de vorderingen. Alles had ik weerlegd. Geen punt was onbesproken gebleven.

Nadat het werk was verricht, lag naast de dagvaarding van Schwaab & Helvoeth mijn conclusie van antwoord – vele malen dikker, vele malen indrukwekkender, vernietigend.

De laatste hobbel, het in zesvoud kopiëren en inbinden van het ding, bleek reuze mee te vallen. De behulpzame dame van de kopieerwinkel gaf mij een kartonnen doos waar alles precies in paste. Het ging zo achter op mijn fiets, onder mijn snelbinders. Daarna heb ik het persoonlijk naar de rechtbank gebracht. Keurig op tijd. Ik heb de advocaat van de wederpartij, Blackstone, niet om uitstel gevraagd – het idee alleen al – en het was ook niet nodig. Gisteren, woensdag, is het formeel ingebracht op de rolzitting van de rechtbank. Foekje zou trots op me zijn geweest.

Pas vandaag zal Blackstone het stuk ontvangen. Bij het openschuiven van zijn postvakje zal het gewicht hem al verbazen. Hij zal zijn uitgekauwde wangzakken naar beneden plooien. Zijn dikke vingers zullen het pakket voorzichtig uit het laatje halen. Het papier zal kromtrekken onder zijn eigen gewicht. Blackstones aandacht zal naar het voorblad van de conclusie gaan. Wie is de advocaat van de wederpartij? Zal hij schrikken?

Net als ik besluit het slagveld de rug toe te keren, gaat de deurbel. Mijn schouders veren omhoog. Het snerpende geluid klinkt als een tropische vogel. Het weerkaatst door mijn woning, mijn schuilplaats waar al zo lang geen geluid te horen was, behalve van de voetballende jongens, buiten op het Henrick de Keijserplein. Wie kan dat zijn? De postbode is al geweest. Een verrassingsbezoek van een van mijn zussen? Laat het niet weer een deurwaarder zijn.

Via de intercom zie ik een uitgebeend gezicht – Foekje. Wat komt zij hier doen?

35

'Goedenavond, welkom bij Spijker & Van Twist.' Spijker hield zijn blik op de camera met het rode lampje gericht. 'Vanavond hebben wij een bijzondere uitzending; een uitzending die geheel in het teken staat van de recente vrijlating van Vladimir Pravo.' Terwijl hij in de camera bleef kijken, ordende hij met zijn vingertoppen de papieren voor zich op tafel. Het was een zenuwtrek. Ik had het hem op televisie vaker zien doen. 'Bij ons aan tafel de belangrijkste hoofdrolspelers: Katja Janikova, dokter Wouter Wassenberg en, niet in de laatste plaats, Vladimir Pravo.' Hij pauzeerde. Zijn collega, Anneke van Twist, moest het overnemen.

Er zou televisiegeschiedenis worden geschreven. Het hing als regen in de lucht, een bijna tastbare geur van concentratie. Voor het eerst woonde ik de opnames van een televisieprogramma bij, maar zelfs een onervaren toeschouwer kon voelen dat het anders was dan normaal. Het was de manier waarop de meisjes van de grime nog even de neus van Spijker hadden gepoederd. Het was de wijze waarop Anneke van Twist de regisseur had toegesnauwd dat het geluid niet goed was. Het was de manier waarop de vrouw in de stoel naast mij heel voorzichtig een keelsnoepje uit het groene papier haalde en geluidloos tussen haar rode lippen stak. Het was de manier waarop het stof danste in de studiolichten. Het was omdat het was aangekondigd. Er zou televisiegeschiedenis worden geschreven.

'Welkom dame, heren. Wij zijn dankbaar dat u allen bent gekomen. Voordat wij met ons gesprek beginnen, wil ik graag een korte verklaring voorlezen.' Anneke van Twist zette een leesbril op haar neus, een paars model, dat haar iets theatraals gaf. Met beide handen hield ze een stuk papier beet, een klein beetje boven het tafelblad. 'In onze uitzending van 4 november 2005 hebben wij Vladimir Pravo ervan beschuldigd zijn vrouw te hebben vergiftigd.' Anneke van Twist keek heel even in de camera, daarna weer naar het papier. 'Die beschuldiging hebben wij nadien niet hard kunnen maken. Hoewel wij nog steeds van mening zijn dat de uitzending op journalistiek integere wijze is gemaakt, moet inmiddels worden vastgesteld dat de heer Pravo onschuldig is.' Haar blik ging een ogenblik naar Pravo. 'Wij bieden de heer Pravo onze verontschuldigingen aan voor het leed dat onze uitzending hem heeft berokkend.' Anneke van Twist keek nog twee lange seconden ernstig in de camera – ze leek weer de nieuwslezeres die ze in haar jonge jaren was geweest, haar slanke jaren. Daarna zette ze in een vloeiende beweging haar bril af.

Het had de redactie van Spijker & Van Twist weken gekost om Katja Janikova zover te krijgen de uitnodiging te accepteren. De kranten hadden er nauwgezet verslag van gedaan. Eerst had ze gezegd dat zij nooit meer in het programma zou verschijnen. Nooit meer! Toen had zij excuses geëist. En daarna kwam het bericht – weer een scoop – dat Katja die avond één van de gasten zou zijn.

Het was een nauwkeurig voorbereide overval geweest, acht maanden geleden. Ineens was er een live verbinding geweest met de man – een donkere baard en een zonnebril – die op het grote scherm in de studio verscheen. Kunt u zich even voorstellen? Hij was – hij sprak Engels met een Duits accent – een voormalig lid van de Orde van de Zonnetempel.

Of hij de vrouw van Pravo had gekend?

'Of course, she was an active member of the Order of the Solar Temple.'

De Zwitser vatte desgevraagd de leer van de sekte kort samen. Zelfdoding verschafte de sekteleden een retourtje naar de ster Sirius. Zodra Jezus Christus weer zou verschijnen op aarde, konden ze terugkeren. De suggestie was dat Pravo zijn vrouw had vergiftigd. De suggestie was ook dat Pravo een relatie had met Katja.

De onthulling veroorzaakte de rel waar de redactie van Spijker & Van Twist op had gehoopt. Katja werd door de televisiegemeenschap uitgestoten. Persona non grata. Ze nam haar toevlucht tot de krochten van het internet, waar haar aanhang gestaag groeide. Samen met amateurs deed ze onderzoek naar de doodsoorzaak van wijlen mevrouw Pravo. Ze stelde vragen over het dossier op haar site en kreeg antwoorden van de meest uiteenlopende types. Een huisvrouw uit Putten, een doodgraver in ruste, een leraar aardrijkskunde, een oneervol ontslagen legerofficier, twee handschriftlezers uit Zundert, een meisje dat helderziend was. Het dossier werd uitgemest, geen lidwoord bleef onbesproken. Niemand trok zich iets aan van de litanie op de site van Katja. Dat veranderde met de uitspraak van de Hoge Raad. Toen moest de meest bekeken talkshow van Nederland haar weer hebben, zodat zij 'haar verhaal' kon doen.

'Meneer Pravo,' – Spijker had het woord van Anneke van Twist overgenomen – 'U bent een vrij man. Hoe voelt dat?'

'Me-neer Spaiker...' Pravo sprak langzaam. Zijn pretogen glommen in het studiolicht. 'Vrij ben iek altijd geweest. Vrijheid, Meneer Spaiker,' – hij tikte met zijn vingers tegen de zijkant van zijn hoofd – 'zit ien het hoofd.' Hij leunde weer naar achteren in zijn stoel, waar zijn tengere lichaam twee keer in paste, en sloeg zijn knokige armen over elkaar. Het blauwe jasje dat hij droeg was van voor zijn gevangenisjaren. Het hing als een doek om zijn broze schouders. Hij keek tevreden.

'U heeft twaalf jaar in de gevangenis gezeten voor een moord die u niet heeft gepleegd. Ik kan mij voorstellen dat u boos bent.'

'Me-vrouw Van Twist, er zijn al zoveel mensen boos, vindt u niet? Mij heb ze niet nodig.'

'Vergeeft u de Nederlandse Staat?'

'Het leven loop zoals het gaat. Adagio, allegro, adagio. Nu ga iek weer omhoog.' Hij prikte zijn dirigentenvinger de lucht in. Het was onmogelijk je voor te stellen dat deze lieve, oude man zijn vrouw zou hebben vermoord. Je zag hem zo op zijn knieën een treinbaantje leggen met zijn kleinkinderen.

'Toch bent u een procedure gestart tegen de Staat. U eist 12,7 miljoen euro schadevergoeding.'

Goeie vraag, Spijker. Sluit hem in.

'Dat geld is niet alleen voor mij. Dat is voor alle mensen die mij geholpen heb. De procedure is voor die mensen, die lieve mensen. Wij zijn met 27 eisers.'

Helvoeth had me bevolen bij de uitzending aanwezig te zijn. Het was niet voldoende als ik de uitzending op televisie zou volgen. Er werd immers enorm veel geknipt in dit soort programma's. Mijn tegenwerping dat het een live-uitzending was, viel niet in goede aarde. 'Het gaat juist om wat er ná de opnames gebeurt. De wedstrijd is niet afgelopen als het eindsignaal klinkt. Onthoud dat goed, Van Boetselaar.' Er waren via de officiële kanalen geen plaatsen meer verkrijgbaar, maar Helvoeth had iets geregeld via de voorzitter van de televisieomroep. Een vrindje uit een of ander bestuur.

'Twee van die mensen die u hebben geholpen zitten hier aan tafel, Katja Janikova en dokter Wouter Wassenberg. Katja, kun jij uitleggen waarom je de procedure bent begonnen?'

'Laat ik beginnen met te zeggen dat ik heel blij ben dat ik hier vanavond ben.' Ze voelde even of haar vlechten nog goed op haar hoofd gespeld zaten. 'Ik wil jullie uit de grond van mijn hart danken voor jullie indringende woorden aan het begin van de uitzending. Het betekent veel voor mij, heel veel, en ik weet dat het ook veel betekent voor Vladimir.' Ze keek liefdevol naar haar leermeester, die weer met zijn tevreden glimlach achterovergeleund in zijn veel te grote stoel zat. 'Wij zijn hier niet alleen vanavond. Wij vertegenwoordigen circa driehonderd individuen, goede mensen, die de afgelopen jaren zijn blijven geloven in de onschuld van Vladimir Pravo. Een diepe buiging maak ik voor die bijzondere mensen, mijnheer Spijker, een diepe buiging. De media creëren een beeld dat de vrijlating van Vladimir slechts het werk is geweest van Wouter en mijzelf. Maar naast ons, schouder aan schouder, staan honderden vrijwilligers die zich met hart en ziel hebben ingezet om deze zaak op te lossen.' Ze pauzeerde. 'Daar mag best even voor worden geklapt.' De opnameleider – koptelefoon op zijn hoofd, klembord in zijn hand – instrueerde het publiek.

'Dank u wel.' Katja draaide zich om en ging de rijen langs van het publiek, ze leek iedereen persoonlijk toe te knikken. Haar hoofdtooi schitterde in de studiolichten. De grime had haar tien jaar jonger gemaakt. 'Dank u wel.' Katja wachtte geduldig totdat iedereen was uitgeklapt. 'Kijk, mijnheer Spijker, de problematiek is heel eenvoudig. Het systeem heeft ervoor gezorgd dat Vladimir twaalf jaar vast heeft gezeten, terwijl het systeem wist dat hij onschuldig was. Het systeem, het Openbaar Ministerie, het Nederlands Forensisch Instituut, heeft ons bedrogen. Omdat het systeem geen zelfreinigend vermogen heeft, moeten wij ervoor zorgen dat het systeem zichzelf verbetert. Daarvoor dient deze zaak.'

Spijker draaide zijn gezicht even naar zijn collega, die op het teken het woord nam. 'Het Openbaar Ministerie heeft altijd volgehouden dat mevrouw Pravo om het leven is gekomen door digoxinevergiftiging. Volgens de Hoge Raad is dit mogelijk onjuist. Dat zou volgen uit nieuw onderzoek dat door u is verricht, dokter Wassenberg. Kunt u daar iets meer over vertellen?'

'Het NFI heeft de digoxineconcentratie in het bloed van mevrouw Pravo op volstrekt ondeugdelijke wijze gemeten. Uit het onderzoek van het NFI volgde dat de digoxineconcentratie in het bloed van mevrouw Pravo bovengemiddeld was. Dat was in hoger beroep ook in het requisitoir van de officier van justitie opgenomen. Het Hof heeft dat klakkeloos overgenomen. Uit mijn onderzoek volgt echter dat het bloed van mevrouw Pravo geen abnormale digoxineconcentratie vertoonde.'

Anneke van Twist kantelde haar hoofd. 'Hoe is dat mogelijk?'

'Betrekkelijk eenvoudig. Het NFI heeft met een aantal factoren geen rekening gehouden bij zijn meting. Mevrouw Pravo had een hartkwaal, die medicinaal tot een hogere digoxineconcentratie leidt.' Hij ging zijn dikke vingers langs. 'Dan heb je nog zoiets als de post mortem redistributie van digoxine uit bepaalde organen. Heeft het NFI geen rekening mee gehouden. Net zomin als met de vermenging van digoxine met lichaamseigen stoffen die op digoxine lijken. Weet u, als je al die factoren verdisconteert, blijkt dat mevrouw een volstrekt normale digoxineconcentratie had. Volstrekt normaal.'

'Uw onderzoek was volgens de Hoge Raad een novum.' Er klonk verbazing in de stem van Spijker.

'Het NFI had zijn werk gewoon beter moeten doen.'

'Nu is er mogelijk nog een novum in deze zaak.' Het was Anneke van Twist die het zei. Haar geföhnde haardos bewoog opgewonden bij het uitspreken van het woord 'novum'. 'Daarvoor schakelen wij live over naar een getuige die zich op een onbekende locatie in Nederland bevindt.' Op het televisiescherm in de studio verscheen het donkere silhouet van een man.

'Goedenavond, meneer. Wij hebben afgesproken dat wij u Ernst zullen noemen, maar dat is niet uw echte naam...'

'Dat is correct.' De stem van de man was vervormd. Hij klonk alsof hij net een fles lachgas had geïnhaleerd.

'Waarom wilt u onbekend blijven?'

'Daar heb ik zo mijn redenen voor. Laat ik het zo zeggen: wat ik ga zeggen, mag ik beroepsmatig niet zeggen. Ik heb bescherming nodig.'

'U bent een klokkenluider?'

De man die Ernst werd genoemd, wachtte even voordat hij de vraag van Spijker beantwoordde. Toen zei hij: 'Dat is correct.'

In het publiek stootte iemand met zijn voet een kop koffie om. Het lepeltje rinkelde tegen het porselein. De opnameleider gebaarde dat we stil moesten zijn. Het zweet parelde op zijn voorhoofd.

'Kunt u iets over uw achtergrond vertellen?' vroeg Anneke van Twist.

'Ik ben betrokken geweest bij het politieel onderzoek naar de dood van mevrouw Pravo. Meer kan ik niet zeggen. Er zijn krachten die mij tegenwerken.'

Vladimir Pravo zat nog steeds geamuseerd achter in zijn stoel. Hij leek met zijn gedachten in een andere dimensie te zijn, misschien wel op de ster Sirius. De andere mensen aan tafel waren ingespannen aan het luisteren. Als je enkel naar hun hoofden keek, zou je denken dat de verbinding slecht was. Maar Ernst was prima te verstaan, afgezien van die malle stem.

'Waarom wordt u tegengewerkt?' vroeg Spijker. Aan tafel schudde Katja haar hoofd in ongeloof. Niet dat zij niet geloofde wat ze hoorde. Dit was vertrouwd terrein voor haar: krachten die tegenwerken.

'Vanwege de informatie die ik heb.'

Het maakte niet uit wat de klokkenluider zei: iedere mededeling sloeg in als een bom.

Anneke van Twist keek geconcentreerd naar het televisiescherm. 'Wilt u die informatie met ons delen?'

'Zeker.' Ernst kuchte. 'Het politiearchief bevat een stuk dat niet ter kennis van de rechter is gebracht.'

Stilte.

'Wat bedoelt u?' vroeg Spijker.

De camera zoomde in op het gezicht van Pravo. Zijn ogen waren twee keer zo groot geworden.

'Het gaat om een verklaring van de patholoog die de obductie van het lichaam van mevrouw Pravo heeft verricht.' Ernst pauzeerde weer even. 'Uit die verklaring blijkt dat de hartspier niet was samengetrokken.'

Door het publiek ging een perfect getimede siddering. Het was de ontlading van de spanning die was opgebouwd. Waarom de onthulling van de klokkenluider zo schokkend was, was nog onbekend. De camera zwiepte naar Wassenberg.

Anneke van Twist legde haar hand op een microfoontje in haar oor. 'Dokter Wassenberg, kunt u ons uitleggen wat dit betekent?'

'Dit is een zeer schokkende onthulling.' Wassenberg keek alsof hij het nieuws die avond voor het eerst hoorde. 'Bij een digoxine-intoxicatie is één van de kenmerken dat het hart gecontraheerd is. Wanneer dat niet het geval is, geeft dat een sterke contra-indicatie van een acute digoxinevergiftiging.'

'En dat betekent?'

'Dat als de rechters dit hadden geweten Vladimir Pravo niet zou zijn veroordeeld.'

Katja mengde zich in de discussie. 'Dit is het zoveelste bewijs dat het Openbaar Ministerie zijn opdracht tot eerlijke en objectieve waarheidsvinding in de zaak-Pravo niet heeft vervuld. Het is werkelijk een schande.'

Toen het allemaal voorbij was – Katja en consorten hadden zonder enig weerwoord hun gal kunnen spuwen over Het Systeem – wist ik niet goed wat te doen. Volgens de instructies van Helvoeth ging het nu allemaal gebeuren. Ik bleef zo lang mogelijk op mijn stoel zitten, maar voelde mij genoodzaakt om uiteindelijk achter de kudde aan te schuifelen. De meeste mensen gingen naar de garderobe om hun jassen te halen. Een aantal bleef hangen bij de bar. Ik verschanste mij aan het uiteinde van de toog. Daar zette ik mij aan het opdelen van bierviltjes. Ik had al een flinke berg pulp gemaakt, toen ik een jongen en een meisje op mij af zag komen die ik vaag, uit een ver verleden, herkende.

'Moet je kijken wie er ook is.' Het was de blonde assistent van Katja, zijn zonnebril had hij weer als een diadeem op zijn gladde haren gestoken. Het meisje uit de shampooreclame was er ook. Hij stootte haar aan. 'Onze oude advocaat.'

Gretig kwamen ze bij me staan, net iets te dichtbij. Ik deed een stap terug van de bar, stuitte op een muur. De jongen en het meisje zetten nog een stap in mijn richting. De jongen gaf me een duw tegen mijn schouder, zodat ik met mijn rug tegen de muur kwam te staan. Hij plaatste zijn hand tegen de wand, naast mijn hoofd.

'Dus je werkt nu voor de andere kant,' zei het meisje met de donkere, dansende krullen. Ze had zichzelf overdadig geparfumeerd.

'I-ik heb nooit voor jullie gewerkt... voor Katja. We hebben toch meteen gezegd dat er een conflicterend belang was?'

'Meteen nadat we je inzage hebben gegeven in onze zaak,' zei de jongen.

'Inzage?'

'Ik heb toch dat formulier ingevuld,' zei het meisje.

'Dat was alleen maar een zakenformulier.' Ik wilde met mijn hoofd onder de arm van de jongen wegduiken om te ontsnappen, maar hij liet zijn arm als een slagboom naar beneden zakken. De barvrouw was aan de andere kant bezig, waar een gezelschap rond Spijker en Van Twist was ontstaan. De presentatoren stonden tegen de bar en lieten steeds iemand anders tussen hen in staan. De man of vrouw in het midden sloeg dan amicaal de armen om het duo. Vanuit de groep omstanders flitste er consequent een licht. Spijker keek vermoeid, Van Twist leek haar glimlach plastisch chirurgisch te hebben laten aanbrengen.

'Hoe weten we dat jij dat niet gaat misbruiken?' zei de jongen.

'Er stond niets in.'

'Niets?' hield het meisje aan.

Haar parfum maakte me misselijk. 'Ik heb mijn beroepsgeheim. Ik heb een ethische plicht...'

'Jij stuurt maffe e-mails,' zei het meisje.

De jongen gaf mij een por in mijn zij. 'Wij hebben wat research naar het advocaatje gedaan.'

'Wat?' Ik wist niet naar wie van de twee ik moest kijken, mijn blik schoot als een pendule van links naar rechts.

'We hebben een e-mail van je gekregen. Uit een anonieme bron,' zei de jongen.

'Naar een meisje.'

'Een meisje dat aan je ballen had gezeten.' De jongen graaide naar mijn kruis. Ze lachten naar elkaar.

'Beetje raar gedrag voor de landsadvocaat,' zei het meisje.

'M-maar... Ik ben de landsadvocaat helemaal niet.' Ze hadden me helemaal in de hoek gedreven.

'Moet je hem horen.'

'Je werkt toch voor de Staat.' Het speeksel van de jongen kwam in mijn gezicht. 'Freija,' – de jongen keek nu naar het meisje – 'denk je niet dat Spijker & Van Twist die e-mail interessant vinden?'

'Heel interessant,' zei Freija.

Ze draaiden zich om en marcheerden naar de andere kant van de bar. Als een drenkeling hapte ik adem. In mijn vlucht naar de garderobe kon ik nog net zien hoe Freija zich voorstelde aan Spijker. Die oude viezerik zou ieder woord van het shampoomeisje opzuigen.

36

Het was bijna volbracht. Weken hadden we aan het processtuk gewerkt en nu was het einde in zicht. De grijze muizen controleerden het notenapparaat, de nummering van de producties en de punten en komma's. Geconcentreerd zaten ze rond de tafel zoals alleen meisjes dat kunnen, ieder een deel van de conclusie van antwoord bestuderend. Franka kauwend op een potlood, Phaedra met een kaarsrechte rug, alsof ze meedeed aan een dressuurwedstrijd, Elise met een pluk haar in de mond. Ze hadden niet door dat ik naar hen keek.

Dit was voorlopig de laatste avond dat we aan de Pravo-zaak werkten. Eigenlijk zouden we het moeten vieren. *Work hard, play hard.* Maar er was geen tijd voor vertier. Na dit project lag er een stuwmeer aan werk op ons te wachten. Er was één klus waar ik bijzonder tegenop zag. Iets wat ik niet langer voor me uit kon schuiven.

'Dames, willen jullie mij verontschuldigen? Ik moet nog wat ander werk afronden. Monique, doe jij het licht hier uit als jullie klaar zijn?'

Monique knikte.

Ik deed mijn jasje aan, mijn kantoorpas tussen mijn tanden geklemd, schoof de knoop van mijn das omhoog, verzamelde mijn spullen. Wierp een laatste blik op mijn meiden. Dit ging wel goed komen. Lopend door de gym, langs de apparaten, voelden mijn benen zwaar. Alsof het laarzen gevuld met regenwater waren. In de lift naar beneden zag ik in het voorbijtrekken van de verdiepingen hoe kantoorgenoten zich klaarmaakten voor de reis naar huis. Winterjassen werden aangetrokken, tassen werden ingepakt, lichten werden uitgeschakeld. Het was tien uur 's avonds. Voor veel advocaten – de advocaten met kinderen – tijd om naar huis te gaan. Maar op mij wachtte de nacht, mijn geheime maîtresse. De gedachte deed me gruwelen. Het piepende geluid waarmee mijn kantoorpas de deur naar de zevende verdieping opende, klonk harder dan overdag. De bureaustoelen van de secretaresses waren netjes aangeschoven door de schoonmakers, de prullenbakken geleegd. Maar in de kamer van Foekje brandde nog licht. Waar zou zij mee bezig zijn?

Ik knipte mijn bureaulamp aan. De aanblik van mijn bureau – een vuilnisbelt – deed me zuchten. Ik verschoof wat stapels paperassen, maakte ruimte voor mijn toetsenbord. Mijn computer ontwaakte uit de slaapstand. De gele briefjes aan de randen van mijn scherm waren opgekruld door de tijd. Hoe ging ik dit allemaal ooit afkrijgen? Ik keek op mijn horloge. Als ik nou tot drie uur aan die conclusie van antwoord werkte, dan had ik nog bijna vijf uur slaaptijd.

Eindeloos had ik het weten te rekken. Ik had hem gezegd dat de wederpartij – Mr Blackstone – van de rechtbank steeds opnieuw uitstel had gekregen voor het nemen van de conclusie van antwoord, dat ik er niets tegen kon doen. Ik had hem gezegd dat Mr Blackstone wegens een overmachtssituatie opnieuw om een uitstel had verzocht. Nu duldde Braspenning geen uitstel meer en hij had gelijk en dat had ik hem gezegd. Het was onvermijdelijk. Er moest een conclusie van antwoord komen.

Ik depte mijn vingers in een glas water waar het stof op lag en wreef ermee in mijn ogen. 'Conclusie van antwoord' typte ik in kapitalen, vet en onderstreept op de rechterhelft van de pagina. 'De gemeente Nuenen, advocaat: Mr M.V. Blackstone, contra Pieter Johannes Braspenning, advocaten: Mr F. de Jong en Mr E.F. Boetselaar. Inleiding.' Mijn cursor knipperde. Eerst geduldig, afwachtend, daarna steeds sneller. Ik tuurde naar het beeldscherm. Probeer je te verplaatsen in Mr Blackstone, Eppo. Mijn cursor wilde nu toch echt iets horen. Ik legde mijn hoofd in mijn handen. Mijn nagels drukten in mijn hoofdhuid. Ik leunde achterover in mijn stoel. Mijn bovenbeen, het linker, begon ongecontroleerd te trillen. Het lichaam wilde slaap, terwijl onderhuids de zenuwen jeukten. Kom op, Eppo, bedenk iets. Ik schopte tegen het ladenblok onder mijn bureau. De wieltjes zwenkten naar rechts.

'Pas je op voor het kantoormeubilair?'

Ik sprong omhoog in mijn stoel.

Foekje stond als een geestverschijning in de deuropening, een grote glimlach op haar lippen vanwege mijn reactie. 'Heb je een slecht geweten, Eppo?' Ze stapte de drempel over. 'Moet je nog lang door?'

'Valt mee. Jij?' Foekje had haar jas aan, een knalrode jas tot net boven haar knieën.

'Ik ga naar huis. De oppas aflossen.' Foekje wees met haar autosleutels in haar hand naar mijn beeldscherm. 'Waar ben je mee bezig?' Ze zette drie stappen mijn kamer in.

Ik draaide in mijn bureaustoel, zodat ik met mijn bovenlichaam het zicht op mijn computer blokkeerde. 'Nergens mee... De conclusie van antwoord in de Pravo-zaak.'

Foekjes ogen keken bezorgd. 'Arme jongen, laat hij je zo hard werken?'

Ik haalde mijn schouders op.

'Als ik je ergens mee kan helpen, moet je het zeggen.'

Foekje kon me helpen. Het was zo simpel. Het waren maar twee zinnen: 'Foekje, help. Ik ben vergeten de dagvaarding in de Braspenning-zaak aan te brengen bij de rechtbank.' Waarom was ik niet eerder naar haar toe gegaan? Maar na die twee zinnen zouden de vragen volgen, de onvermijdelijke vragen. Waarom had ik die zaak aangenomen? Waarom had ik gelogen? Ja, waarom eigenlijk? Mijn patroon zou het me nooit vergeven. Later, wanneer ik alles had opgelost, wanneer ik met succes mijn stageperiode had afgerond, dan zou ik het vertellen.

'Maak je geen zorgen,' zei ik. 'Het is bijna af.'

'Nou, fijne avond.' Ze zwaaide en terwijl ze zich omdraaide, zei ze: 'Vergeet niet het tijdig in te dienen.' Haar lach klonk hol in de donkere kantoortuin.

Ik draaide mijn stoel weer naar het beeldscherm en staarde naar het lege document. Mijn oogleden voelden zwaar. Het was strafbaar. Dat ik tegen Braspenning had gelogen over het aanbrengen van de dagvaarding was tot daaraan toe, maar dit was valsheid in geschrifte. Het valselijk opmaken van een geschrift om het als echt en onvervalst te gebruiken – artikel 225 Wetboek van Strafrecht. Dat was dit. Gevangenisstraf van maximaal zes jaar. Ik legde mijn vingers op het toetsenbord. Hoe zou Blackstone de vorderingen van Braspenning van tafel vegen? Ik kreeg mijn vingers niet in beweging. Waarom wilde ik zo nodig mijn eigen zaak hebben? Man, ik had al een eigen zaak. De Pravo-zaak. Het proces van de eeuw.

Ik stond op, geïrriteerd, ging bij het raam staan, staarde de nacht in. Mijn gezicht werd weerkaatst in het glas. Het leek alsof ik verder weg stond, aan de andere kant van het raam, zwevend in de donkere lucht. De jongeman aan de andere kant van het glas moest naar de kapper. 'Heb je het wel met mevrouw De Jong besproken?' De stem van Braspenning. 'Is mevrouw De Jong het eens met de strategie?' Het scherpe, nasale stemgeluid van de kindermisbruiker weerkaatste in mijn hoofd. 'Ik begin zo langzamerhand te denken dat mevrouw De Jong niet bestaat.' De afstand tot mijn spiegelbeeld kon niet verhullen hoe bleek ik was. Mijn ogen waren opgezwollen. 'Jullie mogen best wat doen voor die dertig procent die jullie vragen, nietwaar.'

Hij had het gedaan. Er was geen enkel bewijs van het tegendeel. Ik moest denken aan de verklaring van Machiel, het slachtoffer. Een elfjarig jongetje, bloot, achternagezeten door Braspenning in de gymzaal. En dan die douchescènes. Echt verschrikkelijk. Iemand moest hem eens flink de waarheid vertellen. En daarna zou hij me smeken om zijn zaak te schikken.

Hoorde ik iets? Een geluid vanuit de kantoortuin. Met ingehouden adem luisterde ik. Voetstappen. Ik snelde naar mijn computer om de conclusie van antwoord weg te klikken. Voorzichtig liep ik naar de deur. De kubussen van het secretariaat stonden er in de duisternis bij als onbemande tanks.

'Is daar iemand?'

De voetstappen kwamen mijn kant op.

'Hallo?'

Geen antwoord. Ik slikte. Degene die aan kwam lopen, moest mij kunnen zien. Het was ondenkbaar dat hij me niet had gehoord.

Ik deed mijn deur dicht en liet de luxaflex zakken voor de glazen wand die mijn kamer scheidde van de kantoortuin. De handeling maakte meer geluid dan me lief was. Ik ging weer achter mijn computer zitten, mijn rug naar de entree. De conclusie van antwoord hield ik verborgen in een hoek van het scherm. Ik wachtte. Mijn zintuigen concentreerden zich op wat komen ging. De klink van mijn deur ging naar beneden. Ongewild schoten mijn schouders omhoog. Met een ruk draaide ik me om.

'Hoi, Eppo.'

Een klein meisje stond in mijn kamer. Hoge hakken, de grijze rok scheef rond de smalle heupen; vlassig, zwart haar dat als een douchegordijn op haar schouders hing.

'Florentine, wat doe jij hier?'

Ze draaide een zwarte sliert haar om een wijsvinger. 'Monique zegt dat ik klaar ben met mijn deel van de Pravo-zaak. Ik heb nu even niets te doen.' Haar rechtervoet maakte een knik. 'Heb je wat anders voor me?'

Wat anders. Ze wilde nieuw werk. 'Ik denk het wel, wacht even.' Ik pakte mijn BlackBerry uit mijn binnenzak en scrolde door de e-mails. Het nadeel van zoveel personeel was dat je ze allemaal aan het werk moest houden. Nu ze eenmaal gewend waren uit mijn ruif te eten, vonden ze het vanzelfsprekend dat er steeds nieuwe klussen kwamen. Het was een crime om de werkzaamheden te verdelen. Onmogelijk om het allemaal bij te houden. Wie deed wat voor welke zaak? Deadlines. Notities die nagekeken moesten worden. Monique hielp me wel met die dingen, maar de verantwoordelijkheid lag bij mij.

'Het mag ook iets kleins zijn,' zei Florentine.

Mijn duim verzuurde van het draaien aan het wieltje. Ik keek niet op van het display. Al die mails die nog beantwoord moesten worden. 'Wacht even, ik moet wel iets voor je hebben.' Uit mijn ooghoek zag ik dat Florentine naar mijn bureau staarde.

'Ligt er niet iets op je bureau waarvan ik je kan ontlasten?'

Door de ogen van Florentine keek ik naar mijn bureau. Rode torens die op instorten stonden. Papieren achteloos opeengestapeld, als in een vuilcontainer. Drie in de steek gelaten koffiekoppen. Een halflege fles cola. Een pot multivitamines. Het werd allemaal uitgelicht door mijn bureaulamp, als een impressionistisch stilleven. Op mijn beeldscherm was de screensaver inmiddels geactiveerd. Het logo van kantoor bewoog als een pingpongballetje van de ene hoek van het scherm naar de andere. Ik staarde naar de gele plakkertjes die als kerstballen mijn beeldscherm versierden.

Natuurlijk, waarom had ik dat niet meteen bedacht? Ik had een perfecte klus voor Florentine.

37

Ik keek op mijn horloge. Het was een slecht idee om eerst mijn pak naar de stomerij te brengen. Een oude vrouw achter mij in de rij duwde haar rollator tegen mijn enkels. Verdwaasd keek ze naar de man die voor haar stond. Ze was niet zomaar oud, ze was antiek. Haar huid – paarse aderen waren naar de oppervlakte gekomen – lag als een grand foulard over haar kaken. Het was duidelijk dat ze wilde voordringen. Ze keek me met een schuin hoofd aan, als een vale stadsduif die wacht tot je wat kruimels op de grond laat vallen. In mijn binnenzak voelde ik mijn BlackBerry zoemen.

'Ik heb verderop een afspraak om halfnegen,' zei ze. 'Mag ik misschien even voor gaan?' Ze duwde het blauwe gevaarte nog wat naar voren. Volgens mijn horloge was het twee minuten voor halfnegen. Met die rollator ging ze in twee minuten nergens komen.

'Gaat u maar even voor, mevrouw,' zei ik.

Op het scherm van mijn BlackBerry zag ik dat ik een oproep had gemist van Monique. Wat zou ze willen? Helvoeth was gisteren eerder teruggekomen uit de VS. Hij had aan de lopende band gesprekken met overnamekandidaten, voornamelijk Amerikaanse kantoren. Mieke had gisteren voor tien uur een afspraak met Helvoeth in mijn agenda geplaatst. Hij wilde de conclusie van antwoord in de Pravo-zaak bespreken. Dat moest ineens op stel en sprong, terwijl het ding vier weken op zijn bureau had gelegen. Ik keek op mijn horloge. Als ik snel aan de beurt was, had ik een uur om de conclusie van antwoord te lezen. Ik had natuurlijk wel delen doorgenomen. De notities van de muizen had ik gezien, althans, die hadden we gezamenlijk besproken. Ik wist wat erin stond.

Bij het afrekenen haalde het oude vrouwtje een kleine beurs uit haar handtas. De inhoud kieperde ze op de toonbank. Munten rolden alle kanten op. Het meisje van de stomerij – deze week was haar haar blauw geverfd – maakte een berg van het kleingeld en begon de munten te sorteren.

Het vrouwtje draaide zich verontschuldigend naar me om. 'U heeft toch geen haast?'

'Nee hoor, mevrouw. Doet u rustig aan.'

Ik had altijd haast. Haast was het ritme van kantoor. Alles gebeurde bij Schwaab & Helvoeth met een tempo dat ongeduld verraadde. Naar het secretariaat lopen, de telefoon beantwoorden, de manier waarop je 's ochtends je jas uittrok – alles ging gehaast. Ik beet op mijn onderlip. Wat moest ik allemaal doen vandaag? Mijn kortetermijngeheugen liet me de laatste tijd voortdurend in de steek. Ik kon iets printen, naar de printer lopen en zijn vergeten wat ik daar kwam doen. Eigenlijk zou ik mijn geheugen moeten trainen. Memory kopen. Ik noteerde het in mijn BlackBerry.

Terug op mijn fiets voelde ik de eerste aarzelende druppels van een regenbui. Dit was het laatste wat ik kon gebruiken. Ik duwde mijn trappers harder naar beneden. Mijn tas met drie ongelezen dossiers balanceerde op de bagagedrager achter op mijn fiets. Ik kon het niet laten een aantal dossiers mee naar huis te nemen wanneer ik kantoor bij de ochtendschemer verliet. Het was dwaasheid, want tijd om de dossiers te lezen was er niet. Thuisgekomen had ik nog net genoeg energie om mijn kleren uit te trekken. De meegenomen dossiers gaven me 's nachts een vals gevoel van controle over mijn werk, dat in de ochtend van plaats verwisselde met gevoelens van schuld. Waarom had ik nog niets van die dossiers gelezen?

Op het kruispunt van de Stadionweg en de Beethovenstraat trotseerde ik het rode licht. Net voordat de auto's optrokken, maakte ik de bocht naar links. De regen ratelde nu op mijn broek. Mijn dijbenen werden enigszins beschermd door mijn lange jas, maar de onderkant van mijn pantalon leek op een volgezogen theedoek. Kon ik weer naar de stomerij. De vraag was alleen: wanneer?

Met een doorweekte broek stapte ik de hal van kantoor binnen. Het regenwater druppelde op het marmer. Ellen, de receptioniste, was haar nagels aan het vijlen. Mijn gedachten gingen naar de eerste keer dat ik haar zag. Mijn entree op kantoor, nu ruim vijftien maanden geleden. Wat vond ik haar toen een intimiderende verschijning.

'Goedemorgen, Ellen.'

'Eppo, wacht even.' Ellen wenkte me naar haar balie. Ze boog voorover zodat ik uitzicht had op haar decolleté. Met haar hand bij de mond fluisterde ze: 'Er heeft een journalist voor je gebeld.'

Ik probeerde mijn gezicht in de plooi te houden. 'Een journalist?'

Ellen knikte bezorgd. 'Drie keer. Mieke weet ervan. Je hebt toch niets verkeerd gedaan?'

Ik stelde Ellen gerust en snelde naar de lift. Een journalist? Wat zou die van me willen?

Op de zevende verdieping was het al een bedrijvige drukte. Telefoons rinkelden onophoudelijk. Vanuit hun kamers aan de buitenring van de Schwaab-schwanz brachten advocaten bandjes naar secretaresses. Een jongen van Beheer plaatste een nieuwe tank op een waterkoeler. Hij liet het gevaarte bijna uit zijn handen vallen. Er was een pakketje bezorgd waarvan niet duidelijk was voor wie het bestemd was. Het glaswerk op de verdieping – deuren, panelen van de kamers van de advocaten, de ramen, alles eigenlijk – werd onder handen genomen door dames met blauwe schorten en gele rubberhandschoenen. Met een groen emmertje sop in de hand trokken ze als een ruitenwisser over de afdeling.

Mieke staarde geconcentreerd naar haar beeldscherm. Ze vulde een kruiswoordpuzzel in.

'Mieke, volgens de receptie heeft er een journalist voor me gebeld.'

Ze drukte op haar muis, weigerde me aan te kijken en zei: 'Goedemorgen, Mieke. Heb je lekker geslapen?'

Ik zuchtte.

'Goedemorgen, Mieke. Heeft er een journalist voor me gebeld?'

'Ja, dat klopt. Hij wilde niet zeggen waarover hij belde.' Ze keek me aan. 'Je zult wel iets hebben misdaan.' Een valse glimlach besloot haar zin.

'Wat was zijn naam?'

'Ben ik vergeten. Hij zou terugbellen.'

'Mieke...'

Mijn BlackBerry zeurde om aandacht. Mieke maakte van de gelegenheid gebruik door mijn aanwezigheid verder te negeren.

'Monique?'

'Ben je op kantoor?' Haar stem klonk bits.

'Ja, wat is er aan de hand?'

'Dat kun jij me beter uitleggen, Eppo. Ben je op je kamer?'

'Ja, maar...'

'Blijf daar. Ik kom er nu aan.'

Ik keek verbaasd naar Mieke, maar zij had mijn gesprek met Monique niet gevolgd. Haar aandacht was alweer opgeslokt door haar kruiswoordpuzzel.

Monique stapte geïrriteerd door de kantoortuin, in de richting van de kubus van Mieke. In haar hand had ze een document. Ik zwaaide. Ze liep stoïcijns door. Het leek me beter naar mijn kamer te gaan. Wat Monique ook wilde bespreken, het was niet verstandig dat in het bijzijn van het secretariaat te doen. Ik gebaarde naar Monique dat ik alvast naar mijn kamer ging.

Monique deed de deur met een smak achter zich dicht.

'Waarom heeft Florentine een conclusie van antwoord opgesteld in de Braspenning-zaak?' Ze plantte haar handen in haar zij.

Ik versteende. 'Wat bedoel je?'

Hoe was ze erachter gekomen? Ik kon Florentine zien zitten in de bibliotheek. Monique die nietsvermoedend vraagt waar ze mee bezig is, Florentine die vertelt dat wij de gemeente Nuenen vertegenwoordigen in een zaak tegen een voormalige docent, een vermeende pedofiel. 'Je zou die verklaring van het slachtoffer moeten lezen.' Waarom had ik het stuk niet zelf geschreven?

'Precies zoals ik het zeg.' Ze reikte mij het stuk aan dat Florentine had opgesteld. 'Dat is toch een conclusie van antwoord. Tegen onze eigen cliënt. Wat is hier aan de hand, Eppo?'

Het leek toen zo'n goed idee, die avond dat Florentine om werk verlegen zat. Het was heel eenvoudig. Ik had gewoon het Word-document van de door Monique opgestelde dagvaarding gewijzigd, zodat mijn naam en ons kantooradres werden vervangen door die van een andere imaginaire advocaat. Voor het overige kon de tekst worden gehandhaafd. 'Je mag de wederpartij, die Braspenning, echt vernederen,' had ik gezegd. En dat had ze gedaan. Het was een prachtig stuk geworden, al zeg ik het zelf. Alle argumenten die Monique met pijn en moeite naar voren had gebracht, had Florentine gefileerd. Nu moest ik een verdomd goede reden verzinnen waarom ik Florentine had gevraagd een conclusie van antwoord voor de gemeente Nuenen te schrijven.

'I-ik heb dit volgens mij nog niet gelezen.' Ik nam het stuk uit haar hand. 'Heeft Florentine dit opgesteld?'

'Ja, op jouw verzoek, laat daar geen misverstand over bestaan.'

Mijn god, dacht ik, zou Monique de situatie aan Florentine hebben uitgelegd? Zou ze in haar razernij hebben gezegd dat Braspenning onze cliënt was? Anderen zouden haar hebben kunnen horen. Zulke verhalen gaan als een lopend vuurtje door kantoor. Straks wisten de dames van receptie het en dan kon het net zo goed in de krant staan. Ineens drong het tot me door. Dat was natuurlijk waarom die journalist had gebeld. Ik wilde ter plekke sterven.

'Heb je tegen Florentine gezegd dat jij de dagvaarding hebt opgesteld?'

Monique keek mij geïrriteerd aan, ontevreden met mijn ontwijkende antwoorden op haar vragen. Ik had het vuur in haar aangewakkerd en nu keerde het zich tegen mij.

'Nee.' Ze liet een pauze vallen om de impact van haar volgende zin te vergroten. 'Maar als jij geen goede verklaring hebt voor je gedrag is dat het eerste wat ik ga doen.'

Het was niet moeilijk te bedenken wat de volgende stap van Monique en Florentine zou zijn. Verraad, natuurlijk, dat zou het zijn. Naar een partner zouden ze gaan om hun eigen onschuld zo snel mogelijk te bewijzen. Ze zouden naar Foekje gaan en haar vertellen wat ze hadden ontdekt. En mijn patroon zou er niets van begrijpen. De zaak was toch helemaal niet aangenomen? Ik moest iets verzinnen.

Ik pakte Monique bij haar schouders en draaide haar weg van de deur. 'Goed dat je niets tegen Florentine hebt gezegd,' zei ik. 'Het zou alles hebben verpest.'

Ze keek me ongelovig aan. 'Wat?'

'Mijn voorbereiding.'

Monique maakte geen bezwaar tegen mijn handen op haar schouders. 'Wat bedoel je?'

'Ik wil mij zo goed mogelijk voorbereiden op de reactie van de wederpartij. Voor Foekje is dit echt een belangrijke zaak. Dankzij die conclusie van Florentine kan ik nu al de argumenten waar de wederpartij straks mee gaat komen weerleggen. Dat kunnen wij samen doen.'

Monique keek me aan, eerst achterdochtig, maar toen met het begin van een glimlach op haar gezicht. Mijn lieve medeplichtige.

'En die arme Florentine denkt dat ze een echte conclusie heeft geschreven.' Monique moest er nu een beetje om lachen.

'Als ik had gezegd dat het een oefening was, had ze nooit zo'n goede conclusie geschreven. Ze heeft ons wel van katoen gegeven, vind je niet?'

Ik streelde een pluk haar van het voorhoofd van Monique weg. Verlegen wendde ze haar gezicht naar de grond.

'Je bent gemeen.' Nu keek ze mij weer aan. 'Op welk dossier moet ze dit nou boeken? Het zijn allemaal niet-declarabele uren.'

'Dat komt wel goed,' zei ik. 'Als we deze zaak winnen, is er genoeg te verdelen.'

'Als we deze zaak winnen. Zo eenvoudig is dat niet, meester Boetselaar.' Ze zei het plagerig.

Mijn vaste telefoon ging. Het was Lidy, de secretaresse van Helvoeth.

'Eppo, meneer Helvoeth zou je nu graag willen ontvangen.'

Het was tien uur geweest. Shit. 'Ik kom er nu aan.'

Helvoeth was niet alleen op zijn kamer. Rinzema zat tegenover hem in de wit lederen zithoek. De conclusie van antwoord lag op de glazen bijzettafel.

'Van Boetselaar, kerel, Marcus wil even iets met je bespreken.'

Ik nam plaats op de bank.

'Het gaat om je omzetcijfers,' zei Rinzema. 'Die zijn nogal hoog.'

Rinzema liet mij een aantal gekleurde staafdiagrammen zien. 'Er zit geen natuurlijke lijn in de uren die je schrijft. Kijk.' Met zijn afgekloven vinger volgde hij een curve. 'Dit is een hockeystick. Dat zie je eigenlijk alleen bij *fast moving consumer goods*.'

Ik bestudeerde het papier van Rinzema. 'Ja,' zei ik, 'ik ben ook heel tevreden met hoe het gaat.'

'Rinzema wilde even met mij bespreken of je echt al die uren hebt gemaakt,' zei Helvoeth. 'We willen geen vorkschrijvers op kantoor. Maar als ik die conclusie van antwoord in de Pravo-zaak lees...' Hij pakte de conclusie van de tafel en bladerde er voor de vorm doorheen. '...kan ik niet anders dan concluderen dat je heel hard hebt gewerkt. Honderdtwintig pagina's! Als ik niet beter zou weten, zou ik denken dat je een hele sectie aan het werk hield.' Helvoeth lachte. 'Van Boetselaar, kerel, ik zeg het niet graag, maar het ziet er verdomd goed uit. Het staat als een kaartenhuis.'

'Dank u wel.'

Helvoeth keek naar Rinzema. 'Zie je wel, Marcus, niets aan de hand. Eppo is een voorbeeld voor ons allen.' Hij gaf mij een knipoog.

In de lift naar de zevende verdieping gleed de spanning uit mijn lichaam. Ik draaide met mijn nek om mijn spieren te ontspannen. Ik masseerde mijn schouder. Het zoemde in mijn binnenzak.

'Wat is er nu weer, Mieke?'

'Niets. Die journalist heeft weer voor je gebeld. Hij heet Paul de Man. Hij belt terug.'

38

Mijn hart bonsde in mijn keel op de cadans van de trein. In mijn tas – ik hield hem op mijn schoot – zat de conclusie van antwoord die Florentine had opgesteld. Het bewijs dat ik de dader was. Angstvallig hield ik het leren hengsel vast. Ik keek om mij heen wie mijn bagage zou willen stelen. Twee bankjes verder zaten een opa en oma met hun kleindochter. Het meisje weigerde stil te blijven zitten. Aan de andere kant van het gangpad zat een man in een pak op een laptop te werken. Naast zijn stoel stond een grote zwarte koffer, typerend voor accountants. Of zou hij een forensisch rechercheur zijn? Ik drukte mijn tas tegen me aan.

Ik was te ver gegaan. Monique was er bijna achtergekomen. Door Florentine in te schakelen had ik een onacceptabel groot risico genomen. Wat wist ik eigenlijk van haar? Ik moest niet vergeten de uren die ze geboekt had uit CarpeDiem te verwijderen. Ik maakte een aantekening in mijn BlackBerry. Meteen verschenen de reminders op mijn beeldscherm. Ik drukte zeven keer op 'negeren' en stak het apparaat weer in de binnenzak van mijn jasje, die ik aan de haak bij de lege stoel tegenover mij had gehangen. Ik had moeten rennen om de trein te halen. Onder mijn armen was het transpiratievocht in mijn overhemd getrokken.

Het kon goed komen. Het was niet onmogelijk. Had ik in het verleden niet bewezen een enorme achterstand weer goed te kunnen maken? Het was mijn handelsmerk bij SC Oud-West: 'Comeback Eppo'. Mijn studie, nog zo'n schijnbaar verloren zaak, had ik ook mooi op het laatste moment afgemaakt.

Mijn volgende stap lag eigenlijk voor de hand. Hij was zo logisch dat hij mij niet eerder was opgevallen. De zaak moest geschikt worden. Schikking was in ieders belang. Daar moest ik nu alleen Braspenning van zien te overtuigen. Florentines conclusie van antwoord – het moordwapen – zou me daarbij helpen.

Het zou een slechtnieuwsgesprek worden. Slecht nieuws, zo had ik geleerd tijdens de beroepsopleiding, moest je in één keer brengen. Niet dralen, geen inleiding, gewoon: pats, boem. Bij zeer slecht nieuws was het van belang dat je de boodschap meerdere malen herhaalde. De ontvanger van heel erg slecht nieuws zal het namelijk eerst niet willen geloven. Hij zal het bestaan van het slechte nieuws simpelweg ontkennen. Doof zal hij ervoor zijn. Slecht nieuws moet je drie keer herhalen, in min of meer dezelfde bewoordingen. Gevoelsreflectie was ook belangrijk. Door de gevoelens van de ander te erkennen en te benoemen, zou de boodschap beter overkomen. En nu had ik heel erg slecht nieuws. Ik zou tegen Braspenning zeggen dat ik mij heel goed kon voorstellen dat hij zwaar getroffen was door de conclusie van antwoord.

Was het goed te praten wat ik had gedaan? Ik overpeinsde de stappen die ik had gezet, ging terug naar de T-splitsing waar ik naar links was gegaan, terwijl rechts ook een optie was geweest. Wat zou er zijn gebeurd als ik eenvoudigweg had opgebiecht dat ik de dagvaarding was vergeten aan te brengen bij de rechtbank? 'Het spijt me, meneer Braspenning.' Hij zou me hebben aangekeken, onthutst, en dan? Hij zou hebben geëist dat Foekje zou worden geïnformeerd. Mijn patroon zou genoodzaakt zijn geweest om Verdonk in te lichten, misschien zelfs Helvoeth. Nu ik erover nadacht: het was een beroepsfout! Het vergeten aan te brengen van de dagvaarding was een fout waar kantoor aansprakelijk voor was. Braspenning zou een claim kunnen indienen. Voor zo'n knoeperd van een fout waren we niet eens verzekerd. Kantoor zou de portemonnee moeten trekken. Nee, ik had de juiste keuze gemaakt.

Ook voor Braspenning was het beter zo. Die koppige vent. Mijn cliënt zou naar een andere advocaat zijn gegaan, een die hem het juridische moeras in zou trekken. Incidenten, aanhoudingen, comparities, bewijsopdrachten, getuigenverhoren. Je zou ze de kost moeten geven, de cliënten die strijdlustig een juridische procedure in gaan, overtuigd van hun heilige gelijk, hun morele gelijk. Maar de lange weg die voor hen ligt kunnen ze niet overzien. Op een dag komt dan het vonnis – net zo plotseling als de zaak was begonnen – en zijn ze vergeten dat de uitkomst ook negatief kan zijn, dat waar ze zo lang op hebben moeten wachten beter nooit uitgesproken was geweest. Na het verlies volgen de verwijten, het zwarte gat, en de onvermijdelijke beslissing om in hoger beroep te gaan. Weer het wachten, het uitstel, het resultaat dat nooit zal bevredigen.

Dit alles zou ik Braspenning besparen. Laten we wel zijn, ik kon mijn tijd ook beter besteden. Dit was een cliënt die rücksichtlos beslag legde op mijn kostbare uren, een cliënt waar kantoor geen grijpstuiver aan verdiende of zou verdienen. Het was simpelweg in ieders belang dat de zaak op deze manier zou worden geschikt. De zaak zou verdwijnen, ik zou mij weer kunnen concentreren op zaken die prioriteit hadden, zaken van landsbelang, de zaak-Pravo bijvoorbeeld. Het enige wat ik nu diende te doen, was overtuigen. 'Overtuigingskracht, Eppo, dat is waar je een goed advocaat aan herkent. Het gaat niet om gelijk hebben, het gaat om gelijk krijgen.' Foekje zou eens moeten weten hoe ik haar lessen in de praktijk ging brengen.

Ik zat in de trein van Amsterdam naar Eindhoven. Daar zou ik een taxi nemen naar Nuenen. Tegen Braspenning had ik gezegd dat ik de conclusie van antwoord van de gemeente Nuenen persoonlijk zou komen toelichten. Slecht nieuws moet je altijd persoonlijk brengen.

Het complex waar Braspenning woonde was niet de zeventiende-eeuwse koopmanswoning die de naam – Het Steenen Huys – suggereerde. Het was een ellipsvormige, grijze nieuwbouwflat met een winkelgalerij op de begane grond. Een betonnen trap leidde me naar de tweede galerij, waar Braspenning me in de open deur stond op te wachten. Hij had stevige wandelschoenen aan zijn voeten, een geruit hemd was in zijn broek gestopt. Mijn cliënt hield een zakdoek onder zijn neus.

'Je bent dus echt gekomen. Ik dacht dat je een grapje maakte toen je zei dat je langs zou komen.'

Ik gaf hem een kleverige hand. 'Ik ben bang dat ik slecht nieuws heb.'

'Je kunt je jas daar ophangen. Wil je koffie?'

'Graag.'

Het keukenblok, de leren banken en de eettafel bevonden zich allemaal in dezelfde ruimte. Het was donker in zijn flat, die leek op een kamer van een budgethotel. Lamellen hielden het zonlicht buiten. De meeste wanden, beplakt met vaal behang, waren kaal, behoudens wat doodgeslagen muggen. De muur bij de zithoek hing vol met fotolijstjes. Zou hij hier ook met zijn vriend, zijn man, hebben gewoond? Braspenning vulde uit een glazen pot een blauwe mok, die al stond te wachten op het aanrecht. Hij liep met een schoteltje stroopwafels naar de rotan koffietafel die tussen de leren banken stond. Behalve een overbevolkte asbak was het meubel leeg.

'Ga zitten.'

Toen ik de fotomuur dichter was genaderd, zag ik dat het klassenfoto's waren. De hele muur was van boven naar beneden behangen met kleurige schoolfoto's, in van die goedkope lijstjes.

'Het zijn er vijfentwintig,' zei Braspenning. 'Al mijn klassen. Vroeger dacht ik dat het er veertig zouden worden.'

Ik maakte een snelle rekensom. Gemiddeld dertig kinderen per klas, maal vijfentwintig, maakte zevenhonderdvijftig kinderen. Hoeveel Machiels zouden daartussen zitten? Hoeveel kinderen zou hij straflessen hebben gegeven? Mijn gedachten gingen naar het jongetje dat in zijn blootje over de bok sprong.

Braspenning zat als een hopman tegenover me, de onschuld zelve. Ze hadden hem vertrouwd en hij had hun vertrouwen geschonden. Op de meest verschrikkelijke manier. Sommige van die kinderen waren nu net zo oud als ik, ouder zelfs. Zouden ze nog vaak aan hun oude gymleraar denken? Ik tilde de koffiemok naar mijn mond. Mijn hand trilde.

'Het spijt mij het te moeten zeggen, maar ik heb slecht nieuws.'

'Wil je een stroopwafel?'

Ik pakte een koek van de schotel die hij presenteerde. De stroop sijpelde ertussenuit.

'Ik heb ze even in de magnetron gedaan. Ben je met de auto?'

'Met de trein.'

'Het is ook een prima verbinding naar Eindhoven. Het verkeer kan verschrikkelijk zijn.'

'Ik heb de conclusie van antwoord van de gemeente ontvangen.' Ik opende mijn tas om het door Florentine opgestelde stuk te pakken. 'Die is vernietigend.'

'Laat maar 'ns lezen.'

Braspenning las de conclusie van antwoord in stilte. Af en toe ontsnapte er een verontwaardigd geluid uit zijn neus. Een plastic klok aan de muur gaf aan dat het elf uur was. Ik hoopte om een uur weer terug op kantoor te zijn. De bank waar Braspenning op zat te lezen, was opengekrast. Een dikke poes sprong op mijn schoot. Ik veerde op van de bank.

'Je hoeft niet te schrikken van Dreyfus. Hij doet niemand kwaad.'

Ik aaide de kat over zijn herfstvacht. Dreyfus begon meteen te spinnen. Speeksel droop in een lange sliert uit zijn bek. Hij draaide drie rondjes op mijn bovenbenen, zijn dikke staart achterna, plantte zijn nagels in mijn dijen en ging toen tevreden zitten. Mijn pak zat meteen onder de haren.

Braspenning las onverstoorbaar verder. Zijn ogen gingen stoïcijns over het papier. Florentine had twintig pagina's vol getypt, opgeluisterd met de bij Schwaab & Helvoeth gebruikelijke hoeveelheid verwijzingen naar jurisprudentie. De wederpartij mocht weten dat Schwaab & Helvoeth de grootste juridische bibliotheek van Europa had. Hele blokken rechtspraak werden in de processtukken gedumpt. Het knowhow systeem van kantoor werd minutieus bijgehouden door de medewerkers van het wetenschappelijke bureau. Wie de laatste uitspraken over bijvoorbeeld bewuste roekeloosheid nodig had, hoefde alleen maar te knippen en te plakken. De rechter zou het natuurlijk niet allemaal gaan navlooien – daar zou hij maanden voor nodig hebben – het archief was bedoeld om indruk te maken.

Ik zag dat Braspenning de laatste pagina's had bereikt. Nu werd het spannend, want het venijn zat in de staart. Ik had Florentine een eis in reconventie laten opstellen. De gemeente wilde schadevergoeding van Braspenning, omdat hij de reputatie van de school opzettelijk had aangetast.

Braspenning sloeg de laatste bladzijde om en bleef stil zitten, in gedachten verzonken.

'Ik kan mij voorstellen dat u ervan bent geschrokken.'

Stilte.

'Ze hebben wel alles uit de kast gehaald.'

Hij diepte een zakdoek uit zijn broekzak, snoot zijn neus.

'Wij wisten van tevoren dat het een lastige zaak zou worden, maar dit is redelijk vernietigend.'

'Wil je nog koffie?'

Mijn beker was nog voor de helft gevuld, het restant was koud geworden. 'Nee, dank u.'

'Dreyfus is een *ragdoll.* Dat zijn heel bijzondere poezen, gefokt door een Amerikaanse vrouw. In Amerika worden die poezen enorm groot. Maar hier in Nederland blijven ze redelijk binnen proportie. Ze passen zich aan hun omgeving aan.'

Ik aaide Dreyfus, die onder luid gespin zijn staart omhoog bewoog.

'Wat vindt u van de conclusie van antwoord?'

Mijn cliënt stak een sigaret op. De geur van tabak prikte in mijn neus. Hij stond op, liep naar het raam, opende de lamellen. Mijn ogen moesten even wennen aan het licht. Braspenning staarde naar buiten, gehuld in een wolk van rook.

'Meneer Braspenning, begrijpt u wat die eis in reconventie betekent? De gemeente houdt vol dat u schuldig bent. Ze willen geld van u.'

Uit zijn broekzak haalde hij een inhaler. Met in de ene hand zijn sigaret en in de andere de inhaler zoog hij beurtelings aan het apparaat en de peuk. Na drie pufjes stak hij de inhaler weer in zijn broekzak. Hij hoestte, het slijm kwam vrij.

'Het beste is de zaak te schikken. Met gesloten beurzen. Partijen verlenen elkaar finale kwijting. Het zal lastig zijn, maar ik denk dat ik meester Blackstone wel kan overtuigen. Het is ook in het belang van zijn cliënte.'

'Astma. Heb ik ineens gekregen. Als ik hier de trap op loop, beginnen mijn longen al te piepen. Voor een docent lichamelijke opvoeding is dat een ramp, Eppo.' Hij blies sigarettenrook naar de vergeelde plafondplaten. 'Ik zou eigenlijk niet moeten roken. Maar ja, er zijn wel meer dingen die je eigenlijk niet zou moeten doen.'

De opmerking bleef in de lucht hangen. Braspenning keerde terug naar de bank. Hij drukte de sigaret uit in de asbak en nam een hap uit een stroopwafel, maar die smaakte hem blijkbaar niet. De wafel ging terug op het schoteltje, bij de andere. Braspenning staarde, ingezakt op de bank, naar de koek waar hij de hap uit had genomen.

'Ik begrijp heel goed dat u zwaar getroffen bent door dit nieuws.'

'Ik heb het niet gedaan, Eppo. Je gelooft mij toch wel?'

'Daar gaat het niet om. Het gaat erom of ik de rechter ervan kan overtuigen dat u onschuldig bent. Gelijk hebben en gelijk krijgen, zijn twee verschillende zaken, meneer Braspenning. Dat moet u van me aannemen.'

Braspenning stond weer op, geagiteerd. Snoevend liep hij naar de zonwering, hij trok woest aan het koord. De lamellen schoten verward naar elkaar toe. Het zonlicht werd weer buitengesloten.

'Als ik jou niet heb overtuigd, dan wordt het lastig de rechter te overtuigen, nietwaar?'

'Het is niet te laat om te stoppen...'

'Nóóit, hoor je me, nóóit zal ik stoppen.' Speeksel schoot, geschrokken, uit zijn mond.

Ik zweeg.

'Die kwajongen heeft alles gefabuleerd. Ik ben nota bene vrijgesproken. Je kunt mij toch niet wijsmaken dat dat niets betekent. Dat een andere rechter denkt: en nu gaan wij even na of hij schuldig is.'

'Meneer Braspenning, ik begrijp heel goed dat u...'

'Hou op met die psychologische quatsch. Vertel mij gewoon hoe het zit. Ik ben geen klein kind.'

'Ik denk niet dat wij kunnen bewijzen dat de gemeente wist dat u onschuldig was. Dat is wat wij moeten bewijzen.'

'Moeten we die jongen niet onderwerpen aan een doktersonderzoek? Die dokter Wassenberg, die man die Pravo vrij heeft gekregen, kunnen we die niet vragen om hem te onderzoeken? Die man schijnt een kei in zijn vak te zijn.'

'Dat heeft toch geen enkele zin, na al die jaren.' Ik stak mijn armen wanhopig in de lucht. 'Machiel heeft zijn verklaring niet ingetrokken. Die staat zwart op wit.'

'Die verklaring was afgedwongen!'

'U begrijpt toch wel dat de gemeente hem als getuige kan oproepen? Is dat wat u wilt? Dat alles weer wordt opgerakeld? Uw foto op de voorpagina van het *Eindhovens Dagblad*?'

Met zijn hand schoof Braspenning de lamellen uit elkaar. Hij tuurde naar buiten.

'Daar heb je ze weer,' zei hij tegen zichzelf, 'die etterbakkies.' Hij draaide zijn gezicht naar mij, nog altijd met zijn hand tussen de lamellen. 'Drie jongens met brommers. Als ik naar buiten ga, schelden ze mij uit. Vieze pedo, kinderverkrachter en al die dingen meer. Geen flauw benul wie het zijn.'

Braspenning ging weer tegenover mij zitten, stak een nieuwe sigaret aan.

'In de flat naast mij woont een alleenstaande moeder met haar dochtertje van zeven. Dat meisje mag niet met mij praten. Als ze buiten aan het spelen is, hiervoor bij de parkeerplaats, en die moeder ziet dat ik ook buiten ben, roept ze haar dochter naar binnen. Ik word opgebeld, vaak midden in de nacht, door een vrouw met een Rotterdams accent. Ze zegt dat ze mij in de gaten houdt. "Ik hou je in de gaten, viezerik." Dan hangt ze weer op. Begrijp je dan niet dat ik voor de buitenwereld nog steeds een pedofiel ben?'

'Maar als u verliest, dan zal dat alleen maar erger worden.'

'Wat heb ik te verliezen? Mijn baan? Mijn huis? Mijn man? Mijn reputatie? Ze hebben alles al van mij afgenomen. Deze zaak is het enige wat ik nog heb. Ik sta ermee op, ik ga ermee slapen. Het is de enige reden waarom ik al die onzin kan verdragen. De verdachtmakingen, scheldpartijen, vernielingen, blikken op straat. Wacht maar, denk ik dan, mijn beurt komt nog wel.' Hij nam een slok koffie. 'We gaan door, Eppo.'

Dit was het moment. Hier moest ik de grens trekken. Nee, meneer Braspenning, het is een heilloze weg. We gaan schikken. Twee zinnen verwijderd van het einde. Het dossier zou gesloten kunnen worden. Ik zou het zeggen, ik zou nogmaals mijn excuses aanbieden, zeggen dat het me speet, oprecht, en dan zou ik mijn tas weer dichtdoen – de bespreking was voorbij – en mijn complimenten maken voor de koffie. Ik zou Dreyfus nog een laatste keer aaien en dan zou ik zeggen dat ik me moest haasten voor de trein. Ik zag het allemaal duidelijk voor me. Het was eenvoudig. Het enige wat ontbrak was het moment waarop ik het gezegd had. Maar daarna zou de wereld er anders uitzien, mijn wereld. Opgelucht zou ik in de trein terug naar Amsterdam zitten. De rode dossiermap, de zaak-Braspenning, zou worden begraven, ergens in een lade van mijn bureau.

Ik deed mijn tas dicht. Braspenning trok aan zijn sigaret. Het knetterende geluid van brandend tabak en papier klonk. Mijn das knelde mijn strottenhoofd dicht. Ik nam een laatste hap van mijn stroopwafel. De koek smaakte droog. Mijn kaken bleven kleven aan de stroop. Als een bal zand slikte ik het door. Met mijn tong verwijderde ik de restanten bij mijn tanden. Braspenning wachtte geduldig tot ik was uitgekauwd. Ook hij wist dat dit het moment was. Maar ik bleef stil.

Braspenning herhaalde zichzelf: 'We gaan door, Eppo.'

Toen zei ik het. Het ging als vanzelf. Het was zo'n raar moment. Ik hoorde het mezelf zeggen – het floepte eruit – maar tegelijkertijd was ik het niet. Het was alsof een ander de controle over mijn spraakvermogen had overgenomen. Iets of iemand was in mij gevaren. Geschrokken sloeg ik mijn hand voor mijn mond. Ik keek naar Braspenning. Hij was opgelucht. Hij had het ook gehoord.'Goed,' had ik gezegd.

Braspenning stond gelijk met mij op van de bank. 'Wat is nu de volgende stap?' vroeg hij.

Ik dacht een moment na. Wat was de volgende stap? 'Een comparitie van partijen,' mompelde ik, terwijl ik de kattenharen van mijn broek veegde.

'Wat is dat?'

‘Een speciale zitting op de rechtbank.’

‘Dat moeten we dan heel goed voorbereiden, Eppo.’

Ik bevestigde het belang van een goede voorbereiding, maakte mijn complimenten voor de koffie, aaide Dreyfus nog een laatste keer en zei dat ik me moest haasten voor de trein.

39

Toen Paul de Man mij voor het eerst had meegenomen naar snookercentrum SC Oud-West, bleek hij tot mijn verbazing zelf geen snooker te spelen. 'Mijn lichaamsbouw is niet meer geschikt voor snooker,' was zijn verklaring geweest. Paul gaf commentaar bij de wedstrijden van de anderen en trad op als *referee*, zolang dat op prijs werd gesteld. Intussen hield hij de Random Runner in de gaten. Hij bediende de gokkast met twee tandenstokers, die hij tussen de knoppen had geklemd om ze ingedrukt te houden. Wanneer hij dreigde te winnen, wat zelden het geval was, verontschuldigde hij zich tegenover de spelers en nam plaats achter de Random Runner, één bil op de barkruk. Paul wierp zich op als mijn coach en trainer. Hij leerde me om als eerste de blauwe bal te potten, met veel backspin, zodat wit zich daarna in het pak rode ballen boort om ze in positie te brengen voor een break. Hij liet me met mijn linkerarm oefenen, zodat ik leerde zonder rest te spelen. Na een jaar trainen potte ik mijn eerste century. Mijn trainer noemde me de snookerkoning.

Paul de Man was vijf jaar ouder dan ik en een vriend van Trude, al is het me een raadsel hoe ze elkaar kenden. Bijna mijn hele studie had ik bij hem in huis gewoond. Een stapel verhuisdozen vormde de scheidingswand tussen mijn kamer en de zitkamer, waar Paul in zijn stoel bivakkeerde, met naast zijn stoel, stevig op vier poten, zijn overleden hond, een opgezette teckel genaamd Plato. Hij beweerde dat hij hem ooit bij het grofvuil had gevonden, zijn groene stoel, een enorm gevaarte, net als Paul. Het leer was aan de zijkanten aangetast door één of meer katten. Een voetenbankje klapte omhoog zodra je erin ging zitten, wat bij Paul gepaard ging met een doffe knal. Als een klein kind liet hij zich in het ding vallen.

Even leek het of het meubel zou bezwijken onder zijn gewicht, maar na enig gewankel en gepiep bleef de stoel overeind. Aan het einde van de avond, wanneer de fles koffieroom op was – whisky met koffieroom was zijn huisdrank – moest ik hem er altijd uithijsen.

Uit het niets had hij gebeld. Hoe lang geleden was het dat we elkaar voor het laatst hadden gesproken? Bijna drie jaar? Mieke had hem doorverbonden zonder enige kritische vraag te stellen. 'Hij zegt dat hij journalist is.'

Zijn bulderende stem behoefte geen nadere introductie. Hij wilde iets met me bespreken. 'Een zaak van de hoogste urgentie.' Door de telefoon kon hij niet zeggen wat het was. We moesten bij elkaar komen. '*Entre nous*, Boets.'

Hij wilde op neutraal terrein afspreken. 'Je begrijpt wel wat ik daarmee bedoel,' voegde hij eraan toe. Ik wist niet wat hij bedoelde. Toen ik dat zei werd hij onredelijk, als een kind dat niet in bad wil worden gestopt. Eerst probeerde hij mij er zogenaamd vriendelijk van te overtuigen dat ik wel degelijk wist wat hij bedoelde en toen ik volhield, begon hij steeds driftiger te spartelen. Ik kon hem zo uittekenen. Dat dikke, rode hoofd. Pijp in de hand. Spuug dat uit zijn mond spoot als water uit een tuinsproeier.

'Verdomme, Boets, is dat nou te veel gevraagd, na alles wat we hebben meegemaakt?'

Na alles wat we hebben meegemaakt. Wat bedoelde hij? 'Zijn er bepaalde plaatsen waar je liever niet afspreekt?'

Met tegenzin bevestigde hij mijn suggestie. Ik vroeg welke plaatsen dat dan waren. Aan de andere kant van de lijn deed zich een tijdelijk zuurstofgebrek voor. Nadat hij was gekalmeerd, zei hij: 'Ergens waar geen snookertafel is, Boets. Neutraal terrein. Dat begrijp je toch wel.'

Het had me niet lekker gezeten. Misschien werkte hij wel voor het *Eindhovens Dagblad*. Een onschuldig telefoontje naar Braspenning om te informeren hoe het ging. Mijn cliënt die trots zou vertellen over zijn zaak tegen de gemeente Nuenen. Een belletje naar de gemeente om een reactie. 'Zaak? Die zaak is helemaal niet doorgezet. De dagvaarding is nooit aangebracht bij de rechtbank.'

Dat zou mijn oude vriend eerst even met mij willen bespreken. Een zaak van de hoogste urgentie.

Daar zat hij. Met zijn bolle rug naar de deuropening. Zijn stoel was te klein voor zijn lichaam. Het was zo'n rank Frans modelletje met een open rugleuning. Hij zat voorovergebogen, zijn handen onder de kleine ronde tafel. Buiten de barman, die achter de bar de krant las, was Paul de enige in de kroeg. Hij richtte zich op zodra hij me zag, lijzig, alsof hij spierpijn had. Hij zwaaide naar me om zichzelf kenbaar te maken. Alsof ik hem anders niet zou zien zitten. Ik liep rechtstreeks naar de bar en bestelde een whisky. Ik gebaarde naar Paul of hij ook wilde. Zijn hoofd ging gretig op en neer.

'Heeft u ook koffieroom?'

'Koffieroom? Voor in je whisky?' De barman, waarschijnlijk de eigenaar van het café, trok een vies gezicht.

'Het is niet voor mij. Het is voor hem.' Ik wees naar Paul, die breeduit grijnsde toen de fles koffiemelk in beeld verscheen.

Hij stond op toen ik met de twee glazen voor hem stond. 'Boets, Ierse koffie. Je hebt het onthouden.' Hij sloeg zijn dikke armen om me heen.

Ik kon de omhelzing niet beantwoorden door de whisky in mijn handen. Ik voelde zijn borsten, herkende zijn lichaamsgeur.

'Ierse koffie drink je met koffie, Paul.'

'Wat een gelul. Wat een onwaarachtige onzin.' Hij hinnikte van het lachen. In zijn omhelzing voelde ik de vetribbels op en neer schudden. Toen liet hij me los. Ik ontknoopte mijn jas en hing hem over mijn stoelleuning.

'Man, wat zie je d'r uit! Ze hebben een echte advocaat van je gemaakt.'

'Ik kom net van mijn werk. Geen tijd gehad om mijn gewone kleren aan te doen.'

'Ben je mal. Een heer kan wat mij betreft nooit overdressed zijn.'

Ik maakte mijn das los, opende het bovenste knoopje van mijn hemd en bewoog mijn nek om ruimte te maken in mijn boord. Paul sloeg het allemaal aandachtig gade, zijn lippen gescheiden.

Toen ik zijn blik ving, griste hij zijn glas van tafel en nam een gulzige slok. Met zijn tong likte hij de whisky van zijn bovenlip.

'Proost,' zei ik.

'O sorry, wat ben ik toch lomp.' Hij plaatste zijn glas weer op tafel. 'We beginnen opnieuw. Eppo, op je gezondheid.'

Hij klonk zijn glas tegen het mijne. We namen allebei een slok. Paul maakte geluid na het drinken. Hij was geen spat veranderd. Misschien had hij wat minder haar. Mijn snookertrainer droeg nog steeds hetzelfde zwarte vest. Zijn handen gingen op en neer over zijn dijbenen. Hij nam nog een slok. Het was stil. Je hoorde alleen het geluid van de barman die de pagina's van zijn krant omsloeg.

'Die O'Sullivan,' zei Paul ten slotte.

Ik keek hem onwetend aan.

'Heb je het niet gevolgd? Man, wat een blamage. Hij is weggelopen. Midden in een wedstrijd. Kwartfinale van de UK Championship, tegen Hendry, afgelopen donderdag, 14 december. Heb je er niets over gelezen?' Hij sloeg zijn hand in verbazing op het ronde tafeltje. Het wiebelde onder zijn gewicht.

Ik schudde mijn hoofd.

'In de zesde frame. Hendry staat 4-1 voor. O'Sullivan opent met een break van 24. Hij komt in een onhandige positie om rood te potten. Kiest een rare bal. Mist. Daarna loopt hij naar Hendry en schudt hem de hand. "Ik heb er genoeg van, *mate*," zegt hij. Hij loopt naar de referee, onze Jan Verhaas, geeft hem ook een hand en loopt weg. De twee blijven verbluft achter. Nog nooit vertoond, zoiets. Ik wist niet wat ik zag, Boets.' Met een zakdoek depte hij zijn voorhoofd droog. 'Speel je nog weleens?'

'Geen tijd. In deze fase van mijn leven moet ik mij even volledig op mijn werk concentreren. Alle tijd die ik thuis ben, breng ik slapend door. Voor de rest ben ik op kantoor. Ik ga als een speer.'

Paul knikte begripvol. 'Ik hoor het al. Jij wilt de koning van de Zuidas worden. Toch zonde. Jij was een verdomd goede snookerspeler.'

'Dat is een spelletje, Paul. Nu kan ik mensen echt helpen. Ik doe een zaak voor een man uit Nuenen, een leraar op een basisschool.' Ik bestudeerde het gezicht van Paul om te zien of er enige reactie was. Maar Paul begon zijn pijp te stoppen. Met het plastic zakje tabak onder zijn kin geklemd ontwarde hij plukjes tabak op zijn buik. 'Die man is ten onrechte beschuldigd van ontucht met een leerling. Ontslagen, belasterd, partner heeft hem verlaten. Hij komt nooit meer aan de bak.'

'Interessant,' zei Paul. Hij stak de pijp aan met een kleine roze aansteker. Ogenblikkelijk vulde de ruimte zich met een zoetige vanillelucht, die me terugvoerde naar de zitkamer op de Nieuwe Achtergracht. 'Misschien moet ik er eens een stukje aan wijden.'

Ik slikte. Nu had ik Paul zelf op het spoor van Braspenning gezet.

'Nee,' zei ik net iets te hard. 'De zaak is nog onder de rechter. Geen publiciteit.' Ik moest snel een ander onderwerp verzinnen. Ik nipte van mijn whisky. 'Heb jij je studie eigenlijk afgemaakt?'

Paul ging rechtop zitten. 'Welke studie, Boets? Ik deed er drie.'

'Heb je er één afgemaakt?'

'Wat denk je zelf? Dat was toch allemaal geleuter.' Hij bukte en stopte een bierviltje onder een poot van de tafel. Toen zijn hoofd weer boven tafel kwam, zag het rood. 'Allemaal gelul, Boets. Ik heb jarenlang de boel bij elkaar gelogen. Nou ja, volgens mij was ik de enige die in mijn leugens geloofde. Maar toen jij ineens klaar was met rechten, die cursus van je, had ik er geen zin meer in. Meteen schoon schip gemaakt. Ik heb me overal uitgeschreven. Al die boeken weggeflikkerd. Nietzsche, wat een verschrikkelijke uitslover was die man.'

Was dit waarom hij met me had afgesproken? Een bekentenis?

'Ik heb nooit iets van hem gelezen.'

'Ik ook niet,' zei Paul. Hij trok aan zijn pijp, maar er kwam geen rook meer uit. Hij loosde voorzichtig wat as in de metalen asbak en stak de pijp weer aan. Hij trok een pijnlijk gezicht. Zijn paarse tong kwam uit zijn mond en hij schraapte er met zijn vinger overheen.

'Tong verbrand,' zei hij. 'Kun je bij de bar even een ijsklontje voor me halen?'

Hij masseerde het ijs over zijn tong. Op zijn shirt ontstond een natte vlek die langzaam groeide. Toen hij klaar was, leegde hij in een keer zijn glas whisky en veegde zijn mond schoon.

'Zeg, jullie doen toch die Pravo-zaak?'

'Ja, hoe weet je dat?'

'Ik lees weleens een krant. En ik zag je zitten in het publiek bij Spijker & Van Twist. In je pak. Je bent erbij betrokken.'

Zijn constatering klonk als een beschuldiging. 'Waarom is dat van belang?'

'Boets, ik ben journalist. Ik schrijf weleens een stukje over die zaak.'

'Ik kan er niets over zeggen.'

'Je weet er niets van.'

Ik haalde mijn hand door mijn haar. 'Paul, je hebt het niet van mij, maar ik doe die zaak praktisch in mijn eentje.'

'Meen je dat?'

Ik knikte terwijl ik een slok whisky nam.

'Je staat er niet echt goed voor.'

'Hoe kom je daarbij?'

'Zoals ik zei: ik lees weleens een krant. Katja trompettert er behoorlijk op los. Het kamp-Pravo straalt enorm veel zelfvertrouwen uit in de pers.'

'Dat komt doordat wij er niets over kunnen zeggen. Dat is beleid van de Staat. Ze doen geen uitspraken over zaken die onder de rechter zijn. Maar dit is een zaak die we niet kunnen verliezen.'

'Werkelijk?'

'Paul, zwart ligt precies voor de pocket.'

'Ik geloof er niets van.'

'Ik kan er natuurlijk niet zoveel over zeggen...'

'Maar?'

'De schade staat nog helemaal niet vast. Het Hof Amsterdam moet zich nog over de zaak uitspreken. Ze zijn gewoon veel te snel gaan procederen.'

'Daar lees je anders nooit wat over.'

'Ach, de onzin die je leest. Meer dan de helft van wat ik over die zaak lees, is gewoon niet waar. Echt. Maar wij kunnen nergens op reageren.'

Paul leunde voorzichtig op het tafeltje. Hij bracht zijn gezicht dichter bij het mijne. Zijn blik ging even naar de barman die nog steeds de krant aan het lezen was.

'Je mag mij niet citeren, hoor,' zei ik, geschrokken van mijn eigen loslippigheid. 'Helvoeth vermoordt me als je dat doet.'

'Nee, natuurlijk niet. Ik bescherm mijn bronnen.'

'Paul, ik heb een beroepsgeheim.'

'Je hoeft me geen dingen te vertellen die geheim zijn, een analyse van de zaak is al heel interessant voor mij. Wat je net vertelde bijvoorbeeld, over die schade. Het zou toch goed zijn als de andere kant van de zaak ook wordt belicht.'

'Dat is waar.'

'Niemand hoeft te weten dat ik die informatie van jou krijg. Jij kan mijn *deep throat* zijn.'

Het was eigenlijk wel een prettige gedachte dat iemand mijn rol kende. Helvoeth zou natuurlijk met alle eer gaan strijken. Zijn foto op de voorpagina. Televisie-interviews. Maar als er een getuige was, een journalist, die later zou kunnen verklaren dat het allemaal mijn werk was geweest, zou dat niet slecht zijn voor mijn carrière. Helvoeth had ook niet het eeuwige leven. Ik moest aan mijn toekomst denken. De koning van de Zuidas. Waarom niet? Paul trok rustig aan zijn pijp. Het rook naar vroeger. Hem kon ik wel vertrouwen.

'Ik zal erover nadenken.'

40

Boven krijg ik een koude hand. Foekjes aanwezigheid vult meteen de kamer. Er is iets veranderd aan haar. Dan zie ik dat ze de stekels heeft ingewisseld voor een strakke scheiding. Het haar is nog steeds kort en peroxideblond, maar nu met gel over haar hoofd gekamd. Haar blik negeert de puinhopen in mijn kamer. Ze zegt niets. Er steekt een hand in de zak van haar lange rode jas, in de andere houdt ze een witte plastic tas. Foekje maakt geen aanstalten de ceintuur van haar jas los te maken of te gaan zitten. Mijn voormalige patroon staat daar maar zichzelf te zijn. Verwacht ze dat ik het woord voer?

'Leuk dat je er bent.'

'Ga je sporten?'

Ik kijk naar mijn kleren – een joggingbroek en een wit T-shirt – alsof ik ze niet zelf heb aangetrokken. 'I-ik wilde even gaan rennen. Buiten... Maar toen ging het regenen. En daarna ben ik ze vergeten uit te trekken.'

'Je vergeet dus nog steeds weleens wat.'

Au. Wat komt ze hier doen? We hebben geen afscheid van elkaar genomen, Foekje en ik. Als een misdadiger werd ik afgevoerd, onder begeleiding van twee mannen van Beheer, in mijn handen een kartonnen doos met wat spullen die ik van mijn bureau had gegrist, onder het toeziend oog van Rinzema en Verdonk. Bevend, alsof ik net uit een koud bad was gekomen, pakte ik wat boeken, mijn koffiekop, het fotolijstje met mijn drie zussen. Terwijl Rinzema maar aan het brullen was. Een eindeloze reeks verwensingen, half Nederlands, half Amerikaans. Het was onverstaanbaar als het geluid van een voorbijkomende hogesnelheidstrein. De lange weg van mijn kamer naar de lift, nagestaard door iedereen. Mieke, verstijfd, met haar hand voor haar mond, keek in afgrijzen naar me. Met gebogen hoofd en een witte doos spullen liep ik mijn dodenmars. Hier kom ik nooit meer terug, dacht ik.

'Er stond nog wat achtergebleven spul van jou op kantoor, dus ik dacht, kom, laat ik die eens even langs brengen.'

Foekje past niet in deze context. Dit huis, mijn hol, waar niemand komt behalve de pizzabezorger. Ze kan zo uit de teletijdmachine van professor Barabas zijn gestapt. Ik heb Foekje nergens anders gezien dan op een advocatenkantoor. Dat is haar natuurlijke habitat. Een paar keer op de rechtbank, maar nooit ergens buiten het juridische. Ik kan haar niet eens bij de bakker plaatsen. Het idee dat zij zomaar mijn huis is binnengestapt, veroorzaakt tijdelijk kortsluiting.

'D-dat is aardig van je. Ik had niet zoveel tijd om mijn spullen te verzamelen. Rinzema en Verdonk stonden bij mijn vertrek als bloedhonden in mijn nek te hijgen.'

Foekje kijkt me aan, een witte plastic tas in haar handen, alsof ze niet weet waar ik het over heb. 'Wat zijn je plannen?'

Ik haal mijn schouders op. 'Eerst maar eens deze zaak afronden. Dan zie ik wel weer.'

Foekje kijkt even in de tas om te controleren of ze alles heeft meegenomen. Dan zegt ze: 'Met Monique Busman is het toch nog goed gekomen.'

'O, ja?'

'Heeft een nieuwe baan.'

'Wat leuk voor d'r. De advocatuur was misschien ook niet helemaal haar ding.'

Foekje zegt niets. Ze bestudeert mijn gezicht alsof ze wil zien of er iets is veranderd. 'Heb je nog contact met haar gehad?'

'Nee, niet nadat ze is vertrokken. Vind je dat ik dat moet doen?'

'Niets moet. Het zou misschien wel aardig zijn. Na alles wat er is gebeurd.'

Haar laatste zin blijft in mijn kamer hangen. Na alles wat er is gebeurd. Wat zou Foekje ervan vinden, van alles wat er is gebeurd? Ik zwijg.

'Heb je het gelezen van de overname?'

Ik had het gelezen. Bea had me wakker gebeld om het te vertellen. Blake & Romley neemt kantoor over. Schwaab & Helvoeth is van de ondergang gered door een Amerikaans kantoor, gespecialiseerd in letselschade. Ambulance chasers.

'Schwaab Blake & Romley – het klinkt niet verkeerd. Biedt het jou nog kansen?'

'Misschien kunnen we wat van ze leren, van de Amerikanen.' Ze trekt de ceintuur van haar rode jas nog een gaatje strakker aan. 'Maar ik ben opgeheven. Onze sectie Letselschade bestaat niet meer, Eppo. Die is samengevoegd met de sectie Life Sciences & Pharma – om bedrijfseconomische redenen, zoals Rinzema dat noemt. Ik werk nu voor onze voormalige vijand, de farmaceutische industrie. Aan de leiband van Diepering.' Ze lacht verontschuldigend.

41

De dag lag als een verlaten strand voor me. Vol mogelijkheden. Op mijn dooie gemak kon ik naar de zee wandelen om een plek te zoeken. Het koele zand dat tussen mijn tenen sijpelde, mijn handdoek, vers gewassen, onder mijn arm geklemd. De zon, net wakker, leek zich nog even uit te rekken en glinsterde op het wateroppervlak. Af en toe roffelde er een kleine golf naar het strand, om te spelen, meer niet. Er was niemand te bekennen. Ik kon mijn handdoek neerleggen waar ik maar wilde, als een sprei op een bed van zand. Mijn huid schrok even van de zonnebrand, koud uit de fles. Liggend opende ik mijn boek dat me ogenblikkelijk meevoerde, ver weg. Het strand – mijn werkdag – was zwanger van de belofte van een mooie dag.

Maar weldra zouden de anderen komen. Mijn territorium zou worden ingenomen. Het zou gedaan zijn met de bedrieglijke rust. Eerst zouden de kinderstemmen komen, onschuldig, maar nadrukkelijk. Dan zou de zon langzaam haar geduld verliezen en geïrriteerd raken. Een strandbal die op mijn handdoek zou ploffen. Gespierde jongens die mooie meisjes achterna zouden rennen. Het zand zou gaan borrelen van de hitte. Boze golven zouden zich meester maken van het strand. De plekken rond mij zouden bezet raken, een voor een. De geur van patat. Zandkorrels op mijn huid, tussen de pagina's van mijn boek. Een huilende baby. Iemand met een radio. Geen plek meer om te zwemmen.

Dat was straks.

Ik nipte van mijn cappuccino. Met de lepel schraapte ik het schuim van de bovenkant, stak het in mijn mond. Er waren nog wat suikerkorrels achtergebleven in de schuimkraag. Rietsuiker. Ik scheurde een hap uit mijn croissant, staarde uit mijn raam. In de toren tegenover mij, de toren van Van Kralingen & Kreupelhout, zat een jongen achter zijn bureau, net als ik. Donkergrijs pak, das, wit overhemd – we hadden broers kunnen zijn. Een vrouw kwam zijn kamer binnen. Een bos bloemen in haar handen. Ze omhelsde de jongen en gaf hem drie zoenen. Ze overhandigde hem de bloemen. Hij keek naar de bos – het was een flink boeket – en sprak zijn bewondering uit. De vrouw – zijn secretaresse – gebaarde dat ze een vaas zou halen.

Mijn telefoon ging. Ik hoorde mezelf zuchten.

'Iemand voor je aan de telefoon.'

'Wie is het, Mieke?'

'Ben ik vergeten. Een man. Een vriend van je. Zegt-ie... Heb je eigenlijk vrienden?' Ik telde in gedachten tot drie. Het strand was ineens heel ver weg.

'Je hebt gelijk, ik zal zijn naam vragen.'

'Laat maar. Verbind hem maar door.'

'Boets, godverdomme, zeg dat het niet waar is. Wat een onwaarachtig verhaal. Werkelijk een catastrofe. Is het waar?'

'M-met wie spreek ik?'

'Boets, je gaat toch geen spelletjes met me spelen? Ik wil gewoon de waarheid weten. Waarheidsvinding, Boets, dat is het enige wat telt.'

'Paul?'

'Ja, natuurlijk. Nou voor de draad ermee, je kunt het ome Paul wel vertellen, is het waar?'

'Paul, waar heb je het over?'

'Vriend, heb je het nieuws niet gelezen? Je bent beroemd. Beroemd zeg ik je. In ieder geval vandaag. Je hebt voor Vladimir Pravo gewerkt. En nu voor de andere kant. Kijk, Boets, dat mag natuurlijk niet. Dat hebben ze je tijdens die cursus van je toch wel uitgelegd? Lag je te pitten, jongen? En er is ook iets met een e-mail. Bondage. Handen op ballen. Ha! Terwijl ik dacht dat je snooker met een keu speelde.' Een bulderende lach. 'Zeg, Boets, ben jij nou de landsadvocaat of hoe zit dat?'

'Wat?'

'Dat is wat ze zeggen. Landsadvocaat Eppo Boetselaar.'

'Wat is dit voor een onzin?'

'Het staat op de site van Katja. Je weet wel: pravovrij.nl. Is het waar?'

Ik surfte naar Katja's website. Daar stond het bericht.

Vandaag maken wij bekend dat landsadvocaat Eppo Boetselaar in strijd heeft gehandeld met de gedragsregels van de Orde van Advocaten. Onlangs hebben wij vernomen dat Boetselaar de advocaat van de Staat is in de zaak die Vladimir Pravo en 26 mede-eisers zijn gestart. Voordat hij voor de Staat werkte, heeft hij echter de belangen van Vladimir Pravo behartigd. Katja Janikova heeft contact met hem opgenomen en hem inzage gegeven in vertrouwelijke stukken uit het dossier. Mr Jan Hoekstra, specialist op het gebied van tuchtrecht, spreekt van een ernstige overtreding. 'Het kan niet zo zijn dat je twee tegenovergestelde belangen dient als advocaat.'

Boetselaar kwam eerder in opspraak wegens een e-mail die hij verstuurde naar een vrouwelijke medewerker. In de e-mail, die wij uit vertrouwelijke bron hebben mogen ontvangen, maakt Boetselaar seksuele toespelingen en brengt hij de vrouw ernstig in diskrediet. Vladimir Pravo zal bij de deken van de Orde van Advocaten een klacht tegen Boetselaar indienen.

'W-wat is dit?'

'De site van Katja. Is het waar, Boets? Wat kun je soms toch een rund zijn, makker. Je bent er gloeiend bij.'

'Nee, natuurlijk is het niet waar. Dit, dit slaat nergens op. Het is de grootst mogelijke onzin. Dit is pure laster.'

'Rustig, rustig. Eerst even de feiten, Boets. Beweer jij, Eppo Boetselaar, dat Katja geen contact met je heeft opgenomen? Zeg jij dat ze je geen inzage heeft gegeven in vertrouwelijke stukken?'

'Paul, ze is één keer bij me geweest...'

'Warempel, het is dus toch waar. Een catastrofe. Mag ik je quoten, Boets?'

'Nee!'

'Wil je *off the record*? Dat kan bij mij, Boets. Off the record kan altijd, gabber.'

'Het slaat helemaal nergens op.'

'Is dat je reactie?'

'Nee! Ik reageer nergens op. Geen commentaar, Paul, dat is mijn reactie.'

'Boets, makker, dat is toch geen reactie? Luister nou 'ns even naar je oude vriend. Het wordt juist nieuws door geen commentaar te geven.' Hij pauzeerde in afwachting van een reactie die niet kwam. 'Luister, maestro, dit komt gewoon niet goed over op de lezer. Geen commentaar, dan lijkt het alsof het zaakje stinkt, alsof je iets te verbergen hebt. Hebben jullie geen persvoorlichter of zo?'

'Geen commentaar, Paul.'

Op dat moment stormde Rinzema mijn kamer binnen. Met opgerolde hemdsmouwen. Ik slikte. 'Ik moet nu echt ophangen, Paul. Tot ziens.'

Rinzema hield zijn hand op het apparaat aan zijn broekriem, zijn BlackBerry. '*What the fuck*, Boetselaar. Wat heb je nu geflikt?'

'I-ik kan het uitleggen.'

'Ik heb al drie journalisten aan de telefoon gehad.'

'Het gaat nergens over, echt niet.'

'Bestaat er een e-mail van jou aan een vrouwelijke medewerker?'

'Ja, maar dat stelt niets...'

'Jezus, Boetselaar. Wie weet hier nog meer van?'

'Iedereen, iedereen kent die e-mail.'

'Bullshit, je zit vol bullshit, Boetselaar. Geef me je pasje!'

'Wat?'

'Geef me je fucking pasje. Je bent *grounded*. Je blijft in je kamer totdat we dit hebben opgelost. Je praat met niemand. En zeker niet met de fucking pers. Begrepen?'

Ik gaf hem mijn kantoorpas. Met een knal sloeg hij de deur van mijn kamer achter zich dicht. Het glas trilde na in de sponning. Ik herlas het bericht op de site van Katja. Mijn scabreuze e-mail aan Mathilde Groen was erbij geplaatst. Er waren al 86 reacties. De trouwe fans van Katja – dat waren er tegenwoordig steeds meer

– zaten boven op het nieuws. Iemand schreef dat ik uit mijn ambt gezet moest worden. Iemand schreef dat ik aan mijn ballen opgeknoopt moest worden. Ontslag op staande voet, dat was nog een milde sanctie. Veel mensen spraken van een complot. Het systeem was verrot. Ik ging naar Google Nieuws om te kijken of andere media het bericht hadden overgenomen. Het was veertien keer doorgeplaatst.

Mijn telefoon ging.

'Iemand voor je aan de telefoon.'

'I-ik kan even niemand te woord staan, Mieke.'

'Zal ik zeggen dat je in bespreking zit?'

'Is goed.'

'Met Mathilde Groen?'

Op de achtergrond hoorde ik het gelach van hyena's opstijgen.

Rinzema had het hele kantoor een e-mail gestuurd. In de media waren berichten verschenen over onze kantoorgenoot Eppo Boetselaar. De juistheid van de berichten werd op dit moment onderzocht. In de tussentijd diende iedereen zich van elk commentaar te onthouden. Met de Staat zou worden overlegd of en, zo ja, hoe te reageren op het bericht. Mijn telefoon ging weer.

'Mieke, wat had ik nou gezegd?'

'Meneer de landsadvocaat staat in de krant en heeft meteen praatjes. Ik denk dat je deze wel wilt nemen.'

'Wie is het?'

'Lidy.'

Mieke wilde me alleen haar pasje lenen in ruil voor een kop cappuccino. 'Met liefdevol schuim, Eppo.'

Terwijl ik door de kantoortuin liep, voelde ik hoe het ondersteunend personeel naar me staarde. Ik kon ze horen denken: daar gaat de ballenjongen. Mijn hoofd gloeide. De lift naar Helvoeths verdieping, de 22ste, had ik gelukkig voor mezelf. Ik staarde naar reminders in mijn BlackBerry. Ik drukte ze weg. Zou ik mijn werk nog wel af mogen maken? Naar Helvoeth. Dat kon maar één ding betekenen. Het was benauwd in de lift. De lichten op het paneel boven de deur verschenen trager dan normaal. De liftdeuren openden zich. Met het pasje van Mieke ontsloot ik de glazen deur naar de verdieping. De meeste mensen die me nakeken, kende ik niet. Ik snelwandelde naar de kamer van de managing partner.

Helvoeth had gezelschap. Naast hem op de bank van zijn witte zithoek zat een man, enkele jaren jonger dan hij, gekleed in een lichtblauw linnen pak met een krijtstreep. Ze waren druk in gesprek.

'Mijn advies, Willem, *keep it short and simpel.* Helvoeth Advocaten – daar heb je alles mee gezegd. Die Schwaab is er toch niet meer.'

Op de drempel van zijn kamer probeerde ik mijn ademhaling onder controle te krijgen. Hij bleef steken bij mijn borstkas. Voorzichtig kuchte ik om aandacht. Ze hoorden me niet.

Helvoeth ging iets dichter bij zijn gesprekspartner zitten. Hij tikte hem even op de arm. 'Verdraaid, kerel, je hebt gelijk. Ik heb het altijd al een verschrikkelijke naam gevonden. Het heeft iets Duits, Schwaab. Vind je niet? Echt een crime voor de receptionistes, die naam. Schwaab, Schwaab, Schwaab – je krijgt er gewoon een stijve bek van. En het komt nog geregeld voor dat ik die naam verkeerd spel. Moet je nagaan, na al die jaren.'

Mijn mond was kurkdroog. 'Meneer Helvoeth?'

De twee mannen keken op van de bank. 'Ah, daar is de landsadvocaat. Kom binnen.' Met zijn hand wenkte Helvoeth. 'Van Boetselaar, kerel, mag ik je voorstellen aan een oud vrindje van me? Dit is Frederik van Eck, oprichter en eigenaar van Van Eck Communications and Public Relations. Zeg ik het zo goed, Frederik?'

'Helemaal goed, Willem.' Hij gaf mij een hand. 'Dus jij bent de boosdoener?'

Geschrokken keek ik naar Helvoeth.

'Ga even zitten, kerel,' zei Helvoeth. 'We hebben al met Foekje gesproken. De soep wordt niet zo heet gegeten als ze niet wordt opgediend, Van Boetselaar. Ze kunnen je naam niet eens spellen, die oelewappers.' Helvoeth sloeg met zijn hand vaderlijk op mijn knie. 'Het gaat helemaal goed komen. Daar gaat Frederik voor zorgen. Is het niet, Frederik?'

'Daar gaan we ons best voor doen.'

'Volgens Frederik hoef ik je niet te ontslaan, dus dat is het goede nieuws.'

Op de glazen koffietafel zag ik twee glazen whisky staan.

'Maar je verdient natuurlijk wel een reprimande... Kijk niet zo beduusd. Je gaat mij toch niet vertellen dat je niets met die meid hebt uitgevreten?'

'Nee, meneer.'

'En dat ik er op deze manier achter moet komen dat je bij Blussé hebt gesolliciteerd. Dat raakte me echt in mijn oude advocatenhart.' Hij gaf me een knipoog. 'Even au sérieux, Van Boetselaar. Dit is natuurlijk echt een faux pas. Een advocaat mag nooit onderwerp van het debat worden. Nooit. Wij vertegenwoordigen onze cliënten. Wij moeten onzichtbaar zijn, net als Vrouwe Justitia. De toga beschermt ons tegen ijdelheid. Enfin. Frederik, leg jij hem maar even uit waarom wij hem niet moeten ontslaan.'

Frederik moest lachen. 'Wek nooit de impressie van capitulatie, ik zei het net tegen Willem...'

'Die moet op een tegeltje, vind je niet Van Boetselaar?'

Frederik vervolgde: 'Kort gezegd komt het erop neer dat als Willem jou zou ontslaan dat de verkeerde indruk zou achterlaten, namelijk dat je iets verkeerd hebt gedaan. En als jij iets verkeerd hebt gedaan, heeft Schwaab & Helvoeth iets verkeerd gedaan. Allemaal slechte pr. Nu de serieuze media het bericht van Katja hebben overgenomen, moet er wel gereageerd worden. Mijn voorstel is een korte verklaring op te stellen.' Hij pakte een papier dat voor hem op de koffietafel lag en zette zijn bril op. 'Schwaab & Helvoeth heeft kennis genomen van de berichten met betrekking tot haar werknemer Eppo Boetselaar. De zevenentwintigjarige Boetselaar is een zeer gewaardeerde kracht van het advocatenkantoor. Onder auspiciën van landsadvocaat Willem Helvoeth, voormalig deken van de Orde van Advocaten, verricht hij hand-en-spandiensten in de procedure van de Staat tegen Vladimir Pravo e.a. Hij heeft nimmer werkzaamheden voor Pravo verricht noch voor een van de andere eisers. Net als alle advocaten is Boetselaar gebonden aan de gedragsregels van de Nederlandse Orde van Advocaten. Deze gedragsregels zijn te allen tijde door Boetselaar gerespecteerd. Schwaab & Helvoeth doet verder geen mededelingen over het privéleven van haar werknemers.'

'Of woorden van gelijke strekking,' zei Helvoeth. 'We moeten het natuurlijk nog even met de Staat bespreken. Je bent wel een uilskuiken dat je mij niets hebt verteld. Was het een leuke meid?'

'Het is jaren geleden gebeurd. Ik was nog student. Sindsdien heb ik haar niet meer gezien.'

'Grote knul. Enfin. Zand erover. Frederik stuurt je nog wel een concept van die verklaring ter kennisgeving.'

Ik knikte beleefd naar beide heren ten teken dat ik ze verder met rust zou laten, stond op en liep naar de deur.

'O ja, Van Boetselaar, nog één ding.'

Ik draaide me om.

'Laat een vrouw nooit boven op je zitten. Voor je het weet, heeft ze je bij je ballen beet. Dat rijmt.'

Helvoeth en Van Eck barstten in lachen uit.

42

De deur werd met een knal geopend. Zigzaggend kwam het licht dichterbij. Ik hoorde zijn voetstappen, hoorde hoe zijn sleutelbos aan zijn riem rinkelde, hoe hij tegen een prullenbak aan liep, een bureaustoel verschoof. De nacht had al het andere geluid gedempt. Het schijnsel van de zaklantaarn werd steeds groter. Vanuit mijn kamer staarde ik met hem mee naar hetgeen oplichtte in de duisternis. Geknakte bureaulampen, bevroren fotolijstjes, verlaten kubussen – er was geen levend wezen meer in de kantoortuin. Ik wachtte geduldig totdat hij de hele verdieping was afgestruind. Hij scheen zijn lamp in mijn gezicht. Met een hand voor mijn ogen probeerde ik me te beschermen.

'Bent u er nog steeds, meneer Boetselaar?'

'Ben ik de laatste, Theo?'

'Ik vrees van wel, meneer.'

Ik wreef in mijn handen. 'Dan belooft mijn omzet weer de hoogste te worden.'

Theo begreep mijn opmerking niet. 'Sluit u alles goed af?'

'Doe ik. Fijne nacht, Theo.'

De lantaarn en Theo maakten rechtsomkeert. Op dit moment had ik gewacht. Nadat de man van Seceurop zijn ronde had gedaan, kon mijn werk beginnen.

Ik opende de dozen die de jongen van Beheer die dag had bezorgd. 'Waar heb je die oude troep voor nodig?' had hij me gevraagd, voordat hij zijn vracht had afgeladen. 'Iets voor Helvoeth,' had ik gemompeld. De jongen had het dossier voor me uit het archief moeten halen. Zes dozen. Terwijl ik alleen maar een briefje nodig had.

Als een loopjongen had Braspenning me teruggestuurd naar

Amsterdam. Alsof mijn missie geen andere was geweest dan hem de conclusie van antwoord van Florentine te bezorgen. Ik had gefaald. Het was mij niet gelukt mijn cliënt te overtuigen van het belang van een schikking. Niet alleen dat, ik had hem een comparitie van partijen in het vooruitzicht gesteld. Een zitting! En nu was hij euforisch. De aanstaande bijeenkomst bij de rechter gaf hem nieuw leven. Hij stond op met zijn zaak, ging ermee slapen en eiste dat ik hetzelfde deed.

Op de meest onmogelijke momenten belde hij. Mieke, mijn toegewijde secretaresse, bleef stoïcijns terugbelverzoeken sturen. 'Ik raak een beetje door mijn excuses heen, Eppo,' had ze gezegd. 'Meester Boetselaar is nog niet gearriveerd, meester Boetselaar is aan het lunchen, meester Boetselaar zit in bespreking – het wordt wat eentonig. Heb je misschien een nieuwe voor me?' Als een mug in het donker kwam die zaak steeds terug.

Het zuur beet in mijn maagwand. Er kon natuurlijk geen comparitie van partijen plaatsvinden. Er waren geen partijen. Er was geen rechter. Er was geen zaak. Hij moest schikken. Een voorstel zou ik hem doen, een schikkingsvoorstel, namens Mr Blackstone. De brief moest overtuigen, hem geen andere mogelijkheid geven dan het voorstel te accepteren. Dit keer zou ik het zelf doen. Wie dominus litis is, besteedt zijn werkzaamheden niet uit aan stagiaires. Ik zou niets aan het toeval overlaten. Een meesterlijke vervalsing moest het worden, dat was ik wel aan mezelf verschuldigd. Schrijven als Blackstone, dat was de reden waarom ik het oude dossier had laten bezorgen.

Ik legde een aantal dossiermappen op mijn bureau. Grappig, de mappen waren roze in die tijd. Het dossier rook muf. Dit was antiquarisch materiaal. Ik opende een folder met correspondentie. Bovenop lag een brief van Schwaab, getypt met een elektronische schrijfmachine. Ik keek nog even naar achteren, naar de inktzwarte kantoortuin, om me ervan te vergewissen dat er echt niemand was. Mijn hart bonkte. Voorzichtig tilde ik de brief van Schwaab op. Het papier kon zomaar breken in mijn handen.

Het schrijven ademde historie. Het briefpapier was nog van voor de fusie met Helvoeth & Spit. Schwaab Advocaten. Het stond er in krachtige, uitgerekte hoofdletters. Op een of andere manier klonk het een stuk meer rechtschapen, Schwaab Advocaten. In de kantlijn van het briefpapier stonden de namen van de Schwaab-partners opgesomd. Diepering was een Schwaabiaan geweest. Van Velzen ook. Er werd gefluisterd dat veel Schwaabianen spijt hadden van de fusie. Bij het oude Schwaab, toen nog gevestigd in Den Haag, werkten de echt briljante juristen, de wetenschappers, de denkers. Helvoeth & Spit Advocaten, zo ging het verhaal, waren Amsterdamse straatvechters geweest.

Dit was het dossier van de DES-zaak, de roemruchte zaak tussen Schwaab en Blackstone. Bernadette Zweers had me erover verteld tijdens mijn rondleiding door kantoor, terwijl ze zwijmelend naar de foto's van Schwaab in de Schwaab-zaal had gekeken. Om de schrijfstijl en handtekening van Blackstone te kopiëren, had ik originelen nodig. In de zes dozen die Beheer had afgeleverd vond ik meer originelen dan me lief was.

Ik had gewacht tot de nacht. Mijn werk duldde geen getuigen. Ik had mezelf onnodig in een compromitterende positie gebracht door gebruik te maken van Monique en Florentine; door hen de processtukken in de Braspenning-zaak op te laten stellen. Het was hoog spel geweest en ik had bijna verloren. Bijna had ik vroegtijdig de zwarte bal gepot. Het scheelde maar een haar of Monique had tegen Florentine gezegd dat ik haar een conclusie van antwoord had laten opstellen voor de wederpartij. De gedachte deed me huiveren.

Wanneer ik 's nachts in bed lag en de slaap niet kon vatten, kwamen ze me opzoeken, de grijze muizen. Ze verzamelden zich aan de rand van mijn bed, hielden eindeloze discussies over het recht. De wetsbepalingen, verwijzingen naar jurisprudentie, de meningen van rechtsgeleerden vlogen over mijn dekbed. Het stemgeluid van de zeven meisjes weerkaatste in mijn hoofd. Ze praatten net als in de gym, maar ze negeerden mijn aanwezigheid volledig. Totdat ik voorzichtig het dekbed over me heen wilde trekken. In het donker van mijn kamer draaiden al die meisjesgezichten opeens mijn kant op. Lichtgevende ogen.

'Jij hebt Florentine toch een conclusie van antwoord laten opstellen, uit naam van de gemeente Nuenen?' (Monique) 'Hoe gaat het eigenlijk met de Braspenning-zaak?' (Elise) 'Ben je niet vergeten de dagvaarding aan te brengen bij de rechtbank?' (Phaedra) 'Weet Foekje van de vervalsingen?' (Hermelijn) 'Is Helvoeth al op de hoogte gesteld?' (Florentine)

Ze klonken als een bandje dat te snel wordt afgespeeld. Mijn lakens waren de ochtenden nadat de muizen mij hadden bezocht altijd nat van het zweet.

Mijn vingertoppen bladerden door de correspondentiemap. Brieven van Blackstone in overvloed. Maar ik zocht een specifiek soort brief: een schikkingsvoorstel. Ongetwijfeld zou Blackstone namens de fabrikanten van de DES-pil die hij vertegenwoordigde een voorstel hebben gedaan de zaak te schikken. De zaak ging om de vraag of de fabrikanten als groep aansprakelijk waren voor de ziektes die de pil had veroorzaakt. De dochters van de vrouwen die het medicijn tijdens hun zwangerschap hadden gebruikt, konden twintig jaar later baarmoederhalskanker krijgen. Maar het was voor de dochters, de cliënten van Schwaab, niet mogelijk te bewijzen welke van de tien farmaceutische bedrijven nu precies de medicijnen had geproduceerd die hun moeders hadden geslikt. Een voorstel voor een buitengerechtelijke schikking lag voor de hand. Al die boze moeders en zieke dochters in de rechtszaal leverden een beeld op waar je als pillenfabrikant liever niet mee werd geconfronteerd.

Ik vond wat ik zocht. 'Sans préjudice en onder voorbehoud van alle rechten en weren doe ik uw cliënten hierbij namens de fabrikanten het volgende eenmalige voorstel teneinde deze zaak buiten rechte minnelijk te schikken.' Het voorstel van Blackstone was niet vatbaar voor onderhandelingen. Het moest onvoorwaardelijk schriftelijk worden geaccepteerd. Dit had ik nodig. Braspenning zou me smeken zijn zaak te schikken.

Mijn vingers zweefden boven het toetsenbord, als roofvogels die boven hun prooi cirkelen. Blackstone zou zijn brief aan mij niet typen. Blackstone dicteerde. Ik kon hem zo uittekenen: wat verveeld, leunend tegen een raam. Als oudste compagnon had Blackstone een *corner office*, een statussymbool van dermate gewicht dat er geen Nederlandse term voor was. Vanuit de blafhut, zoals het kantoor van Blussé werd genoemd, had hij uitzicht op de Schwaab-schwanz, het kantoor van de wederpartij. Hij zou een keelsnoepje uit zijn uitgewoonde broekzak halen, het papier verwijderen en het tablet op zijn dikke tong leggen.

'Esther,' – of hoe zijn secretaresse dan ook heette – 'hier volgt een briefje voor de zaak gemeente Nuenen tegen Braspenning.'

Blackstone noemde Schwaab in zijn brieven consequent 'amice', maar zo zou hij mij nooit aanschrijven. Ik was een onbeduidende 'confrère'. Hij gebruikte woorden als 'opgemeld', 'recapituleren' en 'pretense' en sloot zijn brieven af met een afkorting waarvan ik niet wist wat die betekende: 'Uw dw. cfr.' Getrouw volgde ik zijn stijl.

Geachte confrère,

Namens cliënte, de gemeente Nuenen q.q. het bestuur van basisschool De Eik (hierna: 'de Gemeente'), bericht ik u in opgemelde zaak als volgt.

Intussen zult u kennis hebben genomen van de Conclusie van antwoord tevens houdende eis in reconventie van de Gemeente (hierna: 'de Conclusie') en, naar ik mag aannemen, hebt u de inhoud daarvan besproken met uw cliënt. Wat het volledige standpunt van de Gemeente betreft, mag ik wel kortheidshalve verwijzen naar de Conclusie, welk standpunt door de Gemeente wordt gehandhaafd en waaraan de inhoud van deze brief op geen enkele manier afbreuk doet. Graag recapituleer ik enige stellingen van de Gemeente die ieder op zich reeds voldoende zijn om de vorderingen van uw cliënt niet-ontvankelijk te doen verklaren, althans deze af te doen wijzen.

1. *De arbeidsovereenkomst tussen de Gemeente en uw cliënt is op rechtsgeldige wijze beëindigd, althans uw cliënt is niet opgekomen tegen het ontslag op staande voet en heeft aldus geen maatregelen genomen zijn pretense schade te beperken;*
2. *De strafkamer van de Rechtbank 's-Hertogenbosch heeft het Open-*

haar Ministerie weliswaar niet-ontvankelijk verklaard in zijn eis jegens uw cliënt, dat betekent echter niet dat uw cliënt onschuldig is, dat wil zeggen, dat hij de feiten die hem ten laste zijn gelegd niet heeft gepleegd;

3. *Uw cliënt heeft geen enkel bewijs overgelegd dat zijn standpunt zou kunnen onderbouwen, hetgeen inhoudt, kort gezegd, dat hij de ontuchtige handelingen niet heeft gepleegd;*
4. *Het feit dat het slachtoffer, Machiel van Berkel, zijn verklaring niet heeft ingetrokken doet het tegendeel vermoeden.*

Mijn cursor knipperde ongeduldig in afwachting van het vervolg. Achter mij, in de kantoortuin, hoorde ik de kopieermachine eentonig zoemen. Ik had het koud. Tot nu toe had ik niet meer gedaan dan de vier belangrijkste verweren uit de conclusie van antwoord van Florentine opsommen. Maar nu moest het gebeuren. Nu moest ik de vernietigende kracht van Blackstone in mij oproepen. Ik zou mijn eigenwijze cliënt nogmaals van ontucht beschuldigen. Achteloos zou ik beginnen, met een 'kort en goed', terminologie die Blackstone graag hanteerde. Daarna zou ik de verwijten die Braspenning de gemeente had gemaakt ferm van de hand wijzen. Aansluitend het pièce de résistance: de eis in reconventie, ingeleid met een onschuldig 'overigens'. Dan zou ik Braspenning te grazen nemen volgens de methode-Blackstone. Aan de muur zou ik hem nagelen. Aansprakelijk stellen. Schade, daar ging het om. Het doorslaggevende argument. Dat zou hem wel op de knieën brengen.

Kort en goed is de Gemeente nog altijd van mening dat uw cliënt zich schuldig heeft gemaakt aan ontucht met minderjarigen. Dat dit mogelijk niet strafrechtelijk kan worden bewezen, doet daar niet aan af. De Gemeente handhaaft nadrukkelijk haar standpunt dat haar geen enkel verwijt treft ten aanzien van de procedurele gang van zaken. De Gemeente heeft uw cliënt, tegen wie een ernstige verdenking bestond, tijdig en op de juiste wijze op non-actief gesteld. Ook het ontslag op staande voet is binnen de correcte juridische kaders geschied. Dat derden aan deze kwestie publicaties in de plaatselijke pers hebben gewijd, kan niet worden toegerekend aan de Gemeente. Hetzelfde geldt voor de beslissing van het OM uw cliënt te vervolgen. Het OM heeft terzake een zelfstandige afweging gemaakt, waarbij de Gemeente geen enkele rol heeft gespeeld. Een andere zienswijze zou ook strijdig zijn met de taakopvatting van het OM binnen ons democratische bestel. Overigens deel ik u mede dat de Gemeente over diverse getuigen beschikt die haar stellingen kunnen staven.

Wat de Eis in reconventie betreft, merk ik overigens nog het volgende op. Basisschool De Eik heeft na de publicaties in diverse media over de handelwijze van uw cliënt een belangrijke terugloop moeten constateren in het aantal leerlingen. Het behoeft geen betoog dat De Eik ernstig is aangetast in haar eer en goede naam. Namens De Eik c.q. de Gemeente houd ik uw cliënt aansprakelijk voor alle schade, in de ruimste zin des woords, die De Eik heeft geleden en nog zal lijden tengevolge de handelwijze van uw cliënt. Volledigheidshalve merk ik in dat verband op dat het in de lijn der verwachting ligt dat de procedure van uw cliënt tot hernieuwde interesse bij de pers zal leiden en dientengevolge tot nieuwe publicaties die nadelige gevolgen hebben voor De Eik. Ook uw cliënt zal weer worden blootgesteld aan berichten die hij zal typeren als (in uw woorden) 'onterechte verdachtmakingen'.

Mijn ademhaling versnelde. Ik las de alinea's nog eens. Dat zou hem leren. Twee jaar geleden had ik dit niet kunnen schrijven. Dominus litis, dat was ik. Dan nu het daadwerkelijke schikkingsvoorstel.

Gelet op het bovenstaande komt het de Gemeente voor dat het continueren van de procedure in het belang van geen der partijen is. Sans préjudice en onder voorbehoud van alle rechten en weren doe ik uw cliënt hierbij namens de Gemeente het volgende eenmalige voorstel teneinde deze zaak buiten rechte minnelijk te schikken.

1. *Partijen verlenen elkaar over en weer volledige en finale kwijting;*
2. *Partijen verzoeken de Rechtbank op de volgende rolzitting de zaak te royeren, zowel de conventie als de reconventie;*

3. Partijen komen overeen geen uitlatingen meer te doen die kunnen resulteren in reputatieschade bij de ander;
4. Partijen zullen ieder hun eigen kosten dragen;
5. Partijen komen overeen geheimhouding te betrachten met betrekking tot de inhoud van de afspraken die zij hebben gemaakt.

Dit voorstel is niet vatbaar voor onderhandelingen en dient door uw cliënt uiterlijk 15 maart 2007 om 12.00 uur onvoorwaardelijk schriftelijk te zijn geaccepteerd, bij gebreke waarvan het automatisch komt te vervallen. Na acceptatie van uw cliënt dienen bovengenoemde uitgangspunten vanzelfsprekend nog te worden uitgewerkt in een vaststellingsovereenkomst.

Vertrouwende u met het bovenstaande voldoende te hebben geïnformeerd, verblijf ik,

Hoogachtend,
Uw dw. cfr.

M.V. Blackstone

De brief stond te glimmen op mijn beeldscherm. Mijn vingers beefden van de opwinding. Veel tijd om te genieten van mijn Blackstone-imitatie was er niet. Het echte werk, de echte fraude, moest nog beginnen. Ik moest de brief op het briefpapier van Blussé zien te kopiëren. Het DES-dossier bracht geen uitkomst, want het briefpapier dat Blackstone hanteerde, midden jaren tachtig, was sterk verouderd. Het vermeldde e-mailadres noch website, en het logo van Blussé was opgemaakt in een archaïsch lettertype. Braspenning zou meteen onraad ruiken. Uit de binnenzak van mijn jasje haalde ik de uitnodiging die ik voor de masterclass van Blussé had ontvangen, meer dan drie jaar geleden.

Hoe zou het met Mathilde gaan? De media-aandacht die het bericht van de assistenten van Katja Janikova had veroorzaakt, was net zo snel verdwenen als hij was gekomen. Het persbericht dat kantoor had laten uitgaan, was voldoende voor de serieuze media om geen aandacht meer aan het onderwerp te besteden. De weblogs die zich zo gretig op het nieuws hadden gestort, hadden de volgende dag iemand anders aan de schandpaal genageld. Niemand haalde het nog in zijn hoofd mij een ballenjongen te noemen.

Zittend draaide ik mijn bureaustoel zodat ik uitzicht had op de donkere kantoortuin. Ik moest nu naar de kopieermachine om blanco papier te halen. Het apparaat – ik kon het horen brommen – leek plotseling ver verwijderd van mijn veilige kamer. Er zou toch niet iemand op de afdeling zijn? Stapje voor stapje liep ik naar mijn deuropening. De zevende verdieping lag er verlaten bij.

'Is daar iemand?' Mijn stem klonk aarzelend. Ieder moment kon er iemand van achter een bureaustoel omhoog springen. Het bleef stil.

Uit de lade van de kopieermachine viste ik een velletje. De schaar trilde in mijn hand. Nu moest ik doorzetten. De schaar hapte in het papier. Ik knipte het op maat en legde het over de uitnodiging voor de masterclass, waarna ik met plakband de lege bladzijde op de brief bevestigde. Het kopieerapparaat was al op de energiestand geschakeld. Toen ik op 'start' drukte, maakte de machine een geluid dat mijn hart deed overslaan. De felle flits onder de klep van het apparaat prikte in mijn vermoeide ogen. Ik hoorde de spoel op en neer schuiven. Het bakbeest trilde. Uit de dispenser spuugde het een pagina. Bijna goed. De randen van het blanco papier had sporen achtergelaten op het gefabriceerde briefpapier. Met tipex poetste ik de lijntjes weg. Ik maakte een fotokopie van de fotokopie. Perfect. Niets op de kopieermachine laten liggen? Nee, snel terug naar mijn kamer om mijn computer de opdracht te geven de brief op het door mij gemaakte briefpapier te printen.

Het resultaat was verbluffend authentiek. Het enige wat ontbrak was de handtekening van Blackstone.

Mijn hand, rustend op de vervalsing, weigerde dienst. Er stond zoveel spanning op dat hij niet in beweging wilde komen. Ik schudde mijn hand los. Eerst maar eens oefenen. Na twee pagina's van mijn notitieblok te hebben volgekrast, durfde ik het aan. Ik inhaleerde door mijn neus. Prachtig. Ik was een meestervervalser.

43

Door de glazen deur kon ik de beoordeelde voor mij zien zitten – Linda, een meisje van L&E. Op de punt van haar teen wipte een schoen op en neer. Haar kleding was keurig in lijn met de ongeschreven voorschriften voor vrouwelijke stagiaires: een mantelpakje, niet overdreven duur, bijvoorbeeld van de firma Benneton. Niet opvallen, dat was het devies. Wanneer je als notulist een bespreking met een cliënte mocht bijwonen, moest alle aandacht naar de partner gaan. Je diende op zelfverzekerde wijze, als een advocaat, je mond te houden. Dat betekende: flink handen schudden, hard meelachen en ongevraagd koffie inschenken. Maar Linda verzette zich stilletjes tegen haar schaapachtige rol. Het verzet kwam uit haar voeten. Daar trotseerde zij de conformistische kantoormode. De schoen die instemmend met het het ritme van Verdonks hoofd meeknikte, had een brutale stilettohak.

Het was een goed gesprek geweest. Linda's schouders leken ontspannen, haar ogen lachten. Men was aan het afronden. Verdonk had het laatste woord. De verbeterpunten, minimaal drie volgens het beoordelingsformulier, werden samengevat. Het bleke perenhoofd van Linda's patroon contrasteerde met het gebronsde gelaat van Verdonk. Ook hij knikte mee met Verdonks woorden. Allemaal beschaafde mensen die het met elkaar eens waren.

'Eppo, kom binnen.' Verdonk zwaaide de deur uitnodigend voor mij open. 'Wat kan ik voor je inschenken?'

Toen ik opstond uit de buizenstoel, voelden mijn benen als rubber. Aan Verdonk kon ik niets merken. Hij deed alsof het een gewoon beoordelingsgesprek zou worden. Maar dat was het niet. Ze hadden het nodig geacht voor mij een tussentijds beoordelingsgesprek in te lassen. Waarom?

De HR-manager schonk een glas water voor mij in. 'Ik zal Foekje even bellen om te zeggen dat wij zover zijn.'

In mijn hals voelde ik mijn hartslag. Twee jaar werkte ik nu bij Schwaab & Helvoeth. In die tijd was ik van een 'bijzonder geval' opgeklommen tot de rechterhand van Helvoeth. Dit was mijn tweede beoordelingsgesprek – Verdonk noemde het consequent een 'evaluatiegesprek'. Mijn eerste gesprek leek een eeuwigheid geleden. Ik had toen net mijn eerste grote klus voor Helvoeth gedaan: de zaak over de vuurwerkramp voor de gemeente Enschede. Het verschil met mijn huidige praktijk was enorm. Ik hield de zeven grijze muizen continu aan het werk. Mijn omzet moest tot de hogere regionen van kantoor behoren. Het lukte me niet mijn trillende dijbeen te bedwingen. Ze waren toch niet ergens achter gekomen? Ieder foutje in het verleden kon grote consequenties voor de toekomst hebben.

Het verhaal over Jaap Tielenius ging als een lopend vuurtje door kantoor. Hij had gisteren zijn medewerkersgesprek gehad. Daarin werd, na tweeënhalf jaar stage, medegedeeld of je al dan niet bij kantoor mocht blijven als medewerker, na het uitdienen van je stagecontract. Jaap, een van de meest getalenteerde stagiaires, had te horen gekregen dat hij geen medewerker mocht worden. De reden, dat was inmiddels ook bekend, was dat hij zijn patroon een keer had verbeterd in het bijzijn van een cliënte. Het was in het eerste halfjaar van zijn stage gebeurd. Jaap zelf was het allang vergeten, maar zijn patroon niet. Die had het incident bewaard, twee jaar laten rijpen tot dit gesprek, waar het werd gepresenteerd als oncollegiaal. Je kon je hele stageperiode uitstekend hebben gepresteerd, maar als je in je vormende jaren op enig moment een foutje had gemaakt, kon je dat later worden aangerekend. En in mijn geval was er iets meer aan de hand dan een foutje.

Terwijl Verdonk het nummer van Foekje opzocht in het smoelenboek dronk ik haastig mijn glas leeg.

Verdonk zag het me doen. 'Heb je dorst?' Hij lachte. 'Je hoeft niet nerveus te zijn, Eppo. Het is gewoon een evaluatiegesprek.'

Ik probeerde een ontspannen houding aan te nemen en keek om me heen alsof het mijn eerste keer in de Schwaab-zaal was.

Mijn blik bleef hangen bij het drieluik van Schwaab aan de muur, de drie foto's die hem bij zijn afscheid waren aangeboden. Het leek alsof hij me recht aankeek, Schwaab. Vernietigend.

Verdonk legde de hoorn weer op de haak. 'Hij wordt AG bij de Hoge Raad.'

'Wat?'

'Schwaab. Hij is gevraagd om Advocaat-Generaal te worden. Een enorme eer.'

'Ik dacht dat hij ziek was.'

'Hij heeft een heel langzame variant van MS. Schwaab gaat nog jaren mee.' Verdonk grijnste. 'Foekje komt er zo aan. Ze moest nog even iets afronden.' Verdonk ging, geheel volgens het handboek voor HR-managers, aan de tafelzijde naast mij zitten. Nooit tegenover de beoordeelde zitten, dat suggereert confrontatie en tegenovergestelde belangen. 'Het geeft ons nog even tijd om gezamenlijk wat zaken voor te bespreken. Wij spreken elkaar eigenlijk veel te weinig, Eppo.' Zijn handen waren gerimpeld van de zonnebank. 'Heb je het naar je zin op kantoor?'

'Heel erg.'

Verdonk bladerde door zijn papieren, trok een gekleurde staafdiagram uit de stapel. 'Dat is te zien aan je omzetcijfers. Die zien er goed uit, Eppo. Je progressie is indrukwekkend.'

De spanning verliet mijn lichaam als lucht een ballon. 'Ik ben met veel leuke zaken bezig.'

'Wellicht heb je gehoord dat er interesse voor je is vanuit M&A.'

'Meneer Helvoeth had zoiets laten vallen.'

'Hij is heel tevreden over je werk in de Pravo-zaak. Maar dat is natuurlijk geen onderwerp voor ons gesprek met Foekje zometeen.' Ons gesprek met Foekje – mijn beoordelingsgesprek was een gesprek van Verdonk en mij met Foekje geworden. 'Ik kan mij voorstellen dat Foekje liever ziet dat je minder voor anderen werkt.'

'Mijn werk voor haar lijdt er niet onder,' zei ik naar waarheid.

'Die indruk had ik ook niet. Ik zou zeggen: vooral zo doorgaan.' Verdonk keek naar de glazen deur. 'Daar is Foekje,' siste hij.

Foekje wachtte niet totdat Verdonk de deur voor haar had kunnen openen. 'Zo, jullie waren al begonnen.' Foekje ging iets te dicht naast Verdonk zitten. Hij schoof zo discreet mogelijk tien centimeter van haar vandaan.

'We bespraken de vakantieplannen van Eppo.'

Foekje keek mij door haar rode montuur gespeeld verbaasd aan.

'Ik wist niet dat je met vakantie ging.'

'Ik heb ook geen plannen... Dat zei ik net tegen Kees.'

'Vanwege je omzetcijfers?' Foekje griste het papier met de staafdiagrammen uit de hand van Verdonk.

'Ik heb een kopie in je postvakje gedaan,' zei Verdonk geïrriteerd.

Foekje hield het papier dicht bij haar gezicht, alsof ze bijziend was. 'Leg mij nou eens uit hoe het mogelijk is dat jij zoveel omzet draait? Het is gewoon ongezond.'

Verdonk belette me te antwoorden. 'Ik zei net tegen Eppo dat het er allemaal heel fraai uitziet. Er zijn zelfs partners die een puntje kunnen zuigen aan zulke resultaten.' Hij wierp Foekje een vileine glimlach toe. 'De cijfers van Eppo worden natuurlijk toegerekend aan de gehele sectie Letselschade. Dat betekent dat jullie je achterstand heel aardig aan het inlopen zijn. Rinzema zal tevreden zijn.'

Foekje zweeg en sloeg haar dunne armen over elkaar. Zo zou ze de rest van het gesprek blijven zitten.

Tegen het einde van het gesprek – Verdonk had steeds het woord gevoerd – zei Foekje: 'Ik wil het toch nog even over die omzetcijfers hebben. Ik vind het niet normaal dat een stagiaire, mijn stagiaire, in een jaar tijd 3200 declarabele uren schrijft. Dat betekent dat je vanaf het moment dat je wakker wordt aan het declareren bent. Onder de douche, tijdens het tandenpoetsen, in de weekenden.'

'Het is echt niet zo dat ik met een vork mijn uren schrijf, als dat is wat je suggereert.'

'Slaap jij weleens?'

'Het is volgens mij geen misdrijf je werk leuk te vinden. En ik heb inderdaad weinig slaap nodig.'

'Wat Foekje volgens mij wil zeggen, en dat is zeer bewonderenswaardig, is dat je goed op jezelf moet letten. Wij willen niet dat je geestelijk of fysiek onder je prestaties lijdt. Is het niet, Foekje?'

Foekje, nog steeds met haar armen over elkaar, reageerde niet.

'Voor zover ik dat kan beoordelen,' vervolgde Verdonk, 'zie je er patent uit. Eet je voldoende fruit?'

Ik lachte mee met de witte tanden van Verdonk. 'Een appel per dag,' zei ik.

'Jullie bekijken het maar,' zei Foekje plotseling. Ze stond op en voordat Verdonk en ik in de gaten hadden wat ze ging doen, was ze al de kamer uit gelopen. Wij keken haar na door de deur die ze met een smak achter zich dicht had getrokken.

Het bleef een moment stil. We waren beiden te verbaasd om iets te zeggen. 'Het zal wel iets hormonaals zijn,' mompelde Verdonk ten slotte. 'Heb je een vriendin?'

'Nee,' zei ik, nog steeds beduusd van het plotselinge vertrek van Foekje.

'Houden zo.' Verdonk legde zijn papieren op orde. 'Het grote voordeel van M&A is dat er geen vrouwen werken. Ik denk dat je aan het einde van het jaar kunt rouleren. Maar: mondje dicht.'

Buiten zat de volgende patiënt al klaar. Het was Monique. 'Hoe ging het?'

Ik stak mijn duim omhoog. 'Hij is in een goede bui.' Moniques nek zag rood van de vlekken. 'Ben je zenuwachtig?'

'Een beetje,' zei ze. 'Ik zou niet weten wat ik moet doen als ik geen medewerker mag worden.'

Monique had een medewerkersgesprek. Het was voor haar *up or out*.

Ik hurkte naast haar stoel en legde mijn hand op haar arm. 'Ze laten jou echt niet gaan.'

Ze keek me angstig aan. Door haar brillenglazen leken haar ogen groter dan ze waren. 'Heb je het gehoord van Jaap Tielenius van Real Estate?'

Ik knikte. 'Jij bent geen Jaap,' zei ik. 'Het komt goed, geloof me.'

Die avond kon ik Monique nergens vinden. Ik had haar nodig om een advies te bespreken dat zij voor Helvoeth had opgesteld. Ze was niet in de bibliotheek en niet in de war room.

Florentine zei dat ze haar al de hele middag niet had gezien. 'Weet jij hoe haar medewerkersgesprek is gegaan?'

Nee, dat wist ik niet. Ik had er eerlijk gezegd niet meer aan gedacht. Er zou toch niet iets mis zijn gegaan?

Ik informeerde bij de avondreceptioniste, die mij vertelde dat Monique volgens het systeem nog was ingecheckt. Waar zou ze kunnen zijn? Ik besloot naar haar kamer te gaan. Terwijl ik over de elfde verdieping liep, door de gangen met avondverlichting, realiseerde ik mij dat ik nog nooit op de kamer van Monique was geweest. Ik vroeg een medewerker van Public & Regulations waar ik zijn moest. Ik zag hem een moment denken: Monique, wie is dat ook alweer? Toen wees hij mij naar de laatste kamer van de gang.

'Voorbij de pantry,' zei hij.

De kamer van Monique was donker. Het enige teken van leven was een digitaal fotolijstje op haar bureau. Het was de eerste keer dat ik zo'n ding zag. De foto's trokken in een diavoorstelling een voor een voorbij. Het was de familie van Monique. Moeder, vader en jongere broer met hetzelfde montuur als Monique. Het was Kerstmis. Rond een kerstboom werden cadeaus uitgepakt. Kleurige pakketjes. Monique moest de foto's hebben genomen, want zij ontbrak meestal. Een foto van Monique met haar moeder verscheen. Haar moeder zat op een stoel, Monique hurkte naast haar, een arm om haar moeders schouders geslagen. Ineens zag ik dat de stoel van de moeder handbeugels had – het was een rolstoel. Dat wist ik niet. Het voelde, zo in het donker, of ik het geheime dagboek van mijn vriendinnetje las. Op het moment dat ik besloot rechtsomkeert te maken, hoorde ik vanuit een hoek van de kamer zacht gesnik.

'Monique?' In de duisternis zag ik een ineengedoken meisje zitten. 'Monique?'

Het egeltje in de hoek bewoog. Er ging een hoofdje voorzichtig omhoog, dat zei: 'Laat me met rust.'

Als over dun ijs zette ik twee stappen naar haar toe. 'Monique, wat doe je daar?'

'Ga weg!' klonk het dreigend.

'Je kunt daar toch niet zo blijven zitten. Ik heb je overal gezocht.'

'Ik wil jou niet zien, verrader.'

'Wat bedoel je? Is het gesprek niet goed gegaan?'

'Dat weet je best!'

'Echt niet, ik weet niets. Florentine weet ook niets. Niemand weet waar je bent. Je mag toch wel medewerker worden?'

'Wat denk je zelf? Met een omzet van zeshonderd declarabele uren in de laatste achttien maanden.'

Plotseling begreep ik wat er was gebeurd. Het was een automatisme geweest. Een manier om mijzelf te belonen na een dag hard werken. Nee, ik had het gedaan voor Foekje. Het was voor de sectie Letselschade. Zodat wij hogere omzetcijfers zouden scoren. Het waren maar cijfers. Onschuldige getallen. In CarpeDiem verschoof ik cijfers van Monique en de andere grijze muizen naar mijzelf. Het was heel eenvoudig.

'Heb je dan zo weinig uren geschreven?'

'Nee, natuurlijk niet. Maar iemand heeft stelselmatig mijn uren afgeboekt. We weten allebei wie dat heeft gedaan. Mijn trouwe kantoorgenoot Eppo. Jij dus. Of niet soms?'

Dit kon ik glashard ontkennen, maar dat zou de situatie er niet beter op maken. Monique zou navraag doen bij andere partners – Foekje, Diepering, Helvoeth – en er vanzelf achterkomen dat niemand überhaupt op de hoogte was van haar werkzaamheden voor mij, laat staan dat zij uren hadden afgeboekt. Mijn kleine koninkrijk zou als een kaartenhuis in elkaar storten.

'Rustig. Je hoeft niet te schreeuwen. Natuurlijk heb ik wat van jouw uren moeten afboeken. Je weet toch dat wij die letselschadezaken niet aan de cliënten doorbelasten? Het is no cure, no pay.'

'Eppo, de afgelopen anderhalf jaar heb ik dag en nacht voor jou gewerkt. Ik moet minstens achtentwintighonderd uur hebben geschreven. Dat waren echt niet alleen letselschadezaken. Voor de Pravo-zaak alleen al heb ik minstens zeshonderd uur geschreven.'

'Nou, je moet niet overdrijven.' Voorzichtig hurkte ik naast haar. Moniques hoofd zakte weer terug tussen haar knieën. 'Hé, je hebt hartstikke goed werk geleverd. Maar ik kon niet alles doorbelasten. Als wij met zijn achten een conclusie van antwoord schrijven voor de Staat, moet ik heel kritisch naar de uren kijken. Er zat voor jullie natuurlijk ook een hoop leergeld in die zaak. Onnodige uren heb ik afgeboekt. Dat heb ik bij iedereen gedaan, niet alleen bij jou. Wij kunnen het toch niet verkopen dat acht stagiaires aan één conclusie hebben gewerkt? Dat begrijp je toch wel?'

Het hoofd werd weer opgelicht. 'Dat had je weleens wat eerder mogen zeggen.'

Ik ging naast haar tegen de muur zitten. Monique schoof pro forma wat centimeters naar links.

'Het is niet alsof jullie door mij declarabele uren zijn misgelopen,' zei ik. 'Het samenstellen van het notenapparaat voor het handboek bestuursrecht van Van Velzen, alsof dat een declarabele activiteit is.'

Met een ruk draaide Monique haar hoofd naar mij. 'Daar gaat het niet om. Waar het om gaat, Eppo, is dat wij dachten dat wij omzet maakten, dat wij onze targets haalden. Daar mochten wij toch wel van uitgaan, na al die nachten werk. Wij mochten er redelijkerwijs op vertrouwen dat het declarabel werk was dat wij verrichtten. Ik heb de anderen er nota bene bij gehaald. Hoe moet ik ze zometeen gaan vertellen dat ze hun verdere carrière bij Schwaab & Helvoeth wel kunnen vergeten?'

'Monique,' zei ik als een vader die zijn dochter toespreekt, 'wij hebben echt heel goed samengewerkt de laatste tijd. Het was een fantastische tijd. Wij hebben er allemaal veel van geleerd. En we hebben een hoop lol gemaakt. Maar je moet niet vergeten dat je al op een dood spoor zat. Jullie allemaal. Jullie waren allang opgegeven. Geparkeerd in de bibliotheek. Dankzij mij hebben jullie je tijd zinvol besteed.' Ik schoof wat dichter naar haar toe. 'Je benadert dit echt veel te negatief. Je zult zien, er komen alleen maar goede dingen van. Nu word je gedwongen na te denken over je verdere carrière. Misschien is het gewoon niet helemaal jouw ding, de advocatuur. Er zijn toch genoeg andere leuke banen. Heb je weleens aan de rechterlijke macht gedacht? Rechter, dat vind ik echt iets voor jou.'

Ze kreeg een ingeving. 'Hoe kun jij eigenlijk uren afboeken?' In de duisternis zag ik haar ogen mij recht aankijken. 'Jij bent daar toch helemaal niet voor gemachtigd?'

Ik slikte. Deze vraag had ik kunnen verwachten. Het gesprek nam een desastreuze wending.

'Monique...' Ik sloeg een arm om haar heen en nestelde mij tegen haar aan. 'Stil maar. Het komt allemaal goed.'

'Eppo, ik dacht dat jij mijn vriend was?'

'Dat ben ik ook,' zei ik, terwijl ik rustig haar bril verwijderde. Met de achterkant van mijn hand droogde ik haar wangen. Haar tranen waren warm. Mijn vingertoppen streelden haar kaaklijn, scheerden over haar vale huid, kamden wat stugge plukken haar achter haar oren. Toen ik zag dat haar lippen zich heel even ontsloten, een kleine opening die duidde op overgave, sloeg ik toe.

44

Mijn pak was nieuw. Mijn eerste maatpak, vers van de kleermaker. Bij de zoom van de broek vond ik nog een losse draad die hij was vergeten af te knippen. Een donkerblauw pak met een bescheiden krijtstreep. Niet gebruikelijk voor een advocaat, eerder iets voor een bankier, maar het gaf me een bepaalde senioriteit waar ik me goed bij voelde. Voor de spiegel stak ik bij wijze van experiment nog een wit pochet in de borstzak. Magnifiek. Mijn rode das contrasteerde met het witte overhemd. Mijn manchetknopen, vergulde stuivers, fonkelden in de halogeenverlichting boven mijn spiegel. De stof van het pak rook naar nieuwe mogelijkheden. 'Eppo Boetselaar, Schwaab & Helvoeth. *How do you do*?' zei ik tegen de spiegel, waarna ik de pochet lachend verwijderde. Ik wilde het lot niet tarten nu het me zo gunstig gezind was.

Ik besloot een omweg naar kantoor te nemen, door het Beatrixpark, zodat ik kon genieten van het weer. De zomer had weer bezit genomen van de stad. Al op de vroege ochtend was het broeierig warm. In het park kreeg ik een enorme aandrang met losse handen te fietsen. Vroeger, als kind, droomde ik ervan om met losse handen te kunnen fietsen, het leek me zoiets als vliegen. Zou ik het nog kunnen? Voorzichtig liet ik het stuur los. Even wankelde mijn fiets, maar al snel had ik voldoende controle om door te trappen. Ik strekte mijn armen uit als vleugels. De panden van mijn jasje fladderden naar achteren.

Op kantoor wachtte Monique. Ik had haar gezoend en ze was van mij. Het was geen liefde die ik voelde, geen tinteling in de buik. Het was eerder de roes van de snookerwedstrijd die je wint na een enorme achterstand. Zo moest het ook voelen om een kansloze zaak te winnen. Het vonnis dat uit de fax is komen rollen en waarin je, snel naar het dictum doorbladerend, leest dat de vorderingen onverwacht zijn toe- of afgewezen, naar gelang je positie. De wederpartij moet de proceskosten dragen. Een gevoel van onoverwinnelijkheid.

De ontdekking van Monique had natuurlijk onder normale omstandigheden mijn val moeten inluiden. Het lag het meest voor de hand dat Monique met haar kennis naar Verdonk of zelfs Helvoeth zou zijn gestapt. Ze zou haar eigen huid ermee hebben gered. Maar met mijn kus had ik haar de pas afgesneden. Het was een onverwachte doch briljante zet geweest. Ze kon geen kant op. Monique lag snooker. Het geheim dat ze met me deelde, maakte van haar een medeplichtige. In de zes maanden die zij nog op kantoor zou doorbrengen om haar stagecontract uit te dienen, zou zij zich volledig aan mij geven.

De dames van de receptie klaagden over het weer.

'Eppo, dit is toch niet normaal?' zei Ellen.

'Een mens kan toch niet werken in deze temperaturen?' vulde Fleur aan.

'Dames,' zei ik, 'van het weerconcert krijgt niemand een program.' Ik knipoogde naar Ellen. 'Mag ik misschien een cappuccino?'

'Omdat jij het bent,' zei Ellen ondeugend, en ze drentelde op haar hakken naar achteren.

Met een warme mok cappuccino en een verse croissant – met de complimenten van Oberon – stapte ik de lift in en liet me naar de 28e verdieping vervoeren.

Mijn werkdag begon in de war room. In de lift controleerde ik mijn BlackBerry. Ik telde 22 berichten met rode uitroeptekens. De meeste zou ik zometeen kunnen lozen. Een heerlijk gevoel. Mijn belangrijkste werk bestond eruit niet te vergeten binnengekomen opdrachten te verdelen. Gelet op de hoeveelheid werk die binnenkwam, was dat nog niet zo eenvoudig. Al snel glipte er een mail tussendoor. Gewone partners hadden een secretaresse die hen met alle mail konden helpen; ik moest het helemaal alleen doen. Ik zou Verdonk moeten vragen om Mieke te ontslaan. Het werd tijd dat ik een echte secretaresse kreeg. Ik kon eisen stellen, met mijn omzet.

Het was een verschrikkelijk warme dag. Het glazen ontwerp van de Schwaab-schwanz wreekte zich weer eens. Er was geen plek in de toren waar de zon niet naar binnen kon prikken. Vanuit de lift zag ik hoe men overal de luxaflex liet zakken om het beest zo veel mogelijk buiten te houden.

Het was een belangrijk ritueel, mijn dagelijkse bezoek aan de war room. Het was niet zozeer om te verifiëren of de muizen het werk wel tijdig op zouden leveren – ze waren buitengewoon punctueel – maar om te laten zien dat ik ze waardeerde. Voor mij was het een kleine moeite interesse te tonen in hun werk en ik kreeg er veel voor terug: hardwerkende stagiaires. Met een dagelijkse aai over de bol verzekerde ik mij ervan dat ze zich volledig voor mijn praktijk zouden blijven inzetten.

Zwierend liep ik langs de apparaten in de gym naar de war room. Daar liet ik de koffie met een smak op de grond vallen. Een grote donkere vlek nestelde zich in het antracietgrijze tapijt. Mijn ogen knipperden dwangmatig. Ademhaling schokte omhoog, naar mijn keel. De war room, de machinekamer van mijn praktijk, was leeg. Niet alleen was er geen enkele stoel bezet, alle dossiers, boeken, aantekeningen die gezagsgetrouw blijven liggen na een dag noeste arbeid, waren verdwenen. Wat was er gebeurd? Had een partner ingegrepen? Iemand die wilde sporten? Was er dan toch een personal trainer aangesteld? Laat mijn grijze muizen in godsnaam tijdelijk ergens anders ondergebracht zijn.

Ik rende de kamer uit, mijn das over mijn schouder geslagen, door de gang, terug richting de lift. Ik hoorde mijn eigen ademhaling, voelde een steek in mijn zij. De lift stond er nog. De deuren gingen open. De knop voor de elfde. Kunnen die deuren niet sneller dicht? In de gang van de sectie Public & Regulations liep ik bijna een secretaresse met een stapel dossiermappen in haar armen omver. Als een verdwaalde snelwandelaar schoot ik door de kantoortuin naar de kamer van Monique. In het voorbijgaan zag ik onbekende gezichten mij verbaasd aankijken. Iemand riep geïrriteerd iets vanuit een kamer, er klonk een ploeterende kopieermachine, ik botste tegen een waterkoeler. De laatste meters legde ik hijgend af.

In de deuropening van de kamer van Monique bleef ik stilstaan, als versteend. Ik had moeite met slikken. Ook haar kamer bleek – ik was er al bang voor – leeggeruimd. Op het bureau stonden bleek alleen nog een computerscherm en een telefoon. Alle persoonlijke eigendommen, inclusief het digitale fotolijstje, waren weg. De deuren van haar dossierkast waren gesloten, de prullenbak stond op haar stoel. De volgende advocaat-stagiaire kon zo zijn intrek nemen.

Aan de eerste de beste secretaresse in een kubus vroeg ik of ze wist waar Monique Busman was.

'Wie?'

'Monique Busman, langs de pantry, helemaal aan het eind van de kantoortuin, bij het kopieerapparaat.'

Ze speurde door de krochten van haar geheugen. 'O die. Nee, sorry, die houdt haar eigen agenda bij.'

Toen ik weer in de lift stond, aarzelde ik. Waar ging de reis naartoe? Naar de bibliotheek, daar zou ik de andere grijze muizen vinden. Het was zaak het hoofd koel te houden. Ik moest mijn overgebleven troepen verzamelen. Het vertrek van Monique bood ook kansen voor de anderen, dat zou ik ze uitleggen.

De stamtafel bij het koffieautomaat was leeg. Ik speurde langs de tafel op zoek naar een bekend gezicht. Waar waren ze? Daar zag ik Florentine zitten. Ik sloop naar haar toe.

'Florentine, hoi, heb je het gehoord van Monique?'

Ze keek niet op van haar boek, maakte rustig de zin af die zij op een notitieblok aan het schrijven was in een rond meisjeshandschrift. 'Ja,' zei ze. 'Monique is weg. Om persoonlijke redenen.'

Ze zocht iets op in het register van het boek, bladerde naar de juiste pagina, begon aandachtig te lezen.

'Ja, echt balen. Leuke meid, Monique... Maar ik dacht, misschien kun jij voor mij doen wat Monique altijd deed. Je weet wel, de dingen een beetje organiseren.'

Florentine zweeg. Ze sloeg een pagina om.

'Hoe gaat het eigenlijk met die notitie die jij voor Helvoeth zou schrijven?'

In de kantlijn van haar notitie maakte zij met een rode pen een aantekening. Ze controleerde het paginanummer nog een keer, sloeg toen het boek dicht.

'Eppo,' zei ze als in gedachten verzonken, 'wij kunnen niet meer voor jou werken.' Nog altijd weigerde ze mij aan te kijken. Met een gele marker onderstreepte ze een zin. 'Dat is niet goed voor onze toekomst.'

'W-wat bedoel je?'

Nu draaide zij haar hoofd in mijn richting, rustig, alsof ze aan het herstellen was van een whiplash. Uit haar ooghoeken gunde zij mij een hautaine blik. 'Dat weet je best. Wil je mij nu met rust laten? Ik heb het nogal druk. Ik wil graag mijn target halen.'

45

Helvoeth zou zich hebben laten rijden in zijn Bentley Mulsanne, door de kantoorchauffeur, Stef. Maar ik had de trein genomen. Tweede klas. Ik wilde zo min mogelijk opvallen.

De rechtbank bevond zich op loopafstand van het station. Nooit eerder was ik in Den Bosch geweest. Nooit eerder was ik zonder partner in een rechtszaal geweest. Nooit eerder had ik een comparitie van partijen gedaan. Een zwartleren koffer op wieltjes sleepte ik achter mij aan, via de Magistratenlaan, langs de zielloze nieuwbouw, naar de Leeghwaterlaan. In de koffer had ik het dossier-Braspenning gestopt en, pro forma, wat wetboeken. Het was de koffer van Helvoeth, dezelfde koffer die ik enkele weken geleden voor hem de rechtbank Amsterdam in had gesleept, terwijl Helvoeth zelf niet meer dan zijn versleten lederen etui onder zijn arm droeg met daarin de door mij geschreven pleitnota.

Voor mij liep een gezelschap dat tegelijk met mij de trein uit was gestapt: een vroeggrijze man voorop, daarachter een blond meisje van mijn leeftijd, dat op enige afstand gevolgd werd door twee strompelende meisjes in grijze mantelpakjes. Het blonde meisje sleepte net zo'n koffer achter zich aan als ik. Zij was de advocaat-stagiaire. De strompelende meisjes droegen dikke rode mappen, allerlei witte ordners, twee toga's, en, als ik mij niet vergiste, een houten stoel. De zwarte stof van de toga's wapperde ongecontroleerd in de wind en dreigde de grond te raken, reden voor de meisjes om regelmatig te stoppen en hun boeltje weer bij elkaar te pakken. Het leven van een student-stagiaire. Probeer maar eens op je nieuwe pumps gevat, vrolijk, elegant en bescheiden te zijn, terwijl je op het punt staat de inhoud van een dossier over de straten van 's-Hertogenbosch te verspreiden.

Eerlijk gezegd had ik geen flauw idee wat ik met mijn zwarte koffer ging doen. In de hal van de rechtbank zat Braspenning mij waarschijnlijk al op te wachten, ongeduldig, mij vervloekend. Hij had niet eens gereageerd nadat ik hem de brief van meester Blackstone had gestuurd. Na een week opmerkelijke radiostilte had ik besloten zelf het initiatief te nemen. Mijn begeleidende e-mail was voldoende om de brief niet te hoeven lezen, zei hij.

'Wij gaan toch niet schikken, Eppo, wij zijn toch onschuldig?' Het was mij een raadsel waar de pluralis majestatis ineens vandaan kwam.

'Het voorstel van de gemeente is echt het overwegen waard, meneer Braspenning. Leest u die brief ten minste.'

'Ze zijn bang, doodsbenauwd voor de gevolgen; in hun broekjes doen ze het, Eppo. Natuurlijk willen ze schikken. En daarom gaan wij juist door, nu meer dan ooit.'

'Wilt u niet eens een tegenvoorstel doen?'

'Schikken is voor bangeriken, voor de ongelovigen, voor degenen die vrezen voor de dag des oordeels. Wij zijn toch nergens bang voor, Eppo?'

'Zal ik meester Blackstone dan maar schrijven dat wij niet op het voorstel van de gemeente ingaan?'

'Hoe jullie advocaten dat onderling regelen, moet je zelf weten. Wanneer is die comparitie?'

'Wat?' Het was mij ontschoten dat ik hem die verdomde comparitie van partijen in het vooruitzicht had gesteld.

'Die comparitie van partijen, wanneer vindt die plaats?'

'Over enkele weken,' zei ik aarzelend. 'Wij hebben dus nog tijd om de zaak te schikken.'

'Ga jij je maar alvast warmlopen voor die comparitie.'

Een week later had hij naar de exacte datum van de comparitie gevraagd en verzocht om een routebeschrijving naar de rechtbank 's-Hertogenbosch. Ik had aan zijn verzoeken voldaan. Wij hadden om tien uur afgesproken in de centrale hal.

Ik zag hem al zitten toen ik door de detectiepoortjes liep. Hij was gekleed in een bruin pak, het canvas tasje had hij naast zijn stoel geplant. Zijn been dat over het andere was geslagen, bewoog driftig op en neer. In de drie minuten die het duurde voordat ik langs de beveiliging was, had hij al vier keer op zijn horloge gekeken.

'Goedemorgen, meneer Braspenning,' zei ik, terwijl ik mijn BlackBerry, kleingeld en sleutels weer in mijn zakken opborg. 'Bent u er al lang?'

Hij keek me niet aan. 'Vanaf tien uur.'

'Kan ik u wat te drinken aanbieden?'

'Waar is onze zitting?'

'Ik ga even een toga huren en dan zal ik meteen informeren naar onze zittingszaal.'

Kantoor beschikte natuurlijk over voldoende toga's. Je moest je naam bij de receptie achterlaten als je er een wilde meenemen. Om lastige vragen van de dames van de receptie te vermijden – 'Waar gaat je zaak over?' – had ik besloten een toga op de rechtbank te huren. Het gaf mij ook nog even de tijd om na te denken wat ik in godsnaam ging doen. De eerste minuten waren verstreken als een gewone dag op de rechtbank, maar nu moest ik er een andere draai aan geven, en snel ook. Waarom had ik hier niet van tevoren over nagedacht? Misschien omdat er domweg geen ruimte in mijn hoofd voor was geweest. Mijn Bossche toneelstukje moest worden opgevoerd, terwijl vanuit Amsterdam de stapels op mijn bureau mij ongeduldig toeschreeuwden, allemaal door elkaar, zonder dat ik wist wie de eerste wachtende in de rij was. Het voortdurende gezoem in mijn binnenzak waarschuwde mij dat bij terugkomst op kantoor een nieuwe lading werk op mijn bureau was gekieperd, als vissen op de kade die tevergeefs klapperden om een plens water. Het moest nu gebeuren, gedurende de vijf minuten die mij restten van de centrale hal naar de togakamer. Waar was die eigenlijk?

Terwijl ik de stenen trap op liep naar de togakamer moest ik denken aan het vrijgezellenfeest dat wij vorig jaar hadden georganiseerd voor Michael, een jongen die ik nog kende van mijn studie. Hij werkte nog geen maand bij Slingeland & Schaafsma toen een medewerker hem had gevraagd een zitting over te nemen. 'Ik moet plotseling naar het ziekenhuis.' De medewerker duwde hem een dossier in de handen. 'Alles is klaar, ook de pleitnota. Je hoeft hem alleen voor te lezen.' Het was het eerste pleidooi dat Michael zou houden. Hij moest ervoor naar Arnhem. Daar zat een meervoudige kamer voor hem klaar, drie nors kijkende mannen in zwarte toga's. De advocaat van de wederpartij, een dikke vent met een aardappel in zijn keel, was verschrikkelijk vervelend. Aan de lopende band onderbrak hij het hakkelende pleidooi van Michael. 'Dat is toch een gotspe, meneer de voorzitter! Zo'n lariekoek heb ik in mijn twintigjarige praktijk niet gehoord! Wilt u vragen of mijn tegenpleiter het Morgana-arrest kent?' Michael trok zenuwachtig met zijn mond, zweet parelde op zijn voorhoofd. Zijn angstige ogen keken naar de voorzitter van de rechtbank, hopende dat deze de andere advocaat tot de orde zou roepen. 'Inderdaad,' zei de voorzitter. 'Kunt u aangeven waarom het Morgana-arrest niet van toepassing is?' Michael had nog nooit van het Morgana-arrest gehoord. Hij rommelde wat in de stukken naast de katheder, alsof hij daar het antwoord op de vraag zou vinden. 'Na-natuurlijk,' stamelde hij. 'Het Morgana-arrest...' Het verhaal, dat hij ter plekke verzon, klonk weinig overtuigend. De zitting duurde een halfuur en steeds werd Michael onderbroken. Hij ploeterde dapper verder. De advocaat van de wederpartij en de voorzitter werden bozer en bozer. 'Hoe kunt u dat met droge ogen beweren!' Toen iemand het teken gaf, stonden wij, een man of vijftien, op in de achterste rij van de zittingszaal. Langzaam liepen wij naar voren en positioneerden ons naast Michael. Iemand sloeg kameraadschappelijk een arm om hem. 'Nu even niet jongens,' smeekte Michael. Hij kon ieder moment standrechtelijk geëxecuteerd worden. 'Ik zit midden in een zitting.' Het duurde tien minuten voordat wij hem ervan konden overtuigen dat de hele vertoning een grap was. Pas toen de leden van de rechtbank en de advocaat zich hadden voorgesteld als advocaten, allemaal deelnemers aan het Jonge Balie Cabaret, zag hij in dat hij was beetgenomen.

Waar waren mijn vrienden? Had ik eigenlijk wel vrienden? Had ik iemand kunnen vragen mij uit de brand te helpen? Twee, hooguit drie man had ik maar nodig voor mijn toneelstukje. Een rechter, een griffier, een meester Blackstone. Wie zouden medeplichtig willen zijn aan mijn treurspel? Ik ging mijn vrienden van SC Oud-West langs. Wij hadden toch zo vaak een geintje uitgehaald. Het was een practical joke. Het gaat om een man, een oud-docent, die kinderen heeft misbruikt op een basisschool. Een enorme smeerlap. Om procedurele redenen heeft de strafrechter het OM niet-ontvankelijk verklaard. Verkeerde verhoormethodes. Maar geloof mij: hij is hartstikke schuldig. En nu wil hij nog geld ook. Die smeerpijp gaan wij even een lesje leren! Aan wie zou ik het voorstellen? Was er iemand die geen kritische vragen zou stellen? Iemand die zou denken dat dit alles geoorloofd was? Paul de Man? Boets, jij bent natuurlijk advocaat, maar dit is toch bedrog? Ja, mijn beste, dit was bedrog.

Het bedrog was begonnen toen ik Braspenning een e-mail stuurde dat de zaak was aangebracht bij de rechtbank, toen ik meester Blackstone ten tonele had gevoerd. Nu moest ik doorzetten. Alleen. Het was nog niet te laat. Het was mogelijk om het tij te keren. Het enige wat ik moest doen was Braspenning ervan overtuigen dat hij de zaak zou laten rusten. Over een halfuur zou alles voorbij zijn.

Er was mij een smerige toga overhandigd door de oude beheerder van de togakamer. De zwarte wol was aangevreten door motten, knopen ontbraken, het elastiek aan de uiteinden van de mouwen, waar ik mijn handen door moest steken, was geknapt. De kraag was stug, volgezogen met transpiratievocht, een herinnering aan de honderden zittingen die deze overjas had bijgewoond. En de toga was te klein. Als ik mijn armen naar voren hield, staken mijn manchetknopen ver uit de zwarte mouwen. Hij reikte tot net over mijn knieën, terwijl hij volgens de voorschriften tot vlak boven de schoenen gedragen moet worden. Was dit soms een vrouwentoga? Ik knoopte mijn eigen, hagelwitte bef om, die ik van Foekje had gekregen bij mijn beëdiging als advocaat. Een foto, Foekje en ik, beiden in toga, gemaakt door mijn zus Bea, was het verstilde bewijs van de plechtigheid. Patroon en stagiaire in gelukkiger tijden. Waar was die foto gebleven?

De deuren van een zittingszaal gingen open. Twee advocaten liepen naar buiten, gevolgd door hun cliënten. Buiten de zaal gaven de advocaten elkaar een hand, om zich daarna van elkaar te verwijderen, samen met hun cliënten. Een van hen bleef in mijn blikveld. De advocaat knoopte zijn bef los. Onder zijn toga droeg hij een beige broek die verkeerd was gewassen, en een groenig jasje. Met zijn handen legde hij iets uit aan zijn cliënt, een ongeschoren man van diffuse leeftijd. Het hoofd van de advocaat hing iets naar beneden terwijl hij praatte. De zitting was niet goed gegaan. De rode dossiermap werd nog eens geopend. De cliënt werd gewezen op een stuk papier. De advocaat trok zijn schouders omhoog, gebaarde met zijn hand dat hij er ook niets aan kon doen. De cliënt knikte. Ze gaven elkaar een hand. De advocaat bleef achter met zijn toga en zijn dossierkoffer. Uit zijn jasje viste hij een mobiele telefoon, waarop hij een nummer selecteerde alvorens hem tegen zijn oor te leggen, ondersteund door zijn schouder.

Aan de bode, een man met een snor, die met twee halflege kannen water uit de zaal kwam lopen, vroeg ik hoe laat de volgende zitting begon. Ik vroeg het uit automatisme, nog steeds zonder plan.

'Wij gaan meteen door,' zei hij gehaast. 'Bent u de advocaat van Laurus?'

Toen zag ik de oplossing voor me, heel helder, als een licht dat plotseling aanging.

'Een van de advocaten,' zei ik.

'Als u nog even geduld hebt, zal ik u zo waarschuwen.'

'Prima,' zei ik. 'Ik zit beneden in de centrale hal.'

Snel liep ik weer naar beneden, de stenen trap af, waar Braspenning nog steeds zenuwachtig met zijn been zat te wippen.

'Je bleef lang weg. Is er iets loos?'

Nu kwam het erop aan. Zwart lag in positie voor de pocket. Het enige wat ik moest doen was de bal met voldoende backspin raken zodat mijn witte bal niet ook in het gat verdween.

'De rechter heeft besloten de zitting achter gesloten deuren te houden.'

'Wat?'

'De zitting zal achter gesloten deuren worden gehouden.'

‘En dat betekent?’

‘Dat u er niet bij aanwezig mag zijn.’

‘Hoezo niet?’

‘De rechter wil een schikking beproeven, alleen met de advocaten.’

Braspenning stond op van zijn stoel. ‘Wat een quatsch! Wij willen helemaal niet schikken.’

Ik maande hem tot rust. ‘Dat weet ik, maar ik ga niet in discussie met de rechter. Dit is wat hij wil.’

‘Dat is toch belachelijk.’ Hij leek het nieuws te accepteren.

‘U kunt net zo goed naar huis gaan. Ik bel u later wel om verslag te doen van de zitting.’

‘Ik blijf hier natuurlijk. Waar is die zitting?’

‘Boven.’

‘Wat een onzin, Eppo.’ Braspenning ging weer op zijn stoel zitten.

‘Dit is nou eenmaal hoe het gaat. Er is geen zitting zonder verrassingen.’

De bode kwam aangesneld. ‘Uw zitting begint nu.’

‘Wacht u hier op mij?’ vroeg ik aan Braspenning.

‘Ik zal wel moeten.’ Hij pakte mijn arm beet, trok me naar beneden. ‘Luister, Eppo. Je moet niet alles geloven wat ze zeggen. Beloof je dat?’ Zijn hand kneep in mijn onderarm. ‘Ik ben weleens uitgevallen tegen een leerling. Ik ben weleens boos geworden. Misschien ben ik soms iets te ver gegaan met straffen en al die dingen meer... Maar ik ben geen kinderverkrachter. Dat weet je toch?’

Ik knikte, ontworstelde me aan zijn greep. ‘Ik moet nu echt gaan.’

De bode had zich bij de deur van de zaal gepositioneerd om de zitting aan te kondigen. ‘Stokke tegen Laurus.’ De twee advocaten en de student-stagiaires die ik voor mij had zien lopen op weg naar de rechtbank, schuifelden naar binnen, een vergelijkbaar team erachteraan. Het was inderdaad een soort stoel die een van de student-stagiaires bij zich droeg. Een pukkelige jongen die bij de advocaat van de wederpartij hoorde, droeg een vergelijkbare stoel. Ik ging achter in de zaal zitten.

De rechter, een grijze man met een bril, vroeg of alle aanwezigen zich wilden voorstellen.

'En wie bent u?' vroeg hij mij.

'Toehoorder, edelachtbare.'

De advocaat van de eisende partij, Stokke, kreeg als eerste het woord. Het was mij snel duidelijk dat het om een zaak over intellectuele eigendomsrechten ging. Stokke beweerde dat Laurus een stoeltje had nagemaakt. 'Er is sprake van een flagrante schending van de auteursrechten van Stokke, meneer de rechter.' De advocaat van Stokke danste om de twee stoeltjes die voor de rechter waren opgesteld, terwijl hij alle punten van overeenstemming aanwees. Daarna was het de beurt aan de advocaat van Laurus die alle verschilpunten benoemde.

Wat was dit toch een kinderachtig rechtsgebied. Twee volwassen mannen die rond twee stoeltjes cirkelden, kinderstoeltjes nota bene. Bij Schwaab & Helvoeth was bijna de hele sectie intellectueel eigendom verdwenen. Ze waren een nichekantoor begonnen, zodat ze hun dansjes in de beslotenheid van hun eigen kring konden maken, niet gehinderd door de cowboys van M&A. Het werd door het sectiehoofd, een man met een vlinderdas, gebracht als een kans om eindelijk zelf te ondernemen – 'Altijd al een eigen kantoor willen beginnen.' – maar iedereen wist dat ze waren weggejaagd door M&A. Te weinig omzet. Wie het winstdeel drukte, moest vertrekken, zo eenvoudig was het.

Halverwege het pleidooi van de advocaat van Laurus had ik een ingeving. Ik besloot direct de zittingszaal te verlaten. Braspenning had een kop koffie voor zichzelf gehaald.

'De rechter heeft ons de gang op gestuurd,' zei ik.

'De gang op gestuurd?'

'Hij wil dat wij de zaak oplossen. Hij vindt het een onzinzaak, dat heeft hij letterlijk zo gezegd.'

'Een onzinzaak?' Braspenning roerde met een plastic staafje driftig door zijn koffie.

'Ik stel voor dat wij nog eens rustig naar het voorstel van de gemeente kijken.'

'Een onzinzaak?' Een plens koffie kwam op de tegelvloer terecht.

‘Dat waren zijn woorden. Ik heb de brief van meester Blackstone bij me. Zullen wij er even naar kijken?’ Ik realiseerde mij dat mijn kwalificatie niet goed was gevallen.

‘Een onzinzaak? Hoe durft hij dat te zeggen! Wat is dat voor een rechter?’

‘Dit is nu eenmaal hoe het gaat. Hij wil die zaak van zijn bureau hebben. Het blijkt uit alles. Hij heeft gewoon geen zin om een vonnis te schrijven. Rechters krijgen net zo veel punten voor zaken die ze schikken als voor het schrijven van een vonnis.’

‘Punten?’

‘Rechters hebben ook een target, net als advocaten.’

‘Wat is dit voor een systeem?’ Braspenning zette trillend zijn plastic bekertje op de grond en haalde zijn inhaler uit zijn broekzak.

‘Dit is nu eenmaal hoe het gaat. De brandweer heeft ook een target. Het heeft geen enkele zin om je erover op te winden. Zal ik voorstellen dat zij onze proceskosten betalen?’

Braspenning zoog drie keer krachtig aan het apparaat. Zijn bruine ogen spuwden vuur. ‘Nee, je gaat helemaal niets voorstellen. Je gaat terug naar die rechter en je gaat hem vertellen dat hij gewoon zijn werk moet doen. Dat is wat je gaat doen. Je gaat hem vertellen dat hij zijn punten op een eerlijke manier moet verdienen. Ik wil een vonnis! In wat voor een land leven wij? Dit gaat toch helemaal nergens over?’

‘Ik zal het proberen. U bent de cliënt. Maar rechters houden er niet van als je ze tegen de haren in strijkt.’

Het was echt niet te geloven, deze man. Ieder advies werd in de wind geslagen. Hij ging volledig zijn eigen gang en nu trotseerde hij ook nog eens de rechter. Als de rechter zegt dat je naar de gang moet, dan doe je dat – punt. Niet voor discussie vatbaar.

Geïrriteerd ging ik weer achter in de zaal zitten, mij tegenover de rechter verontschuldigend dat ik zijn zitting stoorde. Die was bijna ten einde. De advocaat van Stokke was bezig met zijn repliek. De rechter onderbrak hem af en toe om een vraag te stellen. De griffier naast de rechter was grif aan het meeschrijven met alles wat werd gezegd.

‘Wilt u nog reageren?’ vroeg de rechter aan de advocaat van Laurus.

'Graag.'

'U heeft vijf minuten.'

Vijf minuten, dat was hoelang ik nog had. Vijf minuten. Eppo, verzin een list. Het moest nu gebeuren. Daar was het gevoel dat ik altijd zou blijven associëren met de gymlessen op de lagere school, wanneer ik hoog in de touwen was geklommen en naar beneden keek. Kriebel in mijn tenen, in mijn vingertoppen, bij mijn liezen. Nu vooral niet loslaten. Onder in mijn buik voelde ik het steken. Was dit maagzuur? Je hebt nog vier minuten. Waar is die briljante ingeving? Concentreer je! Mijn gedachten schoten alle kanten op. Waarom had ik hier niet eerder over nagedacht? Ik had enorm veel zin in een slok water. Mijn hoofd voelde licht.

Opeens bedacht ik dat Braspenning ieder moment de zaal zou kunnen binnenstormen. Hoezo is dit een onzinzaak?! De rechter die hem verbaasd zou aankijken, de advocaat van Laurus die zijn dupliek onderbrak, het zoekende gezicht van Braspenning die even zou denken dat hij de verkeerde zaal was binnengestormd en mij dan zag zitten, achter in de zaal, en zich plotseling realiseerde – alles viel op zijn plaats – dat hij belazerd was. Een kolonie mieren marcheerde door mijn aderen. Ik moest hier weg. In mijn mond proefde ik oprispend zuur.

'Op 12 september zal ik vonnis wijzen,' besloot de rechter de zitting.

Ik racete de zaal uit. Naar de wc. Waar was die? Het duizelde voor mijn ogen. Ik probeerde het zuur weg te slikken. Ongecontroleerd duwde ik de wc-deur achter mij dicht, zakte door mijn knieën op de stenen vloer. Mijn toga knelde om mijn rug toen ik mij vooroverboog en de wc-bril omhoog deed. Mijn maag kromp samen. In een straal kletterde het braaksel tegen het witte marmer. Een rilling ging over mijn rug. Opluchting.

'En?' vroeg Braspenning even later.

'Op 12 september zal de rechter vonnis wijzen. Het ziet er niet goed uit.'

RECHTBANK 'S-HERTOGENBOSCH

VONNIS

Zaaknummer: 55968 / HA ZA 07-1810
Datum uitspraak: 12 september 2007

Vonnis van de rechtbank 's-Hertogenbosch, enkelvoudige kamer voor de behandeling van burgerlijke zaken, in de zaak van:

Pieter Johannes Braspenning,
wonende te Nuenen
eiser in conventie,
verweerder in reconventie
procureur mr. J.E. Lenglet,
advocaat mr. E.F. Boetselaar te Amsterdam

tegen

De publiekrechtelijke rechtspersoon gemeente Nuenen,
zetelend te Nuenen
gedaagde in conventie,
eiseres in reconventie
procureur mr. F.L.H.M. Croucx
advocaat mr. M.V. Blackstone te Amsterdam

Partijen worden hierna respectievelijk Braspenning en de Gemeente genoemd.

1. De procedure
1.1. Het verloop van de procedure blijkt uit:
- de dagvaarding van 8 mei 2006;
- de conclusie van antwoord tevens houdende eis in reconventie van 4 oktober 2006;

– het proces-verbaal van de op 1 augustus 2007 gehouden comparitie van partijen.

1.2. Ten slotte is vonnis bepaald.

2. De feiten

2.1. Braspenning was van 1979 tot 2004 werkzaam op basisschool De Eik te Nuenen (hierna: de school) in de functies leerkracht en locatiemanager. Als leerkracht fungeerde hij als ambulant docent, door partijen ook wel 'vliegende keep' genoemd, onder meer als docent lichamelijke opvoeding.

2.2. De gemeente voert het bestuur over de school.

2.3. Op 15 december 2004 heeft een leerling, Machiel van Berkel, aan de school gemeld dat hij bij herhaling onzedelijk is betast door Braspenning.

2.4. De directeur van de school heeft hierop, eveneens op 15 december 2004, bij het bestuur van de school c.q. de gemeente melding gemaakt van een vermoeden van ontucht door Braspenning met een leerling (zijnde Machiel). Naar aanleiding hiervan heeft het bestuur van de school Braspenning met ingang van 20 december 2004 geschorst.

2.5. Op 21 december 2004 heeft de vader van Machiel van Berkel, de heer J.S. van Berkel (hierna: de vader) bij de politie te Geldrop, afdeling Sociale Jeugd en Zedenpolitie, aangifte gedaan tegen Braspenning wegens ontucht met misbruik van gezag van zijn zoon Machiel. Het proces-verbaal van aangifte vermeldt, voor zover relevant, het volgende:

(...) U vraagt mij wat Pieter Braspenning precies bij mijn zoon zou hebben gedaan.
Machiel moest de laatste tijd vaak nablijven. Dat vonden mijn vrouw

en ik raar, want hij is een brave jongen. Het viel ons ook op dat hij stiller was dan normaal. Hij is van zichzelf een vrolijke jongen. Toen wij van de directeur hoorden wat Machiel in zijn weekschriftje had geschreven, waren wij geschokt. Ik vroeg hem: ' Wat heeft meester Pieter gedaan?' Machiel vertelde dat hij na school straflessen gymnastiek kreeg. Machiel zei dat hij rondjes door de gymzaal moest rennen. Dat moest van de meester in zijn blootje. Braspenning rende achter hem aan, steeds harder, totdat Machiel helemaal buiten adem was. Na het gymmen moest Machiel samen met Braspenning douchen. Daar zou de meester hem hebben ingezeept met een klein rond zeepje. Ook zou Machiel hem een keer in zijn penis hebben moeten knijpen. Toen ik Machiel vroeg hoeveel straflessen hij heeft gehad, zei hij dat hij het niet zeker wist. Hij denkt vijf keer. Dit was altijd na schooltijd wanneer iedereen weg was. Ik heb Machiel niet gevraagd of anderen het hebben gezien.

U vraagt mij onze situatie thuis te beschrijven.
Wij zijn een normaal gezin. Machiel heeft nog een ouder broertje, Jeffrey. Hij heeft vroeger ook op De Eik gezeten. Wij wonen al twintig jaar in Nuenen. Er zijn mij geen omstandigheden bekend waarom hetgeen Machiel ons heeft verteld niet waar zou zijn. Machiel is een vrolijk jongetje.

2.6. Op 11 januari 2005 is Braspenning aangehouden en diezelfde dag in verzekering gesteld, waarna op 13 januari de bewaring van Braspenning is bevolen. Braspenning heeft in totaal 36 dagen doorgebracht in preventieve hechtenis.

2.7. Op 20 januari 2005 heeft de gemeente Braspenning op staande voet ontslagen.

2.8. Op 7 september 2005 heeft de meervoudige kamer voor de behandeling van strafzaken van de rechtbank 's-Hertogenbosch het Openbaar Ministerie niet-ontvankelijk verklaard in zijn eis jegens Braspenning. De rechtbank overwoog daartoe, voor zover relevant, het volgende.

Naar het oordeel van de rechtbank is in de onderhavige zaak sprake van een onherstelbaar vormverzuim in het voorbereidend onderzoek. Dit vormverzuim leidt ertoe dat niet-ontvankelijkheid van het Openbaar Ministerie dient te volgen (art. 359a lid 1 sub c Sv).

De rechtbank komt tot dit oordeel mede op basis van de regels van behoorlijke procesorde vervat in de 'Aanwijzing opsporing en vervolging inzake seksueel misbruik' (hierna: de Aanwijzing). De Aanwijzing schrijft onder meer voor dat in zedenzaken waar acht jaar of meer op staat, zoals in casu, het verhoor van verdachte op geluidsband moet worden opgenomen. De verdachte is viermaal gehoord. Van geen enkel verhoor is een bandopname gemaakt. Hierdoor is achteraf niet controleerbaar of de schriftelijke weergaven van de verklaringen van verdachte in de daarvan opgemaakte processen-verbaal een juiste afspiegeling vormen van hetgeen tijdens die verhoren is voorgevallen en gezegd.

Van het verhoor van het slachtoffer, Machiel van Berkel, is wel een opname gemaakt, namelijk een audiovisuele opname.

De rechtbank heeft waargenomen dat tijdens dit verhoor, dat meerdere malen is onderbroken, Machiel niet uit eigen beweging en in vrijheid heeft verklaard, maar dat hem woorden in de mond zijn gelegd door de verhorend verbalisanten. Het slachtoffer heeft verklaard dat hij ontbloot rondjes diende te rennen, terwijl verdachte hem achtervolgde. Op de vraag van de verbalisant 'Wat deed meester Pieter na het rennen?' verklaart Machiel 'dat hij niet meer kan'. Vervolgens vraagt de verbalisant 'Hij zat toch aan je piemel?', waarna Machiel zegt dat zijn 'moeder erbij moet'. Het verhoor wordt onderbroken en voortgezet met het slachtoffer huilend op de schoot van zijn moeder. De verhorend verbalisant vat vervolgens als volgt samen wat Machiel voor de onderbreking heeft verklaard: 'Je zei dat-ie met zijn vinger aan jouw piemel zat.' In het proces-verbaal is vervolgens opgenomen dat Machiel heeft verklaard dat meester Braspenning aan zijn piemel zat. Gelet op hetgeen de rechtbank heeft waargenomen op de audiovisuele opname zijn dit echter de woorden van de verbalisant. Bovendien heeft de rechtbank moeten vaststellen dat in het proces-verbaal van het verhoor onvermeld is gebleven dat de moeder van het slachtoffer bij het verhoor aanwezig was, zulks in strijd met de Aanwijzing, hetgeen de rechtbank zeer onzorgvuldig acht.

Door de genoemde handelingen van de verbalisanten zijn ernstige fouten gemaakt bij de opsporing. De combinatie van deze fouten heeft tot gevolg dat het niet meer mogelijk is om tot een betrouwbare feitelijke grondslag voor een bij de einduitspraak te nemen beslissing te komen; een behoorlijk proces is daardoor uitgesloten. Onder die omstandigheden kan slechts niet-ontvankelijkheid van het Openbaar Ministerie volgen.

3. Het geschil

3.1. Braspenning vordert bij vonnis uitvoerbaar bij voorraad de gemeente te veroordelen:

- tot betaling van een bedrag van EUR 321.222,27 aan (im)materiele schadevergoeding, althans tot een bedrag aan (im)materiële schadevergoeding waarvan de hoogte door de rechtbank in goede justitie is te bepalen;
- tot betaling van de kosten van dit geding.

3.2. De schade die Braspenning heeft geleden bestaat volgens hem uit het feit dat hij 36 dagen in voorlopige hechtenis heeft doorgebracht en dat daardoor zijn recht op vrijheid, een fundamenteel recht, is geschonden. Braspenning voert verder aan dat hij tengevolge van het strafvorderlijk onderzoek naar zijn persoon heeft moeten verhuizen en dat zijn partner hem heeft verlaten wegens de druk die de verdenking op hun relatie legde. Bovendien geeft Braspenning aan langdurig psychotherapeutische behandeling te hebben moeten ondergaan. Ook heeft hij, aldus nog steeds Braspenning, onnodig schade geleden aan zijn eer en goede naam.

3.3. De gemeente voert verweer en concludeert tot niet-ontvankelijkverklaring van Braspenning, althans tot afwijzing van de vorderingen als zijnde ongegrond en niet bewezen, alsmede tot veroordeling van Braspenning in de kosten van de procedure.

3.4. De gemeente vordert in reconventie, kort gezegd, een verklaring voor recht dat Braspenning onrechtmatig jegens haar heeft gehandeld, door haar eer en goede naam te hebben geschonden, en Braspenning te veroordelen de schade die de gemeente daardoor lijdt en heeft geleden te vergoeden, een en ander op te maken bij staat en te vereffenen volgens de wet.

3.5. Op de stellingen van partijen wordt hierna, voor zover relevant, nader ingegaan.

4. De standpunten van partijen en de beoordeling

4.1. Tussen partijen is, kort samengevat, in geschil of de gemeente Nuenen, in haar hoedanigheid van bestuurder van basisschool De Eik, onrechtmatig heeft gehandeld ten opzichte van Braspenning. De gemeente stelt daar in reconventie tegenover dat het Braspenning is die onrechtmatig heeft gehandeld, namelijk door bij een leerling van de school ontuchtige handelingen te verrichten en door de aantasting van de eer en goede naam van de school die hieruit is voortgevloeid. Voor zover de handelingen niet strafbaar zouden zijn, zijn zij in ieder geval onoorbaar, aldus de gemeente, en is de schade die zij heeft geleden een rechtstreeks gevolg van de handelwijze van Braspenning. De standpunten van partijen lenen zich voor gezamenlijke behandeling.

4.2. Ten aanzien van de vordering tot schadevergoeding van Braspenning overweegt de rechtbank als volgt.

4.3. Het door Braspenning verdedigde standpunt komt erop neer dat er steeds een aanspraak op schadevergoeding bestaat indien de *presumptio innocentiae*, het vermoeden van onschuld dat ten grondslag ligt aan ons strafrecht, niet wordt doorbroken door zijn onherroepelijk veroordeling. Indien de strafvervolging, aldus Braspenning, om welke reden dan ook niet tot veroordeling leidt zou er een aanspraak op volledige compensatie van het geleden nadeel bestaan. Een dergelijk standpunt vindt geen steun in het recht.

4.4. Vooropgesteld zij dat het strafproces er niet (mede) op is gericht de onschuld van de verdachte aan te tonen. Het opsporingsonderzoek en het vonnis van de strafrechter hebben uitsluitend tot doel de vraag te beantwoorden of de ten laste gelegde feiten wettig en overtuigend zijn bewezen, met andere woorden, of de verdachte schuldig is. Een door de verdachte ondergane voorlopige hechtenis of andere vrijheidsontneming is slechts dan onrechtmatig indien uit het strafdossier ondubbelzinnig blijkt dat de voormalige verdachte onschuldig is. De enkele omstandigheid dat het Openbaar Ministerie door de strafrechter niet-ontvankelijk is verklaard of dat de verdachte is vrijgesproken van het feit ter zake waarvan hij voorlopige hechtenis heeft ondergaan, is daartoe onvoldoende. Daaruit volgt immers niet dat de verdachte het feit niet heeft begaan, maar slechts dat dit niet wettig en overtuigend kan worden bewezen.

4.5. Feiten en omstandigheden die na het vonnis van de strafrechter naar voren zijn gebracht, kunnen in beginsel niet tot gevolg hebben dat de toegepaste dwangmaatregelen met terugwerkende kracht onrechtmatig worden verondersteld. Een gedraging die op het moment waarop deze wordt verricht rechtmatig is, zelfs uit strafvorderlijk opzicht geboden is, kan niet onrechtmatig worden indien na afloop van de strafzaak zich nieuwe feiten zouden presenteren.

4.6. Naar het oordeel van de rechtbank volgt uit het strafdossier in de onderhavige zaak niet de onschuld van Braspenning.

4.7. Geheel ten overvloede overweegt de rechtbank dat Braspenning ook niet anderszins heeft aangetoond onschuldig te zijn.

4.8. Gelet op het voorgaande zal de rechtbank de vorderingen van Braspenning afwijzen.

4.9. Wat betreft de reconventionele vorderingen van de gemeente overweegt de rechtbank als volgt.

4.10. De vorderingen van de gemeente zijn in zekere zin spiegelbeeldig aan die van Braspenning. Waar Braspenning voor toewijzing van zijn vorderingen zijn onschuld dient te bewijzen, althans dat zijn onschuld uit het strafdossier volgt, dient de gemeente aan te kunnen tonen dat Braspenning schuldig is aan de litigieuze handelingen, althans dient de gemeente aan te tonen dat deze handelingen hebben plaatsgevonden. Naar het oordeel van de rechtbank is de gemeente daar niet in geslaagd.

4.11. Aan de gemeente kan worden toegegeven dat er aanwijzingen bestaan dat Braspenning de handelingen heeft verricht, namelijk de verklaring van het (vermeende) slachtoffer Machiel van Berkel, maar tegenover die aanwijzingen staat de ontkenning van Braspenning. Bij gebreke aan aanvullend bewijs kan niet worden aangenomen dat de handelingen waarvan de gemeente Braspenning beschuldigt daadwerkelijk hebben plaatsgevonden.

4.12 Gelet op een en ander zal de rechtbank ook de reconventionele vorderingen van de gemeente afwijzen.

5. De beslissing
De rechtbank

In conventie:

wijst de vorderingen af

In reconventie:

wijst de vorderingen af

In conventie en reconventie:

compenseert de proceskosten zodat iedere partij zijn eigen kosten draagt.

Dit vonnis is gewezen door mr. J. Spier, rechter, bijgestaan door mr. F.B. Bakker, griffier, en in het openbaar uitgesproken op 12 september 2007.

46

Zonder dat haar blik afdwaalt naar de chaos in mijn kamer, zegt Foekje: 'Zo te zien heb je hard gewerkt aan je conclusie van antwoord.'

'Het was een beetje behelpen, zo zonder de faciliteiten van kantoor, maar het is gelukt.'

'Ik heb het gezien, ja.'

Mijn hartslag versnelt. 'Heb je mijn conclusie gelezen?'

'Op verzoek van Rinzema. Hij vroeg of ik feitelijke onjuistheden wilde identificeren.'

In de conclusie heb ik een paragraaf opgenomen over opleiding en begeleiding. Het is met name Helvoeth die ik van nalatigheid heb beticht, maar Foekje komt er ook niet zonder kleerscheuren vanaf. Het was immers Foekje die wegliep tijdens mijn beoordelingsgesprek. Zij liep weg, terwijl zij mij juist in bescherming had moeten nemen. Foekje was per slot van rekening mijn patroon. Ik kijk haar aan, in de verwachting dat zij mij nu met feitelijke onjuistheden om de oren gaat slaan. Het blijft stil.

'Ik kan er natuurlijk niets over zeggen,' zegt zij ten slotte.

'Dat begrijp ik.'

Wij staan daar maar tegenover elkaar. Foekje in haar knalrode winterjas tot net boven haar knieën, stevig ingesnoerd met een ceintuur. De kleur van de jas contrasteert met die van haar haar. Kapsel en jas proberen de aandacht af te leiden van haar gezicht, dat er moe uitziet.

'Kan ik je iets te drinken aanbieden?' vraag ik. 'Koffie of thee? Zal ik je jas ophangen?'

'Nee, dank je, ik ben onderweg naar kantoor.'

Stilte. Ik kijk in de plastic tas die ze me heeft overhandigd. Geen spullen die ik had gemist.

Dan zegt ze ineens: 'Je moet nog maar 'ns nadenken over het schadeverhaal.'

'Wat bedoel je?'

'Zoals ik het zeg: denk maar 'ns na over de schade.'

'Op die manier,' zeg ik aarzelend.

Wat is dit? Foekje die me de helpende hand biedt? Onmogelijk. Het is natuurlijk weer een valstrik. Foekje is door kantoor gedwongen mij op het verkeerde been te zetten met een of ander onzinverhaal over schade.

'Je hebt gelijk,' zeg ik. 'Volgens mij zit daar inderdaad de oplossing. Ik zoek het in de oneerlijke verrijking. Als je erover nadenkt, is het eigenlijk heel vreemd dat dat leerstuk zo weinig wordt toegepast als schadeverweer. Er zitten toch altijd twee kanten aan de medaille. Er is bijna nooit schade zonder verrijking. Zelfs bij letselschade. Stel je bent slachtoffer van een verkeersongeluk...' Foekje luistert geduldig. 'Je wordt behandeld in een ziekenhuis, kunt twee maanden niet werken, zulke dingen. Allemaal concrete, compensabele schade. Maar dat betekent niet dat er alleen maar nadelen aan het ongeluk verbonden zijn. Het slachtoffer kan een belangrijk inzicht krijgen in de periode waarin hij thuis is. Misschien verzint hij wel een oplossing voor het fileprobleem, weet jij veel. Dat was niet gebeurd zonder het ongeluk. Mijn standpunt is dat je dat voordeel moet verrekenen met het nadeel dat het slachtoffer heeft geleden. Weet je zeker dat je geen koffie wilt?'

Foekje kijkt mij geamuseerd aan.

'Dat geldt dus ook voor Schwaab & Helvoeth,' vervolg ik. 'Het is echt niet zo dat mijn actie ze niets heeft opgeleverd. Alle alarmbellen zijn afgegaan. Alles is opnieuw bekeken: de begeleiding van stagiaires, het urenregistratiesysteem, het aantal declarabele uren dat iemand moet draaien, het verdienmodel. Op de lange termijn profiteert kantoor enorm van dat inzicht. Dat weet ik zeker. Die opbrengsten moeten worden verrekend met de kosten. Mijn stelling is: je moet niet alleen naar de schade kijken, ook naar het profijt. Ik zal het nog uitwerken voor het pleidooi.'

Ik kan mij vergissen, maar volgens mij heb ik iets in haar geraakt met mijn verhaal. Ze heeft een moederlijke blik in haar ogen. Mijn woorden hebben haar vertederd. Ik moet in de buurt van de oplossing zijn.

'Ik moet gaan,' zegt ze terwijl ze mij weer een hand geeft. De hand is nog net zo koud als bij binnenkomst. 'Denk nog maar eens goed na over het schadeverhaal.'

Pleidooi

47

De bode – hij heet Jansen – geeft geen blijk van herkenning. Traag, de laatste regels van het bericht nalezend, slaat hij zijn ochtendkrant dicht. Hij nipt aan zijn dampende koffie, plaatst het plastic bekertje voorzichtig naast de ouderwetse monitor achter zijn balie. Dan kijkt hij me aan, getergd, alsof het een lange, vermoeiende dag is geweest. Het is kwart voor negen 's ochtends.

'Voor welke zaak komt u?'

Stoïcijns maakt hij aantekeningen op het formulier dat hij zo meteen aan de rechter, mevrouw Korteweg, zal geven.

'Boetselaar, is dat met a-e?'

'Nee. Gewoon zoals je het zegt. Met s en dubbel a.'

'Klopt het dat uw advocaat zich nog niet heeft gemeld?'

'Dat klopt,' zeg ik terwijl ik de verdieping verken – er is nog niemand. Geen wederpartij, geen zussen, geen pers. Op de een of andere manier had ik verwacht dat Paul de Man er wel zou zijn. Ik kijk over de balie naar wat de bode allemaal noteert. 'De advocaat, dat ben ik zelf.'

Jansen zucht. 'Het is dus *meester* Boetselaar.' Hij krast iets door op zijn formulier, kijkt geïrriteerd omhoog. 'Hebt u nog iemand meegenomen?'

'Nee. Ik ben alleen.'

'U zit in de Luden-zaal.' Met zijn ballpoint wijst hij naar de kleine zittingszaal aan de andere kant van de balustrade. De zaal is mij bekend. Hij is klein. Toen ik nog in loondienst was – het lijkt een eeuwigheid geleden – ben ik er zeker tien keer binnen geweest. Meestal kortgedingzittingen. Altijd was ik de kofferdrager, de bijzit, degene die producties mocht aanreiken en verder zijn mond moest houden.

Ik positioneer mezelf op de ijzeren bank voor de zaal. Vanaf hier heb ik goed zicht op de wenteltrap die naar de eerste verdieping van de rechtbank leidt. Wie er ook naar boven komt, ik zal hem als eerste zien. Het was een tip van mijn tegenstander om vroeg te komen. 'Wie het eerst komt, zal nooit de laatste zijn, Van Boetselaar.' Ik kijk op mijn horloge. Ze zullen zo wel komen. Uit mijn tas haal ik de pleitnota. Met gekruiste benen, op de punt van de bank, bestudeer ik de geel gearceerde woorden op het papier, zonder dat de betekenis ervan tot mij doordringt. De woorden die ik gisteren met zoveel overtuiging oefende, staren me nu wezenloos aan. Het lukt me niet een zin van begin tot eind te lezen.

Ik leg het stuk naast me neer, kijk nog eens op mijn horloge – voldoende tijd om naar de wc te gaan. Er is niemand in de wc, gelukkig, behalve mijn spiegelbeeld. In het tl-licht zie ik hoe bleek ik ben. Met een gekanteld hoofd drink ik water uit de kraan, het sijpelt langs mijn kin, druppelt op mijn das. Ik vloek. Met beide handen houd ik de koude wastafel vast, ik staar naar mijn vermoeide hoofd. 'Kom op, Boets,' roep ik als een supporter. Mijn stemgeluid kaatst tegen de blauwe tegels.

Terug op de bank probeer ik verder te lezen. Het lukt me niet een comfortabele houding te vinden. Linkerbeen over het rechter, rechter over het linker, naar voren, naar achteren, hand onder mijn kin. Een moment sluit ik mijn ogen, leun naar achteren en stoot mijn hoofd tegen de kale, witte muur.

Van al die keren dat ik in Amsterdam op de rechtbank ben geweest, herinner ik me de momenten voor de zitting het beste. Het wachten op een teken van de bode. De minuten die zich als elastiek lijken uit te rekken. Cliënten die zenuwachtig opstaan van de ijzeren bankjes, ijsberend voor de zittingszaal, om ten slotte beneden een sigaret te gaan roken. Helvoeth was een meester op dit soort momenten. Hij praatte over voetbal – een onderwerp waar hij niets van afwist – over de vruchten in de tuin van zijn tweede huis in de Provence, vertelde *war stories* uit de goede oude tijd – alles om de cliënt zich te laten ontspannen. Foekje was anders. Zij nam steevast de laatste versie van de pleitnota door met de cliënt, plaatste nog een komma waar nodig. Ze legde nog eens geduldig uit wat de cliënt zometeen kon verwachten. 'Het komt goed. Vertrouw op mij.'

Er is geen cliënt die ik kan geruststellen. De cliënt, dat ben ik zelf.

Wiens idee was het eigenlijk om zelf pleidooi te voeren? Mijn eerste pleidooi, nota bene. Mevrouw Korteweg, de rechter, zal het als een bevestiging zien van mijn onbesuisde gedrag. Een roekeloze jongen die denkt dat hij het allemaal zelf kan. Een duidelijk geval van grenzeloze zelfoverschatting. Misschien denkt ze wel dat ik het bij voorbaat heb opgegeven. Dat ik gelaten de straf accepteer die mij wordt opgelegd. Ze zal mijn optreden als een schuldbekentenis zien. Of ziet ze het als een teken van minachting om zonder advocaat te verschijnen? Minachting voor de rechtsstaat, minachting voor het recht van iedere gedaagde zich bij te laten staan door een advocaat.

In het trapgat verschijnt een kale schedel omzoomd door dunne grijze krulletjes. Met een hand aan de leuning van de wenteltrap, sleept Blackstone zich de laatste treden op. Hij blijft een moment puffend staan en dept zijn voorhoofd met een verfomfaaide zakdoek. De slinger mensen die hem is gevolgd, jaagt hem verder de balustrade op, naar de bode toe. Als poppenkastpoppen verschijnen ze een voor een in het trapgat. Verdonk, onuitgeslapen met groeven in zijn zonnebankbruine gezicht. Rinzema erachteraan, zijn donkere haren in een vochtige scheiding. En daar is Helvoeth. Hij ziet eruit alsof hij op eendendons heeft geslapen, wat waarschijnlijk ook zo is. De zon die door het daklicht schijnt doet zijn ogen fonkelen. Zijn kleren – donkerblauw pak, wit overhemd, rode das – maken hem tien jaar jonger. Hij merkt mij ogenblikkelijk op, als enige, alsof hij me heeft geroken. Met de blik van een roofdier, enkele ogenblikken verwijderd van het verslinden van zijn prooi, kijkt hij me aan.

Een moment zit ik als vastgevroren aan de ijzeren bank. In een reflex kijk ik weg, naar beneden, schuldbewust. Op mijn schoot ligt mijn pleitnota als een koude biefstuk, de pagina's bijeen geniet. Een nietje, Helvoeth haat nietjes. Voorzichtig richt ik mijn hoofd weer op. Het peloton van Schwaab & Helvoeth telt acht extra manschappen. Wie zijn al die mensen?

48

Florentine probeerde haar zenuwen te bedwingen. Haar dunne lippen stonden in een pijnlijke grimas, haar ogen keken opgewekt verbaasd. Geconcentreerd luisterde ze naar het gesprek dat de twee medewerkers links van haar voerden. Nu en dan lachte ze overdreven hard met hen mee. De medewerkers waren zich, zo leek het, nauwelijks bewust van de aandacht die Florentine hen schonk. Zij waren gefocust op elkaar en op de minibroodjes paling, wilde zalm of Tomme de Savoie op hun borden. Florentine trok haar rok nog een keer recht. Dwangmatig bleef ze toehoorder van het gesprek, ze weigerde haar blik af te laten dwalen naar de vergaderzaal, de zaal die zich gestaag vulde met partners, medewerkers en advocaat-stagiaires, allemaal met een dikke syllabus onder de arm.

Florentine was te vroeg gaan staan, daar moest ze zich nu ook wel van bewust zijn. Het was verstandig geweest bijtijds te controleren of alle apparatuur het deed. Hoe vaak kwam het wel niet voor dat iemand een kwartier lang aan het knoeien was met de beamer of de laptop? Het waren vijftien pijnlijke minuten, het gepruts met de techniek onder toeziend oog van veertig advocaten. Dit had Florentine terecht willen voorkomen. Maar nadat alles in gereedheid was, had ze de fout gemaakt zich staand achter de opengeklapte laptop te positioneren. Ze had de apparatuur juist in de steek moeten laten om bij het buffet met de hysterisch belegde minibroodjes te dralen, opgaand in de stroom kantoorgenoten die langs de witte tafels trok. Nu ze aan het hoofd van de imposante tafel stond, moest ze rustig wachten totdat iedereen was gearriveerd en proviand had verzameld. Ze kamde steeds dezelfde pluk van het zwarte haar achter haar oor. De beamer – hij zoemde –

brandde de eerste sheet van haar presentatie in het witte doek: JURISPRUDENTIELUNCH 18 SEPTEMBER 2007.

Plotseling hoorde ik iemand zeggen: 'Lullig voor je, Boetselaar.'

Tegenover mij, aan de andere kant van de tafel, zat een zelfingenomen medewerker van Life Sciences & Pharma. Uit de hoek van zijn mond stak een stukje rucola.

Waar ging dit over? Mijn reactie beperkte zich tot een instemmende glimlach.

'Trek het je niet aan,' zei het bruinharige meisje van Corporate Litigation naast mij. 'Die dingen gebeuren nu eenmaal.'

Wat was dit? Ik probeerde de opmerkingen te duiden, maar had moeite me te concentreren. 's Nachts kon ik de slaap niet vatten. Steeds opnieuw, als in een draaimolen, trok de dag aan me voorbij. De stemmen van partners, cliënten, secretaresses en wederpartijen echoden in mijn hoofd. 'Je moet Van Kampen terugbellen.' 'Die notitie had ik vorige week willen hebben.' 'Het aanbod is niet langer geldig.' 'Verwerk de Kelderluik-criteria nog even.' 'Aangetekend met handtekening retour.' 'Cliënte is des duivels.' 'Hij is verplaatst naar de Schwaab-zaal.' 'De dagvaarding ligt in je postvakje.' 'Ik duld geen uitstel meer.' 'Hij moet peremptoir worden gesteld.' 'Wat een uilskuiken.' 'Nu, ik wil het nu hebben, niet straks.' 'Braspenning heeft weer gebeld.' 'Ik ben je excuses meer dan zat, Boetselaar.' Discussies, besprekingen, telefoongesprekken, brieven, notities, conclusies. Had ik die zin nou verbeterd of niet? Was het stuk tijdig ingediend? Had ik hem teruggebeld? Het lichaam wilde niet meer, was zo moe, zo verschrikkelijk moe, maar het hoofd ploeterde almaar door, zelfs in bed nog, als op hol geslagen kinderspeelgoed. En dan stond ik maar weer op en bladerde op de bank door een meegenomen dossier. Een glas whisky was het enige wat me tot rust kon brengen. Totdat de vogels begonnen te fluiten en het maagzuur oprispte. Ik moest weer naar kantoor.

Sinds mijn sectie was opgedoekt, stond ik er alleen voor. De praktijk die ik zorgvuldig had opgebouwd, was niet meer te handhaven. Het was of ik in mijn eentje een olietanker over de oceaan moest sturen.

De jurisprudentielunch gaf me een vals gevoel van ontspanning. Het komende uur kon er niets misgaan. Er was slechts het kabbelende stemgeluid van mijn kantoorgenoten die beschaafd de stand van het recht bespraken.

Mijn vinger wees naar de ringband naast het bord van mijn buurvrouw. 'Heb je alles gelezen?'

'Bijna alles.' Ze bladerde door de syllabus om mij de gele strepen te tonen die de belangrijkste passages markeerden van de oogst van vorige week. Het was onmogelijk alles te hebben gelezen. Maar ook ik had inderhaast lukraak wat gele strepen in de jurisprudentiebundel geplaatst.

Florentine had haar blik nog altijd gefixeerd op de medewerkers aan haar linkerzijde, die inmiddels waren uitgepraat. Ze bestudeerden aandachtig de minibroodjes op hun bord in afwachting, zo leek het, van hoe de ander de lunch zou consumeren: met de handen of niet?

'Florentine,' zei Diepering met zijn gebruinde stem, 'ik denk dat wij klaar voor je zijn.'

Het gekeuvel verstomde ogenblikkelijk. Florentine versteende. Alle aanwezigen keken haar geamuseerd aan. Ze knipperde drie keer met haar ogen en stak van wal.

'Goedemiddag, hartelijk welkom. In overleg met Karel Diepering heb ik gekozen voor een viertal uitspraken over de aansprakelijkheid van overheidsinstellingen. Alvorens de uitspraken te behandelen, wil ik eerst een korte inleiding geven op het onderwerp. De aansprakelijkheid van de overheid is voornamelijk ontwikkeld in de jurisprudentie...'

Florentine – ze klonk of ze net lachgas had geïnhaleerd – had haar hele verhaal uit het hoofd geleerd. Terwijl ze volzinnen op ons afvuurde, gunde ik mijzelf een moment van rust. Ik zakte weg in de leren directiestoel. Mijn gedachten gingen naar mijn laatste vervalsing. Het was kinderlijk eenvoudig geweest. De meeste stukken kon ik zo overnemen uit het dossier: een citaat uit de aangifte van de vader van het jongetje, de relevante passage uit het strafvonnis. Voor de juridische beoordeling had ik dankbaar gebruikgemaakt van onze conclusie van antwoord in de Pravo-zaak.

Die was juridisch helemaal dichtgetimmerd. Knippen, plakken, namen veranderen, netjes nummeren. Ik kreeg er zoveel schik in dat ik zelfs even overwoog om de reconventionele vordering toe te wijzen. Wat zou dat een streek zijn geweest! Maar de ratio won het van de emotie: het zou de zaak onnodig compliceren. Als kers op de taart kopieerde ik van een ander vonnis het stempel dat altijd bovenaan prijkt – IN NAAM DER KONINGIN. Een schaar en wat lijm deden de rest. Niet van echt te onderscheiden. Ik kon zo rechter worden.

De zon leek de Helvoeth-zaal van alle kanten te penetreren. Buiten liet een meeuw zich meezeilen op de wind. Zijn vleugels gestrekt, de uiteinden gekromd, hij hoefde niets te doen. Hij zweefde in de lucht. Wat leek me dat zalig. Ik stelde me voor hoe ik uit een vliegtuig zou springen en nog even, voor ik de parachute zou openen, zou zweven als die meeuw. Het gevoel dat je volledige controle hebt over je eigen situatie. Vrij, hoog in de lucht. Verlost van iedereen die iets van me wilde. Maar wat als de parachute zou weigeren? Ik trok aan het touw, maar er gebeurde niets. Ik zou naar beneden scheren en met een genadeloze klap te pletter slaan. Een rilling trok langs mijn ruggengraat. De meeuw was verdwenen. Florentine was bijna klaar.

'Tot slot zou ik het vonnis van de rechtbank 's-Hertogenbosch van 12 september jongstleden willen bespreken,' zei ze.

Ik luisterde met een half oor, obligaat.

'Het is een zaak die voortbouwt op de jurisprudentie die ik zojuist heb besproken, maar dan tussen private partijen.'

Ik scrolde door de berichten op mijn BlackBerry.

'De zaak betreft een privépersoon tegen de gemeente Nuenen.'

Dat is grappig, dacht ik, de gemeente Nuenen.

'Onze kantoorgenoot Eppo Boetselaar heeft de zaak behandeld voor de particulier en,' – ze pauzeerde voor het dramatische effect – 'verloren.'

Ik keek op van mijn BlackBerry. Alle ogen in de zaal waren nu op mij gericht. Mijn tong lag als een dik stuk vlees in mijn mond. Dit was onmogelijk. Ik zag hoe Florentine een passage uit de door mij gefabriceerde uitspraak op het witte doek toverde. Mijn ogen knipperden. Hoe was dit in godsnaam mogelijk?

'Misschien wil Boetselaar de uitspraak zelf toelichten?' suggereerde Diepering.

'P-pardon?

'Ik begrijp dat je er niet graag aan wordt herinnerd,' zei Diepering om de lachers op zijn hand te krijgen, 'maar misschien kun jij je licht op het vonnis laten schijnen. Ik neem aan dat je het niet met de rechtbank eens bent.'

'De uitspraak...'

Ik zag iedereen door de jurisprudentiebundel bladeren tot het gedeelte waarin de kantoorjurisprudentie was opgenomen.

'Had je niet gezien dat dit in de bundel was opgenomen?' vroeg Diepering.

Mijn hoofd begon te gloeien. 'Na-natuurlijk wel.'

'Wil je het dan even voor ons toelichten? Met name in relatie tot de uitspraak van de Hoge Raad die Florentine zojuist heeft behandeld.'

Ik bladerde door de bundel, op zoek naar de uitspraak. Ik voelde een druppel, net bij mijn haargrens. Hij kon ieder moment naar beneden glijden. Als een bezetene sloeg ik de ene pagina na de andere open. Dit duurde te lang.

'Het is de derde uitspraak,' zei Diepering.

Hij had gelijk. Het was de derde uitspraak. 'In naam der Koningin', stond erboven. De vervalsing leek, zo tussen al die andere jurisprudentie, volledig op zijn plek.

'Deel je frustraties over dit vonnis met ons,' drong Diepering aan.

Ik schraapte mijn keel, lachte verlegen naar de tachtig ogen die op mij waren gericht. 'Hoezeer ik het ook betreur,' zei ik, 'mij lijkt het vonnis juridisch niet onjuist.'

Een zucht van verontwaardiging ging door de zaal. Mijn kantoorgenoten keken elkaar beurtelings aan om zich ervan te overtuigen of ze het goed hadden gehoord.

Diepering fronste getergd. 'Boetselaar, hoe kun je dat nou zeggen? Na alles wat Florentine ons zojuist heeft verteld?'

Florentine, die mij hatelijk had aangestaard vanaf het moment dat Diepering mij het woord had gegeven, liet een spottend lachje ontsnappen.

'Ik bedoel... dat de uitkomst van de zaak valt te billijken, gezien alle omstandigheden. De omstandigheden van het geval zijn toch doorslaggevend, in zo'n geval.'

'Wat ik zeer opmerkelijk vind,' interrumpeerde Florentine, 'is dat de rechtbank de gemeente benadert als een actor uit het strafproces. De presumptio innocentiae en de schadevergoedingsleer bij onterechte detentie lijken mij in casu echter van ondergeschikt belang. De rechtbank had, naar mijn bescheiden mening althans, simpelweg moeten beoordelen of de handelwijze van de gemeente ten opzichte van de particulier onrechtmatig was.'

'Juist,' zei Diepering. 'Daar ben ik het helemaal mee eens. Dank je wel, Florentine.' Hij richtte zich weer tot mij. 'Overweegt je cliënt hoger beroep in te stellen?'

Mijn lippen leken dichtgemetseld. 'We bespreken het,' zei ik. 'Het is niet uitgesloten.'

49

Mieke, Mieke, die verdomde Mieke.

'Hij lag gewoon in de printer, weet ik veel. Ik zag hem liggen, ik dacht: hé, die ken ik, dat is die Braspenning-zaak. Die zaak waar wij zo hard aan hebben gewerkt. Nou ja, je weet hoe belangrijk Diepering het vindt dat we alle kantoorjurisprudentie bij hem inleveren. Krankjorum word ik van al die reminders in mijn mailbox. Nou ja, ik dacht: je bent het vergeten.' Mieke peilde mijn reactie met een verongelijkte blik. 'Meneer klaagt er toch altijd over dat ik zo weinig pro-actief ben. Nou dan.'

Mijn secretaresse sloeg demonstratief haar armen over elkaar. Haar collega's veinsden drukke werkzaamheden. Alledrie hadden ze een koptelefoon op het hoofd om bandjes uit te werken. Zodra er een pauze viel in het gesprek tussen Mieke en mij werd er als een razende getypt.

Ik zuchtte als een ouder die iets voor de derde keer ging uitleggen. 'Wanneer je een stuk van mij op de printer vindt, doe je het in het dossier. Je gaat het niet rondsturen. Voor hetzelfde geld is het een of ander concept.'

'Het was een vonnis, Eppo, het was niet een of ander concept.' Ze deed me na, terwijl haar hoofd bij iedere lettergreep een andere kant op ging.

'Het doet er niet toe wat het is, ik bepaal wat er met mijn zaken gebeurt. Einde discussie.'

'Jóúw zaken? Het zijn net zo goed míjn zaken. Wij doen het toch samen.'

Ik voelde dat ik mijn zelfbeheersing aan het verliezen was. 'Als dat zo is, Mieke, is het misschien goed om te weten dat wíj de Braspenning-zaak hebben verloren.'

'Toen ik voor Van Velzen werkte, moesten alle uitspraken in de jurisprudentiebundel worden opgenomen...'

'Het kan mij niet schelen! Je werkt niet meer voor Van Velzen. Je werkt alleen nog maar voor stagiaires. Misschien moet je er eens over nadenken hoe dat komt.'

Mieke kijkt beledigd weg. 'Je hoeft niet bijdehand te worden.'

'Mieke, er zitten nooit verloren zaken bij de kantoorjurisprudentie. Geen enkele advocaat wil pronken met de zaken die hij heeft verloren. Dat begrijp je toch wel?'

'Nou ja... misschien heb ik het dan niet goed gedaan. Sorry. Ik dacht dat ik er goed aan deed.'

Nooit eerder had Mieke zich tegenover mij verontschuldigd. Van schrik nam ze een slok koffie. Op haar koffiekop stond 'I love Mieke', waarbij 'love' was uitgebeeld als een rood hart.

'Wil Braspenning in hoger beroep?' vroeg ze.

'Nee, en ik wil de naam Braspenning nooit meer horen.'

'Laat me raden, als hij belt... zit je in bespreking.'

De collega's van Mieke moesten besmuikt lachen. Ik besloot er verder geen aandacht aan te schenken. Het was natuurlijk onverteerbaar dat Mieke het vonnis aan Diepering had gestuurd, ze verdiende een uitbrander, maar als ik er te veel aandacht aan zou besteden, zou dat feit alleen al verdacht zijn. Mijn valse vonnis was in de openbaarheid gekomen. Het was verschrikkelijk, maar niet onoverkomelijk. Wekelijks waren tientallen vonnissen van kantoorgenoten in de jurisprudentiebundel opgenomen, allemaal uitspraken die vervolgens een stil bestaan zouden leiden in het archief met afgesloten zaken. Ook de zaak-Braspenning zou spoedig naar het archief gaan. Het was van belang er verder geen aandacht aan te besteden. Ik had het druk genoeg met andere zaken.

In de Pravo-zaak stond ik er, na de ontmanteling van mijn sectie grijze muizen, helemaal alleen voor. Helvoeth eiste mijn aandacht voor iedere scheet die Katja Janikova in de media liet. Volgende week zou er weer een stapel nieuwe producties worden ingediend. Ondertussen bleef Foekje mij voeden met kansloze zaken. Ik durfde nauwelijks nog naar mijn BlackBerry te kijken. Ik verkrampte als ik het deed. Onder in mijn buik, bij mijn schaamstreek, vormde zich een tennisbal die ritmisch werd samengeknepen door een onbekende kracht. Steeds vaker begon ik te verlangen naar een verschrikkelijk ongeluk. Niemand kon mij iets kwalijk nemen als ik met twee gebroken benen in het ziekenhuis zou komen te liggen. Een ziekenhuisbed, schone lakens, zusters die je verzorgen, attent en meelevend bezoek, een herstelperiode van enkele maanden. Het kwam mij voor als de ultieme vakantie. Het enige wat ik hoefde te doen was even niet uitkijken als ik de weg overstak.

Voorovergebogen zat ik achter mijn bureau, geconcentreerd de inventarislijst van de producties in de Pravo-zaak samen te stellen, toen ik het gevoel kreeg dat iemand mijn kamer was binnengeslopen.

'Het valt zeker niet mee om alles in je eentje doen.' De stem deed mijn schouderbladen samentrekken – Florentine.

Geïrriteerd draaide ik mijn stoel om. Ze was naar de kapper geweest. Haar ravenzwarte haar was kortgeknipt. Ik kon mij vergissen, maar ze leek meer sproeten in haar gezicht te hebben. Aan haar voeten droeg ze rode lakpumps.

'Interessant optreden van je bij de jurisprudentielunch,' zei ze.

'Als je het niet erg vindt, ga ik even door. Het is hier nogal druk.'

'Vervelend dat je die zaak hebt verloren.'

'Kan gebeuren. Kunnen we het er een andere keer over hebben?'

'Hopelijk komt het niet door die conclusie van antwoord die ik voor de gemeente Nuenen heb opgesteld.'

Een elektrische schok racete via mijn ruggengraat naar mijn nekharen. Mijn god, hoe had ik dat kunnen vergeten? Toen Florentine die uitspraak zag, moet ze ogenblikkelijk hebben begrepen dat het een vals vonnis was. Vervolgens heeft het serpent Diepering er natuurlijk van overtuigd dat het een interessante uitspraak was om te behandelen. Dat was waarom ze mij al die tijd zo hatelijk had aangekeken. Ze hoopte dat ik ter plekke zou bekennen, dat de druk me te veel zou worden. Een groot toneelstuk om mij door de mand te laten vallen. Zou ze de partners al hebben geïnformeerd? Kwam ze mij dat nu vertellen?

'S-sorry?'

'Hoe is het mogelijk dat je voor twee partijen hebt gewerkt in die zaak?'

Ik stond op uit mijn bureaustoel. 'Ik kan het je uitleggen...'

'Tenzij er iets anders aan de hand is...'

'Het is niet wat je denkt.'

'Nee?'

'Het is nogal een complex verhaal.'

Florentine verscherpte haar blik. 'Dit is echt onaanvaardbaar, Eppo.'

Ik liep gehaast naar de deur en sloot hem. Ik bleef met mijn rug naar de deur staan. 'Florentine, ik kon niet anders.'

Florentine liep boos op me af en pakte de kruk van de deur beet. 'Ga opzij! Je hebt de boel gewoon belazerd.'

'Rustig. We hoeven niet zo hard te praten. Iedereen kan ons zien. Ga zitten.' Florentine bleef staan. 'Echt, je moet me geloven, de situatie was hopeloos. Die man bleef mij achtervolgen. Hij wilde niet schikken. Het was een kansloze zaak. Dat moet je hebben gezien.'

'Je bent een charlatan, Eppo. Gewoon een charlatan.' Ze opende de deur, die ik met een smak weer dichtsloeg. Mieke en haar collega's keken geschokt onze kant op.

Met mijn hand op de deur, zei ik: 'Het is niet goed wat ik heb gedaan. Ik ben er niet trots op. Maar het is gebeurd en wij moeten nu met de gevolgen leven. Het mag niet bekend worden, Florentine. Denk even na wat er gebeurt met kantoor als dit bekend wordt.'

'Je bent walgelijk. Je hebt me als proefkonijn gebruikt. Zo ga je niet met je kantoorgenoten om, Eppo.'

'W-wat bedoel je?'

'Je hoeft het niet te ontkennen. Monique heeft mij alles verteld.'

'Monique?'

'Ja, dus ik weet dat je tegenover mij net hebt gedaan alsof je een zaak voor de gemeente Nuenen deed. Alleen maar om je zaak voor die particulier voor te bereiden. Het is gewoon walgelijk.'

Ik voelde mijn ogen knipperen. Ik had een moment nodig om

deze nieuwe informatie te verwerken. Maar... dit was verschrikkelijk goed nieuws. De zaak was nog niet verloren. Ik haalde mijn hand van de deur en stapte opzij. 'Je hebt gelijk. Ik had het echt niet moeten doen. Hoe kan ik het met je goedmaken?'

Florentine opende de deur, maar bedacht zich. 'Ik wil mijn uren terug.'

'Wat?'

'Ik heb zesenvijftig uur geschreven voor die nepconclusie. Die wil ik terug.'

'Hoe moet ik dat dan doen?'

'Kan mij niet schelen. Je verzint maar wat. Daar ben je kennelijk goed in. Zesenvijftig uur, Eppo. Aan het einde van de maand wil ik ze van je hebben.'

Florentine was nog niet mijn kamer uit of Lidy belde. Of ik ogenblikkelijk naar Helvoeth wilde komen. Wat nu weer? Snel trok ik mijn jasje aan, dat ik op mijn dressboy had gehangen, en spoedde me naar de kamer van Helvoeth. Lidy zei dat ik meteen door mocht lopen. Helvoeth was aan het bellen. Hij gebaarde dat ik moest gaan zitten in de witte kuipstoel voor zijn bureau.

'Je hebt helemaal gelijk,' zei Helvoeth door de telefoon. 'Hij is niet te handhaven. Ik ga er ogenblikkelijk werk van maken, daar kun je gerust op zijn.'

Ik slikte. Ging dit over mij?

'Van Boetselaar,' zei Helvoeth nadat hij had opgehangen. 'Wij hadden toch afgesproken dat je alles wat ook maar enigszins in het belang van de Pravo-zaak kan zijn onder mijn aandacht zou brengen?'

Ik knikte en proefde bloed in mijn mond. Ongemerkt had ik in mijn onderlip gebeten.

'Is er niet iets wat je me bent vergeten te zeggen?'

Helvoeth liep van achter zijn bureau vandaan en ging op de punt ervan zitten, zodat hij als een hoofdonderwijzer op mij neer kon kijken. Hij legde zijn handen geduldig op elkaar op zijn dijbeen. Ik probeerde zijn blik te peilen. Zijn helblauwe ogen leken me te doorboren. Ik voelde me krimpen in de koude kuipstoel.

'Niet dat ik weet, meneer Helvoeth.'

Helvoeth fronste zijn donkere wenkbrauwen. 'Dat vonnis, kerel. Waarom heb je me daar niet op geattendeerd?'

Over welk vonnis had hij het? Had ik iets gemist in de *NJ*?

'V-vonnis?'

Hij stond op. 'In die zaak van je. Kom, hoe heet die man...' Helvoeth cirkelde om mijn stoel. 'Bronspenning.'

'Braspenning?'

'Juist, dat is hem. Prachtige uitspraak. Diepering zei dat jullie hem uitgebreid hebben besproken bij de jurisprudentielunch.'

Ik volgde Helvoeth terwijl hij rondjes liep. Waar ging dit naartoe? De oprichter van kantoor stond niet bepaald bekend om zijn interesse in de jurisprudentielunch. Wellicht had Diepering een fout in de uitspraak gevonden en waren ze zo achter mijn bedrog gekomen. 'Een prachtige uitspraak voor de gemeente Nuenen,' zei ik weifelend. 'Maar mijn cliënt was er niet zo blij mee.'

'Niets mee te maken, Van Boetselaar. Het is een zeer belangwekkende uitspraak voor onze Pravo-zaak.'

Bijna viel ik uit de kuipstoel. Krampachtig drukte ik mijn rug tegen het gladde plastic. Mijn benen kruiste ik over elkaar. 'Hoe bedoelt u?'

'Kom nou, kerel. Dit is toch een bevestiging van ons standpunt? Feiten en omstandigheden die na de procedure naar voren komen, maken de eerder toegepaste dwangmaatregelen niet onrechtmatig. Het had zo uit onze conclusie van antwoord kunnen komen. Jammer dat het slechts de rechtbank 's-Hertogenbosch is, maar enfin. Wij moeten hem zo spoedig mogelijk als productie overleggen.'

Als gestoken sprong ik op uit de stoel. Helvoeth schrok van de onverwachte manoeuvre. 'Als productie?' Mijn stem sloeg over. 'Maar dat kan toch niet?' Bedenk iets, Eppo, bedenk snel iets. 'Er is een conflicterend belang. Ik kan toch niet een negatief vonnis van mijn cliënt gebruiken in de Pravo-zaak?'

Helvoeth helde uit verbazing wat naar achteren. 'Rustig, beste jongen, ik zie het probleem niet?'

'Het zijn tegenovergestelde standpunten. Het is klachtwaardig.

Het gaat om twee zaken, met standpunten die diametraal op elkaar staan. Dat kan niet. Het is in strijd met de gedragsregels. U bent toch deken geweest?' Ik gebruikte mijn armen om mijn argumenten kracht bij te zetten.

'Kerel.' Helvoeth keek mij met een vaderlijke lach aan. 'Heb ik je zo weinig geleerd? Een advocaat leeft van tegenstrijdige standpunten. De ene dag bepleit hij de opheffing van het koningshuis, de volgende dag is hij vurig voorstander. Wij zijn *flip-floppers* van beroep. Het recht, Van Boetselaar, is als een schouwtoneel, je zuigt eraan en krijgt je deel. Onthoud dat goed. Wij halen er alleen uit wat in het belang van onze cliënten is. Kijk, de belangen mogen niet tegenstrijdig zijn, maar dat is hier niet aan de orde. Dit is gewoon bestaande jurisprudentie. Misschien niet leuk voor meneer Bronspenning, maar prachtig voor de Staat. Op hoeveel producties zitten we nu?'

'116,' murmelde ik.

'Dan wordt dit productie 117. Lidy zal de akte overlegging producties wel even opstellen.' Helvoeth gaf mij een broederlijke klop op de rug. 'Van Boetselaar, kerel, kijk niet zo bedompt. Dit is het mooiste wat er uit de praktijk van mejuffrouw De Jong is voortgekomen.'

50

Waarom was ik in godsnaam gekomen? Ieder jaar weer dezelfde stakkerige vrienden van Bea die zichzelf te interessant vonden om me een blik waardig te gunnen of, als ze bereid waren hun diepste zielenroerselen met mij te delen, een toon aansloegen alsof ik net zonder zijwieltjes kon fietsen. Het waren de momenten dat het er niet toe deed dat ik bij Schwaab & Helvoeth werkte, alsof de Pravo-zaak niet bestond. Het kleine broertje was ik, en ik zou het eeuwig blijven.

'Zes cilinders, 3.0 turbo diesel injectie, 233 pk,' lispelde Floris.

Mijn zwager had drie gespreksonderwerpen: de woningmarkt (hij was makelaar), voetbal en auto's. Zijn nieuwe Audi A6 was vorige week geleverd, dus hier viel niet onderuit te komen.

'Hij gaat in 6,9 seconden naar 100 kilometer per uur.'

Mijn BlackBerry trilde in mijn broekzak. Gered. 'Sorry, Floris, deze moet ik even nemen.'

Het display gaf een onbekend nummer aan.

'Eppo Boetselaar.'

'Eppo, ben jij dat?'

Die stem, ik herkende hem uit duizenden. Hoe kwam hij aan mijn mobiele nummer? Vanaf het begin had ik ervoor gewaakt juist hem dat niet te geven. Mieke, die verdomde Mieke moest het hebben gedaan.

'Meneer Braspenning, het is laat.'

'Ik weet het. Het spijt mij.' Braspenning fluisterde angstig door de telefoon alsof iemand in de belendende slaapkamer niet gealarmeerd mocht worden.

Vloekend en tierend had hij op het vonnis gereageerd. Ik had hem uit laten razen, gezegd dat ik me voor kon stellen dat het nieuws hem zwaar had getroffen. Maar ik kon het niet laten hem op zijn bijdrage aan het debacle te wijzen. 'Ik heb u gewaarschuwd, meneer Braspenning. Het was uw keuze om door te gaan. We hadden beter kunnen schikken.' Er was nu weinig meer over van de woede waarin hij toen was ontstoken.

'Het is een noodgeval. Het raam, Eppo, het is helemaal aan diggelen. Een steen, ze hebben er een steen door gegooid. Wat moet ik doen?'

'U moet de politie bellen,' zei ik kalm.

'Nee! Die helpen mij nooit, nietwaar.'

'U moet aangifte doen van vernieling.'

'Lieve jongen, ik word uitgelachen op het bureau hier. Eppo, wil jij me helpen?'

'Moet ik de politie voor u bellen?'

'Wil je dat voor me doen? Wil je hiernaartoe komen?'

Naar hem toe komen?

'De politie kan ik wel voor u bellen, meneer Braspenning. Dat doe ik graag voor u. Maar het is negen uur 's avonds, het is anderhalf uur rijden naar Nuenen. Ik kan niet naar u toe komen. Begrijpt u dat? Ik heb niet eens een auto.'

'Eppo, alsjeblieft. Ze zijn er nog steeds, buiten op het plein. Het worden er steeds meer. Het is een samenscholing en ze scanderen mijn naam.'

'Wat wilt u dat ik doe?'

'Eppo, ik b-ben bang. Straks forceren ze zich een weg naar binnen.'

'Is er niet iemand anders die u kunt bellen?'

'Weet je het dan nog steeds niet? Er is niemand meer. Jij bent de enige, Eppo. Mijn raadsman. Jou vertrouw ik. Je moet komen, Eppo.'

Het was waanzin. Wat kon ik nu uithalen tegen een groep Nuenense hangjongeren?

Een diepe zucht ontsnapte uit mijn mond. 'Ik zal kijken of ik van iemand een auto kan lenen.'

'Je bent mijn redder.' De opluchting was duidelijk hoorbaar in zijn stem.

Er was niemand op de weg, behalve de lantaarnpalen die voorbijflitsten. Met het gaspedaal diep ingedrukt kon ik in de linkerbaan blijven rijden. Aan niets merkte ik dat ik 160 kilometer per uur reed. De Audi A6 leek te zweven over het asfalt. Met mijn handen tegen het stuur duwde ik mezelf verder naar achteren in de leren stoel. Nu nog een muziekje erbij. Naar wat voor muziek zou Floris luisteren? Met de knoppen op het stuur bediende ik de cd-speler. 'Fastlove' van George Michael nam bezit van de auto. De speakerwanden dreunden mee met de bas.

'*I ain't mister right, but if you're looking for fastlove...*'

Na een halfuur was ik voorbij Utrecht. De alcohol was uit mijn lichaam weggeëbd, mijn hoofd en benen voelden loom. George Michael begon me toe te spreken, klagerig.

'*I'm going down, won't you help me... save me from myself.*'

Was er iemand die mij van mijzelf zou kunnen redden? Een biechtvader die me alles zou vergeven. Iemand die zou zeggen dat het allemaal goed zou komen, dat het niet erg was wat ik had gedaan, dat er heus wel ergere dingen zijn op de wereld. Als ik nu met een ruk het stuur van de Audi naar rechts zou draaien, zou ik overal vanaf zijn. Ik stelde me voor hoe de auto zou vonken tegen de vangrail, over de kop zou slaan, hoe mijn levenloze lichaam uit het portier zou vallen wanneer de politie de deur opende. Floris zou vast wel iets kunnen regelen met de verzekering. Kon ik nog gered worden? Was er iemand die zijn hand op mijn hoofd zou leggen? Een wijze man in een witte pij die mijn hand zou vastpakken en met mij over het juiste pad zou lopen.

'*Maybe, the child in me will just let me go...*'

Wanneer ze er op kantoor achter zouden komen wat ik had gedaan, zouden alle banden met Eppo Boetselaar direct worden verbroken. Er zou een persbericht uitgaan. 'De heer Boetselaar is slechts 27 maanden aan ons kantoor verbonden geweest. Hij was als gevolg van de overname van een klein letselschadekantoor onderdeel geworden van ons kantoor. Boetselaar heeft niet de reguliere sollicitatieprocedure doorlopen. Schwaab & Helvoeth heeft haar aannamebeleid aangescherpt, ook bij overnames. Extern opgeleide advocaten zullen slechts na een zeer grondige selectie werkzaam kunnen zijn bij Schwaab & Helvoeth.'

'Suddenly my life is like a river, taking me places I don't want to go.'

Was het geen valstrik? Braspenning was achter mijn fraude gekomen en lokte mij nu, op dit lugubere tijdstip, naar Nuenen om met mij af te rekenen. Hij zal de deur opendoen, het huis is donker, er staat alleen een kaars op de rotan koffietafel. Hij leidt mij naar binnen, draait de deur in het slot. In de duistere kamer confronteert hij mij met mijn bedrog. Overal op de grond ligt plastic. Een lemmet van een slagersmes flikkert in het kaarslicht. Hij gaat mij vermoorden. Hij boort het mes langzaam in mijn borst en buik. Zestien steken. Mijn lijk wordt in het plastic gerold, gedumpt in de bossen nabij Eindhoven, in het gat dat Braspenning die middag heeft gegraven. Wekenlang is mijn stoffelijk overschot onvindbaar. Grootscheepse politieacties leveren niets op. Schwaab & Helvoeth looft een beloning uit voor de gouden tip. Dan vindt een spelend kind mijn horloge – van mijn pols gegleden tijdens het verplaatsen van mijn lichaam. Braspenning wordt gearresteerd.

'I'm going down, I'm going down, I'm going down...'

Misschien, een ander scenario, was Braspenning wel verliefd op me geworden. Bij binnenkomst zou hij me bedwelmen met chloroform, hij zou me vastbinden, blinddoeken, meenemen naar een kelderhok dat hij de afgelopen weken had gebouwd. Daar zou hij mij maanden buiten bewustzijn houden en misbruiken, totdat ik hersendood was van alle verdovende middelen. Ook mogelijk: de jongens op het plein nemen mij te grazen, samen met Braspenning. Nog een pedo! Getweeën worden we aan een touw achter hun brommers door Nuenen gesleept. Onze lichamen schuiven gebroederlijk van links naar rechts over het wegdek. Niemand die iets doet om ons te helpen.

In gedachten woonde ik mijn eigen begrafenis bij. Helvoeth spreekt: 'Eppo van Boetselaar was als een verloren zoon voor mij. Op een dag zou hij mijn plaats innemen op kantoor, maar die dag, geachte aanwezigen, zal niet meer komen. Hij is gestorven in het harnas. Zijn laatste zaak, zijn magnum opus, is hem noodlottig geworden. Eigenwijs als hij was, had hij niemand verteld over zijn onbaatzuchtige inspanningen voor de man die hem uiteindelijk zijn leven heeft ontnomen. Aan hem is een groot advocaat verloren gegaan.' De aula van de begraafplaats zal gevuld zijn met advocaten. Iedereen spreekt in lovende bewoordingen over mij. De kranten staan vol rouwadvertenties. Schwaab & Helvoeth zal uit piëteit kantoor een week sluiten. Als eerbetoon wordt er een vergaderzaal naar me vernoemd.

Daar was de rotonde die me naar Het Steenen Huys bracht. Het navigatiesysteem had mij er feilloos naartoe geleid. Op de desolate parkeerplaats voor de nieuwbouwflat zag ik drie jongens met brommers, MT's in felle kleuren, met een verhoogd stuur en frame. Ze slalomden over de parkeerplaats langs een parcours van lege bierflesjes. Om beurten probeerden ze, luid gas gevend, op hun achterwiel te rijden. Op de grond stond een gettoblaster waar dreunende hiphop uit opsteeg. Afgezien van de jongens was het doodstil. In de meeste flats van Het Steenen Huys was het donker. Waar licht brandde, waren de gordijnen gesloten. Waarom had niemand de politie gebeld? De jongens leken in het licht van de lantaarnpalen een rituele dans uit te voeren. Met hun donkere helmen en felgekleurde brommers konden ze ieder moment tot de aanval overgaan. In de wetenschap dat ze hier al zo'n twee uur aan het crossen waren, was dat echter niet waarschijnlijk.

Mijn hart bonsde mee op het ritme van de muziek. De jongens lieten zich niet door mij afleiden. Ik liep naar de gettoblaster en draaide de volumeknop uit. Nu had ik hun aandacht. Gedrieën crosten ze naar mij toe, één van de jongens met zijn voorwiel in de lucht geheven. Blijven staan, Eppo, gewoon blijven staan.

'Wat moet dat?' vroeg de jongen die er het gevaarlijkst uitzag. Zijn stem werd vervormd door de klep van de helm.

'Ik heb een klacht gekregen over geluidsoverlast.'

De jongens gaven zojuist gas, lieten hun voorwielen omhoog komen. Langzaam sloten ze me met hun voorbanden in. Net toen ik dacht dat ze me gingen pletten, liet degene die het woord had gevoerd het gas los. Zijn voorwiel stuiterde op de parkeerplaats. De andere twee volgden zijn voorbeeld. De leider deed de klep van zijn helm omhoog.

'En wie ben jij dan wel?'

Wie was ik? Ik kon iemand van de recherche zijn. Dat zou mijn burgerkleding kunnen verklaren. Of een politieagent die onderweg naar huis was. Een buurtwachter misschien.

'Ik ben de advocaat van meneer Braspenning.'

'Heeft die pedo een advocaat?' riep de kleinste van het stel, nog nauwelijks de baard in zijn keel. Hij scheurde weg over het terrein, liet zijn achterband slippen en reed recht op ons af. Hij ging op de pedalen staan. De jongen leek van plan door te rijden. Zijn vrienden weken uiteen. Ik kneep mijn ogen dicht. Op tien centimeter afstand liet hij de brommer piepend tot stilstand komen. Adrenaline tot in mijn vingertoppen, net als voor een belangrijke snookerwedstrijd. Ineens maakte ik een onverwachte beweging. Ik pakte de riem van de helm van de jongen beet.

'Doe effe normaal!' brulde hij van onder zijn helm.

Mijn benen trilden. Wat had ik gedaan? Zijn vrienden draaiden aan het gas. Ik voelde de riem in mijn vingers snijden. Toen draaide ik mijn hand, alsof ik met een sleutel een deur opende, en kneep de keel van de jongen dicht. Met een smak liet hij de brommer op de grond vallen. Zijn vrienden stapten van hun brommers en renden op me af. Zonder helm zagen ze er jong uit. Ik bleef hun kleine vriend vasthouden. Mijn hart kermde met de jongen mee.

'Oprotten!' De jongens hielden hun pas in. Ik zag ze aarzelen. De puber aan mijn arm brulde dat ik hem los moest laten. Ik draaide nog eens aan het riempje. Met zijn handen probeerde hij tevergeefs mijn hand los te wringen. 'Als jullie niet ogenblikkelijk oprotten, gaat jullie vriend eraan.' De paniek was hoorbaar in mijn stem.

De jongens keken elkaar aan. De leider zette een stap in mijn richting. Ik liet de kleine nog een keer gillen.

'Jij bent geen advocaat,' zei de leider, terwijl hij dreigend naar me wees.

'Nee,' zei ik, 'dat heb je goed gezien. Maar als jullie niet binnen vijf minuten zijn vertrokken, heb ik er wel één nodig.' Ik schopte de jongen onderuit en ging op hem zitten. Een knie op zijn borst.

De leider trok zijn ogen samen.

Ik keek op mijn horloge. 'De vijf minuten gaan nu in.'

'Laat je hem dan gaan?'

'Als jullie weg zijn, laat ik hem los. En nu opgesodemieterd!'

De jongens draaiden zich om en liepen naar hun brommers. De gettoblaster werd al rijdend van de grond geplukt. Ik zag hoe ze over de verkeersdrempels de woonwijk in crosten. Ik ontspande mijn greep op de jongen.

'Lekkere vrienden heb jij,' zei ik.

'Laat me gaan, man!'

Ik liet de jongen los. Hij krabbelde bang naar achteren. Toen hij weer op zijn benen stond, rende hij naar zijn brommer.

In een flat op de tweede verdieping ging een lamp aan – Braspenning. Vanaf de parkeerplaats zag ik hoe een hand voorzichtig de lamellen opzijschoof. Ik zwaaide naar boven.

Vijf lange minuten stond ik in het portiek te wachten. Voor zijn deur hoorde ik hem van alles verplaatsen. Hij had de boel gebarricadeerd.

'Nog even geduld,' klonk het.

Drie sloten werden omgedraaid en de deur ging voorzichtig open. Braspennings bleke gezicht verscheen aarzelend in de kier. Toen hij me zag, lichtte hij op.

'E-Eppo,' stamelde hij. 'Je bent gekomen. Mijn redder. Kom snel binnen.'

Ik manoeuvreerde langs de meubels die inderhaast waren weggeschoven. De kamer was nauwelijks verlicht. Gebroken glas kraakte onder mijn voeten. Ik voelde Dreyfus langs mijn benen schieten.

'Hoe heb je dat klaargespeeld?'

'Het was heel eenvoudig, meneer Braspenning. Ik heb ze gewoon even flink de waarheid verteld.'

'Je bent een held. Hoeveel waren het er nou?' Braspenning wierp nog snel een blik naar buiten om te controleren of ze echt weg waren. 'Ik had het idee dat het er steeds meer werden.'

'Drie pubers, amper zestien jaar. Niets om bang voor te zijn.'

'Dat zeg jij. Je weet niet waar die jongens toe in staat zijn. Ik ben nog nooit zo bang geweest.'

Ik wees naar het gebroken raam. 'Heeft u niet iets om ertegenaan te plakken?'

Hij dacht even na en zei toen: 'Ik heb een oude verhuisdoos. Zal dat werken?'

Braspenning en ik vouwden gezamenlijk de verhuisdoos uit. Met een keukenschaar knipten we het karton op maat. Er kwam een rol tape uit de keukenla. Terwijl Braspenning het karton tegen het raam hield, plakte ik de tape op de doos en bevestigde het aan het raamkozijn. De nachtwind blies ertegenaan. Ik moest denken aan de manier waarop ik het briefpapier van Blussé had vervalst; hoe de schaar trilde toen ik het papier op maat knipte. Verdwenen was de trots op mijn overwinning op de hangjongeren.

'Hebt u een stoffer en blik?'

Ik veegde het glas van de vloer. Braspenning stond er als verdoofd bij te kijken.

'Voor de splinters heb ik nog een stofzuiger nodig.'

Terwijl ik de laatste rommel opzoog, zag ik dat de mond van Braspenning naar beneden trok. Pas toen ik de stofzuiger uitzette, hoorde ik het geluid van zijn snikken in volle omvang. Zijn schouders schokten onbeheerst op en neer. Hij klonk als een krolse poes.

'Je bent zo aardig voor me,' zei hij door zijn tranen heen. 'Het is zo lang geleden dat iemand aardig voor me is geweest.'

Ik scheurde een stuk keukenpapier van de rol die op het aanrecht stond. Hij depte zijn tranen.

'Ik moet gaan,' zei ik.

Hij knikte, veegde met zijn hand het laatste traanvocht uit zijn ogen. 'Ik begrijp het,' zei hij. 'Eppo?'

'Ja.'

'Wij gaan toch wel in hoger beroep?'

'Ja, meneer Braspenning. Wij gaan in hoger beroep.'

51

Aan het eind van de colonne volgt een jongedame, kaarsrecht in de pas, een kokerrok tot over haar knieën. Toga losjes in de hand. Ze stelt zich op naast de heren bij de balie, voert het woord tegenover Jansen, de bode. Ze trekt haar toga aan, rustig, zonder te kijken waar de knopen zitten, als een oude jas. Haar bef strikt ze achter haar nek vast, terwijl Helvoeth wat aan haar vraagt. Ze knikt geruststellend. Dan ziet ze mij zitten. Zonder te aarzelen komt ze mijn kant op gelopen. Wanneer ze voor me staat, steekt ze haar hand uit.

'Dag Eppo.'

Kan dit zomaar? Heeft zij geen conflicterend belang? Sprakeloos sta ik op, accepteer de uitgestoken hand.

'Ben je er klaar voor?' vraagt ze.

'N-natuurlijk.'

'Ik zou je toga maar aandoen, we gaan zo beginnen.'

Ze draait zich om en wordt weer opgenomen in haar gezelschap, dat inmiddels is neergestreken op de bankjes buiten de grote rechtszaal, omdat ik in mijn eentje de bank voor de Luden-zaal bezet houd. Alleen Helvoeth is blijven staan. Hij staat met zijn rug naar mij toe. De anderen kijken gecharmeerd naar de kleine oprichter van kantoor. Hij voert een theatervoorstelling voor hen op. De bode volgt de conference geamuseerd van achter zijn balie.

Ik trek haastig mijn toga aan. Helvoeth staat te ver van me af om te kunnen horen wat hij zegt. Met zijn duim wijst hij over zijn schouder, pauzeert om zijn publiek een moment te geven het onderwerp gade te slaan, dan volgt de ontknoping. De mannen lachen alsof ze een avondje uit zijn. Helvoeth, nog altijd met zijn rug naar me toe, kijkt over zijn schouder. Het is geen grijns, het is een dreigement. Hij gaat me in stukken rijten. De bode controleert zijn horloge en loopt naar de deur van de zittingszaal. Hij werpt een blik naar binnen, dan sluit hij de deur en roept als een marktkoopman: 'Schwaab & Helvoeth Advocaten tegen Boetselaar.'

Mijn lichaam verstijft. Alsof ik net twee weken in een ziekenhuisbed heb gelegen, kom ik in beweging, verzamel mijn spullen. Als eerste passeer ik de drempel van de kleine zittingszaal. Mijn ogen moeten zich een moment aanpassen aan het licht dat door de ramen naar binnen schijnt. Mevrouw Korteweg, klein van stuk, met een geföhnde, zilvergrijze haardos, kijkt me vanuit haar hoge rechtersfauteuil priemend aan – een hoofdonderwijzeres die op het punt staat me honderd strafregels te geven. Ze gebiedt me achter de tafel aan de rechterzijde van de zaal te gaan zitten. Nog geen twee meter zit ik van haar vandaan. Dit is een enkelvoudige kamer, dus er is één rechter, vergezeld door een griffier, een jongen wiens hoofd voortdurende verbazing uitstraalt.

Zodra Helvoeth de rechtszaal binnenkomt, ontdooit Korteweg. 'Meneer Helvoeth,' zegt ze, 'wat leuk u een keer in burger te zien.'

'Het genoegen is geheel wederzijds, edelachtbare vrouwe, al had ik graag gezien dat de omstandigheden anders waren.' Helvoeth maakt een buiginkje naar de rechter voordat hij op de eerste rij plaatsneemt.

Korteweg wacht geduldig totdat mijn tegenpleiters aan de linkerkant van de rechtszaal, bij de ramen, al hun spullen hebben uitgepakt. Ze bestudeert iedere beweging. De waar die ik heb uitgestald steekt schril af bij de wetboeken, producties en pleitnota's die op de belendende tafel verschijnen.

'Wie van u tweeën gaat het woord voeren?'

'Meester Busman zal de eerste termijn voor haar rekening nemen,' bromt Blackstone. 'Ik zal repliceren.' Hij kucht.

Als ik er wat van wil zeggen, moet ik het nu doen. Straks is het te laat. 'Edelachtbare,' roep ik, 'ik maak er bezwaar tegen dat meester Busman pleidooi voert.' Mijn stem slaat over bij het uitspreken van de naam 'Busman'.

Korteweg kijkt verbaasd. 'Waarom in godsnaam?'

'Mevrouw Busman is een voormalig kantoorgenoot van mij. Ze kent me, we hebben samengewerkt. Ze heeft een conflicterend belang.'

Korteweg maakt een verontwaardigd geluid. 'Dat maakt haar juist uitermate geschikt om het pleidooi te voeren. U kunt de advocaat van de wederpartij niet wraken, meneer Boetselaar.' Ze kijkt me bestraffend aan, met haar ogen boven haar leesbril. 'Klopt het dat het uw eigen keuze is om uzelf te vertegenwoordigen?'

Ik voel hoe Monique, van achter de tafel links van mij, naar me kijkt. 'Dat is juist, edelachtbare.'

Korteweg wisselt een blik van verstandhouding met Blackstone. 'Dan zullen we u maar gewoon als een advocaat behandelen. Maar, meneer Boetselaar, wilt u wel uw interventies verder achterwege laten. Rechters dulden het niet dat hun zitting wordt verstoord. Ik neem aan dat u dat wel hebt geleerd bij uw voormalige werkgever. Meester Busman heeft het woord.'

Monique deelt haar pleitnota uit aan Korteweg en de griffier. Ze gaat zitten achter de tafel; de zaal is te klein om staand te pleiten – we zitten praktisch bij de rechter op schoot. Monique schenkt een glas water voor zichzelf in, gebaart – de kan in de lucht – of Blackstone een glas wil. Rommelend in zijn broekzak onder zijn toga, knikt hij naar Monique. Hij steekt een keelsnoepje in zijn mond. Monique opent de eerste pagina van haar pleitnota. Iedereen wacht geconcentreerd op wat gaat komen. Haar ogen gaan over de eerste zinnen van haar verhaal, dan kijkt ze naar Korteweg, die haar ontwapenend toelacht.

'Edelachtbare vrouwe, in 1995 ging de prestigieuze Barings Bank, de bank van de Engelse koningin, ten onder. De beurshandelaar Nick Leeson bleek verantwoordelijk voor een ongedekt verlies van 1,4 miljard dollar. Door stelselmatig valsheid in geschrifte te plegen, bleef zijn ongeautoriseerde handel onbekend bij zijn superieuren. Leeson werd in Singapore veroordeeld tot zesenhalf jaar gevangenisstraf voor zijn leugens.' Monique kijkt op van haar papier; ze heeft de volledige aandacht van Korteweg. 'Nick Leeson en Eppo Boetselaar hebben veel met elkaar gemeen, edelachtbare vrouwe. Boetselaar heeft op identieke wijze zijn valsheid in geschrifte verborgen gehouden voor zijn bazen, de partners bij Schwaab & Helvoeth, het kantoor van de Nederlandse koningin.'

De inleiding van Monique is volgens het boekje: 'Begin uw pleidooi met een prikkelende opening, de zogenaamde hooker, waarin u bijvoorbeeld refereert aan de actualiteit. Zo verzekert u zich ervan meteen de volle aandacht van de rechter te hebben.' Het staat letterlijk in het studiemateriaal voor de beroepsopleiding. Aan het gezicht van Korteweg zie ik dat het werkt.

Het is een schandalige vergelijking, ik weet het, en het liefst wil ik die meteen rechtzetten. Maar ik houd mijn mond. Ik word in de hoek gezet, en ook al ben ik ten onrechte beschuldigd, het voelt alsof ik de grootste crimineel op aarde ben. Als een jongen die geslagen wordt, krimp ik ineen.

'Mag ik heel even.' Helvoeth is gaan staan. 'Even buiten de pleitnota om, edelachtbare. Dit is denk ik wel van belang om een goed beeld van de verdachte, eh, de wederpartij te krijgen.' Korteweg maakt geen bezwaar tegen de interruptie. 'Eppo Boetselaar heeft zich indertijd aan mij voorgesteld als de zoon van de oud-Achmea-topman, u kent hem wel, Lucas van Boetzelaer. Hij liet zich er dus op voorstaan een telg uit een bekend adellijk geslacht te zijn. Enfin. Al die jaren dat hij voor me werkte...' Hij wijst naar me, zonder me aan te kijken. '... heb ik hem Van Boetselaar genoemd. Dat is het hout waaruit hij gesneden is, edelachtbare. Nooit heeft hij me gecorrigeerd.' Helvoeth gaat weer zitten, hoofdschuddend, en slaat zijn armen over elkaar.

'Dat is niet waar,' protesteer ik.

'Moet u opletten,' zegt Helvoeth, 'nu gaat hij beweren dat zijn naam haas is.'

Blackstone complimenteert Helvoeth met zijn grap.

'*Meester* Boetselaar,' zegt Korteweg, terwijl ze haar vingers ineen vouwt, 'het is de laatste keer dat ik het zeg: u moet uw beurt afwachten.'

Met een zucht zak ik terug in mijn stoel. Mijn knuisten verstopt in de mouwen van mijn toga. Het zwarte gewaad voelt als een kostuum voor een toneelstuk. Een verkleedjurk. Wiens idee was het dat ik mijn eigen zaak zou bepleiten? Advocaat en verdachte ineen. De verdachte heeft niemand om zich achter te verschuilen; de advocaat kan alleen zichzelf helpen. De leugenaar die zijn ware aard probeert te maskeren met nog meer leugens. Alles wat ik zometeen ga zeggen, zal overkomen als het pleidooi van een ter dood veroordeelde.

52

Het was halfzeven 's ochtends. Buiten werd het asfalt enkel verlicht door lantaarnpalen. Het zou nog anderhalf uur duren voordat het verkeer op de A10 zou dichtslibben. Op dat moment zou kantoor als een dieselaggregaat opstarten, de verlichting zou aanflikkeren; de geur van verse koffie zou zich verspreiden, het geluid van de lift, getrippel van hoge hakken, kopieermachines die zich zoemend opwarmden. Maar nu, onder de donkere deken van de ochtend, herbergden de dertig verdiepingen van de Schwaabschwanz slechts twee personen – Lidy en mij. Zelfs voor de diehards van M&A was het te vroeg, of – het lag er maar aan hoe je het bekeek – te laat. Lidy, de trouwe secretaresse van Helvoeth, en ik waren in alle vroegte naar kantoor gekomen om de laatste voorbereidende handelingen te treffen voor wat een kwaliteitskrant 'het proces van de eeuw' had genoemd.

Deze momenten, de laatste voorbereidende handelingen, deden mij het meest denken aan mijn snookerverleden. Het was niet alleen een vereiste, een onvermijdelijke laatste stap, om je ervan te verzekeren dat alle noodzakelijke spullen aan boord waren, het was ook, misschien nog wel meer, een ritueel, een manier om het verdere verloop van de dag te bezweren. In mijn snookertijd ging het als volgt. Uit mijn klerenkast selecteerde ik mijn zwarte vest, mijn witte overhemd, zilveren mouwophouders, mijn vlinderdas, zwarte broek, riem. Alles werd eerst naast elkaar op het bed gelegd. Het shirt vouwde ik nog eens, zodat het zometeen kaarsrecht, boven op de andere kleren, de tas in kon. In de badkamer verzamelde ik doucheschuim, deodorant, mijn tandenborstel en tandpasta, alles voor in de toilettas, die ik naast de opengeslagen sporttas op het bed legde. Mijn keu zat in twee delen in een aparte koffer, samen met krijt en extra pomerans. Ik legde de koffer, opengeslagen, op het bed boven de sporttas. Het ging om het overzicht. Zo op het bed kon ik alles overzien. Het beeld dat ik voor iedere wedstrijd aanschouwde, was in mijn hoofd geprent. Als iets ontbrak, viel het me ogenblikkelijk op.

De laatste voorbereidingen voor een pleidooi waren lastiger. De hoeveelheid materiaal die mee moest naar de wedstrijd was oneindig veel groter. Bovendien was ik niet degene die zou spelen, ik moest alles selecteren voor een ander, in dit geval voor Helvoeth. Voor mij op tafel stonden drie zwarte dossierkoffers met daarin de *binders*, voorzien van het logo van Schwaab & Helvoeth, met onze producties, genummerd 1-117. In mijn eigen tas had ik de pleitnota's gepakt die wij bij het begin van ons pleidooi zouden uitdelen aan de leden van de rechtbank en aan de wederpartij. Naast de tafel stonden vier bruine verhuisdozen: de producties van de wederpartij, Vladimir Pravo en zesentwintig anderen.

Waar was de tas van Helvoeth? Het mocht eigenlijk geen tas genoemd worden. Een donkerbruin geval, formaat notitieblok, van leer dat al decennia geen was had gezien; de ritssluiting liep stroef en het katoen waarmee de rits aan het leer was bevestigd was versleten. Het was geen tas voor de oprichter van 's lands meest voorname advocatenkantoor, maar het was een tas, een etui eigenlijk, met een verhaal. Helvoeth had hem gekregen van zijn patroon, meester Sterck, toen hij mocht associëren, zoals dat indertijd heette. 'Hoe kleiner de tas, hoe belangrijker de man, Van Boetselaar. Onthoud dat goed.' In de tas stopte ik de pleitnota die ik had opgesteld, afgedrukt op A5-formaat en ingebonden in een plastic ringband, zodat het net een boekje was. Helvoeth had het afgekeken van de Amerikanen, die van alle processtukken kleine boekwerkjes maakten. Er ging een apart etuitje in de tas met een gouden vulpen en vulpotlood, een rode ballpoint en een gele marker. Tot slot een ouderwets folioblad, dat uitgevouwen twee A4 telde.

Het folioblad zou Helvoeth gebruiken om aantekeningen te maken voor de dupliek, de reactie op het pleidooi van Jan Hoekstra. Als advocaat van de eisers zou Hoekstra beginnen met zijn ‘eerste termijn’, het voordragen van de uitgeschreven pleitnota. Aansluitend waren wij aan de beurt voor onze ‘eerste termijn’. Hoekstra mocht op ons reageren met de repliek, gevolgd door onze dupliek. De gedaagde partij heeft met de dupliek het laatste woord, een voordeel dat Helvoeth beslist zou uitbuiten. Tijdens de dupliek ontsteeg Helvoeth iedere advocaat. De eerste termijn, de pleitnota, kon je voorbereiden, alles was uitgeschreven, je hoefde het slechts voor te lezen, weliswaar los van het papier, maar het bleef een voorleesbeurt. Advocaten die een goede eerste termijn hadden gehouden, konden verkruimelen tijdens de re- of dupliek. Hakkelende mannen die, een zakdoek over het voorhoofd halend, radeloos door hun notities bladerden. Voor Helvoeth was dit echter het hoogtepunt van het pleidooi. ‘Edelachtbaar college, ik heb getracht enige structuur aan te brengen in het wat warrige betoog van de wederpartij. Als we alle ruis even wegfilteren, blijven er, als ik het goed zie, drie argumenten over.’ Die argumenten werden door Helvoeth van laatdunkende namen voorzien – het schijnargument, het calimero-argument, het cirkelargument – om ze aansluitend te verpulveren.

‘Hebben we alles?’ vroeg Lidy.

‘Volgens mij wel. Alleen zijn toga nog.’

Lidy haalde de toga uit de kamer van Helvoeth. Hij was tien centimeter korter dan de toga die ik zometeen door de dames van de receptie voor mezelf uit de togakast zou laten halen. Tijdens de zitting zou ik de toga dragen, gezeten naast Helvoeth, maar ik zou niets zeggen. Het was mijn taak om Helvoeth, waar nodig, de juiste producties aan te reiken.

‘Past het allemaal wel in de auto?’

‘Ik hoop het,’ zei ik. ‘De Bentley heeft een flinke kofferbak. Anders nemen de anderen wel wat mee.’

De anderen, dat waren drie geïnteresseerde student-stagiaires en Florentine – zij had zichzelf uitgenodigd. Ze zouden op eigen gelegenheid, met de trein, rechtstreeks naar de rechtbank in Den Haag gaan. De procedure tegen de Staat vond plaats in Den Haag, de stad waar onze regering zetelt. Voor Helvoeth als landsadvocaat was de rechtbank Den Haag zijn tweede thuis. Samen met

Stef, de chauffeur van kantoor, zou ik hem thuis ophalen om hem ernaartoe te brengen. Helvoeths Bentley Mulsanne, zijn auto voor speciale gelegenheden, stond altijd in de garage van kantoor geparkeerd, zoals het gros van de partners dat met hun speelgoed pleegde te doen – de parkeergarage leek wel een showroom voor oldtimers.

Stef stond al klaar bij de ingang van kantoor. Voor de gelegenheid had hij zijn chauffeurspet op gedaan, een detail dat Helvoeth zou waarderen. Hij hield ervan een grootse entree te maken voor een pleidooi, zeker voor 'het proces van de eeuw'.

'Goedemorgen, meneer.' Stef hield de deur naar de achterbank voor mij open. Hij was oud genoeg om mijn vader te kunnen zijn, maar bleef mij steevast 'meneer' noemen. Het was niet een kwestie van overdreven beleefdheid, hij sprak zo uit eer voor zijn vak. Hij stond erop dat hij de deur bij het verlaten van de auto voor je opende en eventuele bagage voor je naar binnen droeg. Alle straten van Amsterdam kende hij, de man weigerde met een navigatiesysteem te rijden. Hij was discreet. Al twintig jaar chauffeur van kantoor, wat betekende dat hij de chauffeur van Helvoeth was en ook weleens een ritje deed voor andere partners. Soms parkeerde hij de auto's van belangrijke cliënten, als *valet service*.

Bij het huis van Helvoeth op de Koningin Emmalaan, zette Stef de auto in een parkeervak en bleef wachten totdat Helvoeth naar buiten kwam. Hij zou zijn komst niet aankondigen door aan te bellen. Hij achtte het vanzelfsprekend dat hij op het afgesproken tijdstip voor het huis van Helvoeth stond. Het was een stralende herfstmorgen geworden. Het zonlicht glinsterde door de verkleurde bladeren aan de bomen. Een opgedofte vrouw liet haar hond uit. Met een plastic zakje raapte ze de drol van de boxer op en maakte een knoop in de zak, die ze in haar handtas opborg. De dame sprak een jonge vrouw aan die aan het joggen was met een iPod in haar hand. Even dacht ik dat het Monique was. Maar dat was onmogelijk: Monique deed niet aan sport.

Daar was Helvoeth, zonder jas, zonder tas, gekleed in een grijs pak dat hij op Savile Row in Londen had laten maken. Wit overhemd, lichtblauwe das die bij zijn ogen kleurde.

'Van Boetselaar, goedemorgen, kerel.' Hij gaf mij een hand, om te onderstrepen dat dit geen gewone dag was. Zijn ogen vertoonden tekenen van voorpret. 'Is het geen prachtige dag om meester Hoekstra onderricht te geven in de kunst van het pleiten? Is dat de laatste versie van de pleitnota? Formidabel.' Hij bladerde door het boekwerkje dat ik hem aanreikte.

Tijdens onze rit over de A4 was het stil in de auto. Je hoorde alleen de gele marker waarmee Helvoeth de woorden arceerde die hij tijdens het pleidooi zou beklemtonen. Af en toe ontsnapte er een instemmend geluid uit zijn mond. Hij mompelde een 'juist' of een 'zo is het precies'. Ik moest de neiging onderdrukken om met hem mee te lezen. Hij moest lachen. 'Heel goed, Van Boetselaar, heel goed. Met een vleugje humor geschreven, daar houd ik van.' Mijn borst zwol, terwijl ik naar de pet van Stef bleef kijken. Mijn lippen krulden omhoog. Het was helemaal mijn eigen werk geweest, deze pleitnota. Het magnum opus van mijn stageperiode.

Helvoeth bestudeerde de laatste pagina's van zijn pleidooi. Met een vinger onder de regel die hij aan het lezen was slalomde hij door de tekst. Met een dramatische klap sloeg hij het boekje op zijn schoot dicht.

'Van Boetselaar,' zei Helvoeth. 'Wat hadden we afgesproken?' Hij keek of hij me ging slaan.

Ik kromp ineen.

'Kerel, ik mis nog een verwijzing naar je Bronspenning-zaak!'

Ik slikte. 'Mijn excuses,' haastte ik me te zeggen. 'Dat had ik even moeten overleggen. Het leek me bij nader inzien toch niet zo'n relevante uitspraak. Hij is moeilijk in overeenstemming te brengen met de laatste jurisprudentie van de Hoge Raad. Dieperring zegt dat ook.'

'Dat lijkt mij juist een reden om die uitspraak aan te voeren. Luister, Van Boetselaar, ik begrijp best dat je niet graag herinnerd wordt aan je eigen miskleunen, maar het is de beste leerschool die er is. Koester je verlies, Van Boetselaar, het zijn de fundamenten waar je later op voortbouwt.'

'Het probleem is... mijn cliënt wil in hoger beroep. Ik vond het allemaal wat ingewikkeld worden. We weten natuurlijk niet wat de uitkomst van de Pravo-zaak zal worden, maar stel dat we verliezen... dan zal ik dat negatieve vonnis weer in hoger beroep moeten aanvoeren in de Braspenning-zaak.'

'Van Boetselaar, je verbaast me. Verliezen komt niet in mijn wetboek voor. Luister,' – Helvoeth legde zijn hand op mijn arm – 'wij hebben die malle uitspraak van jou waarschijnlijk helemaal niet nodig. Maar je weet nooit hoe een haas een koe vangt. We hebben het ding nu eenmaal als productie overgelegd, laten we er dan ook in het pleidooi naar verwijzen. Anders staat het de rechtbank vrij het stuk te negeren.'

'Ik kan met de pen wel even ergens een voetnoot bijschrijven.'

'Niet nodig. Ik noem het wel tijdens het pleidooi. Productie 127, is het niet?'

'117.'

Helvoeth maakte een notitie in zijn exemplaar van de pleitnota. Hij staarde uit het raam, geamuseerd.

'Hoe vaak heb je me wel niet naar de rechtbank in Den Haag gebracht, Stef?'

'Ik zou het niet weten, meneer. Ik ben opgehouden met tellen na de honderdste keer.'

Helvoeth moest lachen. 'Ik denk wel driehonderd keer.'

'Het zou heel goed kunnen, meneer.'

'Stef...' Helvoeth helde wat naar voren, zodat hij tussen de voorste stoelen door tegen Stef kon praten. 'Dit is de laatste keer dat je me naar de rechtbank brengt. Hierna houd ik ermee op. Dit is onze laatste rit.'

Stef hield zijn blik op de weg gericht. 'Ik zal u missen, meneer.'

'Er zullen genoeg anderen zijn om te vervoeren. Meester Van Boetselaar, hier naast mij, bijvoorbeeld.' Helvoeth gaf me een knipoog. Hij leunde weer naar achteren en keerde zijn blik naar buiten, in prettige gedachten verzonken. Uit het niets klopte hij, nog steeds door het raam kijkend, op mijn dijbeen. 'Jij bent de toekomst, Eppo,' zei hij, zonder mij aan te kijken. Het was de eerste keer dat hij me bij mijn voornaam noemde.

Frederik van Eck, de communicatiestrateeg, had ons nog zo gewaarschuwd voor de pers. 'Als hongerige hyena's zullen ze op jullie af komen.' Helvoeth, die met zichtbare tegenzin de gratis workshop van een halfuur bijwoonde, had lacherig gedaan over de adviezen van zijn oude vriend. 'Frederik, mijn beste, hoe zat het ook alweer? Wat er ook gebeurt, altijd blijven lachen? Het komt wel goed. Van Boetselaar en ik zijn niet bang voor een paar mugjes.'

Maar angst was een heel toepasselijke omschrijving van het gevoel dat mij bekroop toen Stef de Bentley voor het gerechtsgebouw parkeerde. Ik heb weleens een foto gezien van een imker die onder de bijen zat. Zo was dit ook. Overal waar ik keek zag ik journalisten, hun grauwe hoofden tegen de ramen van de auto geplakt. Het kostte Stef vijf minuten om zijn eigen deur te openen. Ogenblikkelijk werd een willekeurige microfoon aan een hengel door het open portier naar binnen geduwd, bijna tegen mijn hoofd. De eigenaar was onzichtbaar, opgenomen in de bijenmassa rond de auto. Helvoeth schuddebuikte van het lachen. 'Denk eraan, Van Boetselaar, wat er ook gebeurt, altijd blijven lachen.' Hij zwaaide naar het geteisem, als ware hij de koningin.

Na een minuut of tien had Stef voldoende journalisten weggeduwd om de deur van Helvoeth te kunnen openen. Helvoeth plantte beide voeten buiten de auto, voorzichtig, zoals je in een heet voetenbad stapt. Camera's flitsten meteen de auto in. Helvoeth ging staan. Van alle kanten werd hij toegeroepen. Een kakofonie van verscheurde zinnen.

'Meester Helvoeth, de kansen van de Staat?'

'Meneer, meneer, een reactie voor het NOS-journaal.'

'Willem, ga je verliezen?'

'De Staat heeft Pravo bedrogen. Wat vindt u daarvan?'

Stef fungeerde als bodyguard. Met gespreide armen liep hij naast Helvoeth, via het lange schuine plat, gemaakt voor invaliden, richting de draaideur naar de rechtbank. De over elkaar buitelende meute volgde gedwee. Ondertussen zat ik nog steeds in de auto. Toen het veilig was opende ik voorzichtig het portier en verzamelde onze koffers uit de achterbak.

'Eppo,' hoorde ik achter me. 'Hoe voelt het om beroemd te zijn?' Het was Paul de Man. Zijn dikke vingers omklemden een pen op een blocnote, alsof hij een belangrijke quote van me verwachtte.

'Beroemd? In mij hebben ze geen interesse.'

'Wacht maar, dat komt nog wel.'

'Hoezo? Je gaat toch geen rare dingen schrijven, Paul?'

'De waarheid, Eppo, het is maar de waarheid.'

'Wat?'

'Dat jij al het werk hebt gedaan in deze zaak, niet die oude Helvoeth. Het publiek heeft er recht op dat te weten. Morgen komt er een groot stuk over je in de krant.'

'Paul, als je dat schrijft word ik ontslagen, zo simpel is het.'

Stef kwam terug om de auto op de parkeerplaats te zetten.

'Je moet naar binnen,' zei Paul.

Het verbod om in het gerechtsgebouw te filmen, waar het bord boven de draaideur aan herinnerde, zou vandaag massaal worden geschonden. Bij de detectiepoortjes stonden twee mannen zenuwachtig iedereen die een perskaart omhooghield erdoor te zwaaien, met apparatuur en al. De beveiliging van de rechtbank was niet toegerust op zoveel mensen. De centrale hal, waar normaal gesproken advocaten in toga's paradeerden, was overgenomen door het persrapaille. Rondom Helvoeth – inmiddels in toga – had zich een grote kring journalisten gevormd die als schoolkinderen schreeuwden om hun beurt. Frederik van Eck, naast Helvoeth, bepaalde welke journalist de volgende vraag mocht stellen. Microfoons in alle soorten en maten waren naar Helvoeths mond gestoken. Vijf camera's legden vast wat hij zei. Wat viel er eigenlijk te zeggen? Het pleidooi moest nog beginnen. Helvoeth bleef kalm. Met het zelfvertrouwen van een ervaren staatshoofd beantwoordde hij alle vragen. Hij keek erbij alsof hij zojuist de verkiezingen had gewonnen. Twee bleke mannen van het ministerie van Justitie stonden er zwijgend bij. Zij personifieerden de Staat, onze cliënte.

Waar was het Pravo-kamp, beter gezegd, het Janikova-kamp? Over een halfuur zou het pleidooi beginnen, maar van de 27 eisers en hun aanhang was geen spoor te bekennen. Frederik van Eck tikte op zijn horloge. Het was tijd om af te ronden; Helvoeth moest naar boven. In een lange colonne liep iedereen achter ons aan. Helvoeth voorop, daarachter de mannen van Justitie, Frederik van Eck, ikzelf, Florentine, de student-stagiares, zwaar bepakt met verhuisdozen vol producties, gevolgd door de journalisten. We beklommen de brede trap van groen glas naar de eerste verdieping, waar de zittingszaal lag.

Halverwege de trap kon ik het al horen: het geroezemoes van een receptie. Ruiken kon ik ze ook, mannen van middelbare leeftijd; mannen die op bijzondere dagen Old Spice onder hun oksels smeerden, mannen in zwarte kleren die de ochtend begonnen met een shagje, de oorzaak van de verkleuring van snor en voortanden. Op de eerste verdieping hadden de lichaamsgeuren elkaar gevonden in een liefdevolle verstrengeling. Mijn maag kromp ineen van de penetrante geur. Dit waren de pseudospeurders, sommige met een verleden bij de politie, maar overwegend amateurs, hobbyisten die elkaar alleen kenden van het internet, de website van Katja die als virtuele ontmoetingsplaats fungeerde. Eindelijk ontmoetten ze elkaar in levenden lijve. Ongeveer honderdvijftig man, de harde kern van de groep-Janikova. Het leek wel een schoolreünie.

Het licht werd geabsorbeerd door de donkere kleding van de Janikova-aanhang. De groep had zich over praktisch de hele verdieping verspreid. Een mogelijkheid om een eigen kamp op te zetten was er niet. We moesten ons wel mengen met de groep-Janikova. Hoe ging dit allemaal in de zaal passen?

Toen wij in beeld kwamen, waggelde de bode op ons af; een kale man met een modieuze bril en appelwangen.

'Meneer Helvoeth,' zei hij. 'U bent er.'

'Ik laat u toch nooit in de steek, meneer De Vries?'

'Ik zet drie kannen water neer. Dat moeten ze maar onder elkaar verdelen. Wat een bende. Ik heb het niet over u, meneer Helvoeth.' Hij plaatste zijn ballpoint op een blocnote met ruitjespapier. 'Wie mag ik noteren dat u hebt meegenomen?'

Helvoeth noemde mijn naam en die van de mannen van Justitie.

'Hebt u er bezwaar tegen als er wordt gefilmd tijdens de zitting?'

'Geenszins,' zei Helvoeth. 'Laat de hele wereld er getuige van zijn hoe het recht zegeviert.'

'Ik laat extra stoelen komen. Het is me een gekkenhuis, meneer Helvoeth. Veel succes voor straks.'

'Van Boetselaar,' zei Helvoeth, 'ga jij eens kijken of je onze gewaardeerde opponent kunt vinden? Hij heeft zo'n dun snorretje op zijn bovenlip.'

Ik worstelde me door de menigte. Hiertussen moesten zich ook de zesentwintig mede-eisers bevinden; degenen die naast Pravo de Staat een rekening hadden gepresenteerd voor verrichte diensten. Onder anderen een amateur-toxicoloog, een accountant, een astroloog, een schriftkundige, een landbouweconoom en een gepensioneerde patholoog. Allemaal hadden ze een bijdrage geleverd aan de 'oplossing' van de Pravo-zaak. Jarenlang hadden ze zich onbezoldigd ingespannen om de onschuld van Vladimir Pravo te bewijzen, en nu wilden ze geld zien, compensatie voor al hun arbeidsuren, onkosten en gederfde inkomsten. De totale vordering bedroeg 12,7 miljoen euro. In de dagvaarding werd het 'een symbolisch bedrag' genoemd.

Ze zaten op een bankje voor de verkeerde rechtszaal. Een vrouw en drie mannen. Ze bespraken, naar elkaar gebogen, de pleitnota. Ze waren het ergens over oneens. Een man met een dun snorretje boven zijn lip voerde het hoogste woord. Hij wees naar een passage in de pleitnota.

'Dit is voldoende,' hoorde ik hem tegen de anderen zeggen. 'Voor onze zaak is het voldoende.'

'Maar we moeten er toch íéts over zeggen,' protesteerde de vrouw, de bekende Nederlander.

Mijn hart klopte tegen mijn slapen. Het was warm. Het kamp-Janikova had alle aanwezige zuurstof opgezogen. Een moment twijfelde ik. Wilde ik mezelf kenbaar maken? Ik schraapte mijn keel. In een reflex keek het viertal tegelijkertijd omhoog, naar mij.

'Meneer Helvoeth wilde u even gedag zeggen. U bent meester Hoekstra?'

'Ah, meester Boetselaar,' zei hij. 'Ik heb veel over u gehoord. En gelezen.' Hij gaf me zittend een hand. 'Zegt u maar tegen Helvoeth dat ik hier zit.'

Als een loopjongen verdween ik weer in de mensenmassa. Wat had ik graag die pleitnota gelezen!

Helvoeth kwam aangesneld. 'Doe je toga aan. We gaan beginnen.'

53

Even was er paniek. Waar waren mijn spullen? De groep-Janikova trok naar de deur van de rechtszaal als water naar een badafvoer. Tegen de stroom in probeerde ik de plek te bereiken waar ik alles had neergezet. Daar was Florentine. Ze hield mijn toga in de lucht. Waarom was zij ineens zo behulpzaam? Ze reikte me de koffer aan waarin onze producties opgeborgen waren. Onder haar toeziend oog knoopte ik mijn toga dicht, scheef. Mijn trillende vingers maakten de knopen weer los en begonnen opnieuw.

'Zal ik je bef voor je strikken?'

Ik draaide mijn rug naar Florentine, zakte wat door mijn knieën om mijn nek op ooghoogte te brengen. Een volwassen vent die zijn bef niet kon omknopen. Het was achterlijk, maar het kon me niet schelen.

De bode had zich bij de deur van de zittingszaal geposteerd. 'Vladimir Pravo en anderen tegen de Staat der Nederlanden!' bulderde hij over de verdieping.

Mijn borst groeide als een ballon. Helvoeth en ik schreden met ons gevolg de rechtszaal in. Drie rechters en een griffier zaten klaar achter de lange tafel op de verhoging. Aan weerszijden van de tafel stonden camera's opgesteld.

'Meneer Helvoeth,' zei de middelste rechter, de voorzitter, 'het doet me deugd u weer te zien. Als u zo vriendelijk wilt zijn aan de rechterzijde van de zaal plaats te nemen.'

Helvoeth knikte hoffelijk naar de leden van de rechtbank, die behalve de mannelijke voorzitter twee vrouwen telde. Ze leken mij niet onvriendelijk. Uit het register met nevenactiviteiten op rechtspraak.nl was gebleken dat een van de rechters in de ouderraad van een basisschool zat – waarschijnlijk een moeder met jonge kinderen. De andere rechter was vroeger advocaat geweest, had Helvoeth me verteld. 'Maar onze vrind, Van Boetselaar, is de voorzitter. Samkalden. Die ken ik nog van de sociëteit. Beetje een obscuur type, maar oerdegelijk.'

Aan beide zijden van de rechtszaal klonk het mechanische geklik van sluitingen die geopend werden. Uit de tassen kwamen stapels papier tevoorschijn. Er was weinig ruimte op de tafel. De ijzeren poten van de katheder waren vastgemaakt aan het tafelblad. Ik besloot onze pleitnota's eronder te leggen. Helvoeth vouwde zijn folioblad voor zich uit op tafel en verdeelde beide pagina's in zes hokjes, steeds één hokje om een argument van de wederpartij te fileren. De dikke binders met producties werden door de studentstagiares en mij gerangschikt tot een keurige rij op de vloer. Haast was geboden, want getreuzel zou de rechtbank irriteren. Hoekstra, de arme ziel, moest alles in zijn eentje op orde brengen. Aan zijn linkerzijde zat Pravo als een oude man met een nieuw gebit te glimmen in zijn stoel. Janikova zat ernaast, met haar onberispelijke vlechten. Haar twee assistenten en Wassenberg, bijtend op zijn nagels, waren op de eerste rij tussen het publiek gaan zitten. Ten slotte schonk ik een glas water voor Helvoeth en mezelf in.

Klaar.

Hoekstra was nog bezig met uitpakken, ik leunde tevreden achterover. Een glimlach naar de griffier, een vrouw van nog geen dertig, kon ik niet onderdrukken. Ze sloeg haar ogen neer. De eerste slag was voor ons.

'Bent u zover?' vroeg Samkalden, de voorzitter, aan Hoekstra.

Hoekstra knikte, nam een haastige slok water.

Samkalden somde de binnengekomen producties op. 'Dan heb ik als laatste van de zijde van de Staat ontvangen, productie 117. Heeft u die ook ontvangen, meester Hoekstra?'

Bij het noemen van die productie racete een elektrische schok via mijn arm naar mijn borststreek. Mijn hart maakte een sprong. Dit was het moment voor Hoekstra om erover te beginnen. Als hem iets was opgevallen, zou hij het nu zeggen. Hij zou bezwaar moeten maken tegen de productie. Maar hij zei niets. Hij knikte. Het liep gesmeerd.

'Dan mag u beginnen. Heeft u een pleitnota?'

Hoekstra liep naar de leden van de rechtbank en deelde vier pleitnota's uit. Wij kregen twee exemplaren van hem. Het was een slappe vaatdoek. Het stuk was nog geen vijftien pagina's lang. Zenuwachtig, terwijl ik duim en wijsvinger bevochtigde, bladerde ik ze door. Mijn ogen speurden maar naar één ding: het Braspenning-vonnis, productie 117. In de tekst zag ik veel uitroeptekens, maar nauwelijks jurisprudentie en er werden haast geen producties besproken. Diagonaal scande ik de pagina's. Geen vonnis. Ik begon opnieuw. Langzamer nu, regel voor regel bestudeerde ik de tekst. Hij noemt het niet! Een zucht van opluchting verliet mijn neus. Mijn lippen krulden omhoog. Ik zakte onderuit in mijn stoel.

De griffier glimlachte verlegen terug.

'Is het wat?' fluisterde Helvoeth.

Ik schudde mijn hoofd. 'Dit wordt een inkopper.'

Bij nader inzien was het ook logisch dat Hoekstra er verder geen aandacht aan besteedde. Het vonnis was negatief voor zijn zaak. Een uitspraak van de rechtbank 's-Hertogenbosch zou ook weinig indruk maken op de rechtbank Den Haag. Er was bovendien jurisprudentie van de Hoge Raad die meer de moeite van het bespreken waard was.

Hoekstra klopte even met zijn hand op de microfoon. 'Doet hij het?'

De bode rende naar hem toe om hem te helpen de microfoon aan te zetten. De arme man. Zou hij niet eerder in Den Haag hebben gepleit? Hier was alles net even chiquer dan in Amsterdam, waar geen microfoons stonden.

Het pleidooi van Hoekstra was dodelijk saai. Hinkend van het ene op het andere been las hij zijn stuk woordelijk voor, zonder op te kijken of hij nog wel de aandacht van de rechtbank had. De rechters lazen verveeld met hem mee. Ook de zevenentwintig eisers hadden een exemplaar van de pleitnota gekregen. Iedereen op de eerste vier rijen achter Hoekstra las het stuk. Het leek wel een kerkdienst.

'Dan kom ik tot mijn conclusie,' zei Hoekstra. 'Toewijzing van de gevorderde schadevergoeding, althans een bedrag door u edelachtbare rechtbank in goede justitie te bepalen, met veroordeling van de gedaagde in de kosten van de procedure.' Hij keek op van zijn pleitnota. 'Dat was het.'

De zaal leek uit een halfslaap te komen. Men ging verzitten. Benen werden over elkaar geslagen. Hier en daar steeg geroezemoes op. Gekuch.

'Dank u wel,' zei de voorzitter. 'Dan geef ik nu het woord aan meester Helvoeth.'

'Edelachtbaar college,' zei Helvoeth, 'mijn gedachten dwaalden tijdens het interessante pleidooi van mijn waarde confrère af naar de veel te vroeg overleden meester Sterck, mijn oude patroon. Hij was in de laatste maanden van zijn leven verschrikkelijk ziek, de arme kerel, en toen zijn vrouw – Betsy, schat van een mens – hem vroeg wat er op zijn graf moest staan, zei hij: "Hier ligt een eerlijk advocaat". "Verder niets?" vroeg de aanstaande weduwe. Nee, meester Sterck vond dat voldoende. En hij had gelijk. Hij is op Zorgvlied, de Amsterdamse begraafplaats, begraven en de mensen die zijn graf passeren en de grafsteen lezen, roepen allemaal in verbazing: "Dat is sterk!"'

Helvoeth had met dit belegen mopje de ingedutte zaal op zijn hand. Zelfs vanuit het kamp-Janikova steeg ingehouden gegrinnik op. Ondertussen was Helvoeth al bij het begin van het pleidooi afgeweken van de tekst die ik voor hem had geschreven. Het was voor de leden van de rechtbank meteen duidelijk dat ze niet konden volstaan met het meelezen van de uitgeschreven tekst. Bij het pleidooi van de landsadvocaat moesten ze opletten. En het beloofde leuk te worden.

'Wat wil ik hiermee zeggen, edelachtbaar college?' vervolgde Helvoeth. 'Het gaat mij hierom: oneerlijke advocaten zijn de regel, eerlijke advocaten de uitzondering.' Hij wierp een blik naar links. 'Meester Hoekstra kan daarover meepraten.'

Hoekstra schrok omhoog toen hij zijn naam hoorde. Hij sloeg met zijn vuist op tafel. 'Meneer de voorzitter,' zei hij. 'Ik maak ernstig bezwaar tegen de insinuaties van meester Helvoeth.' Speeksel spoot uit zijn mond over de tafel.

De voorzitter moest erom lachen. 'U kunt toch wel tegen een

grapje?' zei hij. 'U moet dat niet zo persoonlijk opvatten. Meester Helvoeth, gaat u verder.'

'Dank u wel. Advocaten worden er ook dikwijls van beticht dat ze inhalig en ongeduldig zijn. De advocatuur heeft echter niet het alleenrecht op die karaktereigenschappen, zo blijkt uit de onderhavige zaak. Meneer Pravo en de zesentwintig mede-eisers in deze zaak betonen zich buitengewoon inhalig en ongeduldig.'

De donkere mensenmassa achter Hoekstra protesteerde. Helvoeth pauzeerde demonstratief totdat het gemor was verstomd. Hij staarde vernietigend naar het smaldeel aan de linkerzijde van de zaal.

'Het kan zeer wel zijn dat de heer Pravo ten onrechte is veroordeeld tot twaalf jaar gevangenisstraf en dat hij daardoor schade heeft geleden.' Hij pauzeerde, keek het kamp-Janikova streng aan. 'Dat is echter niet aan deze rechtbank om te bepalen. Daar zal het Hof Amsterdam binnen afzienbare tijd over beslissen. Pas daarna, en geen dag eerder, kan er sprake zijn van enige claim jegens de Staat. Deze zaak komt eenvoudigweg te vroeg, edelachtbaar college.'

En toen deed Samkalden het. Het was maar kort, niet voor iedereen zichtbaar – als je met je ogen had geknipperd, had je het gemist. Hij herstelde zichzelf ogenblikkelijk, bewoog zijn hoofd naar links en rechts, alsof hij kramp in zijn nek had, ondersteunde ten slotte zijn kin met zijn hand om te voorkomen dat het weer zou gebeuren. Maar ik had het gezien. De voorzitter van de rechtbank had instemmend geknikt. Ik had het gezien en wist dat er alleen nog maar eenvoudige ballen op tafel lagen. Het was nu een kwestie van geen fouten maken, meer niet.

Helvoeth nam de tijd voor zijn pleidooi. Er was twee uur voor de zitting uitgetrokken en Hoekstra had slechts een kwart daarvan opgesoupeerd met zijn verhaal. Zijn woorden begeleidde hij met armgebaren, vingers in de lucht en, sporadisch, ritmisch getik met zijn nagels op de katheder. Steeds als ik bang was dat hij de draad echt volledig kwijt was, navigeerde hij zijn pleidooi terug naar de tekst die ik had opgesteld. De griffier, die probeerde bij te houden waar Helvoeth was, werd er radeloos van. 'Ik ben nu bij randnummer 63, mevrouw de griffier.' Dankbaar zette ze een streep in de tekst.

Ik moest me blijven concentreren, want Helvoeth had de gewoonte om op vreemde momenten om een productie te vragen. Hij stond dan te oreren bij de tafel van de rechters, in het midden van de cirkel waaromheen de tafels van de rechterlijke macht en de procespartijen waren geranschikt. 'Van Boetselaar, doe mij even die productie met het cardiologisch rapport,' kon hij ineens zeggen. Aan mij de taak om te weten welke van de 117 producties dat was en met een opengeslagen binder naar hem toe te lopen.

Helvoeth waaierde uit van de ene anekdote naar de andere. Het was zijn laatste pleidooi. Alleen Stef en ik wisten het. Stef, die op de parkeerplaats van de rechtbank de krant aan het lezen was. Alles wat Helvoeth zei, zoog ik op. Het leek allemaal even belangrijk. In de anekdotes zaten lessen van veertig jaar advocatuur verscholen. Dit was zijn slotakkoord. Zijn laatste woorden als advocaat. De kroon op een carrière die vier decennia had geduurd. Het was een historisch moment en ik was er getuige van.

'Dit alles wordt ook nog eens bevestigd door een recent vonnis van de rechtbank 's-Hertogenbosch,' zei Helvoeth plotseling. Hij stopte midden in zijn zin en gebaarde dat ik de productie moest brengen.

Ik slikte. 'Productie 117,' zei ik.

'Productie 117,' herhaalde Helvoeth. Hij stak zijn vinger in de lucht als een schoolmeester. De leden van de rechtbank bladerden door de binders, op zoek naar het juiste nummer.

Helvoeth wenkte met zijn ogen dat ik bij hem in de cirkel moest komen, op zijn geïmproviseerde podium. Ik bleef zitten.

Helvoeth raakte geïrriteerd. 'Kom hem even brengen, Van Boetselaar. Dan kunnen we allemaal meelezen.'

Mijn hart sprong naar mijn keel. Ik pakte het boekwerk en sloeg het open bij mijn vonnis. In naam der koningin. Terwijl ik naar voren liep, naar Helvoeth en de rechters, lachte aan de muur een jonge Beatrix in koningsmantel naar me. Bijna struikelde ik, maar ik herstelde mezelf, en had toen meteen spijt dat ik niet was gevallen. Het zou me een mooie aftocht hebben geboden. Helvoeth nam de binder in ontvangst. Ik liep terug naar mijn plaats, naast de katheder. Hoekstra las niet eens mee! Hij leek in slaap gesukkeld op zijn stoel. Helvoeth oreerde over de Braspenning-zaak alsof de uitspraak al jaren tot de standaardjurisprudentie behoorde. Met een klap sloeg hij de bundel dicht.

'Meneer de voorzitter, leden van de rechtbank, mevrouw de griffier,' zei hij ten slotte. 'Ik kom tot mijn afronding.' Hij keerde terug naar de katheder. 'Deze zaak – ik hoop dat ik dat duidelijk heb gemaakt – is geen geïsoleerd incident. Het is een uitvloeisel van het huidige maatschappelijke gevoelen dat er altijd iemand aansprakelijk is. Waar schade is, zo lijkt de heersende opvatting, is schuld. Nimmer wijzen de betrokken personen naar zichzelf, altijd wordt de hand opgehouden bij de Staat. De eigen verantwoordelijkheid eindigt bij het dichttrekken van de voordeur. Maar ik heb nieuws voor al degenen die menen uit de ruif van de gemeenschap te kunnen eten.' Hij draaide zich om, naar de achterban van Katja. 'De gemeenschap, dat bent u zelf. U doet niet alleen uw buurman, uw broer en uw zwager tekort, u doet bovenal uzelf tekort. In onze rechtsstaat heeft ieder zijn eigen taak. De advocaat bewaakt de rechtsorde, de rechter past het recht toe, het OM probeert de waarheid te vinden. Het is een inspanningsverplichting, geen resultaatsverplichting. Wij zijn allen mensen en wij maken allen fouten.' Hij grijnsde even naar Hoekstra. 'Daarom bestaat de mogelijkheid van hoger beroep, is er een herzieningsprocedure bij de Hoge Raad. Wanneer er een fout wordt gemaakt – en ik herhaal dat dit in deze zaak nog moet worden vastgesteld door het Hof Amsterdam – wordt die fout hersteld door ons rechtssysteem. Het zijn de procedurele waarborgen van onze rechtsstaat die menselijke fouten herstellen. Zo heeft Thorbecke het in 1848 bedoeld. En het gaat niet aan, dames en heren, de Staat – de gemeenschap – de rekening te presenteren voor het corrigeren van het eigen falen. Dan zet u de bijl in de wortels van de rechtsstaat.' Helvoeth sloeg met zijn vuist op de katheder bij het uitspreken van het woord 'bijl'. Zijn gezicht stond ernstig. Een voor een ging hij de gezichten van de rechters langs om de impact van zijn woorden te meten. De landsadvocaat leunde met zijn armen gestrekt, als een dominee, op de katheder. Toen liet hij het hoofd vallen, een buiging was het. 'Ik heb gezegd,' besloot hij.

Het was doodstil in de zaal. Dit was het moment waarop het applaus had moeten losbarsten, de ontlading van het publiek dat had meegeleefd met de zorgvuldig door Helvoeth gekozen woorden. Maar er mocht niet geklapt worden.

De voorzitter trok aan zijn adamsappel. 'Wilde u nog reageren, meester Hoekstra?'

'Graag,' zei hij. Ook Hoekstra ging nu in de cirkel staan, nabij de leden van de rechtbank. 'Mijn confrère heeft mooie woorden gesproken. Het ging over waarheidsvinding, over de rechtsstaat, over de taakverdeling tussen advocaat en rechter. Hij noemde ook productie 117, een interessante productie, edelachtbaren. Ik zou u willen verzoeken het stuk er weer even bij te pakken.'

'We gaan dat vonnis niet opnieuw bespreken, meester Hoekstra,' zei de voorzitter. 'U heeft tien minuten voor uw repliek.'

'Dit duurt niet lang, edelachtbare.'

Ik wilde van mijn stoel opspringen. Roepen dat het niet mocht. Het was míjn vonnis. Niemand had er iets mee te maken. Het was iets tussen mij en Braspenning. Een ongelukkige samenloop van omstandigheden. Het was onbelangrijk. Maar de rechters namen het stuk voor zich.

'Helaas houdt meester Helvoeth er ten opzichte van zijn eigen handelen een andere moraal op na dan die die hij ons voorspiegelt...'

'Meester Hoekstra,' interrumpeerde Samkalden, 'deze zaak gaat om u noch om meester Helvoeth. Ik wil u dringend verzoeken uw repliek te beperken tot de kern van de zaak.'

Ik hield mijn onderlip tussen mijn tanden. Helvoeth, die geen flauw idee had waar Hoekstra met zijn repliek heen wilde, knikte vriendelijk naar de voorzitter. Hij wenkte dat ik de productie voor hem moest pakken.

'Het vonnis betreft een zaak tussen de gemeente Nuenen en een privépersoon, ene Braspenning.'

'Wij hebben het vonnis gelezen, komt u alstublieft ter zake.'

'De advocaat van de gemeente Nuenen is meester M.V. Blackstone, ons allen welbekend. Ik wilde wat informatie over de zaak bij hem inwinnen, dus belde ik hem...'

'U heeft nog vijf minuten,' zei Samkalden.

Ik hield mijn adem in.

'Blackstone was met vakantie,' vervolgde Hoekstra met een glimlach.

Even kon ik weer ademen.

'Maar mijn interesse was gewekt,' vervolgde de advocaat. 'Ik belde de rechtbank 's-Hertogenbosch.'

Ik trok Helvoeth aan de mouw van zijn toga. Hij leek uit een dagdroom te ontwaken. 'We moeten bezwaar maken,' zei ik.

'Waarom?' fluisterde hij.

Ik stond op. 'We maken bezwaar, edelachtbare.'

Er ontstond geroezemoes in de zaal. Helvoeth gebaarde verschrikt dat ik weer moest gaan zitten. Toen ik bleef staan, trok hij aan de mouw van mijn toga.

'Laat onze advocaat uitspreken,' riep Katja vanaf de eerste rij. 'Laat het recht zegevieren.'

Samkalden sloeg met zijn hamer op tafel. 'Meester Hoekstra. Het duurt allemaal erg lang. Wilt u afronden?'

'Met alle plezier, edelachtbare. Ik informeerde bij de griffie van de rechtbank naar het procesdossier. Ik noemde het zaaknummer, maar het was niet bekend.'

'U moet er nu echt een punt achter zetten,' interrumpeerde Samkalden.

'Mag ik u dan tot slot even attenderen op de rechter die het vonnis heeft geschreven. Ene J. Spier. Kent u die?'

'Ik geef nu het woord aan meester Helvoeth.'

Katja stond op. Er flitsten camera's. Ze wees naar Hoekstra, nee, ze wees naar de map producties in zijn hand. Ze bleef als een standbeeld staan voor het fotomoment. 'Het vonnis is vals,' riep ze ten slotte. 'Het is een vervalst vonnis. De advocaat van de Staat heeft fraude gepleegd.' Nu wees ze naar Helvoeth.

Er trok een golf van verontwaardiging door het publiek.

Samkalden keek naar Hoekstra. 'Dit is een zeer ernstige beschuldiging, meester Hoekstra.'

'Toch is het zo, meneer de voorzitter. Mevrouw Janikova spreekt de waarheid.'

Helvoeth ging als door een wesp gestoken staan. 'Edelachtbare, ik maak hier ernstig bezwaar tegen.'

Mensen uit het publiek gingen ook staan. 'Oplichter!' riep iemand van de achterste rij.

De rechter sloeg met zijn hamer op tafel. 'Als u niet stil kunt zijn, laat ik de zaal ontruimen. Meester Hoekstra, dit is hoogst ongebruikelijk, tijdens uw repliek. Kunt u uw beschuldigingen hardmaken?'

'U kunt de president van de rechtbank 's-Hertogenbosch bellen.'

'Edelachtbare,' smeekte Helvoeth, 'deze gang van zaken kunt u toch niet tolereren.'

'Gaat u zitten. Nee, blijft u staan.' Samkalden overlegde een moment met de andere leden van de rechtbank. Zij knikten naar elkaar. 'Meester Helvoeth, maakt u er bezwaar tegen als wij het verzoek van meester Hoekstra inwilligen?'

'Wat bedoelt u?'

'Als wij de president van de rechtbank 's-Hertogenbosch bellen om opheldering.'

'Dat wilt u nu ter plekke doen?'

De voorzitter knikte. 'Zo kunnen we deze kwestie direct in de kiem smoren. Daar kunt u toch geen bezwaar tegen hebben?'

Helvoeth haalde zijn hand over zijn voorhoofd. 'Ik vind het een hoogst ongebruikelijke gang van zaken. Eerlijk gezegd heb ik dit in veertig jaar nog nooit meegemaakt. Een bellende rechter...'

'We gaan met onze tijd mee. Mevrouw de griffier, wilt u de president bellen?'

Het was een ouderwetse telefoon met een draad eraan, er zat waarschijnlijk geen speaker op. De griffier werd twee keer doorverbonden. Het was doodstil in de rechtszaal. Op de eerste rijen had bijna iedereen zijn mond open. Als versteend zaten ze erbij. Alleen de fotografen maakten lawaai. De fototoestellen klikten onophoudelijk. De televisiecamera's zwiepten ongeduldig naar rechts voor een shot van Pravo en consorten, dan weer naar links om Helvoeth en mij vast te leggen. Wat er ook zou gebeuren, vanavond zou het op televisie worden uitgezonden. Maar ik wist natuurlijk precies wat er ging gebeuren. De griffier gaf de telefoon aan Samkalden.

'Meneer Haak, goedemorgen,' zei hij. 'Dit is wat ongebruikelijk. Ik ben in zitting en heb een korte, snelle vraag. Schikt het even? Het gaat om een rechter genaamd J. Spier. Is die werkzaam bij uw rechtbank?' Hij luisterde naar het antwoord van zijn ambtgenoot aan de andere kant van de lijn. 'Ook niet als rechter-plaatsvervanger?' Bij het uitspreken van die zin veranderde het publiek in voetbalsupporters die in beroering kwamen tegen een beslissing van de scheidsrechter. Mensen stonden op. Er werd geroepen. Samkalden hing snel op. Hij sloeg net zo lang met zijn hamer op tafel totdat iedereen weer stil was.

'Deze zitting wordt geschorst,' zei hij, 'voor nader onderzoek.'

54

Mechanisch, zoals ik gewend was, begon ik al onze stukken weer in de koffers te laden. De pakken papier voelden zwaarder dan voor de zitting. Mijn armen trilden onder het gewicht. Uit mijn ooghoeken zag ik hoe de pers zich op Helvoeth wierp. De groep bewoog zich homogeen voort, samengedrukt, als zand in een zandloper, allemaal dezelfde kant op, naar de kleine man die zoeven het pleidooi van zijn leven had gehouden. De rechters en de griffier wachtten, anders dan gebruikelijk, niet totdat iedereen de zaal had verlaten. Zij pakten de dossiers op de tafel bijeen en verlieten snelwandelend de rechtszaal. Ik zag hoe Helvoeth van achter de muur van journalisten een hand omhoogstak, als een drenkeling.

'Van Boetselaar!' hoorde ik hem roepen.

De mensenmassa perste zich richting de deur van de rechtszaal.

De student-stagiares keken mij angstig aan.

'Gaan jullie maar naar kantoor,' zei ik. 'Ik ruim alles wel op.' Mijn stem klonk een octaaf hoger dan normaal.

Vertwijfeld voegden ze zich bij de stroom voormalige toeschouwers. Florentine was verdwenen. Vlug trok ik mijn toga uit. Ik deed nog twee mappen met producties in een zwarte koffer en keek om me heen. Niemand lette op mij.

Ik vluchtte – een ander woord is er niet voor.

Mijn toga, de koffers, mijn eigen tas, alles liet ik liggen; ik wrong me tussen de ongeduldige lichamen bij de deur door. De groep nam mij op en spuugde mij aan de andere kant van de deur weer uit. Ik rende over de verdieping naar de groene trap. Met mijn hand aan de leuning snelde ik naar beneden, in de richting van de centrale hal. Overal om me heen zag ik supporters van Janikova die zojuist getuige waren geweest van – ja, waarvan eigenlijk? Was de wedstrijd nou afgelopen of niet? Ze liepen verdwaasd door de gangen van het gerechtsgebouw. Ik liep langs de mannen bij de detectiepoortjes en duwde mezelf door de draaideuren. Eindelijk frisse lucht. Ik snelde de invalidenhelling af, naar waar de zon scheen. Wat nu? Stef had de Bentley voor de deur geparkeerd. Hij las de krant achter het stuur. Instinctief begon ik richting de auto van Helvoeth te lopen, maar ik bedacht me. Ik stak de straat over, liep onder het viaduct door, langs de Koninklijke Bibliotheek naar het station.

'Een enkeltje Amsterdam Centraal,' zei ik tegen de vrouw achter het loket.

Ik legde mijn hoofd tegen de rug van de bank. Mijn ademhaling ging tekeer alsof ik net een marathon had gelopen. Ik schoof het raampje naar beneden en liet de wind naar binnen stromen. Als verdoofd staarde ik naar de inhoud van de prullenbak. Zo moet ik minstens een halfuur hebben gezeten, want ineens riep de conducteur om dat de trein Schiphol naderde. Daar zou ik kunnen uitstappen. Een vliegtuig naar een onbekende bestemming nemen. Een tijdje in het buitenland verblijven, totdat de storm was gaan liggen. Wonen in een huis in de zon, ergens op een heuvelrug. Met zwembad. Rust vinden. Misschien zou ik wel helemaal opnieuw kunnen beginnen. De conducteur waarschuwde ons dat we bij het verlaten van de trein onze persoonlijke eigendommen niet moesten achterlaten. Ik stond op. Wat ging ik doen? Ik liep naar de uitgang van de trein, achter de mensen met gekleurde koffers aan. En net op het moment waarop ik de sprong naar het perron wilde nemen, bedacht ik me iets: ik had geen paspoort bij me.

Ik plofte weer neer op de bank. Mijn overhemd was klam. Thuis zou ik een douche nemen. Mijn maatpak zou ik in de kast hangen en nooit meer aantrekken. Het was voorbij. De zaak was verloren. Helvoeth zou wel door zijn vriend Frederik van Eck zijn ontzet. Een laatste, geïmproviseerde mededeling aan de pers. 'Wij wachten het onderzoek van de rechtbank met vertrouwen af,' of zoiets.

Op het Centraal Station liep ik met de meute mee naar buiten. Ik keek naar de mensen om me heen. Ze wisten nog van niks. Ze gingen gewoon iets doen in Amsterdam, naar hun werk, naar vrienden, naar het snookercentrum. Vanavond zal het op het journaal zijn. Alle actualiteitenprogramma's zullen erover berichten. Katja zal weer mogen aanschuiven bij Spijker & Van Twist.

Gelaten liep ik naar de taxistandplaats. De chauffeur van de voorste taxi zat in de wagen van een collega, verderop in de rij. Zodra hij mij in het vizier kreeg, stapte hij snel in zijn eigen auto.

'Naar het Henrick de Keijserplein,' zei ik.

De taxichauffeur, een kale man van begin veertig, keek naar mij via zijn achteruitkijkspiegel. 'Je ziet er niet best uit, makker. Is er iets gebeurd?'

Ik staarde in de blauwe ogen van de taxichauffeur. Onder zijn spiegel bungelden twee miniatuurbokshandschoenen. Wat wilde ik hem graag vertellen wat er was gebeurd. De waarheid, de hele waarheid. Hij zou me begrijpen. De taxichauffeur zou me vergeven. Ik slikte een traan weg.

'Zware dag gehad,' zei ik, terwijl ik mijn neus ophaalde.

'Ik weet wat je bedoelt.' Hij ontstak in een tirade over de privatisering van de taximarkt.

In de Spuistraat zette hij de radio aan. 'Het pleidooi in de Pravo-zaak is geschorst,' zei de nieuwspresentator. 'De rechtbank besloot daartoe nadat de advocaat van Vladimir Pravo onthulde dat de Staat bewijsmateriaal had vervalst. Het zou gaan om een niet-bestaand vonnis dat de Staat als bewijs heeft aangevoerd tijdens de zitting. In een reactie zegt de woordvoerster van Vladimir Pravo, de violiste Katja Janikova, dat wederom blijkt dat de overheid geen enkel respect voor de waarheid heeft. Het is niet bekend wanneer de rechtbank uitspraak zal doen.'

De taxichauffeur draaide zijn hoofd mijn kant op. 'Het zijn allemaal oplichters als je het mij vraagt. Ze liegen en bedriegen de hele boel bij elkaar.'

Ik strekte mijn vingers. Ze trilden.

De taxichauffeur bestudeerde mij via zijn spiegel. 'Of ben jij soms ook advocaat?'

'Nee,' zei ik – en tegen mezelf mompelde ik: 'niet meer.'

Bij het Weteringcircuit zag ik een vriendin van Bea lopen, achter een kinderwagen. Het zou niet lang duren voordat ik Bea aan de telefoon kreeg. Ik keek op het scherm van mijn BlackBerry – drie oproepen gemist, het nummer van kantoor. Iedereen zou nu wel naar mij op zoek zijn. Wat zouden ze een hoop vragen hebben. En wat had ik te vertellen? De omvang van mijn fraude was nog niet bekend. Het enige wat feitelijk vaststond, was dat bij de rechtbank 's-Hertogenbosch geen rechter met de naam J. Spier werkte. Maar lang zou het niet duren voordat het door Hoekstra gevolgde spoor was geverifieerd. Het leek me een klusje voor Rinzema. Waarom wilde Helvoeth dat vonnis per se als productie overleggen? Hij had nota bene zelf gezegd dat het niet noodzakelijk was voor de zaak. Hoe vaak had ik hem wel niet gewaarschuwd? Helvoeth was de schuld van alles. Dat zou ik ze vertellen.

'Kunt u doorrijden?' zei ik tegen de taxichauffeur. 'We gaan naar de Zuidas, naar de Gustav Mahlerlaan 9.'

In de hal van kantoor leek het een gewone dag. Een schoonmaker haalde een zwabber over de marmeren vloer. Gele borden waarschuwden de bezoekers voor gladheid. In de wachtruimte zaten mannen in pak kranten te lezen – het nieuws van gisteren. Een koerier kwam iets afleveren bij de dames van de receptie.

Ik beende naar de lift, waar net drie advocaten in stapten. De deur werd niet voor mij opengehouden. Geïrriteerd drukte ik op de knop.

'Eppo!' riep Ellen van achter de receptie. Ze wenkte me.

'Ging het niet goed?' vroeg ze met een fluisterstem.

'Het ging prima. Helvoeth heeft een geweldig pleidooi gehouden.'

'Er wordt aan de lopende band voor hem gebeld. Journalisten. Maar hij is er niet. Weet jij waar hij is?'

'Misschien is hij nog op de rechtbank.'

Met een ping meldde de lift dat hij was gearriveerd. Snel liep ik erheen.

'Waar is je toga?' riep Ellen me na.

'Florentine neemt hem voor me mee,' zei ik terwijl de deuren dichtschoven.

Op de zevende verdieping leek de kust veilig. Er zat niemand in de kantoortuin; alle kubussen waren leeg. Alleen Mieke zat te draaien op haar bureaustoel. Toen ze mij in het vizier kreeg, kwam ze gehaast op me af lopen. Ik negeerde haar, wilde mijn kamer in gaan.

'Het ging geloof ik niet zo goed,' zei ze.

'Waar heb je het over?'

'Rinzema en Verdonk zijn naar je op zoek.' Haar lip trilde. 'Florentine heeft ons alles verteld.'

Nu zag ik pas dat ook alle kamers van de advocaten leeg waren. 'Waar is iedereen?'

'In de bar. Televisiekijken. Het is groot nieuws. Zal ik tegen Verdonk en Rinzema zeggen dat je er bent?'

Een zenuw bij mijn oog begon te trekken. 'Nee. Ik heb geen tijd voor ze. Er zijn nog wat dingen die ik moet doen.'

In mijn kamer lagen resten van het pleidooi: oude versies van de pleitnota, boeken uit de bibliotheek waar gekrulde post-itblaadjes uit staken, een stapel geel gearceerde arresten van de Hoge Raad. Dit materiaal was van levensbelang geweest. Het leek jaren geleden. Niets kon mij nog redden.

Mijn BlackBerry zoemde – Paul.

'Boets, waar ben je?'

'Op kantoor.'

'Kun je praten?' Zo te horen was Paul nog in de omgeving van de rechtbank. Het verkeer raasde voorbij en hij moest zijn stem verheffen om zichzelf verstaanbaar te maken.

'Er valt niets te zeggen, Paul. Ik had geen flauw idee dat hij erover zou beginnen. Echt niet.'

'Jij hebt toch alles geschreven?'

'Je kunt mijn pleitnota erop nalezen. Het staat er niet in.'

'Is het waar?' Op de achtergrond hoorde ik een vrachtwagen toeteren.

'Wat?'

'Dat het een vals vonnis is.'

Zou ik het zeggen? Ik staarde naar een kopie van een artikel uit het *Tijdschrift voor Aansprakelijkheidsrecht*, met in de marge mijn aantekeningen gekrast.

'Boets, ik bel je niet voor een verhaal. Ik bel je als vriend.'

Een meeuw scheerde langs mijn raam. In de toren tegenover mij haalde een jongen papier door de shredder. 'Als het niet voor een verhaal is, maakt het niet uit wat ik zeg. Wat maakt het uit of ik dat vonnis heb vervalst of niet?'

'Wat mij betreft niets, Boets.'

Rinzema en Verdonk kwamen mijn kamer binnen. Langzaam liepen ze op me af, ieder van een andere flank, alsof ze me wilden insluiten. Rinzema hikte zijn schouders omhoog. Hij keek me aan alsof ik zijn dochter had vermoord. Verdonk schraapte zijn keel.

'Paul, ik geloof dat ik moet hangen,' zei ik.

55

Ik sjokte door de Kalverstraat, mijn fiets aan de hand. Op gymschoenen die doorweekt waren. De regen sijpelde in mijn kraag. Het was al donker. De kerstverlichting boven de winkelstraat deed zijn best, maar het meeste licht kwam uit schreeuwerige etalages. Om mij heen liepen natte, haastige mensen die voor sluitingstijd nog een pakje wilden kopen. Waarom was ik hier? Sokken. Ik was mijn huis uit gegaan voor sokken. Bijna vergeten. Met mijn duim drukte ik in mijn voorband. Nog steeds leeg. Een onverlaat had het ventiel eruit gedraaid toen ik in de Bijenkorf was.

Voor mij reed een man in een scootmobiel door de plassen. Ik wilde hem passeren – links, rechts – maar er waren te veel tegenliggers. Het leek alsof iedereen kon doorlopen behalve ik. Hoe lang liep ik al zo? Het was een slecht idee door de Kalverstraat te lopen. Ik wilde eruit. Uit deze natte menigte. Weg van de geur van muffe jassen. Daar, bij de Zara, zou ik naar rechts kunnen. Nog even geduld. Nog tien meter. Ik was er bijna. De hoek om. Ja, gelukt. Als een drenkeling hapte ik naar zuurstof.

Het silhouet van een man kwam mij tegemoet lopen vanuit de Sint-Luciënsteeg. Zijn manier van voortbewegen deed mij aan iemand denken. Het schijnsel van een etalage verlichtte zijn gezicht. Was dat niet? Wat deed híj hier? Ik bleef staan, begon mijn fiets om te keren, terug naar de Kalverstraat, maar de handeling kostte te veel tijd.

'Eppo? Ben jij dat?'

Wat kon ik doen? Het was te laat om weg te duiken, maar ik kon nog acute doofheid veinzen en stug doorlopen. Veel zou het niet uithalen, want hij zou me achtervolgen. Die man achtervolgde me altijd. Hij had me zo ingehaald.

'Dag meneer B-braspenning.'

Hij kwam dicht bij me staan, zijn donkerblauwe paraplu boven mijn hoofd houdend. 'Dat ik jou, *of all people*, moet tegenkomen.' Hij leek oprecht blij me te zien.

'Ja, toevallig. Wat doet u in Amsterdam?'

'Ik heb een nieuwe liefde. Een Amsterdammer.' Braspenning glom. 'Moet je niet op je werk zijn?'

'Nee... Ik werk niet meer bij Schwaab & Helvoeth. Ik werk voor mezelf... Dus ik kan mijn tijd zelf indelen.'

Verderop, richting de Nieuwezijds Voorburgwal, rende iemand achter een paraplu aan. Ik kon Braspenning niet aankijken. Ik voelde zijn blik op mij rusten. Ogen die ieder detail van mijn gezicht opnamen. Zijn lichaam straalde warmte uit.

'Ik zoek een kerstcadeau,' zei ik. 'Een stropdas. Voor mijn vader. Weet u misschien een dassenwinkel hier in de buurt?'

Braspenning bestudeerde mijn kleren. Een natte spijkerbroek en een rood donzen jack. Mijn pak had ik sinds oktober, sinds Helvoeths laatste pleidooi niet meer gedragen. Een plas water werd in de lucht geschept door een vrachtwagen in de Nieuwezijds.

'Ik zag dat je de krant hebt gehaald met mijn zaak.' Hij moest zijn stem verheffen om boven de regen uit te komen. 'Knap hoor.' Hij lachte zijn tanden bloot.

'Ja, ik hoorde ook zoiets.'

'Je bent beroemd, nietwaar, een beroemd advocaat. En dat allemaal voor een zaak die je niet hebt gedaan.'

Ik drukte mijn duim in mijn lekke voorband. Was er niet een beetje lucht over dat mij kon vervoeren, weg van hier?

'Eigenlijk moet ik je bedanken,' zei Braspenning. 'Dankzij jou heeft hij bekend.'

Ik keek op van mijn band. 'Wie?'

'Machiel van Berkel, je weet wel, die kwajongen. Dokter Wassenberg heeft het ontdekt. Dat rondjes rennen, weet je nog? Machiel beweerde dat ik rondjes achter hem aan rende in de gymzaal, terwijl hij naakt was. Maar dat was onmogelijk met mijn astma. Na twee rondjes ben ik al doodmoe. Machiel heeft bekend dat hij fabuleerde. Waarheidsvinding hangt soms van toevalligheden aan elkaar, nietwaar. We hebben alles zwart op wit.'

Een bliksemschicht weerkaatste in het raam van de etalage, direct gevolgd door een donderslag. Uit de Nieuwezijds klonk het rinkelende geluid van een tram die plotseling tot stilstand kwam. Had ik hem goed verstaan? Even duizelde het me. Ongelovig keek ik hem aan. 'Echt waar?'

'De gemeente wil schikken. Volgens mijn advocaat moet ik het doen. Wat vind jij?'

Ik keek naar de straatstenen. 'Mij moet u niet om advies vragen.'

Braspenning haalde zijn schouders op. 'Behaalde resultaten uit het verleden bieden geen garantie voor de toekomst, nietwaar.'

'Volgens mij zit er verderop een dassenwinkel.' Ik slingerde mijn been over mijn fiets. Het vocht op het zadel drong door tot mijn onderbroek. Braspenning hield nog steeds de paraplu boven mijn hoofd, als een hefboom. 'Ik ga nu fietsen. Ik zie u nog wel een keer.'

'Misschien in een ander leven.' Hij stapte dichterbij, liet de paraplu naar beneden komen. De regen ging als een typemachine tekeer. Hij bracht zijn gezicht naar mijn wang. Ik hoorde zijn adem. Hij gaf me een zoen. Ik draaide mijn hoofd opzij. Toen tilde hij de paraplu hoog boven onze hoofden en trok hem weg. De regen kwam als een koude douche op me neer. 'Zalig kerstfeest, Eppo.'

56

Monique vervolgt haar pleidooi. Haar rug recht, handen ontspannen op tafel. Ze pleit los van het papier. Af en toe tuurt ze door haar bril naar de pleitnota voor zich op tafel om vast te stellen dat ze de tekst nog steeds goed volgt. Ze doet het magnifiek. In haar hals, net boven de bef, zit een kleine rode vlek die altijd verschijnt als ze zenuwachtig is. Maar ik ben de enige die hem ziet. Ik moet luisteren, aantekeningen maken, maar ben betoverd door de manier waarop het haar van Monique, samengebonden in een staartje, op en neer wipt, telkens als ze mijn naam noemt.

'Is er eigenlijk aangifte gedaan tegen meneer Boetselaar?' vraagt Korteweg ineens.

Monique kijkt naar Blackstone, die gaat verzitten. Hij ordent de papieren voor zich op tafel, terwijl hij zijn keel schraapt. Zijn hand gaat even over zijn vlezige hoofd. Dan lijkt de vraag van de rechter pas tot hem door te dringen. 'Edelachtbare, dat is nog in beraad,' zegt hij. 'U heeft in de krant kunnen lezen dat er een onderzoek loopt naar de heer Helvoeth wegens de vergrijpen die Boetselaar heeft gepleegd. Wij vertrouwen erop dat de waarheid in dat onderzoek aan het licht komt en het is dan aan de discretie van het OM hoe verder te handelen.'

Korteweg overlegt een moment met de griffier. Met een hand dekt ze haar mond af. De griffier knikt instemmend, terwijl hij naar me kijkt. Korteweg gaat weer rechtop zitten. 'Meneer Boetselaar,' zegt ze, een glimlach op haar lippen, 'misschien kunt u ons helpen. Heeft u dat vonnis vervalst of niet?'

De vraag is ongeoorloofd. 'De rechter is lijdend voorwerp, Van Boetselaar. Onthoud dat goed. Hij mag alleen afgaan op de informatie die hij van de procespartijen krijgt.' Iedereen in de zittingszaal weet dat Korteweg haar boekje te buiten gaat. Maar niemand maakt bezwaar. Alle ogen zijn op mij gericht. De griffier houdt zijn pen in de aanslag. Zijn tong komt even uit zijn mond.

'D-daar kom ik zo nog op terug.'

Blackstone kucht in zijn hand, afkeurend. Korteweg wisselt weer een blik van verstandhouding met hem. Laat mij maar even, lijkt ze tegen hem te zeggen. 'Het is een eenvoudige vraag: heeft u het gedaan of niet?'

Vertwijfeld kijk ik naar Monique, achter de tafel aan mijn linkerzijde. Wat is ze gegroeid sinds de laatste keer dat ik haar zag. Help me, Monique. Wat moet ik doen? Maar Monique blijft in de plooi. Ze is hier niet om me te helpen. Achter Korteweg en de griffier hangt een witte klok. De tikkende secondewijzer is het enige geluid dat hoorbaar is. Tik, tik, tik. Met de mouw van mijn toga veeg ik over mijn voorhoofd. De grote wijzer verschuift een positie.

'De klok kan u niet helpen,' zegt Korteweg. 'Maar als u even op de gang wilt overleggen met uw advocaat is dat goed.'

De griffier lacht besmuikt om het valse grapje van zijn baas. Dan lacht Helvoeth ook, en Verdonk grinnikt mee. Rinzema lacht breed, als een Amerikaanse acteur. Blackstone maakt schokkerige bewegingen met zijn schouders. Monique giechelt in haar vuist. Dan laten ook de student-stagiaires zich gaan. Ook al zou ik antwoord op de vraag van Korteweg willen geven, ik zou me nu niet verstaanbaar kunnen maken. In mijn hoofd trek ik alle registers open, op zoek naar de wijsheid die me vertelt hoe te handelen. Een spiertje onder mijn linkeroog begint te knijpen. Tevreden met haar succes kijkt Korteweg me vragend aan.

'W-wilt u dat ik naar de gang ga?' vraag ik.

Het gelach overspoelt me als een golf in de branding. Blackstone dreigt van zijn stoel te vallen. Monique lacht als een meisje dat de kieteldood krijgt. De griffier wrijft in zijn ogen om een traan te verwijderen. Op de lagere school heb ik eens voor een volle klas in mijn broek geplast. Dit is erger. Het gelach moet op de gang te horen zijn. Ik zeg niets. Laat ze maar lachen. Zolang ze lachen hoef ik geen antwoord te geven. Ik ga de gezichten langs.

Verdonk lacht als een dronken hyena, Helvoeth lijkt last te hebben van zuurstofgebrek, Blackstone zou zo Holle Bolle Gijs kunnen vervangen. Ik kijk uit de ramen van de rechtszaal, naar de torens van de Zuidas. Het is gaan regenen.

Dan zwaait de deur van de zittingszaal open. Het gehinnik komt als een langspeelplaat tot stilstand. Iedereen kijkt verbaasd naar degene die in de deuropening staat, in wapperende toga. Korteweg lijkt eerst teleurgesteld dat het effect van haar grapje weg is, herstelt zich dan en kijkt geïrriteerd naar de persoon die haar zitting verstoort. De griffier kijkt eerder nieuwsgierig. Blackstone krabt verstrooid in zijn krans krullen – een spoor roos valt op zijn toga.

'Komt u voor de zaak Schwaab & Helvoeth tegen Boetselaar?' vraagt Korteweg.

'Ja, mevrouw de rechter, mijn verontschuldigingen voor mijn late komst.'

Wat heeft dit te betekenen? Nog een advocaat die tegen mij gaat pleiten? Alsof Monique en Blackstone niet voldoende zijn. Het is natuurlijk een idee van Helvoeth: de totale vernietiging van de tegenpartij. Ik draai me om naar de kleine man op de eerste rij die zo-even nog zo hard lachte. Zijn donkere wenkbrauwen staan hoog boven zijn ogen. De kerven van zijn levensjaren tekenen zijn voorhoofd. De dunne mond lijkt zojuist een slechte olijf te hebben gegeten. Hij is net zo overdonderd door deze entree als ik.

'U staat niet op mijn lijstje.' Korteweg kijkt zekerheidshalve op het formulier dat ze van de bode heeft gekregen. 'Wie bent u en voor wie komt u?'

'Mijn naam is De Jong. Ik kom voor de heer Boetselaar.' Foekje heeft een rode dossiermap onder haar arm geklemd.

Verdonk slaakt een gil als een vrouw die een muis ziet.

Helvoeth roept vanaf de eerste rij: 'Dat is onmogelijk, edelachtbare.' Hij klinkt als een oude man die protesteert tegen jongeren die op de stoep fietsen. Rinzema fluistert een lang verhaal in het oor van Blackstone, die zijn rechterhand in de lucht houdt, kennelijk om aan te geven dat hij iets wil zeggen.

'Edelachtbare,' zegt Blackstone ten slotte, 'meester De Jong kan de heer Boetselaar niet bijstaan; zij is compagnon bij Schwaab & Helvoeth.'

Korteweg kijkt naar Foekje, die nog steeds in de deuropening staat. 'Is dat waar?'

'Nee, mevrouw, ik heb vanmorgen mijn ontslag ingediend. Ik heb mijn ontslagbrief meegebracht. Als u hem wilt inzien...'

'Het is een schande!' roept Helvoeth. Hij is weer gaan staan.

Blackstone kucht om aandacht. 'Ik maak ernstig bezwaar tegen deze gang van zaken,' zegt hij. 'Meester De Jong heeft evident een conflicterend belang. U moet het toch met mij eens zijn, mevrouw de rechter, dat het een gotspe zou zijn als meester De Jong zou mogen optreden tegen haar voormalige werkgever. Ook als ze heeft opgezegd, er geldt tenminste toch een opzegtermijn.'

Korteweg denkt een moment na. 'Dat lijkt mij een kwestie die beslecht moet worden tussen Schwaab & Helvoeth en mevrouw De Jong.' Dan richt ze zich tot Foekje. 'U bent nog ingeschreven als advocaat?'

'Jazeker, edelachtbare.'

'Dan zie ik geen bezwaar. Tenzij meneer Boetselaar zich niet wil laten vertegenwoordigen door mevrouw De Jong.'

Alle hoofden wenden zich nu weer naar mij.

'Je wilde het toch zelf doen,' zegt Helvoeth intimiderend.

Ik kijk naar Foekje. Ze straalt als een gevangene die net is vrijgelaten. Het nieuwe kapsel staat haar goed. 'Ik heb er geen bezwaar tegen,' zeg ik.

Foekje gaat in de lege stoel naast me zitten en verwijdert het postelastiek om haar rode dossiermap. Dan pakt ze mijn pols beet met haar pezige hand en knijpt. 'Het komt goed. Vertrouw op mij,' fluistert ze. Even verdwaal ik in haar ogen. Ze ruikt naar Foekje. Haar wangen glimmen van de ochtendcrème. De spanning sluipt als een dief uit mijn lichaam. Mijn hoofd voelt licht. Het is of mijn moeder een koud washandje op mijn koortsige hoofd legt. Monique gaat verder met haar pleidooi. Ik laat mijn pen los, leg mijn notitieblok terzijde. Voorzichtig leun ik naar achteren. De stem van Monique klinkt als een verre trein in de nacht. Alles en iedereen lijkt ineens heel ver weg. Ik zie dat Korteweg Monique interrumpeert, vragen stelt, knikt, dat de griffier aantekeningen maakt. In de verte hoor ik het zenuwachtige geschuifel van Helvoeth, het repeterende gekuch van Blackstone, maar ik registreer niets. Mijn hoofd is gevuld met watten. Foekje maakt aantekeningen.

Plotseling is Monique klaar. 'Ik concludeer tot toewijzing van de vorderingen en veroordeling van Boetselaar in de kosten van het geding.' Ze slaat haar pleitnota dicht.

Korteweg kijkt naar Foekje en mij. 'Wie van u tweeën gaat het woord voeren?'

Ik schrik omhoog. Foekje legt haar hand op de mijne en zegt: 'Ik zal het woord voeren, edelachtbare.'

Zonder dat het in de gaten loopt, leg ik mijn pleitnota voor haar neer. Ze schuift hem terzijde. 'Ik heb zelf wat opgeschreven,' fluistert ze.

Foekje loopt naar de rechter en de griffier, gadegeslagen door alle aanwezigen in de kleine zittingszaal, en deelt haar pleitnota uit. Weer op haar stoel aarzelt ze geen moment. 'Edelachtbare vrouwe, in de onderhavige zaak ontbreekt een cruciaal element om te kunnen concluderen dat er sprake is van onrechtmatig handelen. Het ligt zo voor de hand, dat je het bijna over het hoofd ziet.' Bij haar ogen verschijnen kraaienpoten van plezier.

We dalen de wenteltrap af. In de gang naar de centrale hal van de rechtbank steekt Foekje haar arm in de mijne. Ze klemt mijn arm stevig vast, alsof er ontsnappingsgevaar dreigt. Om ons heen bereiden advocaten zich voor op zittingen die nog komen gaan. Cliënten staan zenuwachtig te luisteren naar de laatste instructies van hun raadslieden. Foekje en ik, nog steeds in onze toga's, hebben de anderen achter ons gelaten. Korteweg zal over zes weken vonnis wijzen, zo zei ze aan het eind van de zitting. De tassen werden ingepakt en we namen afscheid. Helvoeth weigerde Foekje en mij een hand te geven.

In de centrale hal schijnt de zon naar binnen. We lopen door de draaideur naar buiten. De wind laat onze toga's opbollen. Het is kouder dan verwacht. We lopen door tot de Parnassusweg. Mijn zintuigen lijken bij te komen uit een plaatselijke verdoving. Ik ruik de geur van asfalt na een regenbui. Voor het stoplicht staat een witte Peugeot, de ruitenwissers nog aan. Een zwarte vrouw van nog geen veertig zegt iets tegen een kind dat achterin zit. Ik hoor hoe het rubber over de voorruit schuurt.

Foekje knoopt haar toga los. Ik zet mijn tas op de grond en volg haar voorbeeld. Zonder toga zie ik pas dat Foekje een spijkerbroek draagt, een versleten model, met een beige jasje erboven.

'Ik moet naar de taxistandplaats.' Foekje wijst naar de rij taxi's even verderop. Ze moet tegen het verkeer in om er te komen en een stuk door de berm lopen.

Ik weet niet waar ik naartoe moet, maar het is nog te vroeg om afscheid te nemen. 'Ik loop wel even mee.'

We wachten tot de auto's weer zijn gestopt voor het stoplicht en steken dan snel over, de toga's over onze armen gehangen. Mijn tas trekt. Foekjes rode dossiermap zit er ook in.

In de berm moeten we achter elkaar lopen. Het gras is drassig. Auto's racen vlak langs ons. In de verte, aan de andere kant van de A10, staat de Schwaab-schwanz nog fier overeind. Glazenwassers dalen aan staalkabels naar beneden, gele emmertjes in hun handen.

'Goed idee van je,' roep ik naar voren. 'Wat je zei over die overname van kantoor door Blake & Romley.'

Foekje draait haar hoofd even om, voorzichtig om niet haar evenwicht te verliezen op haar hakken in de smalle berm. 'Zonder schade geen onrechtmatig handelen, Eppo.' Ze moet hard praten om zichzelf verstaanbaar te maken.

Ik knik, schuldbewust, zonder dat Foekje het kan zien. Het was niet in me opgekomen.

Bij de taxi's stapt de eerste chauffeur in de rij gehaast uit zijn auto zodra hij ons in het vizier krijgt. Hij opent de kofferbak.

Ik haal Foekjes dossiermap uit mijn tas.

'Wat ga je nu doen?'

Ik haal mijn schouders op. 'Geen idee.'

Foekje neemt de rode map van me over, gooit het ding, samen met haar toga, achteloos in de kofferbak. Dan kijkt ze me aan. Ze zet een stap in mijn richting, knoopt het jasje van mijn pak dicht en wrijft over mijn bovenarmen. Met de tas in mijn hand en mijn toga over mijn arm heb ik geen armen vrij om bezwaar te maken.

'Heb je het niet koud?'

Ik schud mijn hoofd.

'Wacht,' zegt ze. Ze pakt haar toga uit de kofferbak en slaat hem om me heen. De stof wappert in de wind. De taxichauffeur moet lachen. Hij houdt de deur voor Foekje open.

Ik voel me belachelijk, zo met die toga om me heen geslagen.

Foekje strijkt met een hand over mijn haar. Als een moeder die tevergeefs een scheiding in het haar van zoonlief tracht te maken. 'Je had me ook om hulp kunnen vragen, Eppo.'

'Dat weet ik,' zeg ik. 'Dat weet ik nu.'

'Ik kan niet meer je patroon zijn, Eppo.' Foekje bestudeert het effect van haar woorden op mijn gezicht.

Ik knik, zonder te weten waar dit toe leidt.

'Je stageperiode zit erop. De drie jaren zijn voorbij.'

Ik zet mijn tas op de grond en verwijder de toga van mijn schouders. 'Eindelijk een volleerd advocaat.'

Ze probeert mijn ogen te lezen. 'Wil je niet bij mij komen werken? We kunnen opnieuw beginnen. Dan kan ik je misschien een eigen zaak geven.' Ze glimt. 'Zou je dat leuk vinden? Je eerste eigen zaak?'

De taxichauffeur vraagt of Foekje wil gaan zitten.

Ik geef de toga aan haar terug. 'Ik zal erover nadenken.'

Verantwoording en dankzegging

Alles in dit boek is de waarheid en niets dan de waarheid, minder zult u van een advocaat niet verwachten. Zoals het een fatsoenlijk schrijver betaamt, heb ik alle betrokkenen onherkenbaar gemaakt. Iedere overeenkomst met de werkelijkheid berust dus louter op toeval.

Advocaten zijn eigenwijs en noemen of spellen bepaalde zaken anders dan wordt voorgeschreven. Een klant van een advocaat wordt een cliënt genoemd. Cliënten zijn altijd vrouwelijk, tenzij ze duidelijk verwijzen naar mannen. Braspenning is dus een cliënt. De advocaat-stagiaire wordt altijd in de vrouwelijke vorm aangeduid; het is dus nooit een advocaat-stagiair. De afkorting van meester wordt in strijd met het Groene Boekje met een hoofdletter en zonder punt erachter geschreven.

Joop Haak, leraar op een basisschool in Amsterdam en slachtoffer van onterechte beschuldigingen van seksuele intimidatie door een leerling, was zo vriendelijk met mij te praten en mij inzage te geven in zijn dossier. Antoinette Collignon verschafte mij een onmisbaar kijkje in de keuken van een letselschadeadvocaat. Hessel Bouman verstrekte informatie over de DES-zaak, waarin hij de belangen van de dochters behartigde. Belangrijke details over de deurwaarder zijn afkomstig van Bas Evers van deurwaarderskantoor Groot & Evers. Diverse advocaten van grote kantoren hebben mij voor dit boek hun *war stories* verteld. Zij wensen allen nadrukkelijk anoniem te blijven.

Het mopje over Sterck in hoofdstuk 53 is van F. Bordewijk, uit zijn boek *Geachte Confrère. Splendeurs en misères van het beroep van advocaat* (Scheltema & Holkema: Amsterdam 1956).

De songteksten van George Michael in hoofdstuk 50 komen uit de nummers 'To Be Forgiven' en 'Fastlove' van zijn album *Older*.

Dit boek is voor een belangrijk deel geschreven op een Toscaanse berg, even ten noorden van Lucca, Italië. De familie Van Ogtrop was zo goed in 2009 hun vakantiehuis aan mijn gezin en mij te verhuren. De bijzondere sfeer aan de Zuidas heb ik kunnen proeven door enige tijd te verblijven in een kamer bij Sajet Telting & partners, op de 19e verdieping van de Viñoly-toren.

Mijn collega's bij SOLV Advocaten stelden me in staat dit boek te schrijven door mij ruimhartig gebruik te laten maken van allerhande verlofregelingen.

Onmisbaar commentaar op eerdere versies van het manuscript ontving ik van: Sabien Butzelaar, Otto Cramwinckel, Geert Docter, Marc Duijndam, Mark van Gennep, Marieke van Hal, Paul en Ackelien Hendriksen, Jeroen van Hezewijk, Erik Mauritz, Marcel Möring, Gert-Jan Munk, Alexander de Nerée, Paul van Oostveen, Marieke Oudejans, Raymond Spanjar, Joost Steins Bisschop, Taco Stomps, Britt Stubbe, Paul Verhoeven, Margreth Verhulst, Joris van Wijk en, niet in de laatste plaats, Maaike Molhuysen.

Dit boek heb ik alleen kunnen schrijven dankzij heel veel geleende uren van mijn gezin. Het krediet is inmiddels ruimschoots overschreden, ik weet het, en ik beloof plechtig het allemaal aan te zuiveren. Het zou een daad van agressie zijn geweest dit boek aan mijn vrouw Renske op te dragen, alsof daarmee mijn langdurige fysieke en/of geestelijke afwezigheid zou zijn gecompenseerd. Maar zonder haar geduld en, af en toe, gevloek was deze roman er nooit gekomen.